Uni-Taschenbücher 2047

UTB
FÜR WISSEN
SCHAFT

Eine Arbeitsgemeinschaft der Verlage

Wilhelm Fink Verlag München
A. Francke Verlag Tübingen und Basel
Paul Haupt Verlag Bern · Stuttgart · Wien
Hüthig Fachverlage Heidelberg
Verlag Leske + Budrich GmbH Opladen
Lucius & Lucius Verlagsgesellschaft Stuttgart
Mohr Siebeck Tübingen
Quelle & Meyer Verlag · Wiesbaden
Ernst Reinhardt Verlag München und Basel
Schäffer-Poeschel Verlag · Stuttgart
Ferdinand Schöningh Verlag Paderborn · München · Wien · Zürich
Eugen Ulmer Verlag Stuttgart
Vandenhoeck & Ruprecht in Göttingen und Zürich

Helmut Willke

Systemisches Wissensmanagement

Mit Fallstudien von D. Gnewekow, T. Hermsen,
J. Köhler, C. Krück, S. Mingers, K. Piel, T. Strulik
und O. Vopel

36 Abbildungen und 9 Tabellen

Lucius & Lucius · Stuttgart

Anschrift des Verfassers:

Prof. Dr. Helmut Willke
Fakultät für Soziologie
Universität Bielefeld
33615 Bielefeld

Die Deutsche Bibliothek – CIP-Einheitsaufnahme

Willke, Helmut:
Systemisches Wissensmanagement / Helmut Willke. Mit Fallstudien
von D. Gnewkow ... – Stuttgart: Lucius und Lucius, 1998

(UTB für Wissenschaft : Uni-Taschenbücher ; 2047)
ISBN 3-8252-2047-8 (UTB)
ISBN 3-8282-0082-6 (Lucius und Lucius)

© Lucius & Lucius Verlagsgesellschaft mbH Stuttgart 1998
    Gerokstr. 51, D-70184 Stuttgart

Druck und Einband: Spiegel, Ulm

Printed in Germany

UTB-Bestellnummer: 3-8252-2047-8

Vorwort

Dieses Buch ist aus einer engen Verzahnung von Theorie, Praxis und empirischer Projektarbeit entstanden. Die Bände II und III meiner Einführung in die Systemtheorie bereiten das theoretische und konzeptionelle Terrain vor, auf dem Wissensmanagement als spezifisch systemische Herausforderung und Leistung verständlich wird. Heute hat sich bis in die Feuilletons herumgesprochen, dass im Zuge einer nachhaltigen und rasanten Globalisierung Wissen, Wissensbasierung und Wissensarbeit zur unabdingbaren Voraussetzung der Wettbewerbsfähigkeit von Organisationen, Regionen und ganzen Gesellschaften geworden ist. Die Frage, welche die Analysen dieses Buches leitet, ist: Welche Formen der Erzeugung und Nutzung von Wissen setzen Personen und Organisationen in die Lage, Lernen und Innovationsfähigkeit zu Kernkompetenzen zu gestalten?

Besonderen Wert legen wir darauf, die Vielfalt – und auch die Schwierigkeiten – möglicher Antworten anhand einer Reihe von Fallstudien aufzuzeigen. Diese Fallstudien sind ausnahmslos aus empirischen Forschungsprojekten entstanden. Für die Förderung dieser Forschungen danke ich der Deutschen Forschungsgemeinschaft, der Volkswagenstiftung und dem Wissenschaftsministerium NRW. Insbesondere die großzügigen Mittel des Leibniz-Preises haben mir erlaubt, mit mittelfristiger Perspektive geduldige Projektarbeit voranzutreiben.

Besonderen Dank schulden wir Martine LeGrand und Brigitte Quinke für vielfältige Hilfen und sorgfältige Korrekturarbeiten.

Bielefeld, im März 1998   Helmut Willke

Inhalt

1 Einführung

Wissen und Management, so bilden sich Manager wie Wissenschaftler ein, passen nicht besonders gut zusammen. Mit den Details der wechselseitigen Vorurteile könnte man Romane füllen. Im Extremfall betrachten Manager Wissenschaftler als entscheidungsunfähige Grübler und umgekehrt Wissenschaftler Manager als besinnungslose Macher. Konzeption und Praxis des Wissensmanagements bieten gegenwärtig den seltenen Anschauungsunterricht dafür, wie zwei komplementäre Pakete von Vorurteilen von tiefgreifenden gesellschaftlichen und organisationalen Veränderungen gnadenlos bloßgestellt und obsolet gemacht werden.

Der gegenwärtig laufende Übergang von der Industriegesellschaft zur Wissensgesellschaft zerbricht das Monopol des Wissenschaftssystems auf die Erzeugung und Verwaltung von Expertise und treibt die Wissenschaftler von ihrem Elfenbeinturm auf einen Marktplatz, auf dem nicht phantastische Ideen gehandelt werden, sondern überzeugende Innovationen. Zugleich fordert der Umbau der traditionellen tayloristischen Organisation zur wissensbasierten »intelligenten Firma« (Quinn 1992) eine radikale Neubewertung des »intellektuellen Kapitals« (Steward 1997), des organisationalen Wissens und der kollektiven Expertise einer Organisation, weil in einem globalen Wettbewerb Organisationen nur dann zukunftsfähig sind, wenn sie Wissen als kritische Ressource genauso sorgfältig managen wie Arbeitsbeziehungen oder Kapitaleinsatz (Edvinsson and Malone 1997).

Wem die Wissensgesellschaft und die intelligente Organisation zu abstrakt oder zu entfernt erscheinen, der sollte den dritten Hauptfaktor der laufenden Transformation näher betrachten: die an allen Ecken und Enden bereits handgreifliche und erfahrbare Umgestaltung von Produkten und Dienstleistungen zu wissensbasierten, *intelligenten Gütern*. Intelligente Produkte sind Software, Computerspiele, Computer- und Netzwerkhardware, Kommunikationssatelliten, Telematiksysteme, Handys, Videokameras, Medizintechnologie, Pharmazeutika, biotechnologische Produkte etc., aber auch scheinbar so profane Produkte wie Autos, Küchengeräte oder Kinderspielzeug, die heute einen mehr oder weniger hohen Anteil an eingebauter Elektronik aufweisen, oder Sportschuhe, Textilien, Lebensmittel, Baumaterialen etc., die inzwischen mit fortgeschrittenen Technologien entwickelt, verbessert und produziert werden. Intelligente Dienstleistungen sind zum einen Begleiterscheinungen von intelligenten Produkten. Sie betreffen die Planung, Entwicklung, Implementation, Wartung und Fortentwicklung dieser Produkte. Sie verschmelzen zunehmend mit ihren Basisprodukten zu einem Gesamtpaket, z.B. der Planung, Implementation und Wartung eines Intranets einer Firma durch einen IT-Dienstleister. Zum anderen entwickeln sich intelligente Dienstleistungen zusätzlich zu den herkömmlichen Professionen (ärztliche Leistungen, juristische Beratung, Forschung, Unterricht und Ausbildung, psychotherapeutische Behandlung, Unternehmensberatung und Management) als anspruchsvollere Fortsetzungen vieler Formen einfacher Dienstleistungen: unternehmensinterne Forschung und Entwicklung, Design, daten- und konzeptionsgestütztes Marketing, strategieorientierte Personalentwicklung etc. Die Arbeit ehrenamtlicher Übungsleiter in Sportvereinen wird von professionalisierten Trainern in Sportstudios übernommen, die Arbeit von Reiseführern von geschulten Animateuren und Veranstaltern von Studienreisen; Finanzdienstleister, Investitionsberater, Anlageexperten, Steuerberater etc. kümmern sich professionell und wissensbasiert um die Mehrung fremder Vermögen, Coaches unterstützen überlastete Manager, Stilberater überforderte Banausen und Erziehungsberater überbeanspruchte Eltern. Es ist kaum ein Service und kaum eine Dienstleistung vorstellbar, die nicht durch Wissensbasierung und Technisierung zu einer anspruchsvollen professionellen Tätigkeit mutieren könnte. Einige der erfolgreichsten neuen Geschäftsideen haben sich genau an Punkten dieses Übergangs herauskristallisiert, etwa die Versandidee von Dell-Computer, die Naturidee von Body Shop, die Logistikidee von Wall Mart, die Kaffeeidee von Starbuck Coffee, die Franchisingidee von McDonald oder Burger King, die Finanzserviceidee von Skandia - die Reihe ließe sich beliebig fortsetzen, und sie ließe dann erkennen, daß nahezu alle diese neuen auf professionelle Dienstleistungen orientierten Geschäftsideen *nicht* in Europa und schon gar nicht in Deutschland erfunden worden sind.

Betrachtet man die drei genannten Faktoren der Wissensgesellschaft, der intelligenten Organisation und intelligenten Güter im Zusammenhang, dann ist leicht zu sehen, daß sich in substantiellen Teilen der sich rekonfigurierenden Gesellschaft der Charakter von Arbeit verändern muß und sich verändern wird. In dem Maße, wie in wissensbasierten Organisationen anspruchsvolle intelligente Produkte und Dienstleistungen hergestellt werden, schmilzt die Nützlichkeit einer tayloristisch organisierten industriellen Arbeit auf einen Restbestand einfacher Arbeit zusammen. Zum Leitmodell für Arbeit avanciert stattdessen *Wissensarbeit*. Sie bezeichnet einen Inhalt und eine Organisationsform von Arbeit. Die neuen Inhalte sind leicht zu verstehen, denn sie bedeuten, wie erwähnt, nichts anderes als eine Ausdehnung herkömmlicher professionalisierter Arbeit auf neue Bereiche. Große Schwierigkeiten in Theorie und Praxis bereiten dagegen die Organisationsformen von Wissensarbeit. Während die klassischen Professionen ihre Arbeit als Individuen oder in kleinen, überschaubaren Teams geleistet haben (auch hier zeichnen sich Veränderungen ab), spielt die neue Wissensarbeit in großen, komplexen, weiträumigen und im Extremfall global verteilten Organisationen. Andersen Consult z.B. umfaßt 51.000 professionelle Berater, die in 47 Ländern um den ganzen Globus verteilt sind. Wechselseitige Information und Kommunikation können hier nicht mehr auf Zuruf geschehen. Schon gar nicht ist es möglich, den Austausch von erfahrungsgebundenem Wissen den Zufällen persönlicher Bekanntschaften und den Kaffeepausen von Meetings zu überlassen. Zugleich besteht eine prägende Expertise eines solchen Unternehmens als Unternehmen darin, daß es nicht nur über gute Leute als individuelle Berater verfügt, sondern über angesammelte Erfahrungen, Vergleichsmöglichkeiten, intern entwickelte und gepflegte Instrumente und Konzeptionen, daß das Unternehmen arbeitsfähige Teams einsetzt, daß es über Möglichkeiten verfügt, für besonders dringende oder brisante Aufgaben »task forces« zusammenzustellen, die trotz unterschiedlicher Erfahrungshintergründe kooperieren können, daß es einen internen Wissens- und Erfahrungsaustausch organisiert, der dafür sorgt, daß die an einem Ort oder in einem Projekt gewonnene Expertise praktisch verzögerungsfrei an allen anderen Orten und für alle anderen Projekte bei Bedarf zur Verfügung steht.

Praktisch jede Facharbeit, vor allem die klassische professionelle Tätigkeit (Ärzte, Juristen, Lehrer, Wissenschaftler) ist wissensbasierte Arbeit in dem Sinne, daß sie auf spezialisierter Expertise von Personen gründet, die sich die Professionellen in langwierigen Ausbildungsprozessen aneignen müssen. Der Begriff *Wissensarbeit* meint etwas anderes. Er kennzeichnet Tätigkeiten (Kommunikationen, Transaktionen, Interaktionen), die dadurch gekennzeichnet sind, daß das erforderliche Wissen nicht einmal im Leben durch Erfahrung, Initiation, Lehre, Fachausbildung oder Professionalisierung erworben und dann angewendet wird. Vielmehr erfordert Wissensarbeit im hier gemeinten Sinn, daß das relevante Wissen (1) kontinuierlich revidiert, (2) permanent als verbesserungsfähig angesehen, (3) prinzipiell nicht als Wahrheit, sondern als Ressource betrachtet wird und (4) untrennbar mit Nichtwissen gekoppelt ist, so daß mit Wissensarbeit spezifische Risiken verbunden sind. *Organisierte Wissensarbeit* nutzt den Prozeß des Organisierens, um Wissen zu einer

Produktivkraft zu entfalten, die gegenwärtig dabei ist, die
herkömmlichen Produktivkräfte (Land, Arbeit, Kapital) in ihrer
Bedeutung zu überflügeln.

Wenngleich einige global agierende Beratungsunternehmen
Pioniere organisierter Wissensarbeit sind (Willke 1995a), darf man
sich Wissensarbeit nicht auf die »global players« der Beratung und
der Finanzdienstleistungen beschränkt vorstellen. Wissensarbeit
dringt gegenwärtig in ungewohnte Bereiche und in neue Territorien vor, angetrieben von dem erhöhten Konkurrenz- und
Innovationsdruck einer sich globalisierenden Wirtschaft. Kein
Lamentieren hilft darüber hinweg, daß »einfache« Arbeit in
hochentwickelten OECD-Ländern nicht konkurrenzfähig
angeboten werden kann. Im Vergleich zu Billig-Lohn-Ländern
oder zu möglicher Automatisierung sind die direkten und
indirekten Kosten schlicht zu hoch. Aber anspruchsvolle
Wissensarbeit spielt ihre hohen Kosten leicht wieder ein, wenn
sie auf verwertbare Geschäftsideen und überzeugende Innovationen gerichtet ist. Die Herausforderung für Gesellschaften
mit hohen Kosten, hochentwickelten Infrastrukturen, aufwendigen Bildungssystemen und anspruchsvollen Normen für den
Schutz von Individualrechten und Umweltressourcen liegt
demnach darin, den Bereich von Wissensarbeit nach Kräften
auszudehnen. Entscheidend dafür ist die Einsicht, daß dieses
Vorhaben nicht nur davon abhängt, daß Personen kontinuierlich
und intensiv lernen und ihre Talente nutzen. Der Erfolg dieser
Jahrhundertaufgabe hängt auch davon ab, daß Analoges auf der
Ebene von Organisationen gelingt, daß also Organisationen
jeglicher Art eine kollektive Intelligenz entwickeln und Lern-
bereitschaft und Innovationsfähigkeit zu generischen Kernkompetenzen aufbauen. Ein kritischer Baustein für diese
Kernkompetenzen ist Wissensmanagement (siehe als Überblick
über die wichtigsten Faktoren Abbildung 1).

Das vorliegende Buch stellt sich die Aufgabe, Wissensmanagement als Element eines Zusammenhanges gesellschaftlicher, organisationaler, technologischer und individueller Faktoren zu betrachten. Erst dieser Zusammenhang, der schematisch in Abb. 1 ausgedrückt ist, rechtfertigt die Rede von einem *systemischen Wissensmanagement.* Wer annimmt, Wissensmanagement sei nur die Fortsetzung von Organisationsentwicklung oder »Change Management« mit anderen Mitteln, der verpaßt die Pointe. Wer nur das Vokabular austauscht und nun die herkömmlichen, auf Personen fokussierten Ansätze als Wissensmanagement darstellt, der übersieht, daß die schwierigsten und anspruchsvollsten Momente eines systemischen Wissensmanagements sich als ein

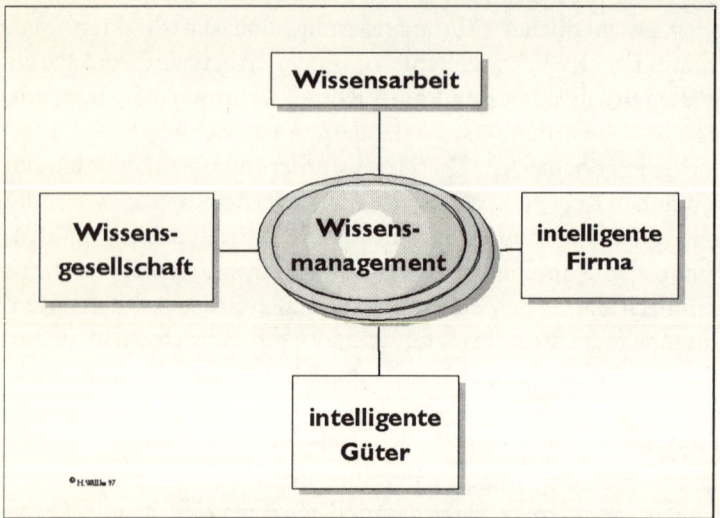

Abb. 1: Kontextuierung des Themas Wissensmanagement

Komplex von Zumutungen darstellen, der Organisation als System selbst eine vergemeinschaftete, kollektive Expertise, ein »collective mind« (Weick and Roberts 1993) und damit Lernfähigkeit und eine spezifische organisierte und organisationale

Innovationskompetenz zuzutrauen - und diese tatsächlich zu fordern und Schritte zu ihrer Realisierung vorzuschlagen. Genau dies ist der Anspruch des vorliegenden Buches.

Wie schwierig und folgenreich es ist, diesen Anspruch einzulösen, soll einleitend nur an zwei Beispielen illustriert werden. Sie betreffen nicht zufällig genuine Weichenstellungen in der Konzeption und im Verständnis von Wissen. Ein erster Punkt ist die Unterscheidung von Daten, Informationen und Wissen. Unendliche Verwirrungen entstehen alleine dadurch, daß geradezu habituell von Wissenstransfer, Wissensaustausch, Dokumentation von Wissen, gespeichertem Wissen und Wissensgenerierung die Rede ist, wenn nicht Wissen, sondern Daten gemeint sind. Neuere Entwicklungen in der soziologischen Systemtheorie und in der konstruktivistischen Erkenntnistheorie haben hier eine brauchbarere Basis geschaffen (Willke 1997c). Sie zeigen, daß es keine Daten an sich gibt, sondern nur beobachtungsabhängige, also qua Beobachtung erzeugte oder konstruierte Daten. Schon auf der elementaren Ebene von Daten hängt also das, was wir »sehen« können, von den Instrumenten und Verfahren der Beobachtung ab. Erst ein Hörrohr verschafft dem Arzt Zugang zu inneren Daten des Patienten, und ein Röntgenapparat oder eine Kernspintomographie erzeugen für den Beobachter Daten, die vorher nicht existent waren. Besonders wichtige Instrumente der Beobachtung sind Ideen, Konzeptionen, Vorurteile, Ideologien, Theorien etc., insgesamt die kognitiven »Landkarten« in den Köpfen der Beobachter. Sie bestimmen, was gesehen wird und was nicht.

Eine weitere fundamentale Beschränkung dessen, was als »Datum« möglich ist, kommt hinzu. Daten müssen in irgendeiner Form codiert sein, um existent zu werden, um Realität zu gewinnen. Bemerkenswerterweise sind die für Menschen intelligiblen Formen der Codierung extrem beschränkt, nämlich auf genau drei Möglichkeiten: Zahlen, Sprache/Texte und Bilder. Was nicht in diese Codierungsformen gepreßt werden kann, ist als Datum nicht existent. Dies bedeutet zum Beispiel, daß Ausdrucksformen nicht-verbaler Kommunikation oder emotive Qualitäten von Verhaltensweisen als Daten verloren gehen oder eben erst dann zu Daten werden, wenn sie in Zahlen, Sprache/Texte oder Bilder gefaßt werden - und dann ist die Frage, ob die symbolisierten Qualitäten noch etwas mit den »ursprünglichen« zu tun haben. Nur die Musik scheint in der Lage zu sein, solche emotiven, non-verbalen Qualitäten zu transportieren, aber Musik ist weder Datum noch Kommunikationsform in dem Sinne, daß sie »verstehbare« Informationen generiert - sie bleibt »unerhört« (Herrgott 1997).

Daten stehen praktisch in beliebiger Menge zur Verfügung, in aller Regel ist das Problem nicht ein Mangel, sondern eine Überflutung von Akteuren mit Daten. Daten sind allerdings nur der Rohstoff, der für sich wenig bedeutet, wenig kostet und wenig wert ist. Erst wenn aus Daten Informationen und Wissen werden, wird es interessant: »To make your organization perform, you'll have to build systems that support knowledge - not data« (Manville and Foote 1996, S. 1).

Aus Daten werden *Informationen* durch Einbindung in einen ersten Kontext von Relevanzen, die für ein bestimmtes System gelten. Eine Information ist nach der klassischen Formulierung von Gregory Bateson »a difference which makes a difference« (Bateson 1972, S. 453), also ein bedeutsamer Unterschied. Bedeutsam kann ein Unterschied nur am Maßstab eines Kriteriums von Relevanz sein. Da es keine Relevanzen an sich gibt, sondern jede Relevanz systemspezifisch und systemabhängig ist, folgt zwingend, daß jede Information nur systemrelativ sein kann. Eine Information ist nur dann konstituiert, wenn ein beobachtendes System über Relevanzkriterien verfügt und einem Datum eine spezifische Relevanz zuschreibt. Nur wenn man so aufwendig und kompliziert rekonstruiert, hat man eine Chance zu verstehen, warum und worin Informationen Informationen sind (Sveiby 1997b).

Weiter folgt aus dieser Rekonstruktion zwingend, daß Informations*austausch* zwischen unterschiedlichen Systemen unmöglich ist. Unmöglich! Die ganze übliche Rede vom Informationsaustausch ist deshalb Selbsttäuschung. Ein Informationsaustausch setzte voraus, daß die beiden austauschenden Systeme die identischen Relevanzkriterien haben. Das ist nicht einmal bei eineiigen Zwillingen der Fall, geschweige denn zwischen fremden Personen, verschiedenen Gruppen, Teams, Abteilungen, Organisationen oder gar Gesellschaften mit je eigener Geschichte, Identität, kognitiven Strukturen, Motiven und Zielen. Was dem scheinbaren Informationsaustausch zugrundeliegt, ist ein komplizierterer Prozeß. Er besteht darin, daß ein System (Ego) eine Information als Signal in Form einer codierten Beobachtung abgibt. Für jedes andere System (Alter) ist dieses Signal nichts anderes als ein Datum, und auch dies nur, wenn es mit seiner Ausstattung an Instrumenten das Signal beobachten kann. Alter kann nun dieses Datum am Maßstab seiner spezifischen Relevanzen bewerten und daraus eine Information konstruieren. Klar ist, daß dies für Alter eine andere Information ist als für Ego, sonst wären beide Systeme ja identisch.

Wie schwierig es ist, sich von überkommenen Vorstellungen zu lösen, zeigt selbst noch ein so reflektierter Forscher wie Karl Sveiby. Er thematisiert nachdrücklich das Verhältnis von Information und Wissen (und Expertise) und wendet sich mit guten Gründen gegen die übliche Vermischung und Verwechslung von Information und Wissen. Aber mangels einer brauchbaren epistemologischen Grundlage gelingt es ihm nicht, einen Begriff von Information zu entwickeln, der die Differenz zum Begriff des Datums einerseits, diejenige zum Wissensbegriff andererseits überzeugend klären könnte. Er definiert Information als die explizierte Form von implizitem Wissen und beschreibt Information als »independent of the originator« (Sveiby 1997a, S. 40). Damit verfehlt er genau den epistemologisch kritischen Punkt, daß bereits jede Information systemspezifisch und abhängig von den Relevanzkriterien eines bestimmten Systems ist. Dies führt ihn später zu der ebenso fragwürdigen wie überflüssigen These, daß Information einen niedrigen oder gar »negativen Wert« habe (1997a, S. 108). Demgegenüber postulieren wir, daß sich der »Wert« einer Information nur je system- und situationsspezifisch bestimmen läßt – er hängt ab von den leitenden Differenzen eines Systems und dem anhand dieser Kriterien zu messenden Neuigkeits- oder Überraschungswert der Information.

Damit liegt das Grundproblem jedes »Informationsaustausches« auf der Hand. Wir meinen in der üblichen naiven Betrachtung, es hätte tatsächlich eine Übertragung von (identischen) Informationen stattgefunden und beide Systeme verfügten deshalb über dieselbe Information. In Wirklichkeit ist nur ein Anlaß für Mißverständnis und versteckten Dissens geschaffen worden, weil jeder fälschlicherweise glaubt, der andere befände sich auf »gleicher Wellenlänge«. Zu diesem Verwirrspiel von Daten und Informationen, Beobachtung und Dissens berichtet Marshall McLuhan im Zusammenhang der Beschreibung nicht-alphabetischer Kulturen eine frappierende Geschichte, die von dem englischen Ethnologen John Wilson stammt:

»Alphabetischen Gesellschaften bereitet es einige Schwierigkeiten einzusehen, warum Nicht-Alphabeten weder dreidimensional noch perspektivisch sehen können. Wir nehmen einfach an, daß dies die normale Sehweise sei und daß es keiner Übung bedürfe, um Fotos oder Filme anzusehen. Wilson machte seine Erfahrungen anläßlich eines Versuches, den Film als Hilfsmittel beim Leseunterricht zu verwenden: ›Der nächste Beweis war sehr, sehr interessant. Der genannte Mann - der Gesundheitsinspektor - schuf einen Film, in welchem fast im Zeitlupentempo gezeigt wurde, was in einem gewöhnlichen Haushalt in einem primitiven afrikanischen Dorf zu tun sei, um das stehende Wasser loszuwerden - indem man Teiche austrocknete, alle leeren Büchsen auflas und sie wegschaffte usw. Wir zeigten diesen Film einem Zuschauerkreis und fragten die Leute, was sie gesehen hätten, und sie sagten, sie hätten ein Huhn gesehen, *und dabei wußten wir nicht einmal, daß im Film ein Huhn vorkam!* So suchten wir ein Filmbild nach dem anderen sorgfältig nach diesem Huhn ab, und tatsächlich ging, ungefähr eine Sekunde lang, ein Huhn über die Ecke des Bildrahmens. Jemand hatte das Huhn aufgescheucht, und es hatte die Flucht ergriffen über die rechte untere Ecke des Bildfeldes. *Das war alles, was die Leute gesehen hatten.* Alles andere, das sie vom Film hätten mitbekommen sollen, hatten sie überhaupt nicht erfaßt, dafür hatten sie etwas aufgeschnappt, von dem wir überhaupt nicht wußten, daß es im Film war, bis wir ihn ganz genau durchsahen. Warum? Wir entwickelten die verschiedensten Theorien. Vielleicht machte es die plötzliche Bewegung des Huhnes aus. Alles andere wurde in langsamen Tempo ausgeführt - das Einherschreiten der Leute, das langsame Auflesen der Büchse und alles Drum und Dran; der Vogel war anscheinend das einzige Stück *echter Wirklichkeit* für sie« (McLuhan 1995, S. 45, Hervorhebung H.W.).

In den üblichen »Informationsaustauschen« wimmelt es nur so von aufgescheuchten Hühnern, welche die einen für die einzige echte Wirklichkeit halten, während die anderen überhaupt kein Huhn gesehen haben. Wie soll unter diesen Bedingungen Informationsaustausch oder gar Konsens möglich sein? Um zu einer Antwort zu gelangen, brauchen wir zunächst noch mehr Verwirrung. Noch gravierender als die Mißverständnisse über Information und Informationsaustausch sind nämlich die Unklarheiten über Wissen und Wissenstransfer.

Aus Informationen wird *Wissen* durch Einbindung in einem zweiten Kontext von Relevanzen. Dieser zweite Kontext besteht nicht, wie der erste, aus Relevanzkriterien, sondern aus bedeutsamen Erfahrungsmustern, die das System in einem speziell dafür erforderlichen Gedächtnis speichert und verfügbar hält. Wissen ist ohne Gedächtnis nicht möglich, aber nicht alles, was aus einem Gedächtnis hervorgeholt werden kann, ist Wissen. Wissen entsteht durch den Einbau von Informationen in Erfahrungskontexte, die sich in Genese und Geschichte des Systems als bedeutsam für sein Überleben und seine Reproduktion herausgestellt haben. Wissen ist notwendiger Bestandteil eines zweckorientierten Produktionsprozesses. Die Ergebnisse der produktiven Aktivität können unterschiedlichster Art sein, Güter, Leistungen, Fertigkeiten, Zustände etc. Um Radfahren zu können (Fertigkeit), muß ich einen koordinierten Bewegungsprozeß in Gang bringen, zu dem ich erfahrungsgebundenes implizites Wissen brauche. Um ein Bild oder einen Film genießen zu können (Zustand), brauche ich - siehe das obige Beispiel von John Wilson - erfahrungsgebundes Wissen um den Aufbau, die Bedeutung und das Funktionieren von Bildern und Filmen. Will eine Firma einen Navigationssatelliten herstellen (Produkt), so benötigt sie eine Fülle an implizitem, explizitem, individuellem und organisationalem Wissen aus unterschiedlichsten Bereichen, und sie benötigt erfahrungsgebundenes Wissen darüber, wie dieses verteilte Wissen in einem koordinierten Produktionsprozeß zusammenzubringen ist. Wissen ist deshalb immer zweckgebunden und bezieht seine spezifische Bedeutung aus der Grammatik der Zwecke (Systemrationalität) und aus der strategischen Ausrichtung eines Systems.

Dieses Wissenskonzept bricht mit der klassischen Unterscheidung von »knowing that« und »knowing how«, die von Gilbert Ryle (1949) stammt und »in der modernen Kognitionswissenschaft als deklaratives und prozedurales Wissen geführt« wird (Baumgartner 1993, S. 71). Denn »knowing that« und damit deklaratives Wissen sind nichts anderes als Daten. Sie haben mit Wissen als in Erfahrung eingebettete Informationen nichts zu tun. Tatsächlich fährt Baumgarten an der genannten Stelle fort: »Unter deklarativem Wissen wird statisches Wissen als eine Art Faktenwissen verstanden«. Eine Fakten-CD-ROM und jede Encyclopedia Britannica hat mehr »Wissen« in diesem Sinne als noch der intelligenteste Mensch - ein solcher Wissensbegriff ist Unsinn und unbrauchbar. Die CD-ROM und die Enzyklopädie enthalten nur Daten und keinerlei Wissen (siehe als schematisierten Überblick Tabelle 1).

Eine andere klassische Unterscheidung von Wissen ist dagegen von grundlegender Bedeutung für das Wissensmanagement. Es ist die von Michael Polanyi (1958) stammende Differenz von implizitem und explizitem Wissen. Implizites Wissen ist ein

Wissen, das eine Person aufgrund ihrer Erfahrung, ihrer Geschichte, ihrer Praxis und ihres Lernens im Sinne von »know-how« hat. Erstaunlicherweise muß die Person nicht unbedingt wissen, daß sie dieses Wissen hat und sie muß auch nicht erklären können, wie sie kann, was sie kann. Beispielsweise mag ein fünfjähriges Kind skifahren oder fahrradfahren können, ohne zu wissen, daß es dies kann und ohne erklären zu können, was genau es tut, wenn es skifährt oder mit dem Rad fährt. Ein erfahrener Mechaniker mag treffsicher Motorprobleme diagnostizieren, ohne zu wissen, wie er zu seiner Diagnose gekommen ist. Polanyis Formulierung dafür ist, »that we know more than we know how to say« (1958, S. 12).

	Daten	Information	Wissen
Basis-operation	codierte Beobachtungen	systemisch relevante Daten	Einbau von Informationen in Erfahrungs-kontexte
Restrik-tionen	Zahlen Sprache/Texte Bilder	Information ist system-relativ	gemeinsame Praxis »community of practice«
Heraus-forderung	innovative hybride Formen	Informations-austausch	Wissens-transfer

Tab. 1: Merkmale der Grundbegriffe

Explizites Wissen dagegen ist ein ausgesprochenes, formuliertes, dokumentiertes und in diesem Sinne expliziertes Wissen, ein Wissen also, von dem der Wissende weiß und über das er sprechen kann. Der Prozeß der Explizierung, der Übergang vom impliziten zum expliziten Wissen kann sehr mühevoll sein. So bringen es

Menschen mit singulären Erfahrungen in manchen Fällen nur schwer oder gar nicht über sich, ihr spezielles Wissen auszusprechen oder niederzuschreiben. Manche außergewöhnliche Lehrer oder Meister, die ihr implizites Wissen mit großem Erfolg an eine Schülerschar weitergeben, sind nicht in der Lage oder weigern sich, ihr Wissen zu explizieren. Dies wird uns als spezifisches Problem des Wissensmanagements in den Kapiteln 3.3 und 3.4 noch beschäftigen.

In welcher Weise es für ein gelingendes Wissensmanagement darauf ankommt, die Übergänge zwischen implizitem und explizitem Wissen zu gestalten und in Bewegung zu bringen, haben vor allem Ikujiro Nonaka und Hirotaka Takeuchi dargestellt (1995). Vor allem Nonaka hat diese Grundidee zum Modell eines »organizational knowledge creation« ausgebaut (Nonaka 1992; 1994; 1995). Er greift die Unterscheidung von implizitem (»tacit«) und explizitem (»explicit«) Wissen von Michael Polanyi auf und interessiert sich vorrangig für die Übergänge zwischen diesen beiden Typen des Wissens einerseits, zwischen personalem und organisationalem Wissen andererseits. In einer Kreuztabellierung ergeben sich daraus vier Modi der Wissensgenerierung (siehe Tabelle 2), die sich bei optimaler Prozeßgestaltung zu einer »Spirale der organisationalen Wissensgenerierung« (Nonaka 1994, S. 20) verknüpfen lassen.

Sozialisation ist, wie in der klassischen Lehre, der Erwerb des impliziten Wissens des Meisters durch den Schüler in einer gemeinsamen Handlungspraxis. Der Schüler oder Lehrling beobachtet, ahmt nach und übt unter den Augen des Meisters, ohne daß der viel reden muß. *Externalisierung* dagegen setzt genau dieses Reden (oder Schreiben) voraus. Denn nur expliziertes Wissen läßt sich als Grundlage für *Kombination* nutzen, also für die organisationale Vergemeinschaftung von explizitem Wissen in den Fällen, in denen eine Organisation für Lernen durch Sozialisation zu groß oder zu verteilt oder zu schnell geworden ist. *Internalisierung* schließlich meint die individuelle Aneignung von neuem Wissen als implizitem, operationalem Wissen, wenn das in der Phase der Kombination erlernte explizite Wissen routinisiert und »verinnerlicht« wird. Internalisierung gründet also auf unterschiedlichen Formen des individuellen und des sozialen Lernens.

Übergang von ... zu	implizitem Wissen	explizitem Wissen
implizitem Wissen	Sozialisation	Externalisierung
explizitem Wissen	Internalisierung	Kombination

Tab. 2: Modi der Wissensgenerierung in Organisationen (Quelle: Nonaka 1994)

Nonakas Kernaussage ist, daß eine wissensbasierte Organisation dann zu einer Generierung innovativen Wissens gelangt, wenn sie die schwierigen und voraussetzungsreichen Übergänge zwischen explizitem und implizitem Wissen in routinisierte organisationale Prozesse faßt, die fördern, daß individuelles Wissen artikuliert und durch Zugänglichkeit verbreitet wird. Grundlage solcher Prozesse sind rekursive »rounds of meaningful dialogue« und die Fähigkeit zur Verwendung von Metaphern, welche das implizite Wissen in nachvollziehbare Sinnbilder fassen (Nonaka 1994, S. 20).

Damit sind die Schwierigkeiten der Vergemeinschaftung von Wissen durch Kombination allerdings nur angedeutet. Organisierte Wissensarbeit und intelligente Organisation als »Orte« der systemischen Kombination von explizitem Wissen lassen sich in ihren Voraussetzungen und Implikationen wohl erst dann verstehen, wenn man die dahinterstehende Idee *systemischer Intelligenz* nicht mehr als bloßen Mythos abtut. Nicht Systemtheoretiker, sondern Chris Argyris und Donald Schön, die wohl weisesten Erfinder und Vertreter der Idee organisationalen Lernens (und: Verlernens), haben dazu das Notwendige gesagt: »To the distinguished social scientists who were repelled by the idea when we first broached it in the early 1970s, ›organizational learning‹ seemed to smell of some quasi-mystical, Hegelian personification of the collectivity. Surely, they felt, it is *individuals* who may be said to learn, just as to think, reason, or hold opinions. To them, it seemed paradoxical, if not perverse, to attribute learning to *organizations*« (Argyris and Schön 1996, S. 4). Und: »Although learning is based on individuals in the workforce, forms can learn *in toto*« (Dodgson 1993, S. 377).

Wenn soziale Systeme lernen können, dann können sie auch Wissen generieren, speichern und in systemisch organisierten Prozessen anwenden. Tatsächlich ist es nicht besonders schwierig, empirische Fälle von »dummen« und »intelligenten« Organisationen zu unterscheiden, die diese Qualitäten unabhängig von den Qualitäten ihrer konkreten Mitglieder aufweisen (Willke 1997a).

Immer noch fällt es allerdings vielen schwer, sich überhaupt organisationales Wissen vorzustellen, also Wissen, das nicht in den Köpfen von Menschen gespeichert ist, sondern in den Operationsformen eines sozialen Systems. *Organisationales oder institutionelles Wissen steckt in den personen-unabhängigen, anonymisierten Regelsystemen, welche die Operationsweise eines Sozialsystems definieren.* Vor allem sind dies Standardverfahren (»standing operating procedures«), Leitlinien, Kodifizierungen, Arbeitsprozeß-Beschreibungen, etabliertes Rezeptwissen für bestimmte Situationen, Routinen, Traditionen, spezialisierte Datenbanken, kodiertes Produktions- und Projektwissen und die Merkmale der spezifischen Kultur einer Organisation. Niklas Luhmann beginnt seine Wissenstheorie auf der ersten Seite mit der Zumutung, die Zurechnung von Wissen auf das individuelle Bewußtsein zu lösen (1990 S. 11).

Kehren wir zum Schluß dieser Einführung zu unseren realen oder imaginären aufgescheuchten Hühnern zurück. Das Paradox des unmöglichen Informationsaustausches läßt sich durch das komplementäre Paradox kollektiven Lernens auflösen. Wir sehen nun, daß kollektives Lernen in den Formen der Sozialisation und der Kombination nur gelingen kann, wenn ein gemeinsamer Erfahrungskontext, eine »community of practice« dafür sorgt, daß sich die Kriterien der Bewertung von Daten, also die Prozeduren der Konstruktion von Informationen in einer gemeinsamen Praxis so annähern, daß eine annähernde oder hinreichende »Passung« von Informationen resultiert. Informationsaustausch wird dann möglich, wenn er in den noch anspruchsvolleren Kontext gemeinsamen Lernens eingebettet ist. Wer auf der Ebene des isolierten Informations»austausches« bleibt, läuft gegen eine unüberwindbare Mauer der Nichtkompatibilität.

Wissensmanagement, so unsere Hauptthese, läßt sich in seinen Chancen und seinen Schwierigkeiten nur begreifen, wenn ein brauchbarerer, präziserer und systemisch kontextuierter Wissensbegriff entwickelt und zugrundegelegt wird. Ohne eine klare Unterscheidung zwischen Daten, Informationen und Wissen ist Wissensmanagement zum Scheitern verurteilt. Ohne eine klare Einsicht in die Problematik der Übergänge zwischen implizitem und explizitem Wissen kommt nicht zum Vorschein, warum das Kernproblem von Wissensmanagement die *Verknüpfung und Rekombination* der personalen und der organisationalen Komponente von Wissen, Lernen und Innovationskompetenz ist. Erst wenn die Seite der Organisation als »collective mind« zumindest eine vergleichbare Aufmerksamkeit gewinnt wie die Seite der Personen, und wenn die Frage des Zusammenspiels beider Seiten zur entscheidenden Prüffrage avanciert, stehen die Zeichen besser für den Versuch, den eigentlichen Wert einer Organisation in

ihrer Fähigkeit zu sehen, als System zu lernen und überzeugende
Innovationen hervorzubringen.

2   Wissensarbeit

Wissensarbeit entfaltet sich gegenwärtig in der spannungsreichen Koevolution von Wissensgesellschaft, intelligenter Organisation und intelligenten Gütern (Produkten und Dienstleistungen). Die Vorboten einer Transformation der Arbeits- und Industriegesellschaft zur Wissensgesellschaft kündigen sich in den qualitativ neuen Dimensionen von global orientierter und intendierter *Wissensbasierung, Digitalisierung* und *Vernetzung* an. Die ersten Ausprägungen von intelligenter Organisation zeigen sich an den Pionieren einer neuen Produktionsform von Gütern. Diese Produktionsform ist dadurch geprägt, daß neben die herkömmlichen Produktionsfaktoren (Land, Kapital und Arbeit) mit Wissen ein Faktor tritt, der für alle nicht-trivialen Güter rasch zur kritischen Ressource avanciert. Damit wird die Generierung und das Management von Wissen zur fundierenden Kernkompetenz solcher Organisationen, die für ihr Überleben darauf angewiesen sind, effektiv, effizient und kontinuierlich Innovationen zu erzeugen.

Sowohl auf der Ebene von Gesellschaften wie auf der Ebene von Organisationen zeigt sich dabei, daß Wissensbasierung, Wissensarbeit und organisationale Intelligenz davon abhängen, inwieweit es gelingt, *Infrastrukturen* für Informationsaustausch und Wissenstransfer zu installieren und ihre Nutzung zu routinisieren. Weniger deutlich und weniger untersucht ist, in welchem Maße *Suprastrukturen* im Sinne von Regulierungssystemen und institutionellen Steuerungsregimes zu revidieren und neu zu gestalten sind, um den Möglichkeitsraum der Wissensgesellschaft und der intelligenten Organisation zu öffnen und von dem niederdrückendem Ballast ihres tayloristischen Erbes zu befreien. Beide Aspekte, Infrastrukturen und Suprastrukturen, werden als Momente der Wissensgesellschaft in den Kapiteln 5.2 und 5.3

behandelt. Die folgende Abbildung (Abb. 2) gibt einen schematischen Überblick über die angesprochen Faktoren. Die Seite der
Wissensgesellschaft wird in Kapitel 5 im Zusammenhang
dargestellt, die Seite des Wissensmanagements in Kapitel 3.

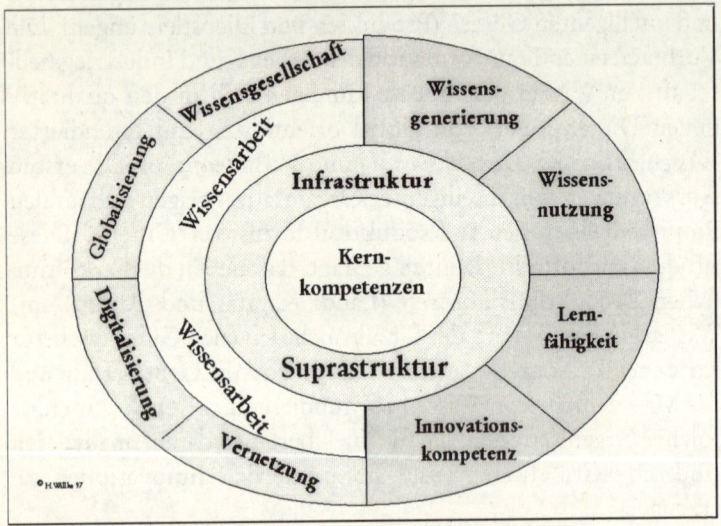

Abb. 2: Die wissensbasierte Organisation im Kontext

Organisierte Wissensarbeit entwickelt sich zum Standardmodus
der Operationsweise von wissensbasierten, »intelligenten«
Organisationen wie High-Tech-Firmen, Forschungsinstitute,
Projektorganisationen, Investmentbanken, Enquetekommissio-
nen, Kliniken, Regierungsagenturen, Verlage, Redaktionen und
viele andere private oder öffentliche Einrichtungen der Erstellung
nicht-trivialer Güter. Nahezu jede menschliche Tätigkeit ist
wissensbasiert in dem Sinne, daß Erfahrung und Wissen eine Rolle
spielen. Praktisch jede Facharbeit, vor allem die klassische
professionelle Tätigkeit (Ärzte, Juristen, Lehrer, Wissenschaftler)
ist wissensbasierte Arbeit in dem Sinne, daß sie auf spezialisierter

Expertise von Personen gründet, die sich die Professionellen in langwierigen Ausbildungsprozessen aneignen müssen. Der Begriff *Wissensarbeit* meint etwas anderes. Er kennzeichnet Tätigkeiten (Kommunikationen, Transaktionen, Interaktionen), die dadurch gekennzeichnet sind, daß das erforderliche Wissen nicht einmal im Leben durch Erfahrung, Initiation, Lehre, Fachausbildung oder Professionalisierung erworben und dann angewendet wird. Vielmehr erfordert Wissensarbeit im hier gemeinten Sinn, daß das relevante Wissen (1) kontinuierlich revidiert, (2) permanent als verbesserungsfähig angesehen, (3) prinzipiell nicht als Wahrheit, sondern als Ressource betrachtet wird und (4) untrennbar mit Nichtwissen gekoppelt ist, so daß mit Wissensarbeit spezifische Risiken verbunden sind. *Organisierte Wissensarbeit* nutzt den Prozeß des Organisierens, um Wissen zu einer Produktivkraft zu entfalten, die gegenwärtig dabei ist, die herkömmlichen Produktivkräfte (Land, Arbeit, Kapital) in ihrer Bedeutung zu überflügeln.

Wissensarbeit wird zu einem soziologischen Thema, weil sie ein Kernelement der Morphogenese der Industriegesellschaft zur Wissensgesellschaft kennzeichnet, und sie wird im besonderen zu einem organisationssoziologischen Thema, weil sie im Kontext der Wissensgesellschaft von einer personengebundenen Tätigkeit zu einer Aktivität wird, die auf einem elaborierten Zusammenspiel personaler und organisationaler Momente der Wissensbasierung beruht. Sie diffundiert von den Praxen und Labors in die Werkhallen und Büros. Studien zur Wissensarbeit fragen weniger, wie einige der Laborstudien (Knorr-Cetina 1984), nach der Konstruktion von Wissen im Kontext von Arbeit, sondern eher nach der Rekonstruktion von Arbeit auf der Basis ubiquitärer und unabdingbarer Expertise und ihrer kontinuierlichen Revision. Eher wie die »workplace studies« (Knoblauch 1996, S. 352ff.; Suchman 1993) fragen Studien zur Wissensarbeit nach Formen der Arbeit in Koordinationssettings, fokussieren aber weniger auf die verwendete Hochtechnologie als auf das verwendete und generierte Wissen im Kontext intelligenter Organisationen. Darüber hinaus aber beginnen die Einsichten zur Wissensarbeit und zur intelligenten Organisation deutlichen Eindruck auf die »Theorie der Firma« zu machen. Standen hier mit Ronald Coase zunächst die Transaktionskosten und die Differenz von Markt und Hierarchie im Vordergrund (Coase 1937; Williamson 1975), so entwickelte sich dieser Hauptstrang seitdem zur Verhaltenstheorie, zur Evolutionstheorie und dann zur Ressourcentheorie als den drei wichtigsten Ausprägungen der Theorie der Firma (Grant 1996, S. 109f.). Dem fügen sich gegenwärtig als vierter Strang Überlegungen an, die vorrangig darauf abstellen, daß Firmen (aber auch andere Organisationen) wissensbasiert arbeiten und gegenüber dem Markt die effizientere Form darstellen, um verteiltes Wissen, vor allem spezialisiertes implizites Wissen, zu koordinieren - eine Fähigkeit, die entscheidend ist, wenn es um die Herstellung komplexer, wissensbasierter Güter geht (Grant 1996; Liebeskind 1996; Minkler 1993). Da Wissen als Rohstoff und Produkt organisationaler Aktivität einer anderen Logik gehorcht als die herkömmlichen Produktionsmittel, müssen Kernbereiche der (ökonomischen) Theorie der Firma und der (soziologischen) Theorie der Organisation für den Fall wissensbasierter Sozialsysteme neu geschrieben werden. Gegenwärtig stehen hier die Themen des organisationalen Wissensmanagements und der Bedeutung von »intellektuellem Kapital« an erster Stelle (Edvinsson and Malone 1997; Nonaka and Takeuchi 1995; Quinn 1992; Steward 1997). Wir kommen in Kap. 3 darauf zurück.

Bevor diese Themen im nächsten Kapitel im einzelnen zu untersuchen sind, müssen wir uns dem Zusammenspiel von Personen und Organisationen zuwenden, denn es ist dieses schwierige Zusammenspiel, welches Wissensarbeit im hier gemeinten Sinne erst konstituiert. Natürlich arbeiten Personen immer schon wissensbasiert. Auch der Höhlenmensch brauchte für seine Jagd auf Mammuts Wissen, um bessere Überlebenschancen zu haben. Die Meister der mittelalterlichen Gilden arbeiteten wissensbasiert und dies zieht sich durch bis zum heutigen Facharbeiter. Aristoteles arbeitete wissensbasiert wie alle Wissenschaftler, Juristen, Ärzte und Lehrer nach ihm bis zu den auch heute noch klassischen Professionen. Geändert hat sich auf der Seite der Personen die Veränderungsgeschwindigkeit der Wissensbasierung. Wissensarbeit im hier verwendeten Sinne meint die Arbeit von Experten, deren Expertise *kontinuierlicher* Revision unterworfen ist. Auch auf der Seite der Organisationen sind weitreichende Veränderungen zu beobachten. Erstaunlicherweise haben frühe Organisationsformen, nämlich die klassischen Institutionen wie Kirchen, Armeen, Regierungssysteme, Hospitäler und Universitäten im Laufe ihrer Geschichte ein bemerkenswertes Maß an institutioneller Erfahrung und Expertise angesammelt, die in ihren Regelsystemen, Routinen und »Geschäftsprozessen« verankert sind. Geradezu aufgrund dieser angehäuften Expertise ist es einigen dieser Institutionen bis heute möglich, im wesentlichen mit Laien zu arbeiten, deren eigene Expertise sich auf implizites Wissen beschränkt, welches ihnen durch Mitgliedschaft und die damit verbundene Sozialisation zuwächst.

Ein in dieser Hinsicht bemerkenswerter Fall sind die modernen parlamentarischen Regierungssysteme, die in ihren Regelsystemen (Verfassungen, Gesetze, Gesetzgebungsverfahren, Wahlverfahren, Geschäftsordnungen etc.) ein hohes Maß organisationaler Intelligenz entwickelt haben - und gerade deshalb mit »durchschnittlichen« Menschen immer noch leidlich gut zurechtkommen. Die modernen Universitäten bilden dazu einen Gegenpol. Sie waren einmal, nach den Humboldtschen Reformen, für ein Jahrhundert lang frühe Beispiele für intelligente Organisationen. Denn sie verbanden in dieser Phase ihrer Geschichte die beiden Seiten personaler Intelligenz in den Personen der Forscher, Lehrer und Studierender und organisationaler Intelligenz in den Formen ihrer Operationsweise als aufgeklärte, einigermaßen liberale und autonome Orte kollektiven Lehrens und Lernens. Sie waren genau in diesen Operationsmerkmalen den sie umgebenden Gesellschaften voraus oder doch zumindest angemessen. Dies läßt sich heute etwa für die deutschen, französischen oder italienischen Universitäten nicht mehr behaupten. Sie haben nach Humboldt institutionell kaum etwas dazugelernt und dieses Versäumnis bringt sie gegenüber den Anforderungen und Möglichkeiten der sie umgebenden Gesellschaften ins Hintertreffen. Sie haben sich von intelligenten Organisationen zu klassischen Institutionen zurückentwickelt, weil sie selber zwar gleich geblieben sind, ihre Gesellschaften sich aber dramatisch, gerade in ihrem Wissensbedarf und in ihrer Wissensbasierung, verändert haben.

Auf einer mittleren Ebene läßt sich die »moderne« Organisation verorten. Ihre Mitglieder sind Facharbeiter und andere Fachleute bis hin zu den herkömmlichen Professionellen: Unternehmen, Krankenhäuser, Forschungsinstitute, Parteien, Verlage, Gefängnisse, Armeen, Gerichte, Sportvereine, Wohlfahrtsverbände, anglo-amerikanische Universitäten, einige Kirchen etc. Sie lassen sich dadurch kennzeichnen, daß sie im Kontext moderner kapitalistischer demokratischer Gesellschaften von ihren Mitgliedern ein unterschiedliches, aber insgesamt steigendes Maß professioneller Kompetenz verlangen und in ihren Produkten und Dienstleistungen von trivialen zu nicht-trivialen, komplexen Gütern fortschreiten. Beschränkt sind moderne Organisationen darin, daß ihre spezifisch organisationale Intelligenz bescheiden geblieben ist. Sie verlassen sich auf die Expertise ihrer Mitglieder und arbeiten dann nach ihren eigenen Ansprüchen zufriedenstellend, wenn sie die fallweise Kooperation und das individuelle Lernen ihrer arbeitsteilig organisierten Mitglieder nicht über Gebühr behindern. Zwar bemerken die meisten dieser Organisationen inzwischen, daß diese Form der Kooperation und vor allem diese Form des Lernens suboptimal ist, aber sie finden es schwierig oder unmöglich, andere Formen verläßlich ein-

zurichten. In diesem Feld spielen die notorischen Tragödien des
»Human-relations«-Ansatzes, der Gruppenarbeit, der Humanisie-
rung der Arbeit, der Personalentwicklung, der lernenden
Organisation, der Geschäftsprozeßoptimierung etc., die weitgehend daran gescheitert sind, daß die betroffenen Organisationen
keine *zwingenden* Gründe gesehen haben, sich den Anforderungen
und Kosten dieser Modelle auszusetzen. Erst heute, nachdem die
Industriegesellschaften der ersten Welt sich unter dem Druck der
Globalisierung daran machen, sich zu Wissensgesellschaften zu
rekonfigurieren, und nachdem einige Pionierorganisationen die
frappierende Überlegenheit intelligenter Organisationsformen
demonstrieren, hat sich das Blatt gewendet. Alle genannten
Modelle, von Gruppenarbeit bis zu Geschäftsprozeßoptimierung,
bekommen nun eine zweite oder dritte Chance, und die Chancen
stehen diesmal besser, weil sich die Kontextbedingungen für
organisationale Intelligenz und Wissensarbeit geändert haben. Die
folgende Abbildung (Abb. 3) faßt die genannten Faktoren
schematisch zusammen.

Im Mittelpunkt des Interesses steht hier der sich neu konstituierende Zusammenhang organisierter Wissensarbeit in
Unternehmensformen, die einerseits von leistungsfähigen
öffentlichen oder privaten intelligenten Infrastrukturen wie
Datennetzen, satellitengestützten Intranets und Verkehrsleit-
systemen, von elaborierten Suprastrukturen wie intelligente
Regulierungsregime und Interoperabilitätsstandards abhängen,
und die andererseits von Mitarbeitern abhängen, welche als
»Kognitariat« den alten Formeln proletarischer Existenz längst
entwachsen sind:

»Die Wissensarbeiter der modernen Gesellschaft, das Kognitariat, verfügen selbst
über ihre Produktionsmittel: Wissen, Information, Einschätzung. Das Kognitariat
bildet bei uns bereits die Mehrheit der beschäftigten Bevölkerung« (Toffler 1995,
S. 60).

Organisationsformen der Wissensarbeit

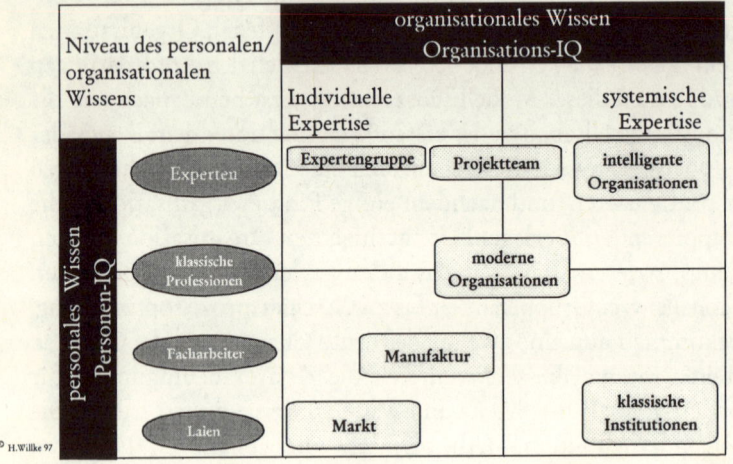

Abb. 3: Organisationsformen der Wissensarbeit

Die veränderte Rolle von Arbeit unter Bedingungen der Wissensbasierung und die verändernde Rolle von Wissen unter Bedingungen verteilter Intelligenz und dezentrierter Expertise verändern
auch die Architekturen von Organisationen, insbesondere von
Firmen. Die Theorie der Firma und genereller die Theorie der
Organisation werden revidiert werden müssen, wenn Effizienz
der Transaktionen nicht mehr Ergebnis von hierarchischer
Kontrolle von Informationen ist, sondern Resultat einer prekären
Kooperation professioneller Wissensträger: »Given dispersed
knowledge, all agents are potentially important« (Minkler 1993,
S. 581).

Obwohl die grundlegenden Studien von Fritz Machlup zur
Produktion und zum ökonomischen Wert von Wissen wenig
rezipiert worden sind (Stehr 1994, S. 116 ff.), und obwohl die

Definition von Indikatoren und ihre Messung im Bereich von Information, Wissen und Wissensbasierung unscharf bleiben müssen, läßt sich doch aus der Fülle vorliegender Beobachtungen ein deutlicher Trend herauslesen: gegenüber Landwirtschaft, industrieller Produktion und einfachen Dienstleistungen nehmen wissensbasierte Tätigkeiten zu (ausführlicher dazu Kap. 5). Gegenüber Produkten mit hohen Wertanteilen an Arbeit und Material gewinnen Produkte die Überhand, deren Wert vorrangig aus der eingebauten Expertise (»embedded intelligence«) besteht – z. B. Software, Logik-Chips, Computer, Farbdisplays, elektronische Spiele, Spielfilme, Mikrosystemtechnologien, Arzneien, Biotechnologien etc. Bereits 1990 ließ sich Intels 486er-Chip für weniger als 100 Dollar produzieren. Verkauft wurden sie für 500 Dollar – eine »Wissensabgabe« von 400% (Rappaport and Halevi 1991, S. 53). »Bei Siemens stammen inzwischen über 50 Prozent der Wertschöpfung aus wissensintensiven Dienstleistungen« (Pierer 1996). Während einfache Tätigkeiten und Dienstleistungen von Robotern übernommen werden, steigt der Bedarf an professioneller Expertise in allen Bereichen.

Die intelligente Organisation als »Ort« und Kontext für Wissensarbeit ist indessen nicht nur bemerkenswert, weil sich mit Expertise ein neuer knapper Rohstoff und mit Wissen ein neues dominantes Produktionsmittel in den Vordergrund schieben. Einen möglicherweise tiefgreifenderen Einschnitt bewirkt Wissensbasierung dadurch, daß mit Wissensarbeit sich der Sinn und die Existenzberechtigung von Organisationen ändern könnten. Die eigenständige Bedeutung der organisationalen Ebene gegenüber der Ebene der Personen und Mitglieder schlägt auch auf den Bereich des Wissens (und des Lernens) durch. Dies heißt, daß es nicht mehr ausreicht, die Mitglieder einer Organisation mit dem erforderlichen Wissen und der adäquaten Expertise auszustatten. Auch die Organisation selbst muß in ihren überindividuellen »anonymisierten« Regelsystemen und Geschäftsprozessen ein Optimum an organisationalem Wissen und systemischer Expertise einbauen, um leistungs- und konkurrenzfähig zu bleiben. Hinzu kommt, daß aufgrund der mit dem Transaktionskostenansatz verbundenen Sensibilität für die Kosten und Nutzen von Informationen, Wissen und Expertise nun Organisationen es sich nicht mehr leisten können, das vorhandene Wissen ungenutzt zu lassen und das erforderliche Wissen nicht zu generieren. Aus dieser Kombination von Faktoren resultiert das intensive Interesse von Firmen und anderen Organisationen am *Problem des Wissensmanagements*. Dieses Interesse ist gegenwärtig sowohl in der Theorie als auch in der Praxis beobachtbar. Die Frage des Wissensmanagements ist wichtig, weil mit der Entdeckung ungeahnter Produktivitäts- und Innovativitätsreserven durch die Möglichkeit von Wissensmanagement aus der Möglichkeit postwendend ein Zwang wird. So wie die Manufakturen der frühen Neuzeit den maschinengetriebenen Bändern, Produktionsanlagen und Fabriken des Industriezeitalters weichen mußten, so weichen gegenwärtig schon die maschinengetriebenen Fabriken den neuen wissensgetriebenen »Campus-Organisationen«, welche aus dem Rohstoff Wissen expertisegestützte Geschäftsideen entwickeln für alle nur denkbaren Formen organisationaler Kernkompetenzen und Kernfähigkeiten.

Die leitende Idee dieses Buches ist die Annahme, daß die Möglichkeit und die Notwendigkeit von organisierter Wissensarbeit und organisationalem Wissensmanagement die Logik der Operationsweise von Organisationen tiefgreifend verändert. Konnten Organisationstheorie und -praxis bislang davon ausgehen, daß Organisationen im allgemeinen über machtbasierte Entscheidungen und Firmen im besonderen zusätzlich über geldbasierte Transaktionen erklärbar seien, so hat sich die Situation nun kompliziert. Sowohl Macht wie Geld als Steuerungsmedien von Organisationen geraten in den Sog einer anderen Steuerungslogik - der Steuerung mit und durch Expertise. Ein Vorrang des Steuerungsmediums Macht resultiert in den bekannten Stärken (Jaques 1991) und den bekannten Pathologien

(Türk 1976) hierarchischer Organisation. Ein Vorrang des Steuerungsmediums Geld unterwirft Organisationen dem Marktprinzip und damit einer Marktlogik und wirft die Frage auf, weshalb dann nicht gleich die Organisation zugunsten eines Marktes aufgelöst werden sollte. Die seit einiger Zeit beobachtbaren Schwierigkeiten des Einbaus »interner Märkte« in große Unternehmen, der marktorientierten Organisation von hunderten oder gar tausenden (z.B. ABB oder General Electric) von Profitcentern unter dem Dach eines Konzerns oder einer Holding, oder die Hindernisse beim Aufbau noch marktähnlicherer »virtueller« Organisationen, zeigen die ungelösten Probleme des Zusammenspiels von Marktlogik und hierarchischer Organisation. Nun kommt in wissensbasierten Organisationen auch noch die Logik des Wissens hinzu. Sie setzt gegenüber dem Anspruch hierarchischer Machtausübung den Vorrang des überlegenen Wissens und trübt die reine Logik des Marktes mit den Unschärfen einer nur in Umrissen existierenden Ökonomie des Wissens.

Die grundlegenden Probleme von Wissensarbeit kreisen um die Frage, wie das Zusammenspiel von personalem und organisationalem Wissen verstanden und organisiert werden kann. Um die neue Qualität heutiger Wissensarbeit verstehen zu können, sollte man sehen, daß es dazu nicht ausreicht, daß *entweder* die Person *oder* die Organisation, in welcher eine Person agiert, wissensbasiert operiert. Sokrates hat ohne Zweifel Wissensarbeit verrichtet, aber er brauchte zu seiner Form von Wissensarbeit keine elaborierte Organisation. Die großen Kirchen und die parlamentarischen Systeme moderner Demokratien sind erstaunlich elaborierte und intelligente Organisationen, aber in ihrem Kontext gelingt nur zufällig und sporadisch Wissensarbeit, weil sie geradezu darauf gründen, daß für ihre Operationsweise auch einfache und »mittelmäßige« Personen ausreichen (Willke 1997a).

Die heute mögliche Form von Wissensarbeit ergibt sich erst, wenn beide Seiten, Personen und Organisationen, in komplementärer Weise Wissen generieren, nutzen, und sich wechselseitig ihr Wissenspotential zur Verfügung stellen. Die scheinbar leicht einsichtige Formel, daß Mitglieder und Organisation sich wechselseitig ihr Wissen nutzbringend zugänglich machen sollten, ist in der Praxis aus mehreren Gründen außerordentlich schwer umzusetzen. Der Hauptgrund liegt darin, daß wir verhältnismäßig viel über den Aufbau und die Verwendung von Wissen, also die wissensbasierte Operationsweisen von Personen wissen, nahezu nichts aber über organisationale Intelligenz im Sinne einer kollektiven oder systemischen oder emergenten Eigenschaft organisierter Sozialsysteme (Marshall, Prusak, and Shpilberg 1996). Frühe Überlegungen zum Problem organisationaler Intelligenz sprechen von einer intelligenten Organisation dann, wenn deren Mitglieder wissensbasiert arbeiten, also Professionelle oder Experten sind, und wenn sie sich gegenseitig in ihrer Arbeit nicht allzu drastisch behindern (Wilensky 1967).

Demgegenüber läßt sich heute sehen, daß die eigentliche Schwierigkeit des Aufbaus organisationaler Intelligenz als Rahmen für Wissensarbeit darin besteht, eigenständige Expertise in die anonymisierten, transpersonalen Regelsysteme der Organisation einzubauen. Wissen und Können von Personen reichen nicht aus, wenn auch die Organisation selbst intelligent operieren soll. Damit ist nicht gemeint, daß diese organisationsspezifische Wissensbasierung unabhängig von Personen überhaupt zustandekommt oder operiert, sondern daß sie unabhängig von *spezifischen* Personen ist, also im Sinne einer »collective mind« (Weick and Roberts 1993) oder einer institutionalisierten Regelstruktur wirkt, welche das Handeln der Mitglieder mit einem hohen Grad an Erwartbarkeit und Resilienz anleitet.

Trotz seiner traditionellen Fixierung auf Personen und ihre Handlungen ist soziologischem Denken die Idee einer emergenten kollektiven oder systemischen Qualität organisierter Kontexte

nicht ganz fremd. Unter den Stichworten Autonomie, Eigendynamik oder Eigenlogik tauchen immer wieder Beschreibungen auf,
die von einer Realität jenseits individueller Handlungen ahnen
lassen. Allerdings gilt der traditionellen Soziologie nach wie vor
die Systematisierung dieser Idee in einem Modell der operativen
Autonomie oder gar der Autopoiese als Teufelswerk.

Befreit man die Idee der Autopoiese von ihrem naturwissen-
schaftlichen Ballast, so bleiben als Kern die Komponenten
Selbstreferenz und operative Geschlossenheit. Beides sind keine
neuen Konzeptionen. Selbstreferenz war ein Thema in der
Kommunikationstheorie seit der Entwicklung von Vorstellungen
über Metakommunikation und über reflexive Mechanismen der
Stabilisierung von Kommunikationsregeln. In dem Maße, wie die
soziologische Systemtheorie Kommunikationen zum Kern der
Konstituierung sozialer Systeme macht, wird deutlich, daß sich
Systeme durch Bezug auf sich selbst konstituieren und stabilisie-
ren.

Selbstreferenz meint die Operationsweise eines Systems, bei
welcher die Reproduktion der Einheit des Systems die Bedingung
der Möglichkeit von Umweltkontakten (Fremdreferenzen) abgibt.
Das System selbst und die Kontinuierung seiner operativ
geschlossenen Funktionsweise wird zum Maßstab für die
Brauchbarkeit der Operationen des Systems. Die Umwelt bietet
Möglichkeiten und setzt Restriktionen, welche je nur im Hinblick
auf die Eigenarten der Operationsweise des Systems - also durch
Selbstbezug - als solche erkennbar werden. Selbstreferenz ist eine
zentrale Bedingung der Möglichkeit einer eigenständigen
systemischen Intelligenz und damit eines organisationalen
Wissensmanagements. Die Organisation als System, d.h. in ihrem
»collective mind« von institutionalisierter Geschichte, Regelsystemen, Geschäftsprozessen und Standardprozeduren, kann in
diesen Regeln auf ihr akkumuliertes Wissen reagieren, sie kann
es kanonisieren, latent halten, nutzen, zur kontinuierlichen
Revision freigeben etc. Es liegt auf der Hand, daß die organisa-

tionale Generierung und Verarbeitung von Wissen sich drastisch unterscheiden, je nachdem, ob selbstreferentielle Mechanismen wirken oder nicht.

Erheblich schwieriger scheint es zu sein, Mechanismen und Wirkungen von *operativer Geschlossenheit* zu sehen und zu akzeptieren. Operative Geschlossenheit scheint allen unseren Vorstellungen von der notwendigen Offenheit von Systemen zu widersprechen. Wie können Systeme untereinander in Beziehung treten, sich austauschen und kooperieren, wenn sie operativ geschlossen sind? Haftet der Idee operativer Geschlosssenheit nicht ein isolationistischer und weltfremder Zug an?

Bevor man anfängt, über diese und weitere Fragen zu streiten, wäre es ganz nützlich, sich genauer darüber zu verständigen, was unter dem Begriff der operativen Geschlossenheit eigentlich zu verstehen ist. Operative Geschlossenheit kommt zustande, wenn ein System seine spezifischen operativen Elemente (z.B. seine spezifischen Kommunikationen, Entscheidungen oder Handlungen) zirkulär untereinander vernetzt, also selbstreferentiell organisiert und wenn es darüber hinaus auch seine spezifischen Prozesse zirkulär untereinander vernetzt, so daß sie ein ineinandergreifendes, selbstverstärkendes und in diesem Sinne autokatalytisches Netzwerk von Prozessen bilden (Varela 1981, S. 15f.). Kommen auf diesen beiden Ebenen selbstverstärkende zirkuläre Vernetzungen zustande, so ließe sich im Anschluß an die Begriffsbildung von Manfred Eigen von einem Hyperzyklus reden. Operative Geschlossenheit meint eine in diesem Sinne hyperzyklisch organisierte Operationsweise eines Systems (Teubner 1990).

Richtet man nun den soziologischen Blick auf real existierende Organisationen, so ist es nicht besonders schwierig, Selbstreferenz und operative Geschlossenheit zu sehen, wenn man weiß, worum es sich handelt. Es sind die Momente der Realität von Organisationen, etwa Unternehmen, die bewirken, daß sie sich erstaunlich häufig zugrunde richten, *obwohl* dies nicht im Interesse ihrer

Mitglieder liegt (die Frage läßt sich kaum unterdrücken, was diese Tatsache wohl für die Idee rationalen Handelns bedeuten mag), *obwohl* Warnsignale in der Umwelt in Hülle und Fülle vorliegen, *obwohl* andere Organisationen in ähnlichen Situationen anders handeln, *obwohl* einzelne Personen oder Gruppen innerhalb der Organisation das Verhängnis kommen sehen und dagegen angehen (klassische Fallstudien dazu bei Allison 1971; Dörner 1989; Wilensky 1967; Wohlstetter 1966 (zuerst 1962)). Was hier wirkt, ist die Operationslogik des Systems, eingefroren in seine anonymisierten Regelsysteme und seine institutionalisierte kollektive Identität, die häufig genug selbst bei Strafe hoher Verluste oder gar des Untergangs des Systems verhindern, daß sich in den Handlungsmöglichkeiten der Mitglieder etwas ändert. Dies zeigt, daß Einrichtungen der Selbstreferenz und der operativen Schließung von Organisationen sich auch destruktiv auswirken können, wenn sie »pathologisches« Lernen des Systems befördern (ausführlich dazu Argyris and Schön 1996).

Auf der anderen Seite gibt es inzwischen Beschreibungen für Organisationen, in denen Wissensarbeit genau deshalb funktioniert, weil personale und organisationale Wissensbasierung als zwei unterschiedliche Realitäten verstanden werden, die in produktiver Weise aufeinander bezogen sein müssen, sollen sie sich nicht wechselseitig behindern und stören. Hierzu zählen vor allem Berichte über das Wissensmanagement global agierender Beratungsunternehmen (Überblick bei Willke 1996), die oben erwähnten »workplace studies« und eine Fülle von Fallbeschreibungen, die aus der Umsetzung von Peter Senges Modell der »Fünften Disziplin« hervorgegangen sind (Kim 1993; Senge et al. 1996), sowie eine Reihe von Studien zu »high-reliability«-Organisationen (LaPorte and Consolini 1991; Weick and Roberts 1993).

Diese Beschreibungen fördern eine Einsicht zutage, die keineswegs neu ist, nun aber am Prüfstein der Frage nach dem Gelingen von Wissensarbeit neue Brisanz bekommt: Die spezifische

Qualität der Güter, die eine Organisation hervorbringt, hängt von einer tief gestaffelten Tiefenstruktur von Vorbedingungen ab. Sie umfaßt gesellschaftliche Kontextbedingungen, ebenso wie die organisationalen Bedingungen, die überhaupt erst ermöglichen, daß eine Organisation Produkte und Dienstleistungen zustandebringt, welche die Fähigkeiten von Individuen weit überschreiten und auch die Leistungen von Märkten übertrumpfen. Organisationen produzieren unwahrscheinlichere und elaboriertere Güter und Leistungen als jeder Mensch, weil sie Einrichtungen sind, die arbeitsteilig dekomponierte Aufgaben durch Koordination wieder in kontrollierter und erwartbarer Weise zusammenfügen können. So können Firmen Navigationssatelliten, Jumbojets, Öltanker oder Supercomputer herstellen, Organisationen können weltweite Kommunikationsnetze einrichten, milliardenschwere Firmenzusammenschlüsse managen oder weltweite Kampagnen zum Schutz von Walen in Gang setzen – alles Leistungen, mit denen einzelne Menschen klar überfordert wären. Organisationen stellen Kollektivgüter wie Rechtsfrieden, Eigentumsschutz oder soziale Sicherheit her, Güter, die jeden Markt überfordern oder zum Marktversagen führen.

  Solche Leistungen können Organisationen nur erbringen, wenn sie in ihren Tiefenstrukturen über ein hohes Maß an spezifisch organisationaler Intelligenz verfügen. Diese besteht darin, daß nicht nur die Mitglieder als Personen in wissensbasierter, intelligenter Weise arbeiten, sondern darüber hinaus auch die Organisation selbst nach Regeln operiert, die in einem präzisen Sinne Intelligenz konstituieren:

1.   Die Organisation selbst muß über *Beobachtungsinstrumente* verfügen, die ihr ermöglichen, *Daten* zu generieren, welche die Organisation in ihrem Kontext betreffen. Beispielsweise sind die üblichen Budgetrechenwerke, Jahresabschlüsse und Geschäftsberichte zwar solche systemische Beobachtungsinstrumente, aber sie generieren in aller Regel nur oberflächliche und insofern »dumme« Daten.

2. Die Organisation muß über eigenständige, systemisch übergreifende Beobachtungsregeln und *Relevanzkriterien* für die Bewertung von Daten und mithin für die *Konstruktion von Informationen* verfügen. Nur so kann sie aus dem Ozean von Daten systemspezifisch relevante Informationen generieren, die auf die Strategien und Ziele der Organisation im Kontext ihrer relevanten Umwelten bezogen sind. Die meisten Organisationen haben diesen Unterschied noch nicht verstanden und reden von Informationsaustausch, wenn sie Datentransport meinen.

3. Die Organisation muß dafür sorgen, daß sie einen zusammenhängenden Erfahrungskontext schafft und lebendig hält, der über das Wissen von Personen und Gruppen hinaus spezifisch organisationales Wissen erzeugt. Dies gelingt dann, wenn sich ein *»community of practice«*, ein gemeinsamer Erfahrungskontext, herstellt, der ein Koordinatengefüge in der »Gestalt« der Organisation darstellt, in welches relevante Informationen eingehängt und verortet werden können. An dicht informierten und beschriebenen Orten dieses Koordinatengefüges entsteht neues systemisches Wissen. Durch den *Einbau relevanter Informationen* entsteht ein neuer Cluster organisationsspezifischer Lernerfahrungen, dessen Ergebnisse dann als systemisches Wissen greifbar wird, wenn es sich auf einen gemeinsamen Erfahrungskontext gründen kann.

Fächert man nun diese Bedingungen der Möglichkeit organisationaler oder systemischer Intelligenz weiter auf, dann erweist sich, daß auch in ihrem Wissensmanagement eine Organisation einem Eisberg gleicht. Was auf der Oberfläche zu sehen ist, die Produkte und Dienstleistungen, für welche die Organisation steht und an welchen sie letztlich gemessen wird, gründen auf einem massiven Unterbau an Tiefenstrukturen. Es ist dieser Unterbau, der die Qualität der Güter an der Oberfläche ermöglicht und bestimmt. Die räumliche Metapher des Eisbergs läßt sich auch in eine zeitliche Dimension verlegen. Was eine Organisation in der Gegenwart leistet, hängt zum einen von ihrem Unterbau an Erfahrungsgeschichte in der Vergangenheit ab und es hängt in zunehmend gravierender Weise davon ab, welche Maßnahmen die Organisation getroffen hat, um ihre *zukünftigen* Chancen für Erfolg zu wahren (Hamel and Prahalad 1994). Beide Metaphern, die räumliche und die zeitliche, sensibilisieren dafür, daß alles, was sich gegenwärtig auf der Oberfläche abspielt, geformt und bedingt ist von Faktoren, deren Bedeutung immer noch häufig unterschätzt wird. Wissensarbeit und Wissensmanagement sind dafür nur Beispiele unter vielen anderen.

Bevor Wissensarbeit in einer Organisation gelingt, sind aufwendige Voraussetzungen zu schaffen. Deren Kosten amortisieren sich nicht am nächsten Tag und deren Folgen sind nicht sofort spürbar. Wie jede andere Zukunftsinvestition auch verlangt die Schaffung dieser Voraussetzungen klare strategische Leitlinien und eine Vision der Organisation, die über den Tellerrand der tayloristischen Industriegesellschaft hinausreicht. Zugegebenermaßen ist es heute leichter, diese Zumutungen zu postulieren als vor ein oder zwei Jahrzehnten. Denn heute ist unübersehbar, daß die Folgen der Internationalisierung bis hin zur Globalisierung, die Folgen der Digitalisierung und Wissensbasierung, die Folgen der weltweiten Vernetzung und der Bildung globaler Allianzen, Kooperationsverbunde und Netzwerke vor allem mehr Wissen und Expertise verlangen, mehr Lernfähigkeit und Innovationskompetenz. Es schält sich immer klarer heraus, daß die entwickelten Länder und ihre Organisationen nur dann erfolgreich global konkurrieren können, wenn sie die *eine* Ressource und Produktivkraft pflegen, die nicht nur für intelligente Produkte und Leistungen entscheidend ist, sondern auch für qualitatives Wachstum, die Schonung natürlicher Ressourcen und insgesamt für ein Management hochkomplexer dynamischer sozio-technischer Systeme. Lernfähigkeit und Innovationskompetenz entpuppen sich als die entscheidenden generischen Kernkompetenzen der intelligenten Organisation. Die Grundlage dafür ist Wissensarbeit. Und die Grundlage für Wissensarbeit ist die Einsicht, daß die Seite des personalen Lernens und Wissens nicht mehr ausreicht, sondern komplementiert werden muß durch die Seite des organisationalen Lernens und Wissens.

Die folgende Abbildung gibt einen schematischen Überblick über die angesprochenen Dimensionen und die zugrundegelegte Metapher des Eisberges.

Abb. 4: Tiefenstrukturen der Wissensbasierung von Produkten und Leistungen

Nach diesen einleitenden Bemerkungen zur Wissensarbeit beleuchtet das nächste Kapitel die komplementäre Seite des Wissensmanagements. Wissensarbeit, organisationale Lernfähigkeit und Innovationskompetenz setzen voraus, daß eine Organisation, sei es ein Unternehmen, ein Krankenhaus, eine Universität, ein Sportverein, eine Schule, eine Bank oder eine Börse, die Fähigkeit erwirbt, mit ihrer Wissensbasierung kompetent und professionell umzugehen. Auch hier gilt, daß es nicht ausreicht, wenn die betreffenden Personen für sich oder ihre Gruppe angemessene Formen der Wissensbasierung und Wissensarbeit gefunden haben. Die Organisation insgesamt als System ist gefordert, ihre Regelsysteme, »theories in use«, Geschäftsprozesse und strategische Orientierungen auf einen anspruchsvolleren Fokus einzustellen: auf die Frage, welche Folgen es für die Organisation hat, daß nicht mehr Rohstoffe, Kapital und herkömmliche Arbeit das Schicksal des Systems bestimmen, sondern Ideen, Expertise und systemisch relevantes Wissen.

3   Wissensmanagement

Wissensmanagement meint die Gesamtheit organisationaler Strategien zur Schaffung einer »intelligenten« Organisation. Mit Blick auf Personen geht es um das organisationsweite Niveau der Kompetenzen, Ausbildung und Lernfähigkeit der Mitglieder; bezüglich der Organisation als System steht die Schaffung, Nutzung und Entwicklung der kollektiven Intelligenz und des »collective mind« in Frage; und hinsichtlich der technologischen Infrastruktur geht es vor allem darum, ob, wie und wie effizient die Organisation eine zu ihrer Operationsweise kongeniale Kommunikations- und Informationsinfrastruktur nutzt.

Auf die Vermittlung von personalem Wissen und organisationalem Wissen zielen die vier Transformationsstufen von Nonaka, die in Kapitel 3.2 als ein Grundprozeß des Wissensmanagements vorgestellt werden. Darauf zielt auch James Quinn, wenn er davon spricht, daß eine intelligente Firma lernen muß, unterschiedliche Wissensbestände zu managen und zu koordinieren:

»As a company focuses ever more on its own internal knowledge and service skills and those of its suppliers, it increasingly finds that managing shifts away from the overseeing and deployment of fiscal and physical assets and toward the management of human skills, knowledge bases, and intellect both within the company and in its suppliers. In fact, *its raison d'être becomes the systematic coordination of knowledge and intellect throughout its (often highly disaggregated) network to meet customer needs*« (Quinn 1992, S. 72, Hervorhebung H.W.).

Lernen ist der Prozeß, Wissen das Ergebnis. Bevor wir genauer auf Wissen und Wissensmanagement eingehen, erscheint es deshalb als sinnvoll, zumindest einen Seitenblick auf die Frage des Lernens der Organisation zu werfen. Hier haben sich Pädagogen, Lernpsychologen, Gruppendynamiker, Personalentwickler,

Organisationsentwickler und viele andere verdient gemacht und eine inzwischen kaum mehr überschaubare Fülle von Ideen, Klassifikationen, Konzeptionen, Ansätzen und Instrumente vorgelegt. Vieles davon hat sich als wenig überzeugend und dauerhaft herausgestellt, weil in allzu vielen Fällen ohne eine brauchbare theoretische Fundierung und Disziplinierung gearbeitet wurde. Im folgenden geht es weder um einen Überblick über vorliegende Konzepte noch um eine Kritik daran, sondern zunächst darum, den systemischen Zusammenhang organisationalen Lernens herauszustellen (Kapitel 3.1); danach beschreiben wir kritische Komponenten und Prozesse des Wissensmanagements (Kapitel 3.2) und betrachten Wissensmanagement als Geschäftsprozeß (Kapitel 3.3), und schließlich stellen wir den »Mikroartikel« als ein Kerninstrument des Wissensmanagements vor (Kapitel 3.4).

3.1   Das Lernen der Organisation

Eine organisationale Wissensbasis entsteht, wenn ein Unternehmen, eine Bank, eine Universität etc. als System lernt. Dies
bedeutet, daß es nicht ausreicht, wenn sich das Lernen in den
Köpfen der Mitglieder als Personen niederschlägt. Hinzukommen
muß eine über Lernen gesteuerte Veränderung der Regelsysteme
des Systems. Erst wenn auch auf dieser Ebene Veränderungen
beobachtbar und wirksam sind, hat organisationales Lernen
stattgefunden und hat sich die Wissensbasis des Systems verändert.
Solche Veränderungen sind nicht leicht zu »sehen«. Es bedarf dazu
nicht nur besonderer Aufmerksamkeiten, sondern auch spezifischer Beobachtungsfähigkeiten und Beobachtungsinstrumente.
Wir kommen vor allem in den Fallstudien hierauf zurück.

Es gibt keine für alle Situationen und Verhältnisse richtige Form
des organisationalen Lernens. Allerdings lassen sich unterschiedliche Kulturen des Lernens unterscheiden, welche bestimmten Anforderungen der Organisationsumwelt mehr oder weniger
gut angemessen sind. Wir alle stehen, mehr als wir wahrhaben
möchten, in einer Tradition hierarchischen Lernens, in welcher
die Eltern, die Lehrer, die Vorgesetzten, die Obrigkeit etc. uns
wissen lassen, was zu lernen sei. Für komplexe, interdependente
und verteilte (polyzentrische) Systeme ist dies, gelinde gesagt,
suboptimal. Auf der anderen Seite ist die Alternative dazu nicht
unbedingt Anarchie und mithin Beliebigkeit der Lerninhalte und
der Organisation der Lernprozesse. Vernetzte, dezentralisierte
(heterarchische) Organisationen bilden im optimalen Fall eine
Kultur organisierter Komplexität aus, in welcher Lernen, die
Organisation von Lernprozessen und Wissensmanagement auf
den relevanten systemischen Kontext bezogen sind (siehe die
zusammenfassende Darstellung in der folgenden Abbildung).

Drei Kulturen des Lernens

Erstarrte Komplexität (Hierarchie):	Die Spitze des Systems definiert Lerninhalte
Unorganisierte Komplexität (Anarchie):	Jeder definiert Lerninhalte für sich - anything goes
Organisierte Komplexität (Vernetzte Systeme):	Lernen als Prozeß in einem systemischen Kontext

Abb. 5: Kulturen des organisationalen Lernens

Das eigentliche Problem ist, daß wir uns der Einsicht stellen müssen, daß Lernen ein komplexes, vielschichtiges und widersprüchliches Merkmal eines systemischen Zusammenhanges ist. Was ist dieser systemische Zusammenhang?

Er besteht in unserer Sichtweise aus mindestens vier zu unterscheidenden Ebenen: die Ebene der Inhalte oder der Elemente von Lernen. Wer als Erwachsener eine Fremdsprache lernt, kommt nicht umhin, Vokabeln und Grammatikregeln zu lernen. Eine Firma, die »Total Quality Management« einführen oder sich nach ISO 90001 zertifizieren lassen will, kommt nicht umhin, einzelne Elemente ihrer Prozesse und Routinen zu explizieren und neu zu lernen, wenn sie den Anforderungen nicht entsprechen. Davon zu unterscheiden ist die Ebene der Prozesse des Lernens. Wer häufig Vokabeln lernt, wird sich vielleicht die Frage stellen, ob es nicht Methoden gibt, die effizientere Lernprozesse ermöglichen. Ein Architekturbüro, das von von der Qualität seiner Projektentwürfe lebt, könnte einen Prozeß erfinden, der generell für alle Projektentwürfe eine geschickte Koordination und produktive Kooperation der vielen verschiedenen Spezialisten etabliert. Eine dritte Ebene ist diejenige der Kontexte, in denen sich die Frage der Lernens stellt. Hier beantwortet ein System die Frage, welchen Zielen das Lernen dient und dienen soll. Innovative Formen des Kletterns haben im Kontext einer Gebirgstour einen anderen Sinn als im Kontext eines von hohen Mauern umgebenen Gefängnisses. Für die Universitäten als Systeme stellt sich heute die Frage, ob sie lernen sollen, sich auf einem Markt verkaufbarer Produkte und Leistungen in Konkurrenz mit anderen Anbietern zu behaupten oder ob ihr relevanter Kontext so gestaltet ist, daß sie lernen sollten, für eine wissensbasierte hypermoderne Gesellschaft mit weitreichender und anwendungsfreier Grundlagenforschung ein Kollektivgut zu erbringen, welches der Markt gerade nicht hervorbringt. Hier geht es darum, sich darüber klar zu werden, in welchen Kontext ein bestimmtes System eingelagert ist. Um diese Frage zu beantworten, genügt es nicht mehr, auf einzelne Elemente und Prozesse von Lernen zu schauen. Vielmehr ist es nun erforderlich, das Zusammenspiel vieler Elemente und Prozesse in einem organisierten systemischen Zusammenhang zu betrachten.

Auf einer vierten Ebene schließlich finden sich die Paradigmen des Lernens, also der allgemeinsten Vorstellungen einer Epoche darüber, welchen Sinn und welche Qualität Lernen haben könnte. Schematisch vereinfacht, könnte man sich folgendes Bild vorstellen (siehe die folgende Abbildung).

Die erste Ebene, diejenige der konkreten Elemente von Lernen, läßt sich als Spitze eines Eisberges verstehen. In aller Regel ist diese Spitze das einzige, was sichtbar ist – und deshalb stürzt sich die Beobachtung und Beurteilung auf diese Ebene. Aber es ist zugleich die Ebene, auf der sich buchstäblich nur oberflächlich etwas bewirken und verändern läßt.

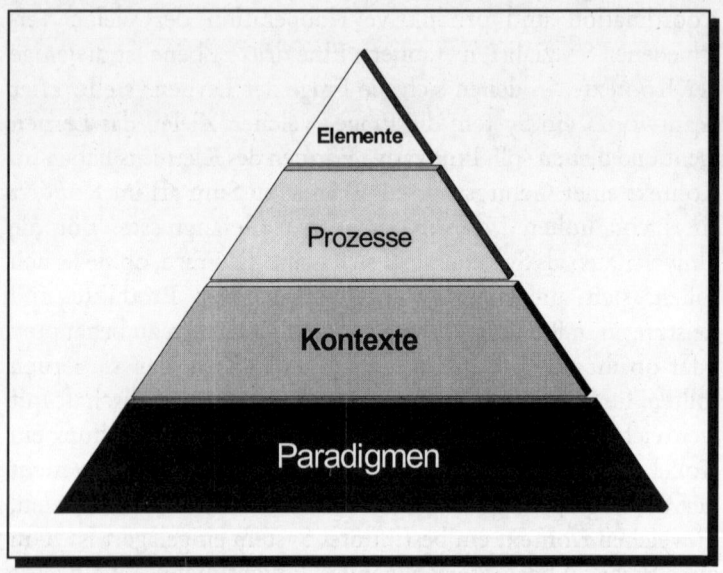

Abb. 6: Ebenen der Organisation des Lernens

Auf der zweiten Ebene, derjenigen der Geschäftsprozesse, kommt zum Tragen, daß alle diese Systeme natürlich nicht auf einer tabula rasa operieren, sondern eine lange Geschichte hinter sich haben, welche ihre Gegenwart und Zukunft mitbestimmt. Systemgeschichte bedeutet, daß die Arbeitsweise z.B. eines Unternehmens von Regeln und Regelsystemen bestimmt ist, die irgendwann einmal geschaffen wurden oder entstanden sind für Situationen oder Konstellationen oder Problemdefinitionen, von denen keineswegs sicher ist, daß sie auch noch heute gültig sind oder gar in Zukunft relevant bleiben. Die Frage ist hier, welche Prozesse aufgrund welcher Regelsysteme die Funktionsweise eines Systems bestimmen – und ob diese Prozesse den Zielen und Aufgaben des Systems noch angemessen sind. Wichtig ist, daß es auch organisationale Regeln gibt, die Lernen verhindern. Chris Argyris analysiert diese unter dem Stichwort »defensive Muster« oder »defensive Routinen«: »Da die meisten Akteure in einem sozialen System solche defensive Muster ständig benutzen, werden sie zu organisationalen Normen, die in der Kultur eines Systems verankert sind. Somit entwickeln sich individuelle zu organisationalen defensiven Mustern« (Argyris 1987, S. 8).

Auf der Ebene des Kontextes geht es um die Frage des Zusammenspiels zwischen dem in Frage stehenden System und der relevanten Umwelt dieses Systems. Der Fokus des Beobachtens liegt auf einem System in seiner Umwelt, auf einer System-Umwelt-Beziehung. Damit kommt in den Blick, daß eine Organisation nicht unabhängig von ihren unterschiedlichen Kontexten verstanden werden kann, nicht unabhängig von ihren politischen, ökonomischen, gesellschaftlichen oder natürlichen Kontexten. Schon deshalb steht außer Frage, daß Lernen nicht ein fertiges Element oder ein endgültiger Zustand ist, sondern eine *relationale Größe*, die nur in Beziehung zu anderen Größen – vor allem zu den Zielen und Visionen einer Organisation – näher bestimmt werden kann.

Schließlich hängt die Organisation von Lernprozessen auch noch von den übergreifenden Paradigmen des Denkens einer Epoche ab, von den leitenden Denkmodellen einer Zeit, die das Verhältnis des Menschen zum Kosmos, zur Natur, zur Gesellschaft und zu sich selbst prägen. Ein Paradigmenwechsel, der sich in sehr unterschiedlichen Hinsichten und Zusammenhängen beobachten läßt, ist der Übergang von einem hierarchischen Lernparadigma, welches auf »ewige« Wahrheiten zielt, zu einem diskursiven Lernparadigma, welches auf plausiblen »Rekonstruktionen« beruht. Zusammengefaßt ergibt sich folgende Einbettung und Stufung des Problems des Lernens (siehe die folgende Abbildung 7).

Die bisherigen Überlegungen zum organisationalen Lernen lassen sich in drei Punkten zusammenfassen:

- Lernen in großen Systemen erfordert eine Kultur der Komplexität.

- Funktionierende Lernprozesse auf der Oberfläche gelingen nur, wenn auch die verschiedenen Stufen der Tiefenstruktur der Organisation auf Lernen ausgerichtet sind.

- Individuelles und organisationales Lernen, sowie ein entsprechendes Wissensmanagement, sind die zentralen Voraussetzungen für Konkurrenzfähigkeit und organisationalen Erfolg im Rahmen einer sich entwickelnden Wissensgesellschaft.

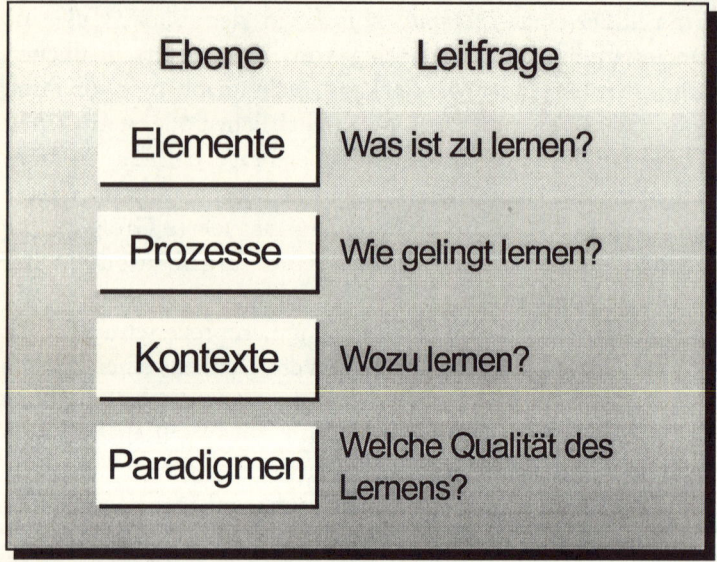

Abb. 7: Leitfragen des organisationalen Lernens

Im folgenden möchten wir diesen systemtheoretisch orientierten Aufriß mit zwei uns besonders fruchtbar erscheinenden Konzeptionen organisationalen Lernens in Verbindung bringen, dem Ansatz der »Fünf Disziplinen« von Peter Senge und dem Ansatz des organisationalen »Sensemaking« von Karl Weick. Beide Konzeptionen zeichnen sich dadurch aus, daß sie aus einer engen Verknüpfung von Theorie und Praxis, von akademischem Hintergrund und konkreter Beratungspraxis entstanden sind. Beide Autoren haben ihre stärksten Seiten darin, daß es ihnen gelingt, aus der verwirrenden und konturlosen Vielfalt von Einzelbefunden eine noch überschaubare Zahl zentraler Themen herauszupräparieren und diese Themen in einen theoretisch fundierten Zusammenhang zu bringen. Beide Arbeiten verstehen sich als Plädoyers für eine Sichtweise, in der Prozesse des organisationalen Lernens nicht auf die Handlungen von Personen beschränkt sind, sondern tief in die Systemdynamik und die Sprachstrukturen der Organisationen selbst und noch der sie umgebenden Gesellschaft hineinreichen.

Peter Senge beschreibt vier Kerndisziplinen der Gestaltung einer lernenden Organisation und fügt diesen vier Grunddisziplinen eine übergreifende fünfte Disziplin bei, deren spezifische Leistung darin besteht, das Zusammenspiel und die Kombinatorik der Grunddisziplinen auf die Dynamik des ganzen Systems auszurichten. Die Grunddisziplinen sind personale Kompetenz (»personal mastery«), mentale Modelle (»mental models«), eine gemeinsame Vision (»shared vision«) und Teamlernen (»team learning«). Die fünfte Disziplin ist systemisches Denken (Senge 1990, S. 139ff. und 57ff.).

Die Qualität des Sengeschen Buches entfaltet sich dem aufmerksamen Leser in frappierendster Weise darin, daß im Lichte der Voraussetzungen und Anforderungen der fünften Disziplin des systemischen Denkens auch die anderen vier Disziplinen organisationalen Lernens, die für sich genommen ja keineswegs neu sind, ihre Gestalten und Bedeutungen verändern. So ist es nicht gerade überraschend, daß persönliche Kompetenzen und Fähigkeiten Grundlage professioneller Wissensarbeit sind. Aber »personal mastery« impliziert und fordert mehr: » People with a high level of personal mastery are able to consistently realize the results that matter most deeply to them - in effect, they approach their life as an artist would approach a work of art. They do that by becoming committed to their own lifelong learning« (1990, S. 7). In der Tat geht es darum, Lernen als kunstvolles Spiel mit neuen Möglichkeiten zu begreifen, die sich auf der einen Seite aus individuellen Einsichten und Gruppeninnovationen für den systemischen Kontext ergeben, und die andererseits aus überraschenden Konstellationen des organisationalen Kontextes für individuelle Handlungsoptionen resultieren. Erstaunlich ist doch, daß begabte und fähige Menschen in einem bestimmten institutionellen oder organisatorischen Kontext verkümmern können, während sie in einem anderen Kontext zu sprühender Hochform auflaufen. Was markiert die Unterschiede? Welche Bedingungen muß Wissensmanagement hier schaffen, damit die ungenutzten Ressourcen und Kompetenzen von Personen sich entfalten können? Welche Anforderungen müssen Personen an ihre Organisation stellen, damit sie eine Chance haben, mit ihren Fähigkeiten gehört, bemerkt und gefordert zu werden? Welche Regeln müssen im Zusammenspiel von Mitgliedern und Organisationen umgeschrieben werden, damit Personen nicht gegen ihre Organisation arbeiten und Organisationen nicht die Talente ihrer Mitglieder verkrüppeln?

Ebensowenig ist überraschend, daß mentale Modelle einen kritischen Faktor des personalen wie des organisationalen Lernens ausmachen. Mentale Modelle sind die Landkarten in unseren Köpfen, welche die Welt des Wissens zugänglich machen und bestimmen, welche Territorien und Bereiche zugänglich sind und welche nicht. Im Kontext organisationalen Lernens allerdings bringt allein schon die Idee mentaler Modelle einiges in Aufruhr. Die meisten mentalen Modelle komprimieren implizites Wissen und sind ihrerseits implizit in dem Sinne, daß sie nur selten expliziert und an die Oberfläche gebracht werden. Sie wirken deshalb wie eine Brille, von welcher der Träger nicht weiß, daß er sie auf hat. Kollektives Lernen und vergemeinschaftetes Wissen werden deshalb zur Sisyphosarbeit, solange die mentalen Modelle der beteiligten Personen ganz unterschiedliche Weltentwürfe und Wirklichkeitsbeschreibungen enthalten und nicht die minimal erforderlichen Anschließbarkeiten und Kompatibilitäten ausweisen, die einen sinnvollen Dialog erst zulassen. Erst wenn mentale Modelle expliziert und exponiert werden, gibt es die Chance für »learningful‹ conversations that balance inquiry and advocacy, where people expose their own thinking effectively and make that thinking open to the influence of others« (1990, S. 9). Weil dies so selten gelingt, ist es eine der Kernfragen organisationalen Lernens, was zu tun ist, um es Personen und Gruppen leicht zu machen, ihre mentalen Modelle zu beschreiben, sie offen zu legen, die der vergleichenden Beobachtung und Analyse zugänglich zu machen und sie so zur Diskussion zu stellen. Daß dies nicht unmöglich ist, wissen wir von Berichten über gelingende Projektarbeit, in denen Teams aus unterschiedlichen Abteilungen, Geschäftseinheiten oder gar aus unterschiedlichen Organisationen zusammenarbeiten. Projektarbeit ist nicht umsonst eine erprobte Methode, um die defensive Strukturierung und Unzugänglichkeit divergierender Bereichsmentalitäten im Interesse einer übergreifenden systemischen Kooperation aufzubrechen.

Die beiden Disziplinen, die nach Senge dem erforderlichen Dialog über mentale Modelle Orientierung geben und auf gemeinsame Inhalte verpflichten, sind die Fähigkeiten, eine gemeinsame Vision zu generieren und als Team zu lernen. Beide Themen beschäftigen die Managementtheorie und -praxis seit langem, ohne daß sie den Verdacht hätten abstreifen können, nur blumige Umschreibungen für Linientreue und Gruppendruck zu sein. Auch hier bringt Senge einen neuen Ton in den Diskurs. »When there is a genuine vision (as opposed to the all-too-familiar ›vision statement‹) people excel and learn, not because they are told to, but because they want to« (1990, S. 9). Eine Vision kann nicht von oben verschrieben werden, sie muß aus einem kollektiven Dialog entstehen. In der Praxis ist dies schwierig. Es setzt voraus, daß von unterschiedlichen Standpunkten aus ein gemeinsames Bild der Zukunft der Organisation entworfen wird, daß Übereinstimmung darüber erreicht wird, in welcher zukünftigen Welt die Organisation ihren spezifischen Beitrag leisten soll, und es setzt Übereinstimmung darüber voraus, daß es genau diese zukünftige Welt ist, die den Einsatz der Kräfte lohnt.

Teamlernen scheint der einfachste Baustein für organisationales Wissensmanagement zu sein. Tatsächlich ist er besonders schwierig. Kollektives Lernen meint, daß nicht nur die einzelnen Mitglieder des Teams etwas lernen, sondern daß das Team als Team in dem Sinne lernt, daß die Regelsysteme und Kommunikationsstrukturen des Teams sich auf veränderte Anforderungen einstellen. Wie schwierig und unwahrscheinlich Teamlernen ist, zeigt sich an den vielen Fällen des »Lernens in Gruppen«, die nie auch nur in die Nähe des Teamlernens kommen. So lernen in unseren Schulen Jahr für Jahr in Zigtausenden von Klassen Schüler in einer großen »Gruppe«, umrahmt von festen Strukturen und Regeln. Auch nach Hunderten von Jahren an Praxis und Erfahrung gelingt es der Schule nach wie vor verläßlich, Teamlernen zu verhindern. Jeder lernt für sich und gegen die anderen. Weil es Bessere und Schlechtere geben muß, wird Lernen als Null-Summen-Spiel inszeniert und ein gemeinsamer Lernnutzen ausgeschlossen. Ähnliches gilt für Lehrlingsausbildungen, Lehrgänge, Seminare, workshops, Universitätsausbildungen etc., und nur ganz selten gelingt es einer dieser Formen, tatsächlich kollektives Lernen und »gemeinsames Denken« in Gang zu setzen.

Dies geschieht erst dann, wenn aus der Diskussion ein Dialog wird, aus dem Gegeneinander ein Miteinander, wenn es gelingt, die Muster der Gruppenkommunikation offenzulegen und auf ihren Sinn zu befragen: »The discipline of team learning starts with ›dialogue‹, the capacity of members of a team to suspend assumptions and enter into a genuine ›thinking together‹« (Senge

1990, S. 10). Auch für die Disziplin des Teamlernens ist Projektarbeit eine Form, die zeigt, daß die Anstrengung eines gemeinsamen Denkens, Handelns und Lernens gelingen kann. Bezeichnenderweise steht dabei die gemeinsame Praxis in einem kollektiv
realisierten Erfahrungskontext im Vordergrund. Die gemeinsame
Aufgabe verbindet, wenn es gelingt, das Projektteam über die
beteiligten Individuen hinweg zu einem »collective mind«, zu
einer gemeinsamen Sprache und zu gemeinsamen Regeln. Selbst
in Projektteams bleibt die Balance zwischen individueller
Autonomie und Kollektivbewußtsein prekär und immer in
Gefahr, auf die Seite der Vereinzelung zurückzuspringen. Selbst
am Fall professioneller Sportteams läßt sich dies noch beobachten.
Teams im Fußball, Basketball, Baseball etc. scheinen die idealen
Voraussetzungen für Teamlernen zu bieten. Sie sind auf Kooperation angewiesen, haben ein gemeinsames Ziel und eine kontinuierliche gemeinsame Praxis. Aber gerade hier erweist sich der Faktor
des Teamlernens und des Teamgeistes als derjenige, der aus einer
Ansammlung durchschnittlicher Spieler eine überragende
Mannschaft formen kann und umgekehrt, dessen Mangel aus einer
Gruppe exzellenter Virtuosen nur ein mittelmäßiges Team
entstehen läßt. Ähnliche Erfahrungen gibt es von Entwicklungs-
teams und sogar akademische Forschungsteams sollen es schon
zum Teamlernen gebracht haben.

Auffällig ist aber eher das übliche und »normalisierte« Mißlingen
von Teamlernen im Kontext von Organisationen und im Rahmen
von Gesellschaften, in denen Teams eine leistungskritische Rolle
spielen, weil viele Aufgaben von Einzelnen nicht mehr angemessen gelöst werden können. Wenn wir auf Teams in so
hohem Maße angewiesen sind, warum gelingt dann Teamlernen
so selten? Wenn in Unternehmen und anderen Organisationen
mit hohem Aufwand Gruppenarbeit, Projektarbeit und Teams
eingeführt werden, warum bleiben die Ergebnisse hartnäckig eher
ernüchternd?

Es fehlt das Verständnis für die Systemdynamik und die hochunwahrscheinliche Konstitution gelingender Kommunikation in selbstreferentiellen sozialen Systemen, sagt die Systemtheorie von der »systems dynamics« des Jay Forrester (1971; 1982) bis zur modernen soziologischen Systemtheorie (Luhmann 1984; 1997; 1997b; Willke 1998). Es fehlt die fünfte Disziplin des systemischen Denkens, sagt Peter Senge, und verbindet die konzeptionellen Überlegungen der Theorie mit seiner eigenen Praxis und dem breit gefächerten Erfahrungshintergrund der Beratungspraxis von MIT-Instituten. In der Kerntechnologie seines Ansatzes des Organisationslernens, der Verwendung von »Mikrowelten« als Instrumente der Simulation komplexer Systemdynamiken und als Instrumente der Erfahrungsbildung und des Lernens, greift Senge explizit auf die Vorarbeiten von Forrester zurück und nutzt die im Rahmen der »systems dynamics« hervorgebrachte Expertise.

Systemdenken als Disziplin des Lernens der Organisation bildet das entscheidende Verbindungsstück zwischen der erdrückenden Schwere einer Geschichte, die Lernen auf Personen reduziert, und den immer wieder auftauchenden ephemeren Ahnungen von Ganzheitlichkeit, die nicht davon ablassen wollen, daß es Wirklichkeiten und Wirkungskontexte gibt, die über die Grenzen von Personen hinausreichen. Systemdenken diszipliniert diese Verbindung, indem es die Personen gerade in ihrer Rolle als Kommunikatoren ernst nimmt und sieht, daß Kommunikation nicht in der Person, sondern in den Beziehungen und Verbindungen zwischen Personen entsteht. Diese Beziehungen formen *Muster* und folgen Regeln, die sich von den Absichten der einzelnen beteiligten Personen ablösen. Schon vor zwanzig Jahren hat James March festgehalten, daß die Intelligenz von Regeln nicht in ihrer Fähigkeit liegt, »richtig verstandene Probleme zu lösen, sondern im Umgang mit der Vielzahl von Problemen, die nur unvollständig verstanden, mißverstanden oder überhaupt nicht gesehen werden« (1990, S. 438). Regeln bilden *Architekturen* von Sinngebilden, die den Einzelnen nie in den Sinn kommen würden. Sie verselbständigen sich zu Labyrinthen des kollektiven Bewußtseins und des Kollektivgeistes, in denen sich Personen hoffnungslos verirren, wenn sie nicht über einen Arianefaden der *Einbindung* und des Verstehens verfügen. Dieser Faden wird ihnen allerdings nicht von einer gnädigen Göttin geschenkt, vielmehr müssen sie ihn aus den Fasern einer gemeinsamen Praxis, eines gemeinsamen Erfahrungskontextes, eines »community of praxis« selbst spinnen.

Die Kommunikationsstrukturen lösen sich von den kommunizierenden Personen wie Satelliten von ihren Trägerraketen. Sie bilden ein freischwebendes Netz hoch über den Köpfen der einzelnen Personen. Weil wir diese Kommunikationsstrukturen, Sprachmuster und Sinnarchitekturen nicht »sehen«, sind wir immer geneigt, ihre Existenz anzuzweifeln und sie für Mummenschanz zu halten: »Business and other human endeavors are also systems. They, too, are *bound by invisible fabrics of interrelated actions*, which often take years to fully play out their effects on each other. Since we are part of that lacework ourselves, it´s doubly hard to see the whole pattern of change. Instead, we tend to focus on snapshots of isolated parts of the system, and wonder why our deepest problems never seem to get solved« (Senge 1990, S. 7, Hervorhebung H.W.). Gerade die Probleme des organisationalen Lernens machen überdeutlich, daß die Wirkungen von Kommunikationsstrukturen und von Regeln der Kommunikation massiv sind. Jenseits der Absichten und Wünsche der beteiligten Personen sorgen sie dafür, daß gemeinsamer Sinn entstehen kann oder verhindert wird, daß die Vergemeinschaftung von Erfahrung gelingt oder mißlingt, daß ein Teamgeist sich bilden kann oder unterbunden bleibt. Die Personen sind allerdings auch hier keineswegs auf die Rolle bloßer Opfer oder Vollstrecker verwiesen. Wenn man es kann, kann man die wirksamen kollektiven Metaphern, Sinngebilde und Kommunikationsmuster an die Oberfläche bringen und sichtbar machen. Dazu bedarf es einer bewußten Anstrengung und geeigneter Instrumente.

Chris Argyris und Donald Schön zum Beispiel, die Altmeister des organisationalen Lernens, arbeiten hier mit einem bestechend einfachen Verfahren der »Links-rechts-Methode: Teammitglieder protokollieren ein Gespräch auf der linken Seite des Blattes so, wie es explizit auf der Oberfläche geäußerter und gehörter Sätze abgelaufen ist. Auf der rechten Seite des Blattes tragen sie die impliziten und untergründigen Annahmen, Vermutungen, Emotionen und Regeln ein, welche die Kommunikation begleiten. Die Unterschiede, die sich dabei herausstellen, sind das Arbeitsmaterial für einen Teamdialog, der es leisten kann, auf die Kommunikationsstrukturen des Teams zu stoßen (Argyris and Schön 1996). Aus der Fülle weiterer Vorschläge sei nur ein weiterer herausgegriffen. Marlene Fiol entwirft die Idee eines »Kommunikationslogbuches«. Sie schlägt vor, daß ein Team für die Zeit eines Projekts die Hauptmerkmale der ablaufenden Kommunikationen nach bestimmten Kriterien in einem Logbuch festhält. Dies erlaubt es, am Ende des Projekts oder an kritischen Stellen des Prozesses, mit verschiedenen Methoden die sich bildenden Muster, Figuren und Gestalten der ablaufenden Kommunikation explizit zu machen, sie zu analysieren, zu evaluieren und sie als Grundlage einer bewußten Reflexion zu nutzen (Fiol 1994). Auf unser eigenes Instrument der »Mikroartikel« kommen wir in Kapitel 3.4 zu sprechen.

Ein aufschlußreiches Komplement zu Peter Senges Nutzung der fünften Disziplin stellt Karl Weicks Konzeption des »Sensemaking« in Organisationen dar. Ganz ohne Zweifel ist Karl Weick ein Meister seines Faches. Er hat einige der wichtigsten Bücher der Organisationssoziologie geschrieben, und er legt hier die Summe seiner Überlegungen zum »Sensemaking«, zur Erfindung und Nutzung von Sinn in Organisationen vor. Sensemaking betrifft die Frage, wie Bedeutungen und Artefakte in komplexen Netzen kollektiver Aktion produziert und reproduziert werden.

Obwohl Teil eines breit verstandenen hermeneutisch-phänomenologischen Ansatzes, ist Sensemaking nach Weick grundlegender als Interpretation, weil es auf die Frage zielt, wie Personen das generieren, was sie dann interpretieren: »Sensemaking is about authoring as well as reading« (Weick 1995, S. 7). Wollte man das Wort übersezten, so müßte man im Deutschen die etwas umständlichen Begriffe der Sinnbildung und Bedeutungsgenerierung einsetzen: »Sensemaking, however, is less about discovery than it is about invention« (1995, S. 13). Weicks Buch zeigt berührende Momente von Altersweisheit. Er hat es nicht mehr nötig, alles selbst erfunden zu haben. Er läßt Kolleginnen und Kollegen, gerade auch jüngere, ausführlich zu Wort kommen und berichtet in einem überraschenden Ausmaß über die Arbeiten anderer, die sein Argument stützen oder zusätzlich beleuchten. In eher beiläufiger und spielerischer Weise schafft er damit die Einbettung seines Ansatzes in den breiteren Strom kontext- und prozeßsensitiver Arbeiten der Organisationssoziologie.

Ähnlich wie ein kommunikationstheoretischer Ansatz zur Analyse von Organisationen sieht sich der Ansatz des Sensemaking der Frage ausgesetzt, was er denn ausschließe, was denn nun nicht Kommunikation bzw. Sensemaking sei. In beiden Fällen geht die Frage selbst in die Irre. Denn gerade wenn alle organisationale Aktivität irgendwie mit Kommunikation oder Sensemaking zu tun hat, kommt es darauf an, möglichst differenziert und kohärent die Merkmale und Operationsbedingungen von Kommunikation bzw. Sensemaking zu klären. Weick behandelt sieben Merkmale des Sensemaking, die den Kern der Konzeption darstellen: »grounded in identity construction, retrospective, enactive of sensible environments, social, ongoing, focused on and by extracted cues, driven by plausibility rather than accuracy« (1995, Kap. 2). Diese Merkmale, die den Prozeß der Konstruktion von Sinn in einem vielschichtigen Fluß des Kommunizierens betonen, kondensieren zu unterschiedlichen Sprachspielen oder, wie Weick selbst es nennt, »Vokabularien«, die auf unter-

schiedlichen Stufen der Komprimierung und Generalisierung
bestimmte Architekturen oder Regelsysteme der Kommunikation
bilden. So entstehen in der Praxis von Organisationen Handlungs-
theorien, Geschichten, Paradigmen, Kontrollhierarchien und
schließlich Ideologien als umfassendste Form der Sinnbildung, der
Bezugnahme auf das System in seiner Umwelt.

Alle diese Momente folgen aus einer Prozeßperspektive, die sich
davor bewahrt, in Zustandsbeschreibungen und Kausalerklärun-
gen etwas festzuhalten, was als Festgehaltenes bereits künstlich
reduziert und deformiert ist: »In other words, thoughts, cause-
effect, stimulus-response, and subject-object are simply des-
criptions of moments in a process. To explore a different moment
is to reshuffle the meaning of all those supposed ›products‹ culled
from inspection of a different moment« (1995, S. 33).

In einer systemtheoretischen Perspektive fällt auf, daß zumindest
zwei Ankerpunkte systemtheoretischen Denkens auch bei Weick
eine zentrale Rolle spielen: die kommunikative Konstituierung
von Organisationen und eine Sicht der Umwelt von Organisationen als aktiv mitgestaltete Erfindungen der Organisationen selbst.
Im Anschluß an Starbuck konfirmiert Weick, daß Organisationen
sich ihre Umwelten aus einer Reihe von alternativen Optionen
aussuchen und daß sie dementsprechend die Umwelten, die sie
sich als relevanten Kontext umgelegt haben, nicht objektiv sehen,
sondern subjektiv und systemrelativ als etwas Dazugehöriges.
Beide Momente zusammen führen zu einer der bemerkens-
wertesten Überlegung des Buches, zur Spezifizierung der Rolle
des Kontextes für die Generierung und Verwendung von Sinn in
Organisationen (1995, S. 51ff.). Zum Thema des Lernens von
Organisationen kommt damit in den Blick, daß Organisationen
als Systeme von und für ihre relevanten Kontexte lernen,
jedenfalls dann, wenn sie Strategien und Ziele verfolgen, die auf
ihre Umwelten bezogen sind. Daß nun genau dies für intern
komplexe, selbstreferentielle und operativ geschlossene Systeme

keineswegs selbstverständlich ist, ist bekanntermaßen ein Grundthema modernen systemtheoretischen Denkens.

Bei aller Brillianz der Argumentation und des Stils von Weick könnte den Leser am Schluß des Buches das Gefühl beschleichen, daß er immer noch nicht weiß, was nun das Spezifische des Sensemaking sei. Weick hat darauf eine weise Antwort: »If accuracy is nice but not necessary in sensemaking, then what is necessary? The answer is, something that preserves plausibility and coherence, something that is reasonable and memorable, something that embodies past experience and expectations, something that resonates with other people, something that can be constructed retrospectively but also can be used prospectively, something that captures both feeling and thought, something that allows for embellishment to fit current oddities, something that is fun to construct. In short, what is necessary in sensemaking is a good story« (1995, S. 61). Mit seinem Buch hat Karl Weick zweifelsohne eine sehr gute Geschichte geschrieben. Die Herausforderung ist, viele solcher Geschichten zu erzählen und zu schreiben, um etwas über Organisationen in Erfahrung zu bringen, was die üblichen handfesten, methodisch gestählten empirischen »Untersuchungen« eher verbergen als offenbaren. Tatsächlich gibt es inzwischen eine Reihe von Sammelbänden mit »good stories« (Fischer 1997; Senge et al. 1996).

Um die nicht ganz einfachen Beiträge von Senge und Weick zur Frage des Lernens der Organisation greifbarer zu machen, wollen wir im folgenden eine Systematisierung vorstellen. Sie ist auch dadurch angeregt, daß es trotz aller Unterschiede der Sprache und der theoretischen Hintergründe erstaunliche Übereinstimmungen zwischen diesen beiden Konzeptionen gibt. Vergleichbarkeiten beziehen sich auf die Unterscheidung von Ebenen und damit auf die Frage, in welcher Tiefenstaffelung der Prozeß organisationalen Lernens zu betrachten ist, um eine realistische Vorstellung davon zu bekommen, auf welchen Ebenen und an welchen »Orten« Lernen greifen muß, damit sich nicht nur an der Oberfläche etwas

verändert. Die folgende Tabelle 3 bietet hierzu einen Überblick.
Beide Autoren stimmen darin überein, daß Lernen bedeutet,
kognitive Landschaften und die dazugehörigen Landkarten zu
verändern. Es gibt unterschiedlich einschneidende Eingriffe in
solche Landschaften und vieles wächst im ursprünglichen Chaos
wieder zu, wenn es nicht kontinuierlich kultiviert wird. Dieser
Frage der Kultivierung von Wissenslandschaften wenden wir uns
nun unter dem Titel *Wissensmanagement* zu.

Disziplinen nach Senge	Vokabularien nach Weick	Ebenen des Lernens
personal mastery Kompetenzen Fähigkeiten persönliche Vision	**vocabulary of coping** theories of action	Einwirkung auf **Handlungen**
mental models Wahrheit vs. Modell explizit vs. implizit Balance von Erkunden und Propagieren	**vocabulary of experience** stories	Einwirkung auf **Kommunikationsmuster**
shared vision enrollment commitment compliance	**vocabulary of work** paradigms	Einwirkungen auf **Erwartungsmuster**
team learning kollektives Denken Dialog vs. Diskussion	**vocabulary of organizations** third-order-controls	Einwirkung auf **Selbstbilder**
systems thinking Ausrichtung auf Systemdynamik System-Umwelt-Fokus	**vocabulary of society** ideology	Einwirkung auf **Kontexte des Systems**

Tab. 3: Ebenen des Lernens

3.2   Das Management von Expertise

Für Organisationen, insbesondere für die hier prototypisch
betroffenen Unternehmen, stellt Wissen im Sinne von Expertise
eine knappe Ressource und zugleich einen Produktionsfaktor von
zunehmender Bedeutung dar. Eine beachtliche und sich rasch
vergrößernde Zahl von Firmen (und auch anderen Organisationen) erkennt diese Bedeutung von Wissen. Es gibt ganze Serien
von Tagungen zum Thema Wissensmanagement, sogar schon zum
Thema »Beyond knowledge management« (Outlook Project
Exchange, Nov. 18-20, 1997, Aptos, California, USA) und auch
schon die ersten, bedingt repräsentativen Untersuchungen zur
Praxis des Wissensmanagements (Bullinger, Wörner und Prieto
1997; ILOI 1997). Verständlicherweise versuchen Autoren wie
Firmen mit Erfahrungen in den traditionellen Feldern von
Management, ihre Erfahrungen und Vorstellungen von Management auch für die neue Ressource und die neue Herausforderung
zu nutzen. Sie betrachten Wissensmanagement als Fortsetzung
des Managements mit anderen Mitteln. Vor diesem gravierenden
Irrtum kann man sich nur bewahren, wenn man theoretisch und
konzeptionell dafür ausgerüstet ist, die Besonderheit der Ressource Wissen zu verstehen.

Dies ist nicht einfach, und es reicht dafür nicht aus, vor einer
zahlenmäßig aufwendigen empirischen Untersuchung einige
Seiten »Theorie« zu setzen. Wissen verhält sich als Ressource und
Produktionsfaktor in einigen entscheidenden Hinsichten anders
als herkömmliche Faktoren. Es ist weniger sichtbar als Rohstoffe,
Kapital oder Arbeit, dafür aber, wenn es erst einmal generiert ist,
nahezu beliebig und mit geringen Kosten kopierbar. Es läßt sich

formal in einigen Hinsichten durch Eigentumsrechte schützen und als proprietäre Ressource nutzen, aber selbst in der Form von Patenten und proprietären Instrumenten muß es weitgehend offengelegt werden, so daß andere darauf aufbauen und weitere Schleifen der Revision und Innovation aufsetzen können. Vor allem aber unterscheiden sich Kapital und Wissen hinsichtlich des Grenznutzens. Konsumgüter und andere kapitalbasierte Güter unterliegen dem Gesetz des abnehmenden Grenznutzens. Wenn ich schon zwei Wohnungen, zwei Autos und zwei Fernseher habe, dann ist der Nutzen eines dritten oder vierten Exemplars zunehmend geringer. Bei Wissen und Expertise ist es umgekehrt. Hier gilt das Gesetz des *zunehmenden Grenznutzens.* Über je mehr Expertise eine Person, eine Gruppe oder eine Organisation verfügt, desto mehr Nutzen kann sie aus zusätzlicher Expertise ziehen. Gibt Bill Gates einem Bettler eine Handvoll Dollar ab, dann hat der Bettler einen maximalen Nutzen. Gibt er sie stattdessen etwa an Steve Jobs ab, dann ist der Nutzen nahezu gleich Null. Ganz anders bei Wissen: »Capital depreciates with use, but knowledge appreciates« (Sveiby 1997a, S. 23). Hält eine Nobelpreisträgerin einen Vortrag »state of the art« vor Laien, dann verstehen diese nichts und haben nichts davon. Hält sie dagegen diesen Vortrag vor Personen, die nahezu so viel wissen wie sie, dann haben alle Beteiligten den maximalen Nutzen, weil sie mit der *Differenz des Wissens* optimal umgehen und insofern etwas »anfangen« können. Die folgende Tabelle 4 faßt die Hauptunterschiede zusammen.

Eine Wirtschaft, die auf dem Weg zu einer wissensbasierten Ökonomie und einer »idea economy« ist, verlangt eine ihren Besonderheiten entsprechende *Wissensökonomik,* die erst in ganz rudimentären Ansätzen besteht. Eine allzu umstandslose und rasche Übertragung der herkömmlichen Managementkonzeptionen auf eine wissensbasierte Ökonomie und auf Wissensmanagement führt eher in die Irre, als daß es die erforderlichen Einsichten generiert. Die Ressource Wissen ist, wie die anderen

Produktionsfaktoren auch, komplex und vielschichtig. Sie
entzieht sich einfachen Beschreibungen und verlangt den
virtuosen Umgang mit Unterschieden.

Dimension	Kosten der Verteilung	Nutzen des Austausches	Folgen der Teilung
Kapital	maximal	abnehmender Grenznutzen	Verlust durch Reduktion
Wissen	minimal	zunehmender Grenznutzen	Gewinn durch Kombination

Tab. 4: Hauptunterschiede zwischen Kapital und Wissen

Schon die beiden Leitunterscheidungen zwischen implizitem und
explizitem und zwischen öffentlichem und proprietärem Wissen
generieren eine Fülle von Differenzen, deren Management
eigenständige Expertise und spezifische Instrumente verlangt. Die
folgende Tabelle 5 faßt eine Reihe relevanter Differenzen
zusammen, die in den späteren Fallstudien weiter erläutert und
genutzt werden. Hier kommt es zunächst darauf an, deutlich zu
machen, daß Wissensmanagement nicht nur allgemeine Fähigkeiten im Fach Management voraussetzt, sondern auch spezifische
Expertise im Umgang mit Expertise.

Die Erfahrungen und die Schwierigkeiten, die sich bereits bei
den vielfältigen – und häufig gescheiterten – Versuchen ergeben
haben, organisationales Lernen und die Lernende Organisation
zu verwirklichen (Argyris und Schön 1996; Chawla und Renesch
1995; Marquardt und Reynolds 1994), sollten einerseits Warnung
sein, andererseits genutzt werden. Sie sind wertvolles Anschauungsmaterial dafür, daß Wissensmanagement neue Wege
beschreiten und neue Konzeptionen und Instrumente entwickeln
muß, wenn es die spezifische Bedeutung des Faktors Wissen für
Organisationen nutzen will. Erweitert man den Beobachtungs-

raum für eine wissensbasierte Transformation von Unternehmen, dann kommen weitere Ansätze in den Blick.

Merkmale	implizites Wissen	explizites Wissen	öffentliches Wissen	proprietäres Wissen
Kontext-bindung	gebunden an sensorische Erfahrung	gebunden an intellektuelle Erfahrung	gemeinsame Praxis	organisations -geschützte Praxis
Übertra-gung	gemeinsame Anwendung von Wissen	Kommuni-kation von Wissen	Wertsteige-rung durch Verbreitung	Wertminde-rung durch Verbreitung
Explizie-rung	aufwendiger Prozeß der Externalisie-rung	Dokumenta-tion in 1. Zahlen 2. Texte 3. Bilder	setzt gemeinsame »Sprache« voraus	setzt gemeinsame Interessen voraus
Aneigung	durch gemeinsame Praxis	durch gemeinsames Lernen	durch geteilte Öffentlich-keit	durch geteilte Geheimhal-tung oder Eigentums-rechte

Tab. 5: Merkmale der Ressource Wissen

Die altehrwürdige Personalentwicklung (PE) gehört ebenso dazu wie die aktuellen Konzeptionen der Geschäftsprozeßoptimierung (GPO) und der Lernenden Organisation (LO). Verorten wir diese Ansätze in einem zweidimensionalen Raum, der auf der einen Seite Einzelmaßnahmen von einem kontinuierlichen Prozeß unterscheidet und auf der anderen Seite Beschränkung auf Personen oder Einschluß der Organisation, dann ergibt sich die in Abbildung 8 schematisierte Verteilung.

Hervorzuheben ist, daß der Ansatz der Lernenden Organisation der Idee nach in den rechten oberen Quadranten gehört und insofern mit Wissensmanagement kongruent liegt. Er wird hier nur deshalb in den rechten unteren Quadranten »verbannt«, weil sich in der Praxis der Unternehmenstransformation aus den unterschiedlichsten Gründen eine Ausdehnung des Lernens auf das Lernen der Organisation nur in den seltensten Fällen hat durchsetzen lassen.

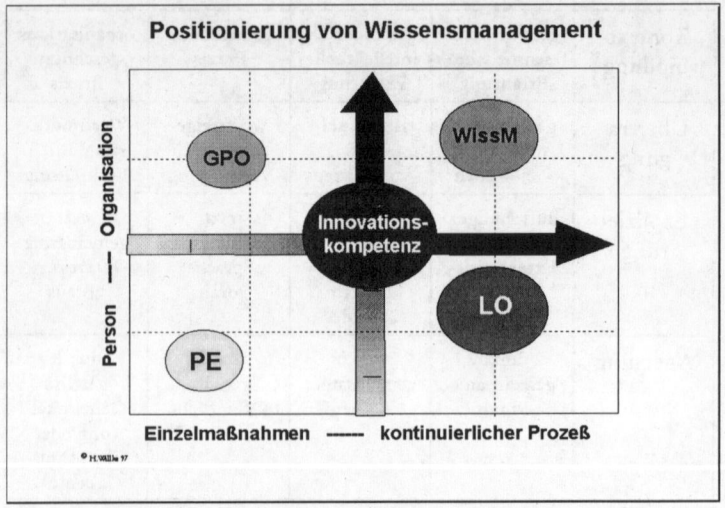

Abb. 8: Ansätze der wissensbasierten Transformation

Auch Wissensmanagement hat seine Bewährungsproben noch vor sich und wir wissen nicht, ob es dieser Konzeption gelingt, tatsächlich Lernen, Wissen und Innovationsfähigkeit von der Begrenzung auf Personen zu lösen und die erforderliche Verknüpfung der Ebenen oder Bereiche Person und Organisation zu leisten. Was wir jetzt schon wissen können, ist, daß mit der Idee des Wissensmanagements die Suche nach angemessenen und leistungsfähigen Strategien der Nutzen der Ressource Wissen nicht beendet sein wird. Hier und heute steht an, Wissensmanagement in eine Gesamtkonzeption der Steuerung komplexer sozialer Systeme (Willke 1998) einzubauen und in diesem Sinne zu einem systemischen Wissensmanagement zu kommen. Damit ist auch gesagt, daß Wissensmanagement für die meisten Organisationen (Ausnahmen sind möglicherweise universitäre Forschungsinstitute und andere Einrichtungen der Grundlagenforschung) kein Systemzweck ist, sondern Mittel zur Erreichung der je spezifischen Organisationsziele. Ein Unternehmen stellt nicht Wissen als solches her, sondern wissensbasierte Produkte und Dienstleistungen für konkrete Kunden in konkreten Märkten. Ein Krankenhaus stellt nicht Expertise als solche her, sondern Gesundheit oder Wohlbefinden oder Lebensqualität mit Hilfe einer möglichst fortgeschrittenen, bezahlbaren und praktikablen Expertise. Eine Schule stellt nicht Wissen für sich her, sondern sie soll dazu beitragen, jungen Menschen die Grundausstattung für Leben und Arbeiten in der Wissensgesellschaft mitzugeben. Darauf muß Wissensmanagement abgestimmt sein, sonst bleibt es nur eine weitere der vielen großartigen Ideen, in denen sich die Praxis mißverstanden sieht.

Wenn der Vorrang tatsächlich auf der je spezifischen Wertschöpfung der Organisation liegt, dann wird klar, daß Wissensmanagement eine Mediatorenfunktion insofern übernimmt, als es die Komponenten der Operationsweise der Organisation und die Merkmale der Geschäftsprozesse in einen Zusammenhang bringt, die zu einer fokussierten Wissensbasierung unabdingbar sind. Der Fokus liegt auf Wertschöpfung und Wertschätzung in den Augen der *stakeholder*, von Mitgliedern über Kreditgeber und Kunden bis zu Zulieferern, Allianzpartnern und sonstigen Betroffenen. Ansatzpunkt für Wissensmanagement sind die Kernkompetenzen eines Systems, die ihrerseits auf die geteilte Vision und die strategische Linie der Organisation ausgerichtet sind. Diese Kernkompetenzen erfordern eine Wissensbasis auf der Seite der Personen (»human capital«), auf der Seite der Strukturen (»structural capital«), die ihrerseits aus Informations- und Kommunikationsinfrastrukturen und aus den organisationalen Suprastrukturen von Regelsystemen und Steuerungsregimen bestehen, und sie erfordern schließlich eine Wissensbasis auf der

Seite der Organisation in Form von Methoden, Instrumenten und Konzeptionen des kollektiven Denkens (Isaacs 1993) und eines gemeinsamen Dialogs im Sinne von Peter Senge.

Sind diese Komponenten operationsfähig, dann generiert Wissensmanagement die beiden grundlegenden Qualitäten einer Organisation, die als intelligente Organisation gelten kann: Lernfähigkeit und Innovationskompetenz. Dieser Ausrichtung von Wissensmanagement liegt die Annahme zugrunde, daß es genau diese beiden generischen Qualitäten sind, die im Kontext einer entstehenden Wissensgesellschaft, im Kontext von globalem Wettbewerb, Wissensarbeit und globaler Vernetzung eine Organisation in die Lage versetzen, ihre Wertschöpfung und ihre Wertschätzung zu steigern (siehe als Überblick die folgende Abbildung 9).

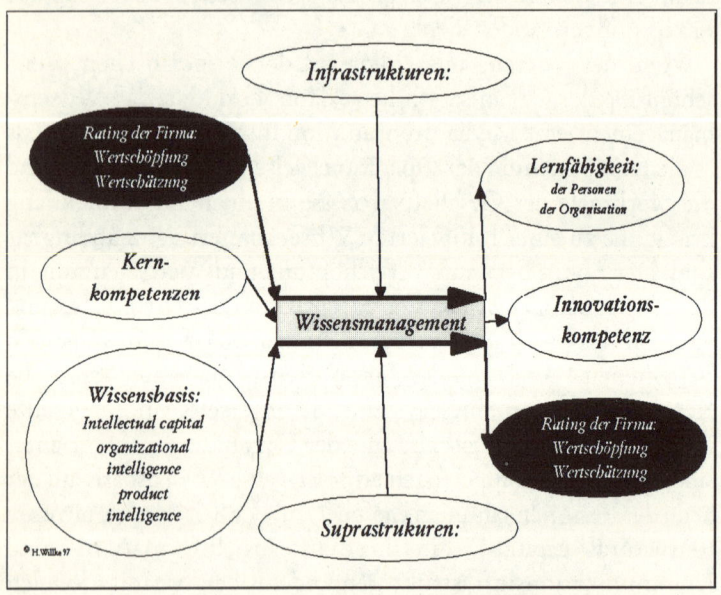

Abb. 9: Beitrag des Wissensmanagements zur Wertschöpfung

Auch wenn es auf den ersten Blick überraschend erscheint, so legen wir hier doch ganz bewußt großen Wert darauf, das Management von Expertise nicht als neuen Alleskönner und generellen Problemlöser zu stilisieren. Ganz im Gegenteil wollen wir deutlich machen, daß organsationales Wissensmanagement nur dann auch praktisch bedeutsam werden kann, wenn einsichtig wird, daß es ein kritischer Faktor der Wertschöpfung ist und nur dort schlechterdings entscheidend wird, wo es um anspruchsvolle, aufwendige wissensbasierte Produkte und Dienstleistungen geht. Auch gibt es keinerlei alleinseligmachende Wirkung und keinerlei Alleinvertretungsanspruch von Wissensmanagement. Wie Abbildung 9 zeigt, sind Kernkompetenzen und damit Vision und Strategie einer Organisation ebenso unabdingbar wie angemessene Infrastrukturen und kontextsensitive Suprastrukturen. Es läßt sich leicht zeigen, daß die Faktoren organisationalen Erfolges, die in vielen anderen Managementideen und Ansätzen enthalten sind, sich dann zum organisationalen Wissensmanagement fügen, wenn zwei Bedingungen erfüllt sind: Wenn der systemische Zusammenhang der Faktoren in theoretisch angemessener Weise berücksichtigt ist, und wenn diese Faktoren daraufhin befragt werden, wie sie durch Wissensbasierung leistungsfähiger zu machen sind.

Beispielsweise läßt sich die alte Frage nach dem Kerngeschäft einer Organisation systemtheoretisch fundiert als Frage nach der Definition und Funktion der Grenzen des Systems reformulieren. Niklas Luhmann hat vor über dreißig Jahren begonnen, zu dieser Frage zu publizieren (1964). Heute muß der Themenkreis erweitert werden. Wer und was gehört dazu; was ist innen und außen; welche Funktionen haben Abschließung und Öffnung; was gehört zum identitätsbildenden Kern, was kann ausgelagert (»outsourcing«) werden; welche Rolle spielen »gate-keeper«, Außendienstler, »Fremde« oder externe Berater; können und sollen Kunden, Kapitalgeber oder Analysten in das System hereingeholt oder gerade draußen gehalten werden? Unterlegt man diese Fragen mit der jeweils zusätzlichen Frage, welchen Unterschied spezifische Expertise machen würde, dann hat man die durchaus bekannte Problematik des Kerngeschäfts in den Rahmen möglicher Leistungen des Wissensmanagements gestellt und dann läßt sich sehen, welchen Zusatznutzen ein professioneller Umgang mit Expertise erbringen kann.

Der sehr innovative und wissensbasierte Hörgeräte-Hersteller Phonak AG zum Beispiel definiert die Grenzen des Unternehmens dadurch um, daß er jährlich weltweit über fünf Tausend Kunden zu Gesprächen und Seminaren einlädt, um deren Erfahrungen, Anregungen und Expertise für seine Produkte zu nutzen (siehe auch unten Abbildung 14).

In dieser Weise könnten wir alle aktuellen Themen des gegenwärtigen Managementdiskurses durchgehen - was wir natürlich mit Rücksicht auf die Geduld unserer Leser nicht machen. Die Entwicklung von Ressourcen, die Gestaltung von Strukturen (Infrastrukturen und Suprastrukturen), von Prozessen, von organisationalem Lernen und schließlich der Aufbau einer gemeinsamen Vision werden damit zu Komponenten eines systemischen Zusammenhanges, der seine Brauchbarkeit gegenüber den Anforderungen seiner relevanten Umwelten zu beweisen hat und der davon profitieren kann, daß es möglich ist, alle diese Komponenten mit spezifischer systemrelevanter und systemrelativer Expertise zu unterfüttern (siehe als Überblick die Abbildung 10). Wenn und soweit dies gelingt, wird aus der modernen Organisation eine intelligente Organisation im Sinne der Abbildung 3. Und nur wenn dies gelingt, löst sich die Organisation aus dem inzwischen verhängnisvollen Erbe einer tayloristischen Arbeitsteilung, einer telefonbasierten Infrastruktur (Bullinger, Wörner und Prieto 1997, S. 22) und einer hierarchischen Suprastruktur und nähert sich einer »Form des Unternehmens« (Baecker 1993), die auf der Höhe ihrer Zeit ist.

Eine systemtheoretische Fundierung verhilft nicht zuletzt zu einem tieferen Verständnis dafür, warum es notwendig ist, die oft mißverstandene und mißbrauchte Idee einer gemeinsamen Vision mit spezifischer Expertise zu unterlegen. Eine Vision sollte nicht einfach eine Idealvorstellung der Organisation von sich selbst sein. Sie hat eine deutlich spezifischere und gewichtigere Funktion. *Sie soll der systemspezifische Entwurf einer zukünftigen Ausprägung der Welt sein, in welcher die Organisation sich als gestaltender strategischer Akteur sieht.* Eine Vision beinhaltet also ein Verhältnis zwischen der Organisation und ihren relevanten Umwelten. Daraus folgt, daß ein System für den Aufbau einer Vision Expertise über die Dynamik ihrer Umwelten benötigt. Diese Expertise ist häufig gar nicht verfügbar, sondern muß geschaffen werden. Ein methodisches Instrument dafür ist die »Zukunftskonferenz« (»future search«), in der Teams, Abteilungen und ganze Organisationen in einem intensiven Dialog eine wünschbare Zukunft kreieren (ILOI 1997, S. 21).

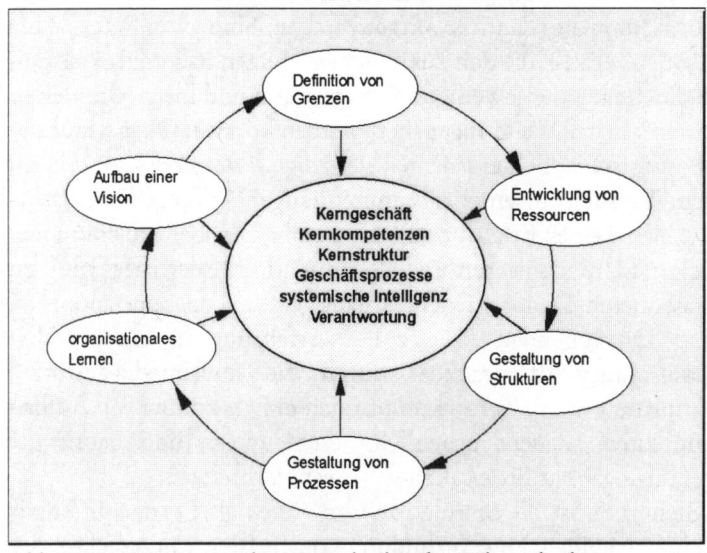

Abb. 10: Komponenten einer organisationalen Wissensbasis

Darüber hinaus gibt es eine Reihe interessanter Methoden und Instrumente. Besonders vielversprechend scheint die Technik alternativer Szenarien der Entwicklung möglicher Zukünfte zu sein, wie sie sich zum einen in der Tradition der bereits erwähnten »systems dynamics« bis zu den Weltmodellen des »Club of Rome« darstellt, und wie sie andererseits im Anschluß an die berühmten Szenarien der Firma Shell unter Arie de Geus (Heijden 1997) heute etwa von der Gruppe um Eckard Minx im Bereich Forschung Gesellschaft und Technik (4FG) von Daimler Benz gepflegt wird (Delta-Report 1993; Minx 1997). In der Regel werden drei Szenarien nach den Kriterien »wahrscheinlich«, »best case« und »worst case« erstellt, um darauf aufbauend Strategien und Handlungsoptionen zu entwickeln, die je nach realer Entfaltung der Zukunft genutzt werden können (Rosell 1996).

Heute lassen sich solche Szenarien auch in Simulationsprogrammen auf dem Computer durchspielen. In hinreichend elaborierter Form führt dies dann zu *Microworlds* im Sinne von Peter Senge (1990, S. 313ff.), die den zusätzlichen Nutzen haben, daß sie den Bedingungen der jeweiligen Organisation und ihren Umwelten in variierbarer Weise angenähert werden können. Oder sie führen zu unterschiedlichen Formen des *»digital story telling«*, d.h. zu dem Versuch, in einer zusammenhängenden Lern- und Lehrgeschichte einen Erfahrungskontext zu beschreiben, zu dokumentieren, zu digitalisieren und als Simulation realer Erfahrung zu präsentieren. Damit wäre ein Anfang gemacht, den umständlichen und zeitraubenden Weg realer Erfahrung in einer realen »community of practice« durch die multimedia-gestützte Simulation von *Fällen* zu komprimieren. Dies könnte den Aufbau impliziten Wissens erheblich beschleunigen und damit die Erfahrungsbasis für explizites Wissen verbreitern.

Sicherlich ist die Simulation von *Fällen* als Ersatz für Praxis keine neue Idee. Die Ausbildung von Juristen stützt sich in der »Fallbearbeitung« ganz wesentlich darauf, nicht nur in den Ländern des »case law«, sondern auch im kontinentaleuropäischen

Rechtskreis. Auch die berühmte »Fallmethode« der »Business Schools« setzt ganz auf das Nachspielen und die Simulation von Fällen als Komprimierung praktischer Erfahrungen. Man kann allerdings nicht behaupten, daß diese Simulationsmodelle besonders elaboriert oder reflektiert wären. So werden in den »Business Schools« allzu häufig Firmen als leuchtende Beispiele dargestellt, die in der Zwischenzeit in Schwierigkeiten geraten oder gar untergegangen sind. Dies ist mit ein Grund dafür, warum an den innovativsten Schulen einfache Fallmethode zu komplexen Simulationen fortentwickelt werden, die Eingriffsmöglichkeiten bieten und vielfältige Optionen öffnen, die in ihren Konsequenzen durchgespielt und prakisch in Echtzeit am Computer dargestellt werden können. In Verbindung mit Gruppen- oder Teamentscheidung-Simulationsprogrammen lassen sich sogar Kontexte und Erfahrungen in gemeinsamer Praxis simulieren und so in komprimicrtcr Form kollektive Wissenskontexte herstellen.

Einige fortgeschrittene Modelle der Ausbildung und Fortbildung von Medizinern weisen in eine weitere interessante Richtung der Simulation von Erfahrung. Mediziner der unterschiedlichsten Fachrichtungen können an digitalisierten Körpern und Organen Eingriffe, Operationen etc. simulieren und in einer »virtuellen Realität« die Folgen ihrer Maßnahmen durchspielen *und aus diesen Erfahrungen lernen*. Auch hier sind Gruppensitzungen und Teamerfahrungen möglich, bei entsprechenden Voraussetzungen sogar für global verteilte Personen, die per Video-Netzwerk zusammengeschaltet sind.

Man muß nur die Frage stellen, welche Universität, welcher Wohlfahrtsverband, welches Krankenhaus, welche Schule, welche Partei, welche Kirche, welcher Sportverein, welches Energieunternehmen oder welche Kommune auf einem entsprechenden Niveau organisationaler Intelligenz operiert, um zu sehen, welche Veränderungen noch vor uns liegen.

Andererseits gibt es durchaus Fälle von Firmen, die sich als Pioniere auf das Feld des Wissensmanagement wagen. In den folgenden Abbildungen werden überblicksartig einige Beispiele gezeigt.

Abb. 11: Beispiel BMW
Quelle: BMW AG 1996; Krebs 1998, S. 70; Computerwoche 15/1998, S. 16

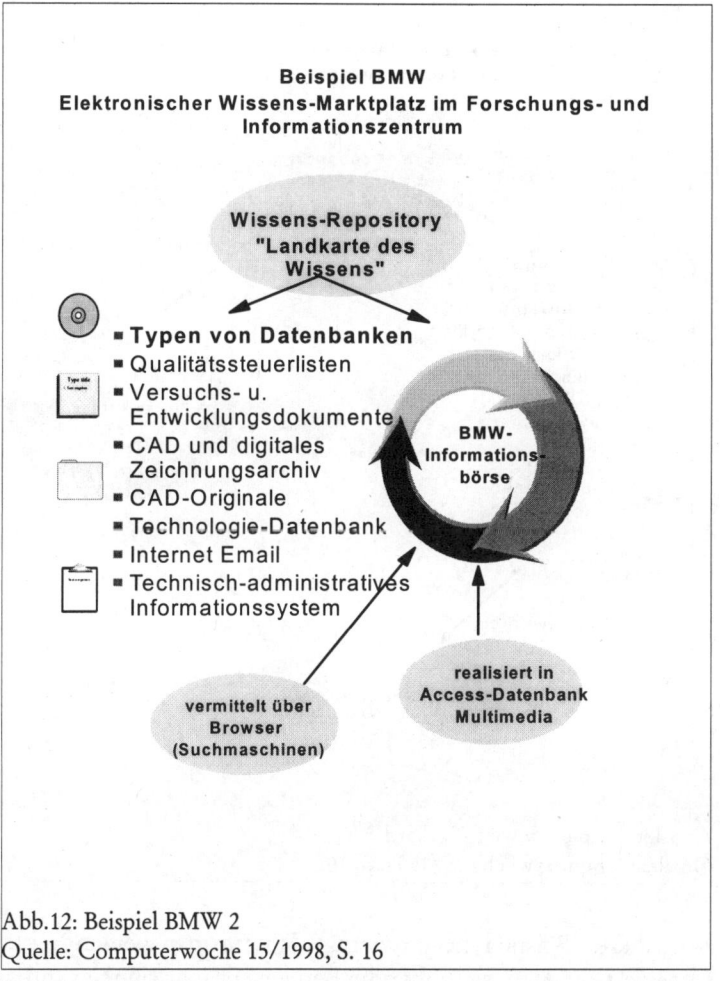

Abb.12: Beispiel BMW 2
Quelle: Computerwoche 15/1998, S. 16

Bemerkenswert ist an diesem Beispiel, daß die Informationsbörse in einer sehr einfachen Softwarelösung (Acces-Datenbank) realisiert ist, so daß aufwendige Einarbeitungen in die Nutzung entfallen.

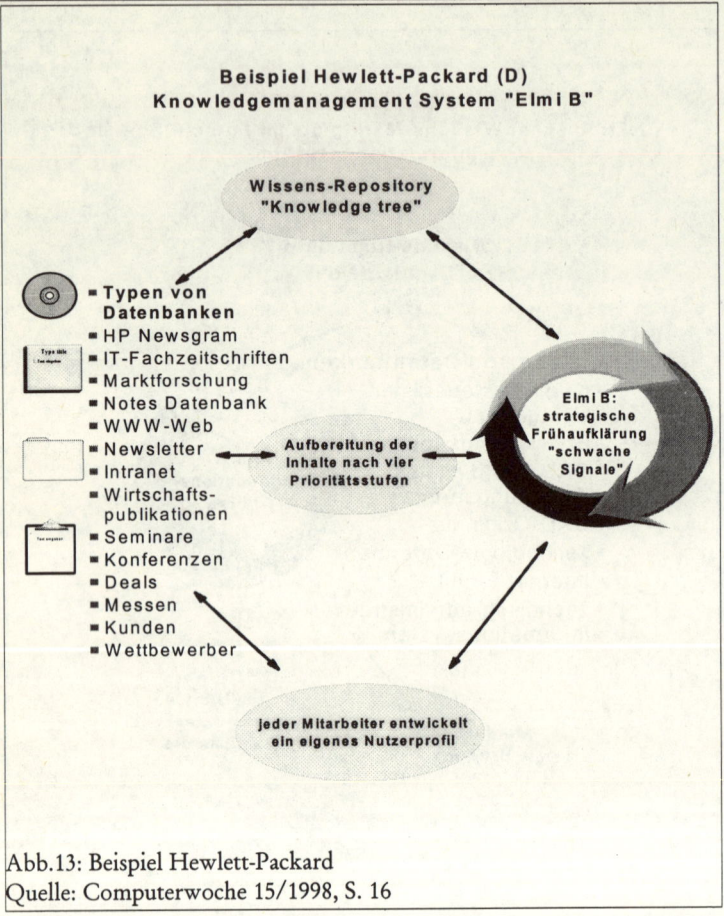

Abb.13: Beispiel Hewlett-Packard
Quelle: Computerwoche 15/1998, S. 16

Wie dieses Beispiel zeigt, zwingt Wissensmanagement eine
Organisation dazu, sich über die Bereiche des für sie relevanten
Wissens und der für ihr Kerngeschäft ausschlaggebenden Expertise
klar zu werden: "knowledge-tree". Mit dieser Fokussierung lassen
sich dann leichter "schwache Signale" über zukünftige Entwicklungen auffangen.

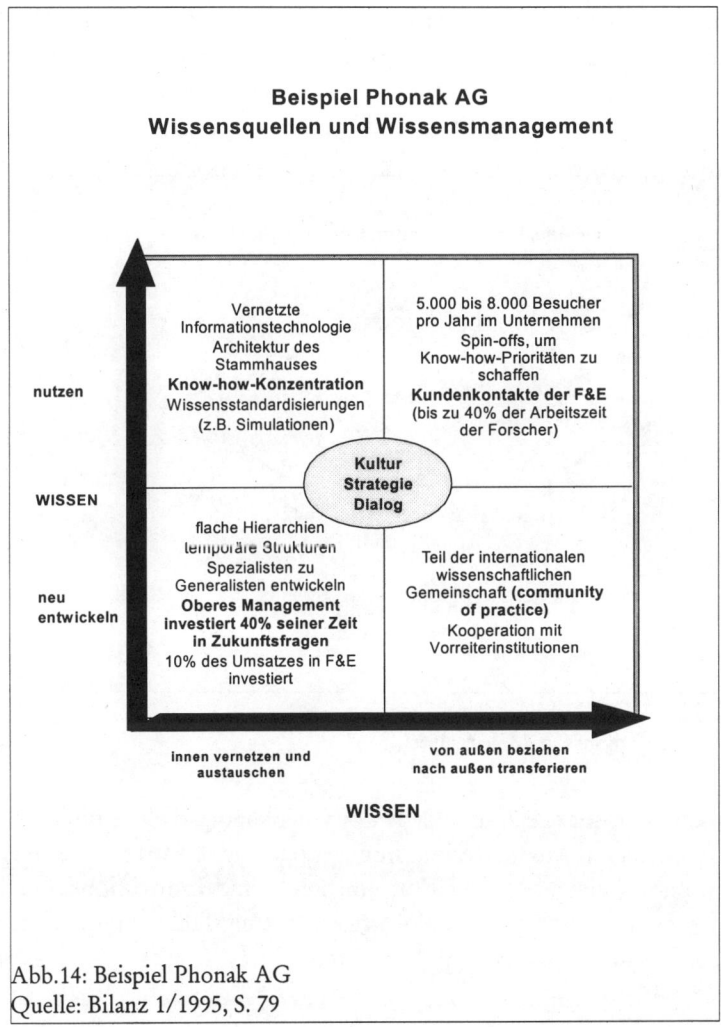

Beispiel Phonak AG
Wissensquellen und Wissensmanagement

Abb.14: Beispiel Phonak AG
Quelle: Bilanz 1/1995, S. 79

Die Phonak AG (Hersteller von High-Tech Hörgeräten) dürfte
eine der ganz wenigen Organisationen sein, deren oberes
Management tatsächlich einen großen Teil seiner Arbeitszeit nicht

dem operativen Geschäft oder Routineaufgaben sondern
Zukunftsfragen widmet. Denkbar und realisierbar wird dies für
eine Firma erst dann, wenn Wissensmanagement als Kern-
geschäftsprozeß angesehen und behandelt wird.

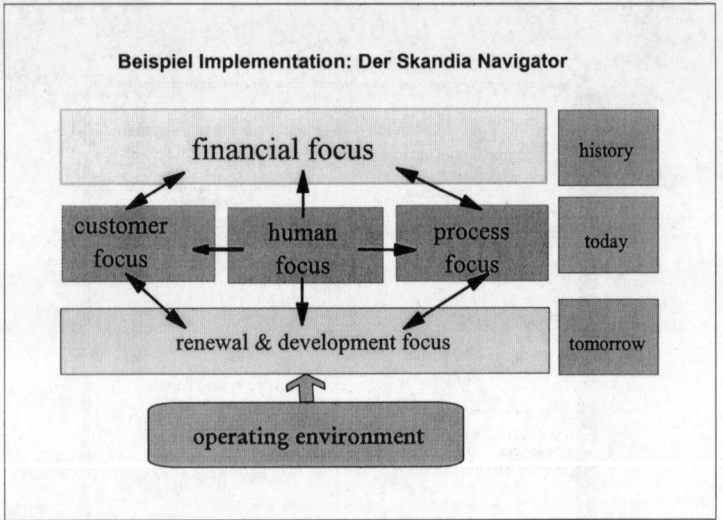

Abb. 15: Der Navigator von Skandia
Quelle: Edvinsson/Malone 1997, S. 68

Besonders klar zeigt der Nagivator von Skandia, daß die üblichen
finanziellen Meßkriterien nur vergangene Leistung messen,
während erst die Evaluation von Lern- und Innovationsfähig-
keiten die Abschätzung zukünftiger Leistungsfähigkeit erlauben.

3.3   Wissensmanagement als Geschäftsprozeß

Wie bei jeder substantiellen Leistung einer Organisation empfiehlt es sich auch bei Wissensmanagement, in zusammenhängenden Prozessen zu denken und diesen Prozeß in optimierender Weise zu organisieren. Wie bereits gesagt, verstehen wir Wissensmanagement als interne Leistung einer wissensbasierten Organisation, die auf alle anderen Prozesse und damit auf die Produkte und Dienstleistungen ausstrahlt, mit denen die Organisation ihre Existenz rechtfertigt. Es empfiehlt sich also, Wissensmanagement als internen Geschäftsprozeß zu organisieren und zu optimieren. Über eine eher destruktive Rationalisierung und Restrukturierung hinaus steht dabei eine aktive und offensive Nutzung vorhandener und neuer Expertise im Vordergrund. Gerade Wissensmanagement ist ein guter Beleg dafür, daß es darauf ankommt, über Restrukturierung im Sinne von Hammer und Champy (1994) hinauszugelangen und neue, zukunftsträchtige Organisationsziele und Geschäftsideen im Sinne von Hamel und Prahalad (1994) zu generieren. Wissen und Expertise sind Ressourcen, die geradezu danach rufen, innovativ genutzt, rekombiniert, revidiert und in überraschenden Zusammenhängen neu gesehen zu werden. Genau darin liegt das offene Geheimnis innovativer »start-ups« in den von Ideen brodelnden Industrieregionen wie das berühmte Silicon Valley, aber auch Boston, South Carolina oder Miami (Kanter 1996, S. 251ff.), Wallstreet, Fleetstreet oder Seattle.

Wie zu erwarten, gibt es sehr unterschiedliche Vorstellungen und Vorschläge, wie Wissensmanagement als Prozeß zu organisieren sei. Wir greifen drei dieser Vorschläge heraus, die gerade in ihrer Unterschiedlichkeit aufschlußreich sind. Einen eher formalen

Zusammenhang von Komponenten des Wissensprozesses im Rahmen üblicher Vorstellungen von Management präsentieren Probst, Raub und Rombardt (1997). Sie postulieren einen Grundprozeß, in dem Identifikation, Erwerb, Entwicklung, Verteilung, Nutzung und Bewahrung von Wissen aufeinander einwirken. Und sie setzen darüber einen Feedbackprozeß, in dem aus der Wissensbewertung neue oder revidierte Wissensziele folgen (siehe den Überblick in Abbildung 16).

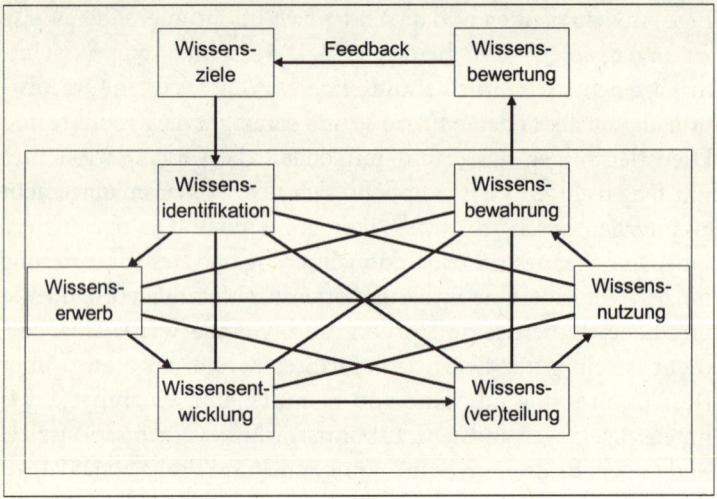

Abb. 16: Bausteine des Wissensmanangements nach Probst 1997, S. 56

Die Überzeugungskraft ihres Modells leidet darunter, daß sie sich mit differierenden Vorschlägen nicht auseinandersetzen, daß sie weitgehend auf eine theoretische Fundierung verzichten und daß sie zu schnell und umstandslos den vermeintlichen Forderungen der Praxis nachgeben, daß die Modelle »pragmatisch, einfach und nutzbar« sein sollten (1997, S. 49). Sicherlich sollten Modelle einfach und nutzbar sein, aber in komplizierten und komplexen

Kontexten widerspricht forcierte Einfachheit oft einem wirklichen Nutzen.

Ein theoretisch ambitionierteres Modell präsentieren Nonaka und Takeuchi (1995) mit der Idee der »Wissensspirale«. Sie überführen darin das eingangs vorgestellte Grundmodell der Übergänge von implizitem zu explizitem Wissen (und zurück) über die Stufen der Sozialisation, Externalisierung, Kombination und Internalisierung in einem sich selbst verstärkenden dynamischen Prozeß der Kreation organisationalen Wissens (siehe die folgende Abbildung 17).

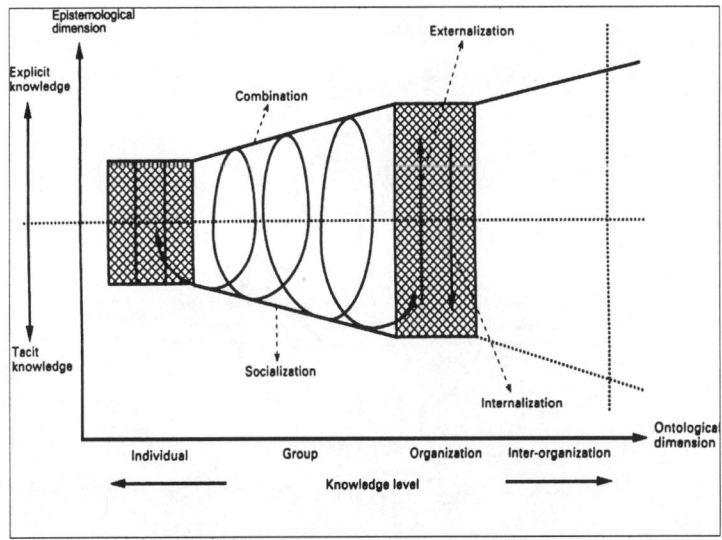

Abb. 17: Wissensspirale nach Nonaka/Takeuchi 1995, S. 73

Einen häufig unterschlagenen, aber äußerst wichtigen Aspekt des Wissensmanagements als systemischer Prozeß bringt Dorothy Leonard-Barton (1995) ins Spiel. Auch sie geht zunächst von Kernkompetenzen aus, bezieht also Wissensmanagement als internen Geschäftprozeß auf die extern relevanten Leistungen der

Organisation. In einer ziemlich einfachen Schematik nutzt sie dann die Differenzen von außen/innen und von gegenwärtig/zukünftig, um die Komponenten Problemlösen (Gegenwart) und Experimentieren (Zukunft), Implementierung und Integration (innen) und Wissensimport (außen) zu spezifizieren. Erst danach kommt das eigentlich Weiterführende. Sie komplementiert diesen Prozeß der Schaffung und Diffusion von Wissen mit einem immer zugleich mitspielenden Prozeß in allen Organisationen, in dem die Schaffung und Nutzung neuen Wissens *verhindert* wird. Dieser zweite, komplementäre Prozeß kreist nicht um Kernkompetenzen, sondern um »Kernrigiditäten« (siehe dazu die folgenden Abbildungen 18 und 19) und

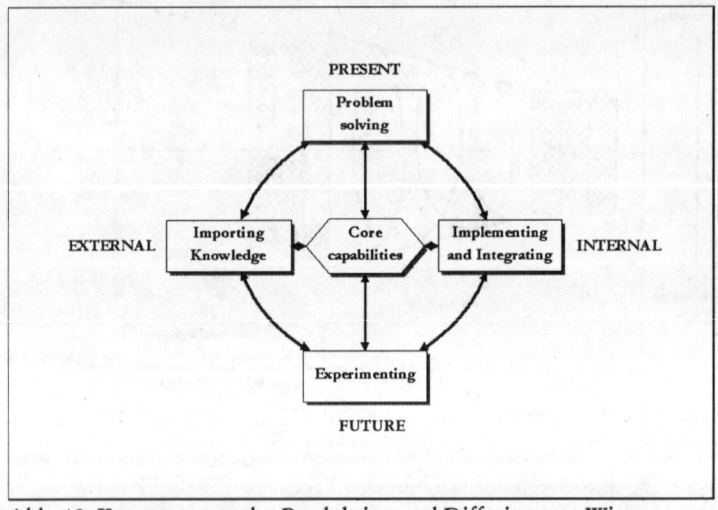

Abb. 18: Komponenten der Produktion und Diffusion von Wissen
(Quelle: Leonard-Barton 1995, S. 9)

umfaßt das, was Chris Argyris als den Komplex der defensiven Strukturierung (»organizational defenses«) der Organisation ausführlich thematisiert hat (1990).

Erst mit dieser Erweiterung kommt in den Blick, daß Lernen, und gerade auch das Lernen der Organisation, ebensowenig selbstverständlich ist, wie ein Wissensmanagement, das der Organisation zumutet, ihre Regeln, Traditionen und liebgewonnenen Routinen kontinuierlich zu überprüfen und sie der kreativen Destruktion durch Alternativen auszusetzen, die neuen Problemlagen und neuen Kontexten angemessener erscheinen: »Eine lernende Organisation ist erfahren darin, Wissen zu schöpfen, zu erwerben und weiterzugeben, *sowie ihr Verhalten im Lichte neuer Kenntnisse und Einsichten teilweise zu revidieren*« (Garvin 1994, S. 76, Hervorhebung H.W.).

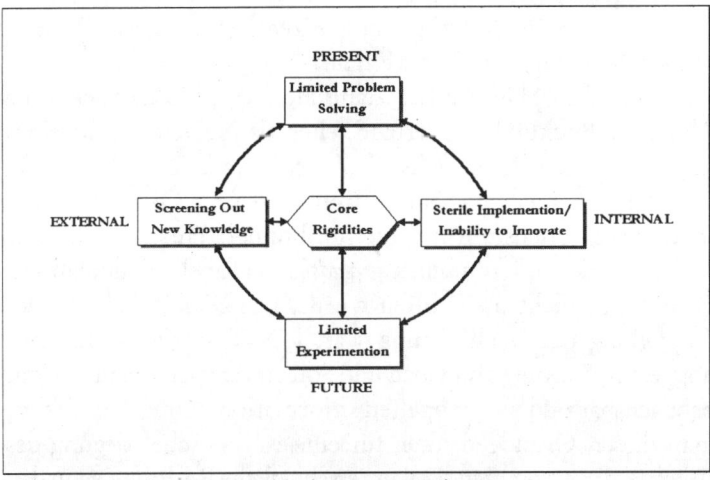

Abb. 19: Aktivitäten zur Behinderung von Wissen
(Quelle: Leonard-Barton 1995, S. 36)

Auf diesen Vorschlägen aufbauend wollen wir einen Schritt weitergehen. Ausgangspunkt für diesen Abschnitt war, Wissensmanagement als Geschäftsprozeß zu betrachten, der in den weitaus meisten Organisationen, und vor allem in Unternehmen, sich nicht aus sich selbst heraus legitimiert. Vielmehr dient er der Organisation dazu, ihre strategischen Ziele besser, schneller und effizienter zu erreichen, um damit ihre Leistungserbringung gegenüber ihren Kunden und damit insgesamt ihr Überleben in einer kompetitiven Umwelt zu ermöglichen. (In diesem Sinne haben natürlich auch Universitäten, Krankenhäuser, Schulen, Kirchen oder Sportvereine »Kunden«). Je kritischer die Ressource Wissen für diesen Wettbewerb ist, umso größer ist die Bedeutung eines professionellen Wissensmanagements. Dennoch bleibt Wissensmanagement eine Supportfunktion. Es muß sich deshalb einer doppelten Prüfung stellen: (1) Wie läßt sich Wissensmanagement für sich optimal organisieren? (2) Wie gelingt es, die Ergebnisse eines optimierten Wissensmanagements auf die Ziele der Organisation auszurichten? Diese Notwendigkeit der doppelten Prüfung soll mit dem Konzept der *doppelten Wissensbuchführung* unterstrichen werden.

Als im Jahre 1494 der venezianische Mönch Luca Pacioli die »doppelte Buchführung« erfand, eher als Nebenprodukt eines mathematischen Lehrbuchs über Arithmetik und Geometrie, schuf er eine bleibende Innovation moderner Ökonomie und moderner Betriebsführung, die fünfhundert Jahre lang bis zur Erfindung des elektronischen *spreadsheats* (Tabellenkalkulationsprogramm) nicht übertroffen wurde. Die geniale Einsicht der Doppelung der Buchführung war, jede Transaktion in ihrer doppelten Wirkung als Haben und Soll zu verzeichnen und damit beobachtbar und zur doppelten Information zu machen. Nutzt man diesen Grundgedanken für eine Rechenschaftslegung des Wissens, dann kommen zwei unterschiedliche Rechnungen in den Blick. Die eine fragt nach den »Kosten« (Kosten, Voraussetzungen, Absicherungen) der Herstellung und Nutzung von kollektivem Wissen; die andere fragt nach den »Nutzen« (organisationale Wertschöpfung, Verbesserung der Kernkompetenzen und der Zielerreichung) dieses Wissens. Es liegt dann auf der Hand, daß eine für die Organisation sinnvolle Rechenschaftslegung zum Wissensmanagement verlangt, daß beide Rechnungen aufgemacht und somit beide Seiten der Form des organisationalen Wissens berücksichtigt werden. Darüber hinaus wird es allerdings notwendig, für wissensbasierte Güter die Kriterien für Kosten und Nutzen neu zu definieren: »The components of cost in a product today are largely R&D, intellectual assets, and services. The old accounting system, which tells us the cost of material and labor, isn't applicable« (Edmund Jenkins, Parnter bei Arthur Andersen, zit. in Steward 1997, S. 59).

In einer etwas anderen Metapher könnte man auch von einem doppelten Kreislauf sprechen. In einem inneren, geschäftsprozeßbezogenen Kreislauf geht es darum, (1) relevantes Wissen zu generieren, (2) es zu aktivieren und (3) zu generalisieren. Liegt es in einer generalisierten, das heißt explizierten und dokumentierten Form vor, dann ist damit noch keineswegs garantiert, daß dieses Wissen auch an allen relevanten Stellen der Organisation zur Kenntnis genommen und verwertet wird. Hinzu kommen also die Schritte der (4) Verteilung und der (5) Nutzung des Wissens. Der letzte Schritt in diesem Kreislauf ist dann die Bewertung und (6) Revision des generierten und genutzten Wissens. Die Kriterien dieser Revision lassen sich aber gerade nicht selbstreferentiell aus diesem inneren Prozeß selbst gewinnen, sonst hätten wir den Idealtypus der zweckfreien, wissenschaftlichen Generierung von Wissen um seiner selbst willen. In Organisationen (von solchen der reinen Forschung abgesehen), die Wissen nicht um seiner selbst willen generieren, greift an dieser Stelle der zweite, externe oder fremdreferentielle Kreislauf ein. Die Leitfrage der Revision ist: Wozu brauchen wir welches Wissen? Welcher organisationale Mehrwert läßt sich durch welches neue, revidierte Wissen schaffen? Welche zukünftige Leistungsfähigkeit erwerben wir durch welche organisationale Expertise? Es ist dann nicht schwer zu sehen, daß diese Leitfragen dazu zwingen, die kollektive Vision und die strategische Ausrichtung der Organisation auf bestimmte, spezifische Kernkompetenzen ins Spiel zu bringen (siehe als Überblick die Darstellung in Abbildung 20).

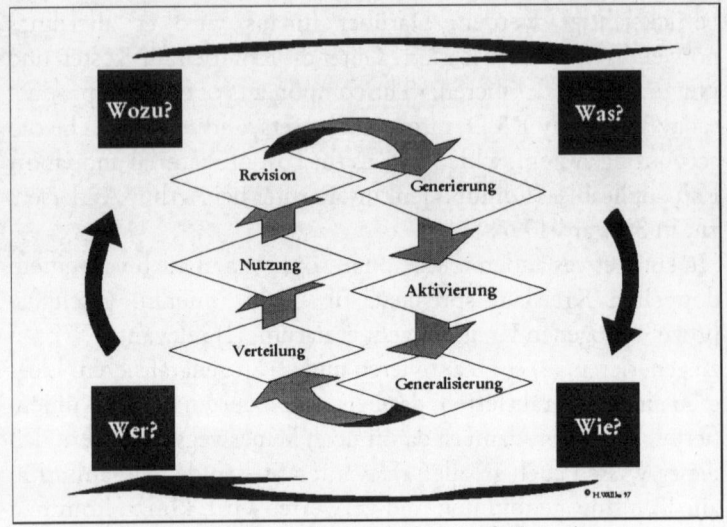

Abb. 20: Wissensmanagement als Geschäftsprozeß: doppelte
Wissensbuchführung

In der Praxis des Wissensmanagements muß man mit erheblichen
Problemen der Interferenz zwischen innerem (selbstreferentiel-
lem) und externem (fremdreferentiellem) Kreislauf der Wissensgenerierung rechnen. Denn der innere Kreislauf tendiert zur
operativen Schließung gegenüber externen Anforderungen, und
der externe Kreislauf tendiert im Gegenteil zur Instrumentalisierung der Wissensnutzung für kurzfristige und kurzsichtige
Organisationsinteressen. Es ist die Fortsetzung des Kampfes
zwischen Entwicklungsabteilung und Produktion, zwischen
Organisationsentwicklung und Controlling, zwischen Bewahren
und Verändern, in generalisierter Form. Wann immer nur eine
der beiden Seiten und damit eine der beiden beteiligten Logiken
zum Zuge kommt, ist ein Scheitern des Ganzen vorprogrammiert.
Diese in das Wissensmanagement als Geschäftsprozeß eingebaute
Dialektik ist unvermeidlich. Der Prozeß der Wissensgenerierung
und die in ihm handelnden Personen verfallen nahezu zwangs-

läufig dem Sog jenes schwarzen Loches von Nichtwissen, welches hinter jedem vorläufigen Erfolg der Konstruktion von Wissen lauert. Sie müssen und wollen deshalb mehr Wissen generieren und produzieren zugleich mehr Ignoranz. Dieses nerven-aufreibende Spiel läßt sich immanent nur dadurch lösen, daß das Spiel selbst zum Ziel erhoben wird, also Wissenschaft um ihrer selbst willen passiert. Wo dieser Luxus nicht möglich ist, müssen externe Signale die reine Selbsreferenz interpunktieren und auf reflektierte Relevanzen abstimmen. Reflektiert sind Relevanzen dann, wenn die Operationsweise eines Systems sich von der Innenperspektive löst, indem es sich (in einem weiterhin zwingend internen Prozeß) vergegenwärtigt, daß es als System in einer Umwelt operiert und es deshalb für sein Überleben in dieser Umwelt sinnvoll sein kann, intern mit einer externen Umwelt zu rechnen, sie in kritischen Hinsichten zu internalisie-ren, und eine interne Responsivität für bestimmte Signale in dieser Umwelt auszubilden. In diesem Sinne sind alle nicht-trivialen Systeme, wie vor allem Personen und Sozialsysteme, fähig, trotz operativer Autonomie eine mehr oder weniger ausgeprägte Kapazität für Reflexion zu entwickeln. In beiden Fällen ist dies der Übergang vom naiven zum strategischen Handeln, von bloßer Ich-Bezogenheit und Selbsreferenz zu einer reflektierten Identität. »Wenige Unternehmen haben allerdings Verfahren eingeführt, mit denen sie ihren Managern abverlangen, von Zeit zu Zeit über das Vergangene nachzudenken und aus Fehlern zu lernen« (Garvin 1994, S. 80).

Auch für Wissensmanagement steht deshalb, wie für jeden Geschäftsprozeß, am Anfang und am Ende die Frage, welche Leistung für welchen Kunden zu erbringen ist. Allerdings sollte auch diese Frage nicht zu reiner Fremdreferenz verabsolutiert werden. Dies liefe auf eine kurzsichtige und borniere In-strumentalisierung des vorhandenen Wissens hinaus, die vernachlässigt, daß der Kern von Wissensmanagement die Fähigkeit ist, die *zukünftige* Innovationskompetenz der Organisation dadurch zu sichern, daß kollektives Lernen und eine kontinuierliche Revision des vorhandenen Wissens aktiviert werden. Auch auf der Seite des externen Kreislaufes und auf der Seite der organisationalen Wissensbuchführung ist deshalb Reflexionsfähigkeit vonnöten. Die Fähigkeit zur Reflexion wirkt wie eine Sicherung gegen Kurzschlüsse. Sie gewährleistet gegenüber direkten Durchgriffen und einseitigen Instrumentalisierungen die operative Autonomie von Bereichen, die sich erst dann entfalten und ihre eigentliche Leistung erbringen können, wenn ihre Operationslogik nicht gleichgeschaltet und an die Kandare (1) hierarchischer Steuerung oder (2) kurzfristiger quantitativer Indikatoren genommen wird. Der erste Gesichtspunkt organisationaler Reflexionsfähigkeit forciert am Fall von Wissensmanagement die weiträumig beobachtbare allgemeine Transformation von hierarchischen Modellen der Systemsteuerung zu alternativen Steuerungsformen, die komplexen Systemen mit verteilter Intelligenz und verteilten Kompetenzen eher angemessen sind (Willke 1998). Der zweite Gesichtspunkt forciert am Fall von Wissensmanagement die verbreitete Unzufriedenheit mit den herkömmlichen Formen der Messung von Leistung und Qualität einer Organisation. Inzwischen ist deutlich genug, daß ein kontextblinder *shareholder value* ebenso irreführend ist wie ein zahlengläubiges Controlling oder wie Jahresabschlußbilanzen, welche die wesentlichen Dinge ungesagt lassen. Insbesondere die Idee des »Intellectual Capital« zwingt zur Auseinandersetzung mit diesen Problemen der Messung. Sie hat im Kontext der allgemeineren Idee des Wissensmanagements wichtige Beiträge dazu geleistet, den Blick von vierteljährlichen Schwankungen der Börsennotierungen zu lösen und ihn stattdessen auf die Fähigkeit einer Organisation zu richten, ihre *zukünftige* Innovationsfähigkeit zu gewährleisten (Edvinsson und Malone 1997; Steward 1997).

Zunächst ist nun festzuhalten, daß doppelte Wissensbuchführung im Sinne einer gleichzeitigen Berücksichtigung der Kosten und Nutzen von Wissensmanagement auf der Ebene eines Geschäftsprozesses für sich und auf der Ebene der Organisation insgesamt dazu führt, von vornherein die notwendige Verzahnung von Strategien des Wissensmanagements und von Strategien der Organisation zu betonen. Erst eine solche Verzahnung durch Reflexionsfähigkeit auf beiden Seiten verhindert, daß Wissensmanagement sich entweder verselbständigt oder aber zur Alibiveranstaltung verkommt. Praktisch bedeutet dies, daß jeder einzelne Schritt des Wissensprozesses, von der Wissensgenerierung bis zur Wissensrevision, doppelt zu »verbuchen« ist: zum einen nach den Kriterien eines qualitativ guten Modells und Prozesses von Wissensmanagement, zum anderen nach den Kriterien der strategischen Ausrichtung der Organisation.

So schwebt beispielsweise die Aufgabe der Generierung von Wissen besonders in Gefahr, schrankenlos zu werden, weil der Schluß so klar wie zwingend erscheint, daß mehr Wissen immer gut sei. Wenn dieser Schluß nun zwar für die reine Wissenschaft von den Vorsokratikern bis heute vorbehaltlos gilt, so ist er doch definitiv nicht auf andere Orte der Wissensgenerierung übertragbar. Schon im Kontext von Organisationen wie Schulen oder Krankenhäusern ist er verfehlt, noch verfehlter ist der Schluß im Fall von Unternehmen. Sie müssen Wissensgenerierung als Leistung (Mittel) betrachten, welche der Rationalität des Systems Unternehmen (Zwecke der Organisation) untergeordnet ist, auch wenn diese Leistung für den Fall wissensbasierter Organisationen inzwischen zu einer kritischen Leistung geworden ist. Die Aufgabe des organisationalen Wissensmanagements ist es dehalb, bei jedem Schritt des Geschäftsprozesses Wissensmanagement, die Verknüpfung von Wissenslogik einerseits und Organisationsrationalität andererseits zu erreichen – keine leichte Aufgabe. Wie Abbildung 21 schematisiert zeigt, sind hier – am Beispiel von Wissensgenerierung – Leitfragen zu formulieren, die dann auf eine Operationsmatrix bezogen werden, in der zentrale Kategorien der Wissenslogik (mittlerer Bereich) mit zentralen Rahmenbedingungen der Organisation insgesamt (die beiden eingefügten Kästchen) verschränkt werden. Anstatt nun Vorschläge für mögliche Verknüpfungen von Wissenslogik und Systemrationalität für alle Schritte des Wissensmanagements zu unterbreiten, möchten wir betonen, daß Organisationen hier sehr unterschiedliche Ideen und Modelle realisieren können. Es gibt keinen »one best way«. Vielmehr macht es eher Sinn, sich zu einem einigermaßen plausiblen Modell durchzuringen und dann daran zu lernen.

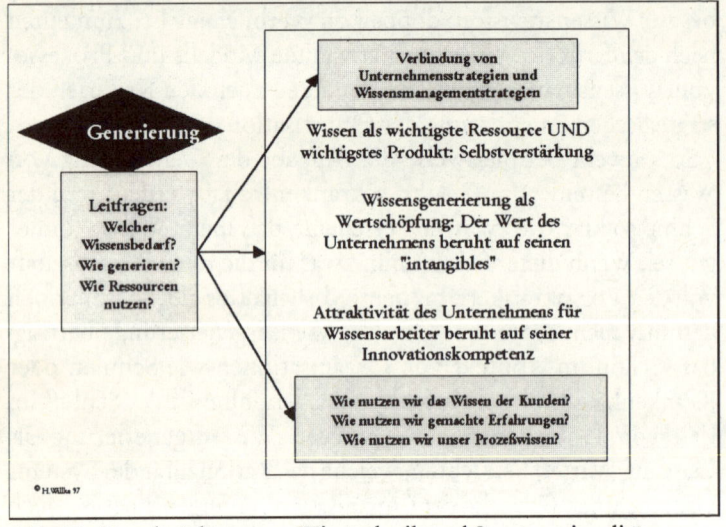

Abb. 21: Verschränkung von Wissenslogik und Systemrationalität

Weiter ist an dieser Stelle festzuhalten, daß ein ernstgenommenes Wissensmanagement die Problematik der Steuerung komplexer Sozialsysteme verschärft und die Grenzen hierarchischer Steuerung weiter in Richtung Selbststeuerung und Kontextsteuerung verschiebt. Dies soll hier nicht vertieft werden, da es an anderer Stelle ausführlich geschehen ist (Willke 1997b; 1998). Schließlich ist festzuhalten, daß Wissensmanagement erst dann zu seinen Möglichkeiten der innovations- und zukunftsorientierten Transformation von Organisationen auflebt, wenn die herkömmlichen Instrumente der Messung von Leistung und Qualität von Organisationen grundlegend revidiert werden. Diese weitreichende Behauptung ist nun zumindest knapp zu begründen.

Doppelte Buchführung hat sich revolutionär auf den Prozeß des Wirtschaftens ausgewirkt, weil sie die Kriterien der *Messung* des Unternehmenswertes verändert hat. In einer Zeit kontinuierlicher und flächendeckender Veränderungen gewinnt das Thema der Kriterien für die Messung von Leistung oder Qualität eine überragende Bedeutung, weil nur das geändert werden kann, was sich auch messen läßt, und weil Änderungen praktisch nicht durchsetzbar sind, die nicht in irgendeiner Form von Indikatoren meßbar sind, welche im Koordinatensystem der Organisation und ihrer Mitglieder relevant sind. Wenn sich z.B. der »Erfolg« eines Unternehmens an der Börsennotierung seiner Aktien mißt, dann wird das Unternehmen das für relevant halten und sich danach richten, was den Börsenwert steigert und das unterlassen, was den Börsenwert mindert. Wenn sich der »Erfolg« einer Organisation wie einer Steuerbehörde oder eines Gerichts an der Zahl abgearbeiteter Akten oder Fälle bemißt, dann wird die Organisation darauf achten, daß diese Zahl größer wird – und sie wird viele andere mögliche und denkbare Indikatoren für ihren Erfolg, wie etwa inhaltliche Kriterien, wenig beachten. Wenn eine Schule oder eine Universität dann als erfolgreich gilt, wenn sie Ruhe und Ordnung bewahrt und möglichst wenig auffällt, dann richten sich unweigerlich die Leistungsprozesse der Organisationen auf diese Relevanzkriterien aus.

Die verheerende Wirkung solcher Trivialindikatoren ist seit langem Thema, trat aber erst mit der »Shareholder-value-Debatte« in ein Stadium, das zumindest für den Fall von Unternehmen Alternativen provozierte. Robert Kaplan und David Norton traten mit der Idee der »Balanced Scorecard« hervor (1996), der Idee eines »Zeugnisses«, das nicht nur die harten quantitativen

Finanzdaten spiegelt, sondern gleichberechtigt auch weiche Werte
wie Kundenzufriedenheit oder die Qualität der Geschäftsprozesse.
Die Bemühungen um eine Revision der Bewertungskriterien,
mithin der Messung von Organisationsqualität, finden inzwischen
auf breiter Front Resonanz. Sie haben die Bewegung um
Qualitätsmanagement (TQM) erfaßt und spiegeln sich in dem
Kriterienkatalog der »European Foundation for Quality
Management« (EFQM), der übrigens jährlicher Revision durch
seine Mitglieder unterliegt (siehe Abbildung 22).

Auch das »Rating«-Verfahren, in welchem Firmen, Institutionen,
Regionen und ganze (Schuldner-)Länder von Rating-Agenturen
auf ihre Kreditwürdigkeit geprüft werden, und das überragende
Bedeutung für die Refinanzierung dieser Systeme hat, schließt
inzwischen neben den weiterhin dominierenden quantitativen

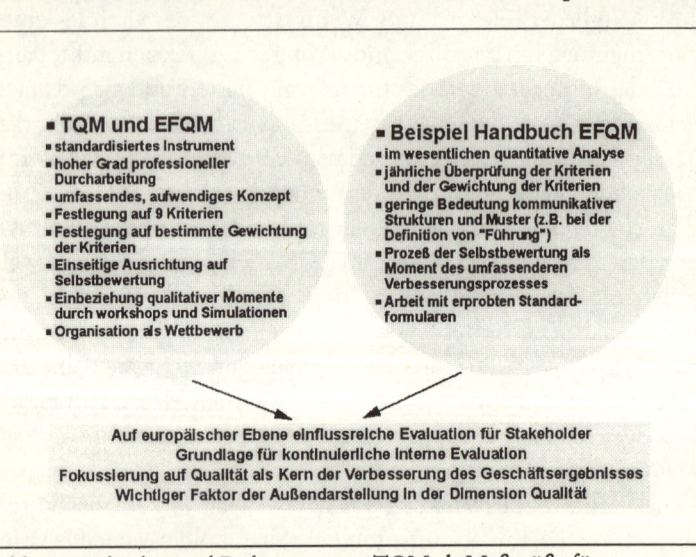

TQM und EFQM
- standardisiertes Instrument
- hoher Grad professioneller Durcharbeitung
- umfassendes, aufwendiges Konzept
- Festlegung auf 9 Kriterien
- Festlegung auf bestimmte Gewichtung der Kriterien
- Einseitige Ausrichtung auf Selbstbewertung
- Einbeziehung qualitativer Momente durch workshops und Simulationen
- Organisation als Wettbewerb

Beispiel Handbuch EFQM
- im wesentlichen quantitative Analyse
- jährliche Überprüfung der Kriterien und der Gewichtung der Kriterien
- geringe Bedeutung kommunikativer Strukturen und Muster (z.B. bei der Definition von "Führung")
- Prozeß der Selbstbewertung als Moment des umfassenderen Verbesserungsprozesses
- Arbeit mit erprobten Standard-formularen

Auf europäischer Ebene einflussreiche Evaluation für Stakeholder
Grundlage für kontinuierliche interne Evaluation
Fokussierung auf Qualität als Kern der Verbesserung des Geschäftsergebnisses
Wichtiger Faktor der Außendarstellung in der Dimension Qualität

Abb. 22: Kriterien und Bedeutung von TQM als Meßgröße für
Organisationsqualität

Faktoren doch auch qualitative Faktoren wie Vision, Managementleistung und Kernkompetenzen ein. Analog dazu umfaßt die Bewertung börsengehandelter Aktien und Papiere durch die »Analysten« der Investmentbanken, der Research-Häuser und der großen Investmentfonds zunehmend auch weiche Faktoren.

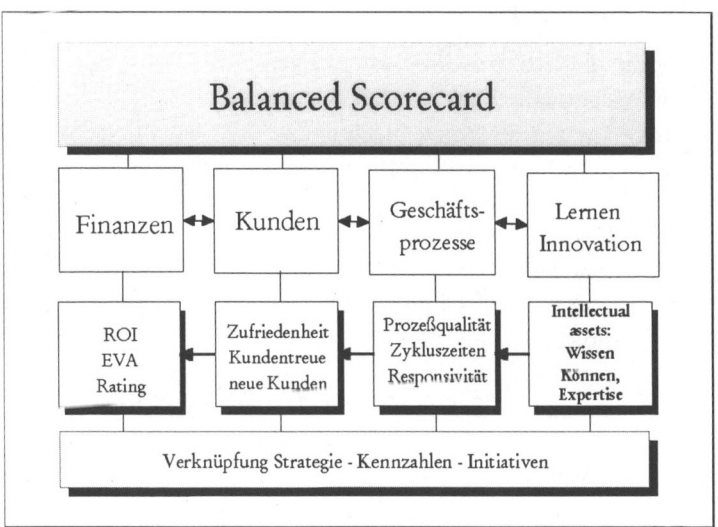

Abb. 23: Balanced Scorecard nach Kaplan/Norton 1996

Kaplan und Norton haben diese verstreuten Ansätze zu der Idee eines ausbalancierten Katalogs von Bewertungskriterien zusammengefaßt. In einem ersten Block von Indikatoren nehmen sie die traditionellen Finanzmeßgrößen auf, »return on investment« (ROI), Wertschöpfung (»economic value added«, EVA) und das herkömmliche Rating-Ergebnis. Ein zweiter Block mißt Kundenzufriedenheit, Kundentreue und die Fähigkeit der Organisation, neue Kunden zu gewinnen. Ein dritter Block mißt die Qualität der internen Geschäftsprozesse nach Projekten, Zielen, Maßnahmen und Initiativen und ein vierter Block richtet sich schließlich darauf, Kriterien für Lernen und Wachstum zu definieren (Kaplan und Norton 1996, S. 9). Es dürfte nicht schwer

fallen, zu sehen, daß mit diesem neuen, balancierten Meß-
instrument eine andere Qualität von Organisationen, Unternehmen, Institutionen und anderen Sozialsystemen gemessen wird
als mit herkömmlichen Finanzindikatoren allein (siehe den
Überblick in Abbildung 23). Das Problem bleibt allerdings, daß
bislang die »Balanced Scorecard« Modell und Vorschlag ist,
während die Großzahl der Bewertungen in der Praxis noch nach
altem Muster ablaufen.

Umso bemerkenswerter ist der Schritt, den einige wenige
Unternehmen unter der Führung des schwedischen Finanzdienst-
leiters Skandia gewagt haben. Sie haben damit begonnen, das
»*Intellektuelle Kapital*« einer Firma als relevantes Kriterium für
die Qualität einer Organisation (1) wahrzunehmen, (2) es zu
messen und (3) es als strategischen Stellhebel für die generische
Kernkompetenz der zukünftigen Innovationsfähigkeit zu
begreifen.

(1) Das intellektuelle Kapital setzt sich aus zwei Komponenten
zusammen, dem Humankapital und dem strukturellen Kapital.
Das Humankapital ist die Summe der organisational relevanten
Fähigkeiten, der Expertise und der Innovationskompetenz der
Mitglieder einer Organisation (Edvinsson und Malone 1997, S.
11). Das Humankapital »gehört« den Personen selbst und kann
nur in beschränktem Maße durch vertragliche Abmachungen an
die Organisation gebunden werden. Strukturelles Kapital meint
die technologische Infrastruktur einer Organisation, ihre
explizierte Expertise, die Patente, Warenzeichen, Informations-
banken, Kundenbeziehungen, und nicht zuletzt ihre in Regelsysteme gefaßte Erfahrung und Kultur umschließt - »in a word,
everything left at the office when the employees go home«
(Edvinsson und Malone 1997, S. 11).

Die Idee des Humankapitals ist nichts Neues. Es ist das, was
gemeint ist, wenn in Hochglanzbroschüren und Sonntagsreden
davon die Rede ist, daß »unsere Mitarbeiter die wichtigste
Ressource unserer Firma sind«. Seit den frühen Anfängen in der

Human-relations-Schule in den dreißiger Jahren (Dickson und Roethlisberger 1966) liegt die Schwierigkeit allerdings darin, über Lippenbekenntnisse hinaus organisationale Konsequenzen daraus zu ziehen, daß das Humankapital tatsächlich eine umso kritischere Ressource wird, je stärker eine Organisation wissensbasiert operiert, und je intensiver sie in ihren Produkten und Dienstleistungen, also in ihrem Leistungsangebot an ihre Kunden, von organisationsspezifischer Expertise abhängt. Bemerkenswerterweise ist hier der Markt und sind insbesondere die Finanzmärkte intelligenter als die offizielle Form der Buchhaltung und der Jahresabschlußberichte. Der Marktwert wissensintensiver Firmen übersteigt den aus den bloßen Finanzindikatoren sich ergebenden Buchwert um ein Vielfaches, vom Dreifachen bei Plastik, Glas und Elektronik bis zum Neunfachen bei Kommunikations- und Softwarefirmen (Edvinsson 1997, S. 367; Sveiby 1997a, S. 5ff.).

Manager und Kreditgeber, Auftraggeber und Gesetzgeber scheinen sich mit der Vorstellung schwer zu tun, es könnten die Menschen mit ihrer Expertise und ihren Talenten sein, welche den Wert einer Unternehmung ausmachen. Deshalb halten sie sich lieber an konkrete, anfaßbare Dinge wie Maschinen, Vorratslager, Auftragsbestände, Gebäude etc. und betrachten die beteiligten Menschen vorzugsweise als Kostenfaktoren. Diese Beobachtung ist so alt wie die Klagen darüber. Tatsächlich zieht sich dieses Muster bis in die Anfänge der Wissensgesellschaft hinein. Diese beobachtet und findet sich selbst nämlich nicht vorrangig in einer veränderten Relevanz und Wertigkeit ihrer Experten, sondern bezeichnenderweise in der Überzeugung, es seien die neuen Informations- und Kommunikationstechnologien, die neuen globalen Infrastrukturen auf digitaler Basis und die darauf aufbauenden Netze und Vernetzungen, welche global verfügbares und austauschbares Wissen zu einem Produktionsfaktor machen, der alle anderen Produktionsfaktoren in ihrer Bedeutung zu überflügeln ansetze.

Diese Überzeugung ist sicherlich nicht abwegig. Sie ist nur einseitig und verlängert das tayloristisch-industrielle Denken in einer Epoche, die eben nicht nur in ihren Technologien und Infrastrukturen anders ist, sondern vor allem darin, welche Rolle Ideen, Expertise, personales Wissen und insbesondere organisationale Wissensbasierung spielen. Sie spiegelt die Schwierigkeit, am Ausgang einer Epoche sich von den Denk- und Beobachtungsmustern dieser Epoche zu lösen und die Signale des Neuen wahrzunehmen. In diesem Sinne ist es wenig überraschend, daß wir versuchen, die sich formierende Wissensgesellschaft in ihren Komponenten der Wissensarbeit und des Wissensmanagements als Fortsetzung der Industriegesellschaft zu sehen und zu denken. In vergleichbarer Weise haben selbst noch die großen Erfinder am Ende der ersten industriellen Revolution das von ihnen selbst geschaffene Neue nicht sehen können und die ersten Automobile als leicht veränderte Kutschen gebaut.

Heute käme es darauf an, zu sehen, daß es zwar tatsächlich die neuen Infrastrukturen und Infranetze sind, welche die Basistechnologien der dritten industriellen Revolution in die Organisationen bringen. Aber es sind eine neue Art von Arbeit, Wissensarbeit, eine neue Form von Organisation, die wissensbasierte Organisation, und eine neue Rolle der Person als Träger von Ideen und Expertise, welche in einem selbstverstärkenden Zusammenspiel Nutzen aus der technologischen Revolution ziehen. Erst wenn dieses Zusammenspiel funktioniert, indem es durch Wissensmanagement auf die Höhe seiner Möglichkeiten kommt, und erst wenn es als funktionierendes Zusammenspiel den neuen Technologien nicht unterworfen ist, sondern deren Optionen souverän nutzt, erst dann wären die notwendigen Bedingungen gegeben, um eine Ökonomie, eine Politik, ein Gesundheitssystem, ein Schulsystem etc. zu imaginieren, in denen bessere Ideen wirklich zählen.

(2) Soweit sind wir noch lange nicht. Aber ein Anfang ist gemacht, wenn die Idee des intellektuellen Kapitals die Aufmerk-

samkeit darauf lenkt, daß Ideen und, generalisiert, Innovationskompetenz wichtiger für das Überleben und die Kontinuität einer
Organisation sein können als Rohstoffe, Kapital oder manuelle
Arbeit. Die eigentliche Hürde ist allerdings nicht Einsicht,
sondern Umsetzung. Und umsetzen, das heißt managen, läßt sich
nach einer alten Managementregel nur das, was sich auch messen
läßt (Garvin 1994, S. 83). Deshalb ist es so entscheidend, Lernen,
Wissensbasierung, intellektuelles Kapital und die Bedeutung von
Ideen für die Zukunft von Organisationen nicht nur zu postulieren, sondern all dies in Indikatoren und Meßverfahren für die
organisationale Wertschöpfung durch Expertise umzusetzen. Die
Leitfragen für diese Umsetzung hat Leif Edvinsson klar formuliert: »Does the existing management language value knowledge
as an essential resource for creating value and wealth? What are
the meaningful predictors of a company's future prosperity? How
shall we value and measure intellectual capital?« (Edvinsson und
Malone 1997, S. 16).

Ein *erster* Schritt in Richtung Antworten besteht darin, den
Marktwert von intellektuellem Kapital in analoger Weise zu
spezifizieren und in aufeinander aufbauende Indikatoren zu fassen
wie dies immer schon für die Komponenten des Marktwertes von
Finanzkapital gemacht wird. Edvinsson und Malone schlagen
folgende Komponenten vor (siehe die folgende Abbildung 24).
Natürlich liegt auch hier der Teufel im Detail. Aber wenn erst
einmal ein Anfang gemacht ist, dann lassen sich über Versuch und
Irrtum, Dialog und Revision schnell geeignete Komponenten und
dazu passende Indikatoren konstruieren und überprüfen.
Entscheidend scheint zu sein, den Horizont und die Perspektive
für Buchführung und Controlling in Richtung Wissensbuchfüh-
rung und die Evaluation von Expertise zu erweitern. Jede
Organisation, die dies schafft, tritt eine Lawine los, deren
Erschütterungen lange nachwirken werden.

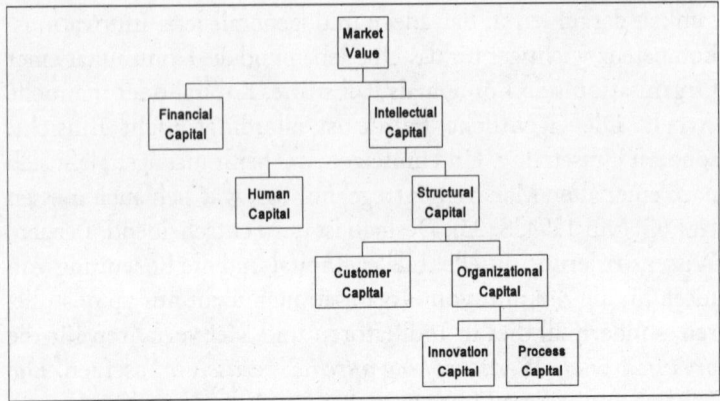

Abb. 24: Das Marktwertschema von Skandia
(Quelle: Edvinsson/Malone 1997, S. 52)

Ein *zweiter* Schritt, um Antworten auf die Frage nach Meßverfahren zu finden, ist nach den Erfahrungen von Pionierorganisationen eine angemessene Sprache, Metaphern, Bilder und
Navigationsinstrumente zu finden und zu erfinden, die geeignet
sind, in einem kollektiven Lernprozeß (doppelte) Wissensbuchführung und Wissensmanagement als Geschäftsprozeß in der
Organisation zu verankern. Zu diesen Pionierunternehmen
gehören eine Reihe von »global players« der Beratungsbranche,
vor allem McKinsey, Arthur Andersen und Price Waterhouse,
einige High-Tech-Unternehmen wie Dow Chemical, Texas
Instruments und Hewlett-Packard, aber auch Firmen im
Gesundheitssystem wie Kaiser Permanente. Beispielsweise hat
Skandia, heute immerhin eine Fortune-500-Firma mit einem
Umsatz von über fünf Milliarden Dollar, zum Zweck der
Wissensbuchführung einen »*Knowledge Navigator*« erfunden. Er
vereinigt in der Metapher des ›Hauses‹ die vier relevanten
Perspektiven des Unternehmens und ordnet diese in der Zeitdi-
mension: der finanzielle Fokus (das Dach des Hauses) als
Beschreibung der Geschichte und der Leistung, die das Unterneh-
men in der Vergangenheit bewirkt hat, der Kundenfokus und der

Prozeßfokus (die Wände des Hauses) als Beschreibung der gegenwärtigen Position, und schließlich (das Fundament des Hauses) der Innovations- und Entwicklungsfokus als Beschreibung der Fähigkeit zur zukünftigen Wertschöpfung (Edvinsson und Malone 1997, S. 68). Skandia spielt mit diesen Ideen nicht nur herum. Sie veröffentlicht seit 1994 als Supplement zu ihrem Jahresbericht einen ausführlichen Report zur Entwicklung des intellektuellen Kapitals der Firma, in dem detaillierte quantitative Umsetzungen des »Knowledge Navigator« für jeden Geschäftsbereich enthalten sind. Diese Reports haben international ziemliches Aufsehen erregt und es ist zu erwarten, daß weitere Firmen diesem Beispiel folgen werden.

(3) Zum strategischen Stellhebel wird intellektuelles Kapital für eine Organisation, wenn es in einen strategisch verstandenen Geschäftsprozeß des Wissensmanagements eingebettet ist. Die Qualität dieses Geschäftsprozesses ist in adäquaten Meßgrößen zu erfassen und sein spezifischer Beitrag zum Organisationserfolg muß plausibel aus einem Selbstbild der Organisation abgeleitet sein. Das Selbstbild (oder, technischer, die Vision des Unternehmens von sich selbst) muß glaubhaft begründen können, daß Wissen und Expertise kritische Ressourcen der Organisation als System in einem spezifischen Kontext, in einer spezifischen System-Umfeld-Konstellation ausmachen. Nur wenn dies gelingt, bringt eine Organisation den langen Atem und die Energie auf, die unabdingbar sind, um sich zu einer brauchbaren Wissensbasierung durchzukämpfen.

Beispielsweise kann sich auch heute noch ein Autohersteller als klassisches Unternehmen des Industriezeitalters verstehen, mit tayloristischer Grundstruktur, aufgepäppelt mit einigen Restrukturierungen und Geschäftsprozeßoptimierungen und einzig oder vorrangig dem *shareholder value* als strategischem Erfolgsindikator verpflichtet. Derselbe Autohersteller könnte sich aber bereits heute als wissensbasiertes Expertiseunternehmen, als intelligente Firma im Sinne von James Quinn und als Ort für Wissensarbeit verstehen. Es würde seine Vision darauf fokussieren, daß in wenigen Jahren die Hälfte der Wertschöpfung eines Autos aus Elektronik und Software bestehen wird, daß für Motor und Rahmen gänzlich neue Materialien wichtig werden, daß aus Umwelt- und Kostengründen neue Antriebskonzeptionen wie Hybridantriebe oder Brennstoffzellen erforderlich werden, und daß das Auto selbst sich zu einem telematikgesteuerten, voll vernetzten, mobilen Büro und/oder Erlebnisraum entwickeln wird. Wenn dies die Zukunft des Autos ist, und die Vision eines Unternehmens sich darauf einstellt, dann ist leicht zu sehen, daß intellektuelles Kapital, Wissensmanagement, Lernfähigkeit und Innovationskompetenz die zukünftige Wertschöpfung und damit die zukünftigen Chancen des Unternehmens bestimmen werden. Analoges ließe sich für erstaunlich viele Firmen in erstaunlich vielen Branchen durchspielen: neben den üblichen Verdächtigen wie Beratungsunternehmen, Investmentbanken, Softwarefirmen, Elektronik- und Telekommunikationsfirmen, Chemie- und Biotechnologieunternehmen etc. eben auch scheinbar unscheinbare Firmen wie Hörgerätehersteller (Phonak), Hersteller von Präzisionswaagen (Mettler-Toledo), Stahlkocher (Chaparral Steel), Hosenhersteller (Levi Strauss), Reservierungssysteme (Sabre) etc. (für eine Sammlung von Beispielen siehe Marquardt und Reynolds 1994).

Noch erstaunlicher ist vielleicht, daß nicht nur Unternehmen diese Wahl haben, sondern buchstäblich jede Organisation. Wenn wir uns vorsichtshalber auf die Erste Welt der hochindustrialisierten Länder beschränken, dann gilt, daß jedes Krankenhaus sich dieser Wahl zu stellen hat, jede Universität, jede Schule, jede politische Organisation und jedes Museum, jede Bibliothek und jede Stadtverwaltung, jede Einrichtung der Massenkommunikation, wie Radio- und Fernsehgesellschaften, überregionale Zeitungen und Zeitschriftenverlage, jeder Netzbetreiber, jede Bank und jede Börse. Im Kontext einer Wissensgesellschaft (dazu Kap. 5) wird jede Organisation wissensgetrieben, sicherlich in unterschiedlichem Ausmaß und in unterschiedlich kritischen Toleranzen, aber es sind dann eben diese Unterschiede, die über Qualität und Leistung entscheiden.

In den Fallstudien, die im nächsten Kapitel folgen, zeigen wir an konkreten Beispielen wissensgetriebene Organisationen – durchaus auch in unterschiedlichen Stadien der Entwicklung zu intelligenten Organisationen. Um zuvor das Thema des Wissensmanagements als Geschäftsprozeß abzuschließen, soll zumindest ein konkretes Instrument des Wissensmanagements beispielhaft dargestellt werden.

3.4   MikroArt

Der Ausdruck MikroArt steht nicht für eine Richtung oder ein Objekt der Kunst, aber er hat mit Kunst sehr viel zu tun. Er ist die Abkürzung für *Mikroartikel*. Die Arbeit mit Mikroartikeln stellt ein extrem einfaches und zugleich frappierend anspruchsvolles Instrument dar, welches die kritische Verbindung zwischen personalem und organisationalem Wissen, zwischen dem Lernen von Personen und dem Lernen von sozialen Systemen herstellt, wenn es konsequent Anwendung findet. Das Instrument wurde von einem der Autoren dieses Buches entwickelt. Es befindet sich inzwischen in mehreren Firmen im praktischen Einsatz.

Der Name des Instruments ist bewußt gewählt, um die Analogie zu einem (wissenschaftlichen oder journalistischen) Zeitschriftenartikel hervorzuheben. Nahezu alle Wissensarbeiter haben zumindest eine rudimentäre Erfahrung im Schreiben von Artikeln - und seien dies nur die Hausarbeiten und die Diplomarbeit ihrer professionellen Ausbildung. Sie wissen also, daß es in einem Artikel um eine basale Routine des Wissensmanagements geht, nämlich darum, eine (normalerweise) individuelle Lernerfahrung, Erkenntnis, Idee, Expertise, Überlegung, Reflexion etc. in eine bestimmte Form zu bringen. Diese Form hat folgende Merkmale:

(1) Der Autor muß eine Lernerfahrung machen, eine Idee haben, eine Konzeption entwerfen, eine Einsicht haben etc., also Wissen *generieren*. daß manche Autoren Artikel schreiben, auch wenn sie keine Idee haben, steht dem nicht entgegen.

(2) Der Autor muß sich selbst seine Expertise so klar machen (im Sinne von: vor Augen führen, vergegenständlichen, vorstellen), d.h. *explizieren*, daß er sie schriftlich formulieren kann.

(3) Er muß sein Wissen so auszudrücken, daß andere das Geschriebene *lesen* können, das heißt nachvollziehen und verstehen können.

(4) Er muß seinen Artikel öffentlich machen, d.h. *publizieren*, ihn also einem interessierten Publikum zugänglich machen.

(5) Der Erfolg des Artikels bemißt sich daran, von welchen und von wievielen Personen er gelesen und *genutzt* wird (die übliche Zählweise dafür sind Zitationen).

(6) Ein geschriebener, publizierter und gelesener Artikel steht nicht allein, sondern ist Element eines kontinuierlichen Prozesses der Umwälzung und *Revision* von Wissen, weil seine Nutzung Anlaß zu Kritik, Erweiterungen, Nachfragen und neuen Anregungen gibt.

Erkennbar umfaßt die Form des Artikels demnach alle Stufen des Wissensmanagements als Geschäftsprozeß, wie er in Abbildung 15 zusammengefaßt ist. Nicht umsonst hat er sich neben dem Buch als Elementarform der Wissensarbeit im Wissenschaftssystem etabliert.

Nun ist es außerordentlich wichtig zu begreifen, daß es *nicht* darum geht, professionelle Wissensarbeiter in Unternehmen und anderen Organisationen zu Wissenschaftlern zu machen. Deshalb ist die Normalform des Artikels für diese Personen ungeeignet. Alle Wissensarbeiter lesen mehr oder weniger häufig Fachartikel, aber den meisten fällt es äußerst schwer, zusätzlich zur habituell überlasteten Berufspraxis auch nur einigermaßen regelmäßig Artikel zu schreiben. Obwohl also der Begriff Mikroartikel die Analogie zum Artikel provoziert, kommt es darauf an, zugleich deutlich zu machen, daß den Praktikern nicht das Schreiben »normaler« Artikel zugemutet werden soll. Ganz im Gegenteil sollen die Nutzen eines üblichen Artikels in einer neuen, der Praxis der Wissensarbeit kongenialen Form komprimiert werden, in einem radikal verkleinerten Artikel, *Mikro*artikel eben, der nur noch den Kern relevanter Expertise enthält. Wie könnte dies aussehen?

Wenn man so will, ist der Mikroartikel ein Hybrid aus einer Karteikarte und einem ausgewachsenen Artikel. Die Hauptaufgabe und Hauptschwierigkeit besteht darin, sich in irgendeiner Form der Routinisierung dazu zu zwingen, nach einer Lernerfahrung den Kern dieser Expertise schriftlich festzuhalten. Ein Mikroartikel soll eine halbe bis zu maximal einer Seite umfassen. Als hilfreich hat sich erwiesen, dafür eine standardisierte Formatvorlage zu verwenden, beispielsweise eine spezifisch angepaßte Schablone eines elektronischen Präsentations- oder eines Datenbankprogrammes, welches die Kernelemente eines Mikroartikels vorgibt. Damit ist auch schon gesagt, daß der Mikroartikel seine Wirksamkeit im Prozeß des Wissensmanagements erst dann entfalten kann, wenn er tatsächlich digitalisiert vorliegt und so ohne große Umstände und Verzögerungen in die organisationalen Intranets eingespeist werden kann (dazu gleich Näheres).

Die Praxis zeigt, daß die Idee des Mikroartikels erstaunlich attraktiv für Wissensarbeiter ist, vor allem, weil sie normalerweise klar den Sinn und die Notwendigkeit sehen – und oft schon lange zuvor gesehen haben –, daß sie ihre in der täglichen Arbeit anfallenden Lernerfahrungen routinisiert, diszipliniert und regelmäßig schriftlich festhalten. Aber sie tun es nicht. Dafür gibt es eine Unzahl von guten Gründen, die alle darauf hinauslaufen, daß die Zeit dafür fehlt. Wissensarbeiter leben deshalb mit einem habitualisierten schlechten Gewissen darüber, daß sie das nicht tun, was sie im eigenen Interesse eigentlich tun sollten. Bei vielen ist dies übrigens die Fortsetzung ihres studentischen Daseins, in dem sie ebenfalls in aller Regel über keine brauchbaren Arbeitstechniken verfügt und daher deutlich suboptimal gelernt und noch suboptimaler das Gelernte dokumentiert und verfügbar gehalten haben. Deshalb erscheint ein Instrument hilfreich, das pro Woche oder nach einem Projekt oder in Auswertung eines worhshops oder nach der Lektüre eines wichtigen Textes nur etwa eine halbe Stunde Zeit verlangt. Aber man darf sich nicht täuschen. In den meisten Fällen erlahmt die erforderliche

Selbstdisziplin schon nach wenigen Versuchen, weil überzeugende
Ausreden zuhauf verfügbar sind.

Erforderlich sind daher organisationale Unterstützungen und
Einbettungen der Arbeit mit Mikroartikeln. Tatsächlich entfalten
sie ihren systemischen Wert erst dann, wenn sie zum Bestandteil
des Wissensmanagements einer Organisation werden. Dies
verlangt, daß die geschriebenen Mikroartikel in eine Datenbank
eingegeben werden, die allen Mitgliedern der Organisation oder
relevanten Gruppen, Teams etc. zugänglich sind. Diese
»Datenbank« kann in kleinen Gruppen aus einzelnen Seiten einer
Textverarbeitung oder eines Präsentationsprogrammes bestehen
und in großen Unternehmen aus elaborierten, global zugänglichen
Lotus-Notes-Servern firmeneigener Intranets. Entscheidend ist,
daß ein Austausch in Form des wechselseitigen Lesens, Nutzens
und Kommentierens der eingegebenen Mikroartikel in Gang
kommt. In diesem *Austausch* liegt einerseits der eigentliche Sinn
der Publizierens von Mikroartikeln, andererseits aber zugleich
der intrinsische Anreiz für jeden einzelnen Autoren und
Wissensträger, zu diesem Austausch beizutragen. Offensichtlich
habe ich bessere Gründe, zur Wissensbasis der Organisation
beizutragen, wenn ich die Erfahrung mache, daß die Expertise der
anderen Autoren für mich hilfreich ist. Noch bessere Gründe
habe ich, wenn meine eigenen Beiträge zu gewichtigen Faktoren
meines Prestiges innerhalb des Teams oder innerhalb der
Organisation werden.

Um das Instrument des Mikroartikels anzuwenden, genügt als
Initialzündung oft schon die Erfahrung einzelner Personen, daß
sie mit dessen Hilfe zum ersten Mal in ihrer wissensbasierten
Arbeit für sich selbst eine kontinuierliche und kumulative
Dokumentation ihres neuen Wissens erreichen. Jemand kann die
eigenen Mikroartikel eines Quartals oder eines Jahres ausdrucken,
auf einem großen Tisch arrangieren und diese strukturierte
Wissensbasis als Gerüst eines »richtigen« Artikels, eines längst
überfälligen Berichts, eines Proposals, eines Verbesserungsvor-

schlages, eines Memorandums oder eines Geschäftsplanes verwenden, der sich zum größten Teil schon selbst geschrieben hat. Diese Wirkungen erreicht man allerdings nur dann, wenn die Mikroartikel tatsächlich Wissen und Lernerfahrungen dokumentieren und nicht nur Daten oder Informationen.

Genau hier liegt die eigentliche Schwierigkeit - und der wesentliche Nutzen - des Mikroartikels verborgen. Er erfüllt nur dann seinen Zweck und gibt anderen Personen eine Lernchance, wenn er über Fakten und Informationen hinaus den *Erfahrungskontext* beschreibt und mittransportiert, in dem eine bestimmte

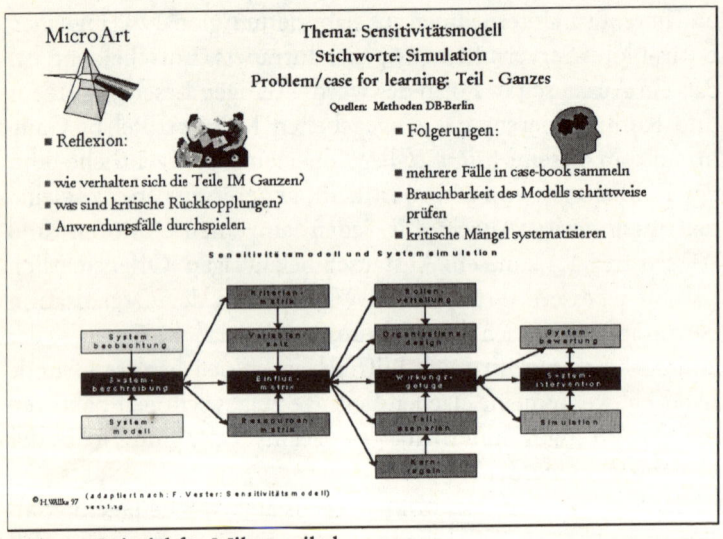

Abb. 25: Beispiel für Mikroartikel

Expertise generiert und in dem sie verankert ist. Ein Mikroartikel präsentiert deshalb nicht Daten, sondern ein Problem, zu dessen Lösung er beiträgt, oder einen »Fall«, für dessen Behandlung er Vorschläge macht, oder kontextuierte Beobachtungen, die zu neuen Fragen führen. Es empfiehlt sich, diese Besonderheit des Mikroartikels fest in dem verwendeten Aufbauschema zu verankern. Zunächst sollte das Thema und einige Stichworte genannt werden, um eine leichte Einordnung, eine Indexierung und ein schnelles Finden zu erleichtern. Dann folgt eine kompakte Bezeichnung des Problems oder des Lernanlasses (»case for learning«). Auf dem Hintergrund des für eine Gruppe, ein Team oder ein Projekt gemeinsamen Praxiskontextes kann diese Bezeichnung sehr knapp und dennoch verständlich und nachvollziehbar sein, aber ein Autor muß sich zumindest die Frage stellen, ob er nicht auch Personen erreichen will, die noch nicht Teil dieser geteilten Praxis, einer *community of practice* sind.

In dem in Abbildung 25 gezeigten Beispiel eines Mikroartikels beschränkt sich die Beschreibung des »Problems« auf ein Stichwort. Das ist nicht unproblematisch, weil damit die Lesbarkeit für andere Personen erschwert ist. Das Beispiel zeigt als weitere schematisierte Gliederungspunkte der Schablone »Reflexion« und »Folgerungen«. Das ist eine Möglichkeit. Der Phantasie sind hier keine Grenzen gesetzt. Prüfstein der Gliederungsschablone ist allerdings, ob der Autor nach einem halben Jahr selbst noch die Lernerfahrung und die Einsicht des Mikroartikels nachvollziehen kann und vor allem, ob Dritte mit der Struktur etwas anfangen können.

Als besonders hilfreich und anregend hat sich erwiesen, den Mikroartikel mit Hilfe von graphischen Elementen zu gestalten und darüber hinaus die Hauptaussage möglichst auch bildlich darzustellen. Die Orientierung an wiederkehrenden graphischen Elementen erleichtert offenbar Lernen und Erinnern. In ähnlicher Weise fördert die graphische Darstellung von Einsichten und Zusammenhängen den Transfer in andere Kontexte und die Anschließbarkeit an vorhandene Wissenselemente. Auch dies ist nur eine von vielen Möglichkeiten. Jede Person, jedes Team und jede Organisation wird mit der Zeit einen eigenen Stil entwickeln und durch Probieren herausfinden, welche Formen, Schemata und Elemente für ihren Fall am besten funktionieren. So ist durchaus denkbar, daß für bestimmte Probleme und Erfahrungskontexte

der Mikroartikel die Bezeichnung eines Themas enthält und
ansonsten im wesentlichen aus einer Video- oder Multime-
diasequenz besteht, die ein Fall oder ein Problem vorstellt und
dazu eine oder mehrere Lösungswege präsentiert. Natürlich ist
dies aufwendiger als die Komposition eines geschriebenen
Mikroartikels, aber in wichtigen Fällen könnte die Sequenz
begleitend zu einem Projekt oder einem Fall gedreht werden und
so in besonders lebendiger und eindrucksvoller Weise die
Lernerfahrungen festhalten. Wie die Erfahrung gelungener
Features, Kurzfilme oder Dokumentationsfilme lehrt, ist dies ein
zwar aufwendiger aber besonders wirkungsvoller Weg, Lernen
zu unterstützen. Als Multimediasequenzen können solche
Falldokumentationen in Datenbanken gesammelt, ohne größeren
Aufwand auf CD-ROMs gebrannt und »just in time« im eigenen
Intranet abgerufen werden.

In einer neuen Form und mit Hilfe neuer Technologien lehnen
sich Mikroartikel damit an eine alte Tradition der Arbeit mit
»Fällen« in der professionellen Ausbildung an. So beruht die
Ausbildung von Juristen in den anglo-amerikanischen Ländern
des »case-law«, zunehmend aber auch in den kontinentalen
Ländern des Satzungsrechts, ganz wesentlich auf der Arbeit mit
Praxisfällen, die als »cases« durchgearbeitet werden. Fälle sind ein
attraktives und besonders geeignetes Lern- und Lehrmaterial, weil
sie über Daten und Informationen hinaus die Erfahrungskontexte
und Praxiszusammenhänge *realer* Fälle, Probleme und Entscheidungslagen liefern - oder zumindest erahnen lassen -, die den
notwendigen Hintergrund für Lernerfahrungen bilden. Die noch
so fleißige Ansammlung von Daten und Informationen wird nie
zu einem brauchbaren juristischen Verständnis von Fällen und
Problemen führen. Unabdingbar ist ein Praxisbezug, das
Eintauchen in einen gemeinsamen Erfahrungskontext, der nur
über reale oder simulierte Fälle entsteht.

Während diese Art von Juristenausbildung Hunderte von Jahre
alt ist, haben zwei in diesem Jahrhundert neu erfundene Professio-

nen bemerkenswerterweise die Fallmethode ebenfalls zu
Eckpunkten ihres Ausbildungssystems gemacht: einerseits die
Managementausbildung der »Business Schools«, die nahezu
ausschließlich (und möglicherweise überzogen) auf die Fall-
methode setzt und andererseits die Ausbildung professioneller
Psychotherapeuten, welche die Fallmethode - und insbesondere
die Methode des eigenen Falles in verschiedenen Formen der
Lehranalyse - zum Bestandteil der Ausbildung macht. Auch
Unternehmensberater, Organisationsentwickler, interne Berater,
Coaches, etc. arbeiten, wenn sie eine professionelle Ausbildung
durchlaufen, mit dokumentierten oder simulierten Fällen aus
ihrem Praxisbereich.

Nun wird erkennbar, daß die Fallmethode die bereits professionalisierte Fassung einer sehr viel älteren Methode des Ler-
nens/Lehrens ist. Die ursprüngliche Form, die ein archaischer
Bootsbauer ebenso realisiert wie ein sumerischer Steinmetz oder
ein mittelalterlicher Schmied, besteht in der Herstellung einer
realen gemeinschaftlichen Praxis von Meister und Lehrling, in
welcher der Lehrling durch andauerndes Beobachten, Nachahmen
und Nachmachen das implizite Wissen des Meisters/Lehrers in
eigenes implizites Wissen transformiert. Noch heute ist dies die
Grundform nicht-formalisierter Ausbildungsbeziehungen
zwischen »Meister« und »Schüler« etwa bei manchen bildenden
Künstlern, Tänzern, Choreographen, bei besonders fähigen oder
erfolgreichen Regisseuren, Politikern, Finanzkünstlern, Manage-
mentgurus, bei genialen Entwicklern, begnadeten Ärzten,
herausragenden Wissenschaftlern etc. Der Kern eines solchen
Lernprozesses besteht darin, den im impliziten Wissen des
Meisters kondensierten Erfahrungsschatz durch gemeinsame
Praxis nachvollziehbar und schrittweise zu eigenem impliziten
Wissen des Schülers zu machen, das an den eigenen Anteilen der
gemeinsamen Praxis anknüpft. Diese ursprüngliche und ideale
Form des Lernens/Lehrens bleibt über Tausende von Jahren
hinweg überall dort erhalten, wo das in Frage stehende Wissen

in so hohem Maße idiosynkratisch und personengebunden ist, daß es keine formalisierten Regeln und dokumentierten Fälle dazu gibt. Welche Gründe könnte es dann überhaupt geben, von dieser bewährten Methode abzugehen?

Die Hauptgründe sind Ungeduld und Schnelligkeit. Eine klassische Lehre in einem Meister-Schüler-Verhältnis dauert Jahre, oft genug Jahrzehnte und manchmal ein ganzes Leben lang. Für die Ausbildung der Professionen der Juristen, Ärzte und Magister an den frühen Universitäten war dies zu langwierig und zu teuer. So etablierte sich allmählich eine Fallmethode, mit deren Hilfe gemeinsame Praxis komprimiert und auf »relevante« Fälle (Baumgartner 1993, S. 261ff.) fokussiert werden konnte. Zugleich bot die dafür erforderliche Dokumentation von Fällen die Möglichkeit und den Anreiz, Regeln der Fallbearbeitung abzuleiten, Systematisierungen zu entwerfen, Fallsammlungen (»case-books«) anzulegen, Fälle in kritischer Absicht zu vergleichen, also mit dem praktischen Material auch »theoretisch« zu arbeiten. Darüber hinaus hatten dokumentierte Fälle den gewichtigen Vorteil, einen über unterschiedliche Personen hinweg konsistenten Praxishintergrund zu konstituieren, der unterscheidbare »Schulen« bildete und so frühe Ausprägungen eines organisationalen oder systemischen Wissens ermöglichte. Bis in die Gegenwart bilden die Eliteuniversitäten Englands oder die *Grandes Ecoles* Frankreichs ein Korpsgeist aus, dessen Basis ein langfristig gepflegtes systemisches Wissen ist.

Heute stehen wir vor einer weiteren Epochenschwelle der Veränderung der Methoden des Lehrens und Lernens. Mit durchdringenderer Wissensbasierung, Vernetzung und Digitalisierung der organisationalen Transaktionen haben Ungeduld und Schnelligkeit neue Dimensionen angenommen. Eine zehnjährige Ausbildung zum Arzt, zum Juristen oder zum Therapeuten ist unter Bedingungen kontinuierlicher Revisionen des Wissens, sich wechselseitig verstärkender Innovationen von Produkten, Prozessen und Dienstleistungen genauso absurd wie eine dreijährige Lehre in der dualen Berufsausbildung. In all diesen Fällen kann und muß die Ausbildungszeit drastisch reduziert, die Ausbildungsintensität ebenso drastisch erhöht werden. Letzteres gelingt als Voraussetzung des ersteren nur, wenn neue Formen des mediengestützten Lehrens/Lernens, neue Formen des Trainings und der Fortbildung »on demand«, neue Konstellationen des kollektiven Lernens und vor allem neue Techniken der Symbolisierung und Simulation von Erfahrung genutzt werden. Dies ist nicht nur Zukunftsmusik. Eine Reihe großer Firmen ist bereits auf dem Weg dahin. Die Deutsche Bahn AG stellt mit großem Aufwand die Ausbildung ihres Nachwuchses auf computer-basiertes Training und Lernen im Netz um. Die Hälfte der Lerninhalte für Auszubildende soll durch interaktives elektronisches Lernen erarbeitet werden (Computerwoche 5/98, S. 63). Innovative Einrichtungen der Simulation von Erfahrung und gemeinsamer Erfahrungskontexte dürften dabei zum kritischen Faktor avancieren.

Beachtliche Vorschläge hierzu haben beispielsweise Dietrich Dörner und Peter Senge vorgelegt. Dörner hat mit seiner Arbeitsgruppe Computersimulationen von komplexen Entscheidungslagen erarbeitet, etwa die Situation eines Bürgermeisters einer Kleinstadt (»Lohhausen«) oder des Leiters eines Entwicklungshilfeprojekts (»Tanaland«) (Dörner 1989). Obwohl diese Modelle nicht primär auf Lernen angelegt sind, sondern auf die Analyse von Denkprozessen, sind sie sehr wohl als Trainingsinstrument für das Erlernen von Strategien im Umgang mit komplexen Systemen geeignet. Ganz ähnlich nutzt Senge in der Tradition der Modelle des »Systems-dynamics«-Ansatzes von Jay Forrester computersimulierte *Mikrowelten* (Senge 1990, S. 313ff.), um nicht-lineare, rückgekoppelte und zeitlich dynamische Entscheidungssituationen durchzuspielen. Senge versteht seine Mikrowelten explizit als Technologien für die lernende Organisation und nutzt sie in Schulungs- und Trainingsseminaren.

Inzwischen stehen diese Ansätze nicht mehr allein. Eine Reihe innovativer Firmen entwickelt und nutzt multimediale, interaktive Lernprogramme zur Fortbildung ihrer Mitarbeiter. Beispielsweise erhielt SNI Anfang 1998 den zum ersten Mal vergebenen »IT-Training-Award« für ein Lernprogramm zur Teamarbeit, auf das alle Firmenangehörige im Intranet zugreifen können (Computerwoche 2/98, S. 43f.). Sogar einige Universitäten und Fakultäten haben es in einfacheren Fällen (Mathematik, Informatik, Elektrotechnik) zu multimedial gestützten Lernprogrammen gebracht. Einfach sind diese Fälle, weil sie sich weitgehend auf die Präsentation von Daten und Informationen beschränken und für ihre Themen keinen oder nur einen minimalen Erfahrungskontext bieten müssen. Andererseits leisten »Flugsimulatoren« aller Art eine bemerkenswerte Verdichtung von Erfahrungen im Umgang mit komplexen Systemen und erlauben so nicht nur eine Intensivierung der Ausbildung, sondern in vielen Fällen auch erhebliche Kosteneinsparungen oder, wie z.B. in der medizinischen Ausbildung, über simulierte Operationen, digitale Versuchstiere und simulierte Experimente verringerte Risiken und geringere Abhängigkeit von ethisch fragwürdigen Tierversuchen.

Alle diese Modelle leiden allerdings daran, daß sie dem Lernwilligen als Individuum ein *fertiges* Lehrmaterial in Form einer Informations- oder Wissensbasis bieten, die der einzelne Lernende durcharbeitet. Sie bleiben im Grunde technologisch und multimedial aufgerüstete Bücher oder sie digitalisieren den Lehrer/Meister. Die Herausforderung von Wissensarbeit im Kontext wissensbasierter Organisationen liegt nun aber darin, die Expertise *vieler* oder gar *aller* Organisationsmitglieder zu dokumentieren, zu vergemeinschaften, zu nutzen und diese Expertise vor allem einer kontinuierlichen Revision zu öffnen. Für diesen Zweck sind Computersimulationsmodelle bei weitem zu aufwendig und digitale Lernprogramme zu trivial. Um nicht mißverstanden zu werden: Simulationsmodelle können äußerst effektive Instrumente des Lernens sein, ebenso wie digitale Lernprogramme. Sie setzen nur voraus, daß das relevante Wissen feststeht, sich einigermaßen kanonisieren läßt und als Transfer vom Experten zum Lernenden Sinn macht.

Der Mikroartikel ist ein Instrument für eine andere Konstellation von Wissen und Nichtwissen. Er kommt ins Spiel und entfaltet seine Wirksamkeit, wenn jeder Wissensarbeiter über Expertise verfügt und laufend neue Lernerfahrungen macht, die für viele andere Wissensarbeiter potentiell nützlich sind. Bei einem Anwaltsteam, einem Chirurgenteam oder einer Expertengruppe für Firmenübernahmen ist dies kein Problem, weil sie als kleines Team tagtäglich eine gemeinsame Erfahrungpraxis realisieren, in der jeder von jedem lernen kann. Wird aber Wissensarbeit zum Normalfall für große Organisationen und global verteilte Netzwerke von Personen und Projektgruppen, dann verändern sich zwei entscheidende Bedingungen. Zum einen muß ein gemeinsamer Erfahrungshintergrund als Basis des Lernens erst mühsam etabliert werden. Zum anderen ist nicht mehr voraussehbar, von welchem Experten das kritische Element Wissen, der kritische Hinweis, die weiterführende Frage oder die entscheidende Anregung kommt, die für ein spezifisches Problem benötigt wird. Es ist nicht einmal vorhersehbar, welches Problem morgen kritisch sein wird und an welcher Stelle dieses Problem sich bemerkbar machen wird. Klar ist in solchen Konstellationen nur, daß morgen ein neues Problem auftauchen wird und daß dafür keine etablierten Lösungen vorhanden sind.

Ein dem Mikroartikel vergleichbares Instrument entwickelt George Roth in der Dokumentationsform der »learning histories« (Roth 1996). Als eine Form der Aktionsforschung dient das Instrument in erster Linie dazu, in einer Organisation die Fähigkeiten für »self-evaluation, measurement and assessment« zu entwickeln, denn diese Fähigkeiten sieht Roth als Voraussetzungen für organisationales Lernen an. *Lerngeschichten* entstehen in einem elaborierten Prozeß, dessen Ausgangspunkt beobacht-

bare Veränderungen (»noticeable results«) sind, welche in
reflektierten Konversationen zwischen Forschern/Beratern und
organisationsintern beteiligten Personen zu ersten, individuellen
Versionen einer Lerngeschichte gefaßt werden. Wesentlich ist
nun, daß unterschiedliche individuelle Versionen einer Lerngeschichte in mehreren Austauschrunden zu vielschichtigen
Erzählungen (»multiple narratives«) verwoben werden, in denen
divergierende lokale Erklärungen als kontextgebundene Interpretationen erkennbar sind. Dieses dokumentierte Material läßt
sich dann in weiteren Gesprächen, workshops, Präsentationen
etc. als exemplarisches Anschauungsmaterial und als realer
Erfahrungshintergrund für gelungene/mißlungene Lernprozesse
verwenden, auch für Personen, die am ursprünglichen Ver-
änderungsprozeß gar nicht beteiligt waren. Auch dieses Instrument leistet damit die Abschöpfung, Dokumentation und
Vergemeinschaftung einer kontextgebundenen und kontextgesät-
tigten Lernerfahrung mit dem Ziel, den kritischen Erfahrungshintergrund zwar zu komprimieren und präsentationsfähig
(simulierbar) zu machen, ihn aber definitiv zu bewahren und
nicht auf bloße Daten und Informationen zurückzustutzen.

Unabhängig vom spezifischen Instrument kommt es auf die
Fähigkeit einer Organisation an, kollektive Lernprozesse in Gang
zu setzen und sie in Gang zu halten. Der Mikroartikel ist die
Basiseinheit eines kollektiven Lernprozesses. Er beginnt seine
Karriere zwar als individuelle Leistung oder in Ausnahmefällen
als Ergebnis eines Teamprozesses, aber nützlich für die Organisa-
tion insgesamt wird er erst, wenn systemische Routinen und
Regeln etabliert sind, die den *Umlauf* der Mikroartikel so
organisieren, als handelte es sich um eine ebenso wertvolle
Ressource wie Kapital oder Arbeit. Tatsächlich ist die in den
Mikroartikeln - oder in anderen Formen der Explizierung und
Dokumentation von Wissen - steckende Ressource bereits heute
für viele Organisationen *wertvoller* als Kapital und Arbeit, weil
sie zum einzigen Produktionsfaktor wird, der die *zukünftige*

Leistungs- und Ertragsfähigkeit der Organisation absichern kann (Edvinsson und Malone 1997, S. 60ff.).

Jede Organisation muß ihre eigenen brauchbaren Regeln dafür finden, den Umlauf und die kollektive Nutzung von Mikroartikeln zu organisieren. Erste Erfahrungen zeigen, daß es, wie für jedes andere Instrument des Wissensmanagements auch, viele Hürden und Hindernisse gibt, die einer erfolgreichen Nutzung entgegenstehen. Wenn es einfach wäre, würden es alle machen. Eine Besonderheit des Mikroartikels ist darin zu sehen, daß er sehr einfach erscheint, seine Nutzung als Instrument kollektiven Lernens aber so voraussetzungsvoll ist, daß die Nutzung in aller Regel nur gelingen kann, wenn eine Organisation sich darüber klar wird, ob und inwieweit sie sich tatsächlich als intelligente Organisation in dem Sinne verstehen und verhalten will, daß sie nicht nur aus einzelnen Experten und Wissensarbeitern besteht, sondern *organisationale Intelligenz* zur Grundlage ihrer Operationsweise und zur Basis ihrer Ertragsfähigkeit macht.

Es ist durchaus denkbar, diese richtungsweisende Entscheidung für eine bestimmte Identität und Vision der Organisation dadurch in Gang zu bringen, daß man sich dazu entschließt, ein Instrument wie den Mikroartikel einzuführen und ihn als Katalysator des Transformationsprozesses zu verstehen und einzusetzen. Man kann auch umgekehrt vorgehen und die Organisation mit einer Vielzahl von Maßnahmen als intelligentes System zu rekonfigurieren, um dann in einem fortgeschrittenen Stadium des Transformationsprozesses den Mikroartikel als zusätzliches Instrument einzuführen. Entscheidend wird nicht das Instrumentarium sein, sondern die Fähigkeit eines Systems, sich selbst Regeln zu geben, die fordern und fördern, daß Lernfähigkeit und Innovationskompetenz nicht die privaten Tugenden der Mitglieder bleiben, sondern zu den prägenden Merkmalen des Systems selbst werden können.

4   Fallstudien

4.1   Fallstudie Unternehmensberatung

Neben die länger etablierten Professionen treten in diesem Jahrhundert die neuen Professionen der Psychotherapeuten und der Unternehmensberater. Die einen setzen auf der von Sigmund Freud eröffneten Trajektorie die Arbeit der Ärzte dort fort, wo diese nicht mehr weiterwissen (weil schwer beobachtbare Tiefenstrukturen des Psychischen die Oberflächenphänomene mitbestimmen), die anderen auf der von Frederick Taylor als erstem Unternehmensberater gewiesenen Bahn die Arbeit der Unternehmer und Manager, wo diese nicht mehr weiterwissen (weil schwer beobachtbare Tiefenstrukturen der Kommunikation die Oberflächenphänomene mitbestimmen). In beiden Fällen geht es im Kern darum, die Operationsweise von psychischen und sozialen Systemen zu beeinflussen, welche sich dieser Beeinflussung gegenüber merkwürdig resistent, kontraintuitiv, undurchsichtig und unberechenbar verhalten. Therapeuten wie Berater reagieren auf diese Erfahrung eines »unmöglichen Berufes« (Freud 1925) mit der Generierung und Anwendung immer neuer Konzeptionen, Instrumente und Methoden, ohne daß man ohne weiteres von einem geregelten, kumulativen Lernprozeß sprechen könnte.

In dem hier vorrangig interessierenden Fall der Unternehmensberatung reagiert die Profession mit Schulenbildung und organisiertem Wissensmanagement, nachdem die endlose Flut immer marktschreierischer „Revolutionen"des Managements einiges von ihrer Glaubwürdigkeit verloren hat. Beide Momente unterfüttern einen Typus von Arbeit, der sich selbst gegenüber herkömmlicher professioneller Arbeit dadurch abhebt, daß die erforderliche Expertise nicht mehr in zeitlich stabilen, sachlich allgemei-

nen, sozial konsensfähigen und operativ technologisierbaren
Formen vorliegt, sondern anderen Regeln gehorcht:

- In *zeitlicher* Hinsicht ist das verwertbare Wissen volatil und
  veraltet rasch. Der Grund liegt darin, daß es kontextabhän-
  gig ist *und* die relevanten Kontexte sich gerade dadurch
  kontinuierlich ändern, daß neues Wissen eingespielt wird.
  Im Gegensatz zu Systemen mit einem sich einspielenden
  stabilen Eigenwert (Foerster 1985, S. 67ff.) handelt es sich
  bei zu beratenden Unternehmen um Systeme, die durch die
  kontinuierliche Anwendung einer Operation (der Wissensbasierung) auf sich selbst gerade nicht stabil, sondern eigen-
  dynamisch werden, sich also in einem dynamischen Un-
  gleichgewicht (dynamische Stabilisierung) selbst verändern.
- In einer *sachlich/inhaltlichen* Dimension fällt auf, daß das
  Wissen, das beraterischer Expertise zugrundeliegt, sich
  nicht in allgemeine Lehrsätze und Gesetzmäßigkeiten
  fassen läßt. Vielmehr ist es kontextsensitiv in dem Sinne,
  daß seine Relevanz und Wirksamkeit von den Spezifika der
  Personen und Organisationen abhängen, die in einen Bera-
  tungsprozeß eintreten (Marshall, Prusak und Shpilberg
  1996, S. 79ff.; Mingers 1995). Dies bedeutet unter anderem,
  daß Wissensarbeiter im allgemeinen und Berater im besonderen über soziale Kompetenzen verfügen müssen als
  Hintergrundswissen über die kontextsensitive Verwendung
  von Wissen. Entgegen traditionellen Vorstellungen über
  »professionalisierte« Arbeit reicht Fachwissen nicht aus.
- Daraus folgt, daß in der *Sozialdimension* beraterische Expertise kaum Chancen hat, allgemeine Anerkennung zu
  finden und sich zu konsensfähigen Regelsystemen zu verdichten. So konkurrieren unterschiedliche Schulen, Ansätze und Paradigmen um Anerkennung, Aufträge und Autorität und lassen Klienten ratlos bei der Frage, welcher
  »approach« denn wohl wirklich helfen könnte. Klienten
  orientieren sich deshalb gezwungenermaßen als »über-

forderte Beobachter« an Reputation als Ersatzcode für
Richtigkeit (Luhmann 1990, S. 245ff.). Berater und Beratungsunternehmen investieren immer schon in die sozialen
Beziehungen zu ihren potentiellen Klienten, um in ihrer
Reputation »präsent« zu sein. Mit organisierter Wissensarbeit kommt hinzu, daß sie nun auch in soziale Netzwerke des Wissenstransfers, der Ideenmärkte und des Austausches von Expertise investieren und diese zum Bestandteil
ihres Wissensmanagements machen müssen.

- In operativer Hinsicht unterscheidet sich beraterisches
Wissen etwa von naturwissenschaftlichem Wissen dadurch,
daß es sich nicht in »funktionierende« Maschinen und
Technologien fassen läßt. Auch hier verwirft die Reaktanz
des Feldes jede Hoffnung auf klare Verhältnisse. Während
sich die Erde nicht gegen Straßen und gegen Autos, und
sich ungelernte Arbeiter kaum gegen ein Fließband wehren
können, reagiert ein beobachtendes und wissensbasiertes
System auf neues Wissen durch eine Veränderung seines
inneren Zustandes und macht neues Wissen erforderlich,
wenn es nun nach dieser Veränderung verstanden werden
soll. Wissensbasierung erzwingt eine im Prinzip nicht
mehr endende Spirale wechselseitiger Überraschung von
Beobachtung und Intervention.

Die Frage ist nun, wie sich Unternehmensberater und Beratungsunternehmen auf diese Komplizierung ihrer Arbeit einstellen.
Nach dem vorliegenden Material und unseren eigenen Untersuchungen lautet eine erste grobe Antwort:

1. Die »global players« der Branche folgen dem Vorbild der
Firma McKinsey und bauen etwa seit 1990 mit ungeheurem
Aufwand elaborierte Systeme des Wissensmanagements auf, um
die Wissensarbeit ihrer Berater zu stützen.

2. Kleinere und mittlere Beratungsunternehmen (KMUs) geraten
dadurch in eine schwierige Lage, die sie allerdings häufig noch gar
nicht begriffen haben und an der sie selbst dann, wenn sie die

Herausforderung verstanden haben, nur mit großen Mühen etwas ändern können.

3. Einzelne Berater stehen auf verlorenem Posten, wenn es ihnen nicht gelingt, durch Vernetzung und die Bildung virtueller Clusters eigenständige »communities of practice« zu etablieren, welche unterhalb der Schwelle der formalen Organisation professionelles Wissensmanagement betreiben.

Wir beschränken uns im folgenden darauf, dies für den Fall kleinerer Beratungsunternehmen knapp auszuführen. Für global agierende Beratungsfirmen liegen einige Berichte vor und die Situation vernetzter »Einzelkämpfer« ist, soweit ich sehe, noch nicht untersucht (siehe aber für den Fall vernetzter Finanzdienstleistungen Sydow und Well 1996).

Als kleinere Firmen bezeichnen wir solche mit mehr als sechs und weniger als 20 Beratern. Zum Vergleich: Die dreißig weltweit größten Managementberatungen haben zwischen 27.500 (Andersen Consulting) und 465 (Roland Berger & Partner) Berater; die Jahresumsätze pro Berater schwanken zwischen knapp über 100.000 und knapp unter 500.000 Dollar (Wirtschaftswoche Nr. 46 v. 9.11. 1995, S. 121). Mittlere Firmen wären demnach Firmen mit 20 bis etwa 200 Beratern. In diese Kategorie fallen auch die meisten der seit einiger Zeit massiv auf den Beratungsmarkt drängenden Großforschungseinrichtungen wie das Wissenschaftszentrum Berlin, die Fraunhoferinstitute, einige MPIs, das Forschungszentrum Karlsruhe oder die Sozialforschungsstelle Dortmund.

Bei kleineren Firmen sind die Berater in der Regel kapitalmäßig beteiligte Gesellschafter, welche im Prinzip gleichberechtigt arbeiten, mit einem Minimum an hierarchischer Differenzierung und einer häufig am individuellen Umsatz ausgerichteten Gewinnbeteiligung. Mittelgroße Firmen weisen in der Regel deutlichere Differenzierungen auf, mit »Junior«-Beratern als Angestellte mit Festgehalt und Prämien und einem kleineren Kreis kapitalmäßig beteiligter Seniorberatern oder Gesellschafter. Bemerkenswert ist, daß in kleineren und selbst in mittleren Firmen sich zwar zwischen den Beratern gewisse Spezialisierungen entwickeln, häufig verbunden mit losen Teambildungen, die sich mit der Zeit verfestigen können, daß aber innerhalb der Schwerpunkte der jeweiligen Firma weitgehend jeder für jeden Auftrag als im Prinzip »zuständig« und kompetent betrachtet wird. Dies verhindert eine ausgeprägte Spezialisierung und damit ein Auseinanderfallen der Firma in kommunikativ getrennte Teilbereiche.

Zugleich verhindert dies allerdings, daß sich – außerhalb des Sekretariats – ein nennenswertes überindividuelles Supportsystem ausbildet, etwa in Form von Spezialisten für Marktbeobachtung, »research«, Fortbildung oder Instrumentenentwicklung. Und insbesondere verhindert diese Struktur, daß sich in diesen Firmen eine elaboriertere Infrastruktur für gemeinsame Daten, Informationen, Wissensbestände, Auswertungen, Erfahrungsberichte und Reflexionen entwickelt. Genau dies aber ist der Kern einer transindividuellen, organisationalen Wissensbasierung und Voraussetzung für noch so bescheidene Formen von Wissensmanagement. Viele der Gründe, warum für kleine und mittlere Firmen der Aufbau einer solchen Infrastruktur schwierig ist, liegen auf der Hand:

- Viele Berater sehen es noch nicht als dringend notwendig an, daß sie und die Firma sich den Mühen unterziehen, eine solche Infrastruktur zu schaffen. Ihr Argument: »fehlende Kosteneffizienz«.

- Erstaunlicherweise sind viele Berater (in kleineren Firmen) ausgeprägte Computer»muffel«. Sie haben, getrieben durch das Tagesgeschäft, keine Zeit, sich mit der unabdingbaren Ausführlichkeit um Technologien, Programme, Einsatzmöglicheiten etc. zu kümmern, um die komparativen Vorteile der routinisierten Nutzung von Computern überhaupt sehen zu können. Noch schlechter bestellt ist es mit der Nutzung von Netzen, Modems, elektronischen Dokumenten oder gemeinsamen Datenbanken, ganz zu schweigen von der Nutzung von »group-ware« oder »work-flow«-Programmen. Nicht selten wird dann diese (durchaus verständliche) Abstinenz rationalisiert als bewußte Entscheidung gegen »Technik« und für Kreativität.

- Praktisch alle Berater in kleineren Unternehmen fürchten, daß sie individuelle Wettbewerbsvorteile und individuell kennzeichnende Sonderkompetenzen verlieren, wenn sie ihr Wissen in eine gemeinsame »Datenbank« der Firma eingeben. Es gibt keine Erfahrung mit dem kollektiven Nutzen eines verbesserten kollektiven Wissens und keine Gelegenheit, Vertrauen darin zu entwickeln, daß mit Bezug auf verallgemeinertes Wissen keine Trittbrettfahrereffekte auftreten, also Kollegen als »free rider« handeln und ihr eigenes Wissen für sich behalten.

- Berater in KMUs, vor allem als beteiligte Gesellschafter, meinen, sie könnten sich den »langen Atem« nicht leisten, der nötig ist, um die unvermeidliche Durststrecke zwischen dem Beginn der Einrichtung einer wissensbasierten Infrastruktur und ihrer Kosteneffektivität zu überwinden. Das Tagesgeschäft hat Vorrang. Vorübergehende Umsatzeinbußen mit Blick auf Aktivitäten, welche die Bedingungen der Möglichkeit künftiger Wettbewerbsfähigkeit verbessern, erscheinen als nicht akzeptabel.

- KMUs vergleichen sich nicht mit globalen Spielern, sondern mit ihresgleichen. Da es so gut wie keine Vorreiter gibt, entsteht kein Druck, mit Konkurrenten gleichzuziehen.

Angesichts dieser deutlichen und auch für externe Beobachter nachvollziehbaren Vorbehalte gegen Wissensbasierung und Wissensmanagement ist es eher erstaunlich, daß sich auch in kleinen Beratungsfirmen Formen von Wissensarbeit finden, die als Vorstufen organisationaler Wissensarbeit gelten können. Diese Formen kondensieren daran, daß in den meisten Firmen zumindest einige Gesellschafter engen Kontakt mit dem Wissenschaftssystem halten und regelmäßig publizieren. Andere Firmen, wie etwa die österreichische »Beratergruppe Neuwaldegg«, sind ganz oder zum Teil Bestandteil von Netzwerken, die der Forschung und einschlägigen Wissensgenerierung dienen (»Forschergruppe Neuwaldegg«). Da Unternehmensberatung immer noch eine verhältnismäßig junge Disziplin ist und zudem eine Wachstumsindustrie (Wimmer 1995), engagieren sich viele KMUs in der Ausbildung und Fortbildung von Nachwuchs. Auch dies verlangt und stärkt organisierte Wissensgenerierung und zumindest bescheidene Ansätze von Wissensmanagement. Eine Firma hat einen »Wissensschrank«, in dem periodisch wechselnd aktuelle Texte, Veröffentlichungen etc. ausgestellt und zur Kenntnisnahme angeboten werden. Eine interne Beratungseinheit eines großen Konzerns baut seit kurzer Zeit eine Dokumentenbank mit relevanten Beschreibungen und Reflexionen der eigenen Praxis auf, ohne allerdings eine organisierte Form der Nutzung eingerichtet zu haben. Alle von uns beobachteten Firmen, ohne Ausnahme, nehmen sich Zeit für Fortbildung, Supervision und Reflexion, wenn auch in unterschiedlicher Intensität und mit klarem Schwerpunkt darauf, die *individuellen* Kompetenzen ihrer Mitglieder zu stärken.

So ergibt sich für den externen Beobachter ein Bild, wonach Berater zwar professionelle Arbeit verrichten, aber - abgesehen von den globalen Spielern - diese kaum zur organisierten Wissensarbeit fortentwickeln, weil sich ihre Unternehmen noch in einem geringen Maße auf Wissensbasierung und Wissensmanagement einstellen. Berater reagieren vielmehr wie klassische Professionelle, etwa Ärzte oder Wissenschaftler, die auf gestiegene Anforderungen an Expertise mit steigenden *individuellen* Bemühungen um Lernen, Fort- und Weiterbildung reagieren. Während dies bei Ärzten und Wissenschaftlern vorläufig noch ausreicht, weil deren Leistung ganz vorrangig an individueller Performanz gemessen wird, kommen Berater mit dieser Strategie in Schwierigkeiten. Während Ärzte, Anwälte oder Lehrer davon ausgehen, daß ihre

Klienten normalerweise Personen sind und das Beratungsverhältnis deshalb symmetrisch von Person zu Person konstruiert ist, sehen sich Unternehmensberater nun einmal Organisationen gegenüber, auch wenn diese über einzelne Personen als Beauftragte oder Stellvertreter handeln. Der Normalfall ist hier also ein asymmetrisches Beratungsverhältnis Person zu Organisation - und dies können Berater als Personen nur solange durchhalten, wie die Organisationen als Klienten anspruchslos und unprofessionell agieren. Genau dies ändert sich seit einiger Zeit. Unternehmen und andere Organisationen haben zunehmend differenzierte Erfahrungen mit Beratung, bauen eigene interne Beratungskompetenz auf und treten deshalb auf dem Markt mit gestiegenen Ansprüchen auf. Zuerst mußten dies die »Großen« der Branche erfahren. Sie haben auf die teilweise massive Kritik an ihrer Arbeit (Raithel 1991) und an ihren Ansätzen mit professionellem Wissensmanagement reagiert. Den KMUs steht diese Lernerfahrung noch bevor.

Hintergrund dieser tiefgreifenden Veränderung ist ein eigentümlich paradoxes Verhältnis von Wissensbedarf und Wissensgenerierung im Beratungsgeschäft. In einer bemerkenswerten Abstraktion bezeichnet Luhmann Wissen als »Resonanz auf strukturelle Kopplungen des Gesellschaftssystems« (1990, S. 122). Konkreter läßt sich auf dieser Grundlage formulieren, daß Wissen als Ergebnis einer vom »Forscher« forcierten Resonanz auf strukturelle Kopplungen zwischen externer Beobachtung in einem Forschungsprozeß auf der einen Seite und dem Gegenstand der Beobachtung auf der anderen Seite produziert wird. Der Vorgang ist in der Tat ein Prozeß »nach der Art einer komplexen Prüfoperation« (Luhmann 1990, S. 129), in der nach brauchbaren Arbeitsmodellen zur Erklärung der Operationsweise von (natürlichen, biologischen oder sozialen) Systemen gesucht wird.

Diese komplexe Prüfoperation verläuft im Rahmen eines naturwissenschaftlichen Paradigmas allerdings sehr einseitig, weil sich die Natur und auch biologische Systeme nicht aktiv und eigen-

ständig zu dieser Prüfung äußern können. Erst mit der Rekon-
struktion dynamischer komplexer Systeme in den Naturwissen-
schaften und dann auch in den Sozialwissenschaften (Waldrop
1994) schlägt die andere Seite in unerwarteter Weise zurück und
verwandelt die komplexe Prüfoperation zu einer zweiseitigen
Angelegenheit: Die Beobachtung schafft nicht nur die jeweilige
Realität, sondern sie verändert sie zugleich, weil das beobachtete
System auf die Beobachtung reagiert. Unschärferelationen und
Reaktanzen werden damit zum unvermeidbaren Bestandteil jeder
Beobachtung oder gar »Prüfung« nicht-trivialer Systeme.

Konstitutiv wird dieser Zusammenhang bei der Generierung
von Beratungswissen. Berater hängen hinsichtlich des »einfachen«
Wissens (Beobachtungen 1. Ordnung) vollständig davon ab, ob,
wie und wie weitgehend potentielle und reale Klienten ihnen
diese Beobachtungsmöglichkeiten einräumen. Für Beobachtungen
zweiter Ordnung, also reflexives Wissen, können sie zwar die
Systematisierungen der einschlägigen wissenschaftlichen Disziplinen nutzen, aber selbst diese sind noch in überraschend hohem
Maße wenig mehr als Generalisierungen über Firmen und Branchen hinweg oder Systematisierungen von Erfahrungen der
Berater selbst. So beruht der Ansatz der »lean production«, der
die globale Autoindustrie (und danach viele andere Sektoren)
radikal verändert hat, auf einer vergleichenden MIT-Studie,
welche man nur wenig übertreibend so charakterisieren kann,
daß die Forscher sich in geschickter Weise den Zugang zu allen
wichtigen Autofirmen verschafft und die dort vorfindliche Pro-
duktionsexpertise erhoben und verglichen haben (Womack, Jones
und Roos 1991).

Beratungswissen ist bis heute im Kern ein gehobenes »benchmarking«. Berater und andere Forscher suchen nach Beispielen
für »best practice« in der Praxis, geleitet von der trivialen Richtschnur der wirtschaftlichen Performanz der Firmen. So kamen
Peters und Waterman zu den Merkmalen »exzellenter« Firmen
und zu ihrem ersten Bestseller (Peters und Waterman 1982). Daß

nach nur fünf Jahren von den 43 untersuchten »exzellenten« Firmen elf in einer schwachen und acht sogar in einer schwierigen Position waren, wurde weniger publik (siehe aber Pascale 1991, S. 16ff.). So rekonstruierten Hammer und Champy (1994) das Modell des »Reingeneering« aus dem Vergleich der Organisation von Geschäftsprozessen bei erfolgreichen und weniger erfolgreichen Firmen - Erfolg gemessen an der üblichen amerikanischen Richtschnur von Quartalsergebnissen. Als sich danach herausstellte, daß rund zwei Drittel der nach dem Modell des Reingeneering eingeleiteten Restrukturierungen selbst nach diesem Maßstab erfolglos waren, revidierten sie ihr Modell zu demjenigen einer weniger kontextblinden Geschäftsprozeßoptimierung (Hammer und Stanton 1995).

Allerdings leisten wissenschaftlich orientierte und verankerte Berater und Beratungsunternehmen zunehmend auch die Konstruktion eines Modells, welches sich von der hautnahen Bindung an die Praxis der Unternehmen befreit, indem sie eigene Forschungsergebnisse in ihre Beratungspraxis zurückfließen lassen. Sie gewinnen damit den Freiraum, um die Praxis mit der Idee einer nicht nur inkremental verbesserten, sondern grundlegender veränderten Operationsweise zu konfrontieren. Dies gilt beispielsweise für Peter Senges Idee der lernenden Organisation (1990) und James Quinns Modell des intelligenten Unternehmens (1992). Diese Ausnahmen bestätigen die Regel, wonach Beratungswissen weniger auf theoriegeleiteter Rekonstruktion als auf praxeologisch orientiertem Benchmarking, also gerade nicht auf einer komplexen, sondern auf einer einfachen Prüfoperation beruht.

Wir bezeichnen dies als paradoxe Konstitution von Beratungswissen, weil Berater sich von einer Praxis belehren lassen, welche sie belehren sollen. Ihr Wissen schöpfen sie von denen, die erwarten, daß sie über Beratung ein anderes Wissen erwerben können. Berater, die in aller Regel über keine eigene Managementpraxis verfügen, müssen diese Managementpraxis eruieren, um der

Praxis Leitlinien optimierten Managements vorzuschlagen. Solange es um generell zugängliches Fachwissen geht, oder um
generelle Grundlagen der Gestaltung von Prozessen, haben Fach-
beratung und Prozeßberatung keine grundlegenden Legitimationsprobleme. Schwierig wird es, wenn das einschlägige Fachwissen und Prozeßwissen hochgradig spezialisiertes und *proprietäres*
Wissen der Organisationen ist, die zu beraten sind. In diesen
Fällen haben die Klienten einen uneinholbaren Wissensvorsprung
vor den Beratern. Den Beratern bleibt nur die Hoffnung, daß die
Klienten nicht wissen, was sie wissen und/oder mit dem Wissen
nicht optimal umgehen, das sie selbst generieren - und in diesen
Lücken Raum für Beratung geben.

Es liegt auf der Hand, daß Berater und Beratungsunternehmen
sich aus dieser Paradoxie nur befreien können, wenn sie eine
eigenständige Wissensgenerierung und ein dem zugrundeliegendes
Wissensmanagement aufbauen, wenn sie zugleich auch ihre
Anreiz- und Motivationssysteme so fassen, daß Wissensgenerierung und -nutzung nicht private Vorliebe bleibt, sondern Teil
eines Organisationsdesigns der Wissensarbeit (Tampoe 1996).
Daraus folgt, daß eine organisationale Wissensbasierung als
Grundlage für Wissensarbeit für Beratungsfirmen in dem Maße
unabdingbar wird, wie ihre Klienten proprietäres Wissen generieren und als Kunden nicht mehr naiv auftreten. Wie diese Zukunft
der Wissensarbeit für Beratungsfirmen aussehen wird, läßt sich
heute schon an der professionalisierten Wissensarbeit der global
agierenden Firmen ablesen, darüber hinaus auch an einem besonders spezialisierten und in vieler Hinsicht noch »exotischen«
Feld der Beratung, dem der Finanzdienstleistungen.

Die Erforschung von organisationaler Wissensarbeit steht ganz
am Anfang. Sie ist offensichtlich nicht auf Unternehmensberatung und Finanzdienstleistungen beschränkt, sondern betrifft alle
Organisationen, die mit wissensbasierten Gütern umgehen.
Bekannt ist, daß eine Reihe globaler Konzerne der unterschiedlichsten Branchen gegenwärtig ihr »Geschäft« um Wissensarbeit

herum neu gruppieren (Marshall, Prusak und Shpilberg 1996, S. 80). Erst wenn dieser Typus von Arbeit qua Nachahmung und Konkurrenzdruck auch in kleinere Firmen und Organisationen diffundiert, stehen die Chancen besser, über vergleichende Untersuchungen schrittweise präziser zu fassen, was Wissensarbeit ausmacht und welche Chancen und Risiken Wissensmanagement und organisationale Intelligenz bergen. Organisierte Wissensarbeit, soviel ist heute schon zu sehen, wird ein Kernstück der Transformation der Arbeits- und Industriegesellschaft zur Wissensgesellschaft sein.

4.2 Systemische Beratungsunternehmen
Susanne Mingers

Inhaltsübersicht

Zusammenfassung:
Für Unternehmen, die teuer dafür bezahlt werden, andere Unternehmen zu beraten, indem sie Wissen unterschiedlicher Facetten (Organisationswissen, Marktwissen, Fachwissen, Methodenwissen, Metawissen etc.) anwenden und vermitteln, gehört Wissensmanagement zu den Grundmomenten ihrer Professionalität. Große Unternehmensberatungen gehen denn auch mit gutem Beispiel voran und dokumentieren, mit welchen Verfahren und Infrastrukturen das Wissen tausender Berater/innen global gebündelt und zugriffsfähig gemacht wird. Aus Kapazitätsgründen und aufgrund eines geringeren Grades an Formalität und Standardisierung ist es für kleinere Beratungsfirmen keinesfalls selbstverständlich, daß die ihnen eigene organisationale Wissensbasis jeweils auf dem aktuellen und intellektuellen Stand ist. Trotzdem sind auch kleinere Beratungsfirmen mit Anforderungen konfrontiert, die nicht hinreichend, aber notwendigerweise mit elaboriertem Wissensmanagement zu beantworten sind. Die »Wiener Schule« steht für drei systemisch orientierte Beratungsunternehmen, die mit weniger als zwanzig Berater/innen am deutschsprachigen Markt operieren - und dies zweifellos erfolgreich. Es erscheint daher spannend zu betrachten, in welcher Weise diese Firmen Wissensmanagement verstehen und betreiben, welche Möglichkeiten dabei eröffnet und Grenzen erfahren werden.

Wissensmanagement am Beispiel systemischer Beratungsunternehmen

Den Ausführungen über das Wissensmanagement systemisch orientierter Beratungsunternehmen sei vorangestellt, daß externe Beratung nicht nur von Wissen, sondern gerade auch von Nicht-Wissen lebt. Im ersten Atemzug wird dieser Hinweis meistens als absurd oder gar als Provokation erlebt. Wenn schon nicht Beratungsunternehmen - wer sonst sollte auf Wissenserzeugung und -weitergabe spezialisiert sein. Dies ist wahr. Wahr ist aber auch, daß erst Nicht-Wissen es ermöglicht, auf Besonderheiten aufmerksam zu werden, irritierbar zu sein und Rückmeldungen zu geben, die die blinden Flecken des Klientensystems beleuchten und damit »einen Unterschied machen, der einen Unterschied macht«. In Fall-Supervisionen stoßen Kunden regelmäßig und unweigerlich auf die Bedeutung und Wirkungskraft von Nicht-Wissen. Mit Überraschung wird festgestellt, wie wenig Informationen einerseits nötig, andererseits sinnvoll sind, um den jeweils eingebrachten Fall (z.B. einer veränderungsverliebten Führungskraft im Konflikt mit seinen traditionsbewußten Mitarbeitern) zu »knacken«, das heißt in seinen Mustern, seiner Eigendynamik und seinen Funktionen zu beleuchten.

Wenden wir uns nun aber der Expertise des Wissens zu: Für Beratungsunternehmen ist Wissen zentrale Ressource und überlebenswichtiges Kapital. Wissensmanagement hat für Beratungsanbieter in zweifacher Hinsicht Bedeutung inne: erstens als Voraussetzung und zweitens als Produkt von Beratungsdienstleistungen. Damit Berater beraten können, müssen sie über mehr oder zumindest über anderes Wissen als ihre Kunden verfügen. Zu den relevanten Wissensarten externer Beratung zählt:

• Wissen über Theorie (Systemtheorie, Kybernetik 2. Ordnung, Chaostheorie etc.) und Methodik externer Beratung (Coaching,

Supervision, systemische Interventionstechniken) als ausdifferenzierte Profession,

• Wissen über soziale Organisationen, deren Logik, Funktionsweise, Strukturen, Spannungsfelder und Entwicklungsmöglichkeiten, über Qualitäts- und Veränderungsmanagement,

• Wissen über Teams, Steuerung von Teams, Teamentwicklung,
Projekt- und Konfliktmanagement,

• Wissen über Personalentwicklungs-Instrumente, über Führung,
Kommunikation und Selbstmanagement,

• Wissen zu fachspezifischen Themen wie z.B. Marketing, Controlling und Entgeltsysteme.

Um Wissen auf elaborierte und effiziente Weise zu managen,
sind Beratungsunternehmen ebenso wie andere Wirtschaftsunternehmen gefordert, »lessons learned« aus Projekten abzuleiten, die interne Aus- und Weiterbildung an der Definition von
Kompetenzfeldern zu orientieren und globale Wissensnetzwerke
einzurichten. Allgemeiner und zugleich umfassender formuliert
bedeutet Wissensmanagement Schritte zur Definition von Wis-
senszielen, zur Identifikation vorhandener Wissensbestände, zur
Wissensgenerierung, zur Wissensspeicherung, zum Wissenstransfer und zur Wissensnutzung vorzunehmen und fortlaufend zu
reflektieren.

Wie beantworten Beratungsunternehmen diese hier knapp
skizzierten Anforderungen organisationalen Wissensmanagements? Wie entwickeln, verarbeiten und nutzen Beratungsunternehmen Wissen als zentralen Erfolgsfaktor? Welche Konturen
entwickeln Beratungsunternehmen als wissensbasierte, lernfähige
Organisationen?

Im folgenden werden diese und weitere Fragen am Beispiel von
drei Beratungsunternehmen untersucht, denen mehreres gemeinsam ist: der Firmensitz in Wien, die personelle Begrenzung auf
maximal 10 Berater/innen, die zugleich Gesellschafter- und
Geschäftsführer/innen sind, die Kooperation mit 20-40 Part-

ner/innen bzw. Konsulenten sowie die Orientierung an systemischen Theoriemodellen und Methoden. Die Fallbeispiele fußen auf der Auswertung von Interviews, die die Autorin in der Zeit von Februar bis August 1996 durchgeführt hat. Die an einem Leitfaden orientierten Befragungen bezogen sich auf folgende Aspekte:

• die für Beratungsunternehmen zentralen Wissensfelder,

• die wesentlichen Wissensquellen,

• die Einrichtungen und Abläufe zur Wissensgenerierung, zur Wissensspeicherung sowie zum internen und externen Wissenstransfer,

• die Voraussetzungen und Hindernisse aktiven Wissensmanagements,

• die Nutzung intelligenter Infrastrukturen, deren Impulse und Auswirkungen,

• die Beobachtungen bei bzw. durch Kunden und Konkurrenten,

• der Umgang mit Wissensgrenzen,

• die Funktion von Wissen bzw. Nicht-Wissen sowie

• die weiteren Entwicklungsperspektiven und Vorhaben im Bereich Wissensmanagement.

1   Systemische Organisationsberatung im Profil

Die Geschichte und die Professionalisierung der systemischen Organisationsberatung ist im deutschsprachigen Raum entscheidend von der »Wiener Schule« geprägt worden (Conecta 1997). Vor rund zwanzig Jahren nahm die Wiener Schule mit der Gründung der Managementtrainings- und Organisationsberatungsfirma C/O/N/E/C/T/A ihren Anfang. Bald darauf folgte die Gründung der OSB (Gesellschaft für systemische Organisationsberatung) und der BGN (Beratergruppe Neuwaldegg). Aus einer gruppendynamischen Tradition stammend, fanden sich diese Firmen mit einer Anzahl weiterer Unternehmen und Einzelpersonen im

Dachverband der »Österreichischen Gesellschaft für Gruppendynamik und Organisationsberatung« (ÖGGO) wieder.

Im wesentlichen lassen sich drei Ansätze unterscheiden, die der
Organisationsberatung als Modell dienen: die gruppendyna-
mische, die psychoanalytische und die systemische Orientierung.
Entsprechend ihrer Ausrichtung sind diese, natürlich auch als
»Mischform« auftretenden Ansätze mit unterschiedlichen themati-
schen Schwerpunkten, Interventionssetzungen und Rollenvor-
stellungen von Beraterin und Berater verbunden. Der systemische
Ansatz entstand Anfang der achtziger Jahre unter dem Einfluß
verschiedener Forschungsrichtungen:

• die systemtheoretisch orientierte Biologie (Maturana 1982;
Maturana / Varela 1987), die insbesondere zum Verständnis der
Reproduktionsweise und Erkenntnisform sozialer Systeme bei-
trägt,

• die neuere Systemtheorie (Luhmann 1988; Willke 1987; 1989),
die sich mit dem Funktionieren von Organisationssystemen und
deren Umweltbeziehungen beschäftigt,

• die Kybernetik 2. Ordnung (Foerster 1981; 1984), die Impulse
zum Problem der Beobachtung und der Steuerung sozialer Systeme liefert sowie

• die systemische Familientherapie (Simon / Stierlin 1992; Selvini
Palazzoli et al. 1993), die vor allem durch die Beiträge des Heidel-
berger Instituts für Familientherapie (Stierlin, Simon, Weber) und
der Mailänder Gruppe um Selvini Palazzoli die Entwicklung von
Interventionsstrategien und -techniken unterstützt.

Der systemische Beratungsansatz geht von der Irrationalität, der
Intransparenz und der Selbstorganisiertheit von Systemen aus.
Soziale Systeme sind, so die Annahme, von außen weder
vorherzuberechnen, noch zu dirigieren. Sie sind selbstbestimmt
und von außen damit nur mittelbar zu beeinflussen. Während die
klassischen Unternehmensberatungen (etwa Arthur Andersen,
Arthur D. Little, Roland&Berger und McKinsey) eher fach- bzw.

inhaltsorientiert vorgehen, arbeitet die systemische Beratung eher prozeßorientiert: Die Leistung des Beratungssystems besteht »nicht so sehr in der Überbringung inhaltlicher Problemlösungen, sondern im funktionalen Steuern von Prozessen sozialen Handelns, die dem Klienten das Verstehen der notwendigen inhaltlichen Problemlösungsschritte sowie der begleitenden sozialen Prozesse ermöglichen soll« (Carqueville 1991, S. 264). Systemische Organisationsberatung ist theoriegeleitet und legt Wert auf eine symmetrische Beziehung von Kunden und Beratern, auf transparente Strukturen des Vorgehens sowie auf die Beteiligung betroffener Personen (Wimmer und Oswald 1987; Wimmer 1991; Exner u.a. 1987). Systemische Beraterinterventionen unterstützen das Klientensystem, eingespielte, dysfunktionale Muster der Wahrnehmung, Erklärung und Behandlung von Problemen zu überwinden und neue Deutungs- und Handlungsweisen zu entwickeln. Zur Gesamtinszenierung des Beratungsablaufes (»soziale Architektur«) sowie zur Feinsteuerung der einzelnen Beratungsschritte (»soziales Design«) werden Interventionen auf der sachlichen, zeitlichen, sozialen, räumlichen und technischen Dimension bewußt vorgenommen und reflektiert (Königswieser und Exner und Pelikan 1994).

Systemische Interventionen fußen auf verschiedenen, in rekursiven Schleifen erfolgenden Prozeßschritten: Die Berater bzw. Beraterinnen

• stellen Beobachtungen zu den Strukturen, Prozessen, Wahrnehmungen, (Selbst-und Umwelt-)Beschreibungen, Mustern, Routinen und Spielregeln des Klientensystems an,

• formulieren Hypothesen über das Zustandekommen und die Auswirkungen der beobachteten Phänomene,

• intervenieren nach einer bestimmten, im Staff explizierten Zielsetzung und

• beobachten und reflektieren die Auswirkungen ihrer Interventionen.

Zum Interventions-Instrumentarium zählen Techniken, die insbesondere der systemischen Familientherapie entlehnt sind: so zum Beispiel die systemische Problemanalyse, zirkuläres Fragen, positive Konnotation und paradoxe Intervention.

2   Fallbeispiele - die »Wiener Schule«

Alle drei der hier betrachteten systemischen Beratungsfirmen betreiben auf sehr ähnliche Weise externe Beratung, sind personell miteinander verbunden, kooperieren, feilen gemeinsam an der Theorie und Methodik ihrer Profession, fühlen sich mit den gleichen (systemischen/gruppendynamischen) Konzepten und Ansätzen zu Hause. Trotzdem haben sich hinsichtlich des Wissensmanagements, hinsichtlich der Art und Weise, wie sie Lernen organisieren, unterschiedliche Herangehensweisen und Facetten herausgebildet. Die BGN erreicht mit ihrem Wissensmanagement ein hohes Maß an Strukturiertheit, Formalität und Institutionalismus. Das Wissensmanagement der C/O/N/E/C/T/A ist eher von Informalität und Spontanität gekennzeichnet. Ihre Kontakte zu Kunden, Kooperationspartnern, Wissenschaftlern und Journalisten laufen stärker über einzelne Personen, punktuelle Arbeitszusammenhänge und befristete Projekte als - wie im Fall der BGN - über kontinuierliche Strukturen, etwa in Form jahrelang bestehender Arbeitsgruppen oder regelmäßiger, tradierter Veranstaltungen. Auch die OSB betreibt ein beachtliches Ausmaß an Wissensmanagement, das wissenschaftliche Betätigung, theoretische und methodische Reflexion und Innovation umfaßt. In der OSB ist der - sich in allen der hier betrachteten Unternehmen abzeichnende - Trend am stärksten ausgeprägt, die Firma als Gemeinschaft relativ selbständiger und voneinander unabhängiger Einzelberater/innen zu gestalten. Der wechselseitige Austausch zwischen den Gesellschafter/innen der OSB erfolgt vorrangig auf informeller Basis im Rahmen kollegialer Coachings.

Die Darstellung der Fallstudien orientiert sich an den Fragen: In welcher Weise wird in den untersuchten Unternehmen Wissen erzeugt? Wodurch wird individuelles, kollektives und organisationales Lernen sichergestellt? Welche Vorgänge, welche elektronischen und nicht-elektronischen Medien dienen der Speicherung von Wissen? Wie gestalten sich interner und externer Wissenstransfer? Welche unternehmensspezifischen und unternehmensübergreifenden Wissensströme lassen sich nachzeichnen?

2.1 Beratergruppe Neuwaldegg - »the bright butterflies«

Die Beratergruppe Neuwaldegg (BGN) wurde 1980 in Wien gegründet. Ihr gehören acht Gesellschafter/innen an, die (inkl. Konsulenten) 1995 einen Umsatz von ATS 30 Mio. erwirtschafteten. Die BGN ist vorrangig im deutschsprachigen Ausland tätig: Während 30% ihrer Kunden in Österreich ansässig sind, stammen 60% der beratenen Firmen aus Deutschland, 40% aus der Schweiz. Über 60% der Kunden der BGN sind Stammkunden: Sie werden länger als ein Jahr betreut bzw. erteilen Zweit- oder Drittaufträge. Fast die Hälfte ihrer Beratungsprojekte führt die BGN in Kooperation mit anderen selbständigen oder in Konkurrenzfirmen tätigen Partnern durch (Königswieser 1996, S. 139).

Im Laufe der Jahre hat die BGN sehr viele unterschiedliche Foren aufgebaut und etabliert, um »den Wissensschatz zu heben«. (Alle folgenden Zitate ohne Nachweis beziehen sich auf Interviews mit Mitgliedern der Beratungsfirmen.) An diesen Foren sind nicht nur die Gesellschafter/innen selbst, sondern auch Kunden, Kooperationspartner (Konsulenten und Konkurrenten), Wissenschaftler und Journalisten beteiligt. Betrachten wir zunächst die internen Konturen des Wissensmanagements der BGN. Schon sehr früh legte die BGN großen Wert auf Wissensmanagement. Um eine möglichst fundierte und breite Wissensbasiertheit ihrer Arbeit zu garantieren, entwickelte die BGN ein internes Gehaltsmodell, das

insgesamt fünf Kategorien umfaßt. Das Geld, das jede/r Gesell-
schafter/in am Jahresende auf seinem bzw. ihrem Konto vorfand,
richtete sich nicht nur nach dem jeweils individuellen Umsatz. Eine
Rolle spielte auch, »wie sehr es ein Kollege oder eine Kollegin
schafft, neue innovative Impulse einzubringen und wieviel publiziert wird«. Durch dieses, in der Szene der systemischen
Organisationsberatung ungewöhnliches Bewertungssystem wurde
das Wissensmanagement in der BGN schon frühzeitig »massiv
angekurbelt«. Mittlerweile ist ein »Punkt erreicht«, an dem dieser
zentrale Stellenwert von Wissensmanagement »internalisiert ist«.
Das Gehaltsmodell wurde mittlerweile verändert, »weil die Unterschiede in der Gruppe zu weit auseinander gehen«. Die Honorie-
rung des Engagements im Wissensbereich ist deshalb nicht verloren
gegangen, sondern konnte getrost den Klienten überlassen werden.
So ist der wesentliche Anreiz zum Wissensmanagement immer
noch geldlich: Diejenigen in der BGN, die intensives Wissensmanagement - entsprechend außenwirksam - betreiben, Workshops
durchführen, zu bestimmten Themen arbeiten und publizieren,
»genießen ein irrsinnig hohes Prestige« und erzielen die höchsten
Umsätze. »Wir haben nicht den Wissenschaftler, der keine Projekte
macht und nichts verdient, sondern diejenigen, die produzieren,
neugierig sind und forschen und dieses Wissen wieder in Modelle,
Konzepte und Beratungsprojekte einfließen lassen, erwerben eine
Qualifikation, die sich auch einfach wieder verkauft. Ich glaube,
daß das gerade bei Beratern irrsinnig wichtig ist, weil, wie will man
sich auch sonst von den anderen vielen Beratungsanbietern unterscheiden«. Der Transfer von einer internen zu einer externen,
marktvermittelten Anreizstruktur scheint der BGN damit gelungen.

Jedes Jahr reserviert die BGN 15 Tage, »die allein dem Wissen
dienen, wo keine Entscheidungen getroffen werden, sondern wir
miteinander lernen«. Einen Teil dieser Zeit zur Wissensgenerierung
füllen sogenannte Projektreviews aus: »Viermal im Jahr setzten wir

uns zusammen und tauschen uns über Projekte aus, die besonders spannend und erfolgreich verlaufen sind oder aber auch Flops waren. Es ist nicht ganz leicht, die Flops auch zu beschreiben, aber wir sagen, daß wir aus beiden viel lernen können und daraus auch wieder Schlüsse ziehen«. Eine weitere Einrichtung internen Wissenserwerbs nennt die BGN Themencenter. In jedem Themencenter wird über einen Zeitraum von zwei Jahren zu einem bestimmten Thema gearbeitet. Das Thema, das sich die jeweilige Arbeitsgruppe aussucht, ist eines, das »mich wirklich beschäftigen muß, (...) das spannend ist, weil es unmittelbar meine Arbeit betrifft und damit auch einen ökonomischen Wert hat«. So zählen zu den derzeit behandelten Themen beispielsweise Komplexitätsmanagement und Wissensmanagement (Beratergruppe Neuwaldegg 1995). Die Themencenter erfüllen verschiedene Funktionen: Neben der rein inhaltlichen Auseinandersetzung und persönlichen Fortbildung entstehen Reader, Publikationen oder neue Seminarprodukte. Darüberhinaus ist mit den Themencentern »auch Beziehungspflege verbunden«.

Eine durchaus »sinnliche« Einrichtung dient der BGN zur Speicherung von Wissen in »hard copy«: der Wissensschrank, »ein schönes altes Möbelstück, das drüben im Gemeinschaftsraum steht«. In diesem Wissensschrank finden sich »Artikel, die wir selber geschrieben haben oder die über uns geschrieben wurden, Literaturlisten, Lieblingsbücher, also durchaus sehr persönliche Dinge, zugeschnitten auf uns als Gruppe«. Dieses Möbelstück erfüllt damit nicht nur den rein funktionalen Zweck, Artikel und Bücher zu beherbergen, »die sonst irgendwo verschwinden«, sondern symbolisiert (bzw. materialisiert) überdies gemeinsame Identität.

Ein wesentlicher Bestandteil des internen Wissenstransfers der BGN findet im persönlichen Austausch statt. Um diesen informellen Austausch zu forcieren und zugleich ein stückweit seiner Informalität zu entheben, entwarf die BGN das Schmetterlingsnetz. Es besteht aus einem Blatt Papier, »das alle zwei Monate an uns selbst verschickt wird«. Das Schmetterlingsnetz dient dazu - so ist seinem Aufdruck zu entnehmen - »die eigenen und die wissensschmetterlinge der kollegen einfangen zu können«:»... ein luftballon zum thema wissensmanagement (...) erlebt, gesehen, gehört, gespürt, gefühlt, gerochen, gelesen, geschrieben (...) the best of (..)«. Auf einer DIN A5 großen Seite kann jeder in kurzen Stichworten seine »persönlichen Erkenntnisse«, das, was »den stärksten Eindruck gemacht« hat, neue selbstverfaßte Artikel und Skripte sowie interessante Literaturhinweise notieren. Mit dem Schmetterlingsnetz gelingt es, »die flatterhaften, ansonsten schnell hinwegfliegenden Wissens-Schmetterlinge einzufangen«. Dank dieses vorgeschalteten, formalisierten Inputs kann der eigentliche, informell gestaltete Wissensaustausch effektiver erfolgen: Es entsteht ein zwar knapper, aber ausreichender Überblick, wer mit welchen Thematiken beschäftigt ist, zu welchen Inhalten neue Skripte existieren und was es an neuen, (eigenen oder fremden) lesenswerten Artikeln gibt. Jeder gewinnt ein Bild, was der andere Kollege, die andere Kollegin weiß und kann gemäß seiner eigenen Arbeitsschwerpunkte und Interessen entsprechend nachfragen bzw. nachlesen. Diese durchaus verspielte Einlage ist im Grunde genommen eine schlichte, aber geniale Einrichtung, um sich einer nachteiligen Seite des Informellen zu entledigen: Es besteht die Chance, daß die Vorrangstellung persönlicher Sympathie, Vertrautheit und etablierter Kooperations- und Austauschgewohn-heiten an Fixiertheit verliert.

Den internen Wissensverflechtungen steht die externe Wissensvernetzung der BGN in keinster Weise nach. Hier kommt der BGN ihre ausgeprägte Netzwerk-Orientierung zugute. Um »Begegnungen mit Leuten, Dialoge zu produzieren«, forciert die BGN den Aufbau und die Ausweitung von Netzwerken mit Kunden, Journalisten, Wissenschaftlern und Kooperationspartnern. Über diese Vernetzungen erfolgen Akquisition und PR-Pflege, Theoriearbeit, der Zukauf von fachspezifischem Know-how sowie die Einbindung von zusätzlichen, rasch einsetzbaren, da vor Ort ansässigen, Beratungskapazitäten (Königswieser 1996). Zweifellos verfügen auch C/O/N/E/C/T/A und die OSB über vergleichbare, zum Großteil sich ohnehin überschneidende Netzwerke. Allerdings weisen die Netzwerke der BGN vielfach eine größere Reichweite und Dichte auf, da diese nicht nur auf persönlichen, informellen Kontakten basieren, sondern darüberhinaus institutionellen Charakter aufweisen. Dies, insofern die BGN zumindest Ausschnitte der Netzwerke zu exklusiven Gruppierungen bündelt, die durch gemeinsame Veranstaltungen und Aktivitäten eine eigene, über Jahre hinweg bestehende Identität und Kontinuität erhalten.

Ein wesentliches Netzwerk und zugleich ein zentrales Forum des Wissenstransfers stellt die Forschergruppe Neuwaldegg (FGN) dar, die (deutsch- und englischsprachige) Wissenschaftler verschiedener Universitäten und Forschungsinstituten umfaßt. Die FGN, die dem Austausch von Theorie und Praxis dient, ist bereits vor zehn Jahren entstanden. Ihr liegt die Idee und das professionelle Selbstverständnis der BGN zugrunde, daß Lernen und damit auch das Generieren von Wissen zur (lebenslangen) Rolle und Aufgabe von Berater/innen zählt - »auch wenn wir Experten genannt werden«. In der FGN werden Themen behandelt, »die spannend sind und über die wir selber noch nicht viel wissen«. Zu diesen Themen werden Experten, »Leute, die wir mögen, mit denen man fruchtbar lernen kann«, eingeladen. »Das können Konkurrenten, Kollegen, Konsulenten, Kunden sein, das können Wissenschaftler sein. Wichtig ist, daß wir dort nicht alleine sind, damit wir nicht im eigenen Saft brodeln«. Die Arbeit an den jeweiligen Themen mündet häufig in Veröffentlichungen oder »fließt, wie im Fall des Themas ›Netzwerk‹, auch in die eigene Organisation ein«.

Ein weiteres Forum der Wissensgenerierung und des Wissenstransfers ist die Berater-Langzeitgruppe. In dieser vor fünf Jahren gegründeten Gruppe kommen bis zu 50 Berater und Beraterinnen zusammen, um sich zu bestimmten Themen auszutauschen. Der

besondere Gewinn dieses Forums besteht darin, Wissen wechselseitig weiterzugeben, das »sonst häufig im Latenten bleibt«. Dieses
beraterspezifische Wissen, das im Rahmen dieser Gruppe »aus dem
Latenten gehoben« und transferiert wird, soll demnächst in der
Form eines Berater-Handbuches publiziert werden. Ein nächstes
Forum dient dem Austausch mit Journalisten, »weil natürlich auch
PR und Kommunikation wichtig sind«. Die Journalisten werden
zu Seminaren oder wissenschaftlichen Veranstaltungen eingeladen,
um anschließend der Leserschaft bzw. der beratungsinteressierten,
potentiellen Kundschaft über die Arbeit und Ansätze der BGN zu
berichten. Die mehr oder weniger intensiven oder auch losen
Kontakte zu den ungefähr vierzig verschiedenen, über den gesamten deutschsprachigen Raum verteilten, Journalisten werden
von einzelnen Gesellschafter/innen gepflegt.

2.2 C/O/N/E/C/T/A - »the speedy concalies«

Die Managementtrainings- und Beratungsfirma C/O/N/E/C/T/A
(C.) ist das älteste der hier betrachteten Unternehmen. Bereits 1976
wurde C. in Wien gegründet. Heute umfaßt C. neun Gesellschafter/innen. 1995 betrug ihr Umsatz knapp ATS 20 Mio. 60% der
C.-Kunden sind in Österreich ansässig, knapp 40% in Deutschland
und 0,5% in den USA. Um spezifisches Know-how oder zusätzliche Kapazitäten zuzukaufen, kooperiert C. bei ungefähr einem
Viertel ihrer Beratungsprojekte mit anderen Partnern bzw. Konsulenten. Fast die Hälfte der insgesamt 20 kontinuierlichen Konsulenten ist in Österreich bzw. Deutschland ansässig. In der Schweiz
und in den USA greift C. zusätzlich auf jeweils einen Partner
zurück. Ungefähr die Hälfte der Kunden von C. befindet sich in
Deutschland. Die wesentlichen »wissensrelevanten« Kontakte und
Verbindungen konzentrieren sich auf Österreich. Um Wissen über
den deutschen Markt zu generieren, nutzt C. in erster Linie Kundenverbindungen. Austauschbeziehungen werden sowohl zu

deutschen als auch zu österreichischen Universitäten unterhalten. Ebenso wie die BGN und die OSB verfügt auch die C. über verschiedene Foren, die als Bühne internen und externen Wissensmanagements dienen. An diesen Foren sind die Gesellschafter/innen sowie in erster Linie externe Experten und Kooperationspartner bzw. Konkurrenten beteiligt.

Die internen Konturen des Wissensmanagemens der C. lassen sich wie folgt nachzeichnen. Die BGN hat Anstrengungen unternommen, die Konkurrenz zwischen Wissensmanagement einerseits und Beratungsarbeit andererseits aufzuheben bzw. zumindest zu entschärfen, indem sich - zunächst durch interne, dann durch externe, einnahmevermittelte Anreize - die eine wie die andere Tätigkeit ökonomisch rentiert bzw. Geld einbringt. In der C. zählt Wissensmanagement neben Finanzen, Controlling, Personalmanagement u.a.m. zu den Managementfunktionen, die die Gesellschafter/innen ohne unmittelbare finanzielle Anreize ausüben. Konkret bedeutet dies, daß die Zeit, die nicht beim Kunden verbracht, sondern in interne Projekte und Managementaufgaben investiert wird, individuelle Umsatz- und damit Einkommensverluste bedeutet. Die C. löst dieses Problem mit dem Agreement, daß sich alle gleichermaßen (mit entsprechenden Schwankungen) für Backstage-Tätigkeiten verantwortlich zeigen. Ohne sonderliche Abstimmungen funktioniert dies weitgehend ausgewogen auf der Basis von Selbstregulierung. C. zeichnet eine hohe, auf den Kunden gerichtete »Aktionsorientierung« aus. »Wir funktionieren hervorragend, wenn der Druck vom Markt kommt. Der Kick geht durch uns durch, wenn ein Auftrag da ist. (...) Im Zweifelsfall wird die Energie einfach dorthin geleitet, wo der Klient wartet«. Dank der hohen Aktionsorientierung der C. ist einerseits die »Schnittstelle zum Kunden sehr eng«. Die Lösungen, die dem Klienten angeboten werden, sind in Anpassung an das jeweilige Problem maßgeschneidert und auf die aktuelle Prozeßdynamik abgestimmt. »Die Marktbeobachtung funktioniert sehr gut«. Die marktgerichtete Aktionsorientierung gerät jedoch immer wieder in Widerspruch zum Wissensmanagement. Sie ist »das größte Hindernis unseres Wissensmanagements«. Wissensmanagement funktioniert in der C. am besten, wenn sie sich die »Erotik des Marktes« zu eigen macht: »Wir sind ja nicht geldgeil, aber ich merke es trotzdem: Die Gegensteuerung zur Aktionsorientierung ist, wir müssen den Experten einkaufen. Einem Kunden gegenüber ›nein‹ sagen, geht nicht oder ist schwierig. Einem Externen, den wir eingeladen haben, ›nein‹ sagen, geht nicht. Einem Kollegen gegenüber ›nein‹ sagen, geht. Und daher kämpfen interne Projekte, wie Literaturkreise und so, immer stärker um ihre Verbindlichkeit als Projekte, hinter denen kundenseitig ein Auftraggeber oder ein zugekaufter Experte steht«. Sind externe Verbindlichkeiten geschaffen, gibt es jemanden, »der uns von außen tritt« und Geld einbringt oder Geld kostet, so funktioniert Wissensmanagement rasch und effizient. Zu den Beispielen, bei denen die Verbindung von Theorie- und Marktinteressen gelungen ist, zählt der Austausch mit externen Experten (Simon 1998), die Begleitforschung eines Beratungsprojektes, die Grundlage für eine Dissertation und mehrere Publikationen wurde (Mingers 1996; Mingers, Veith und Schober 1996), sowie ein Projektmanagement- und Strategie-Handbuch.

Wissensgenerierung erfolgt in der C. auf individueller und auf kollektiver Ebene: Jeder Berater, jede Beraterin bildet sich individuell durch Literatur oder Weiterbildungsveranstaltungen fort. In welchem Ausmaß dies geschieht, obliegt letztlich der Motivation und dem Bemühen einer jeden Person, ihre Beratungsprofessionalität zu erhalten bzw. zu erweitern. Kollektive Lern- und Reflexionskontexte entstehen im Rahmen interner Projekte. Zu spezifischen theorie- und methodenbezogenen Themenfeldern werden Projektgruppen gebildet, die strategische Neuorientierungen der Firma vorbereiten oder konkrete Produkte entwickeln bzw. modifizieren. Neben den internen Projektgruppen, zu denen zum Teil auch Konsulenten hinzugezogen werden, gibt es weitere kollektive

Lernsettings: Berater und Beraterinnen lernen gemeinsam in der Gruppe zum Beispiel im Rahmen von Workshops mit externen Experten oder Supervisionen. Das Interesse der C. an Theoriearbeit »war immer schon ganz groß. Egal, ob der Peter Fürstenau oder der Fritz Simon eingeladen waren. Wir waren immer ganz fasziniert«.

Trotz der relativ breiten und aus vielfältigen Quellen gespeisten kollektiven Wissensbasis ist die organisationale Wissensbasis (als personenunabhängige Wissensbestände) von C. im Verhältnis gesehen eher gering. Dies liegt vorrangig darin begründet, daß »der Umgang mit dem Wissen, das bei den Einzelnen vorhanden ist, eher sorglos ist. Es wäre wichtig, dieses Wissen zu verschriftlichen, aber das ist ein schwieriger Punkt«. Das Problem der Verschriftlichung betrifft weniger fachspezifisches als beraterspezifisches Wissen: »Eine Grenze liegt in der Frage der Dokumentierbarkeit von Wissen. Das Fachwissen ist nicht das Problem. Das kann man zum Beispiel in einem Buch nachlesen. Aber Fachwissen ist ja auch nicht wirklich die knappe Ressource. Die knappe Ressource, das, was wirklich erfolgsbestimmend ist, besteht in der Zugangsweise des Transfers von Inhalten. Wie mache ich zu einem bestimmten Thema, zum Beispiel Projektmanagement, eine interessante Veranstaltung oder eine erfolgreiche Beratung? Nicht das »was« ist interessant, sondern das »wie«, und das vermittelt sich nicht so leicht«. Daran schließt ein weiteres Spezifikum von Beratungswissen an, das ein C.-Berater damit beschreibt, daß »Wissen nicht in jedem Kontext das gleiche bedeutet. Wissen im Sinne von Beratungswissen muß auf den Kontext des jeweiligen Unternehmens, in dem es angewendet wird, bezogen werden, um dort wirksam werden zu können. Und das ist eines der prägenden Elemente der C., wie sie mit Wissen, Erfahrung, Know-how und Methodik umgeht: daß sie es nicht einfach weitergibt, sondern es immer adaptiert und jeweils auf den Kontext bezieht, in dem es wirksam gemacht wird«. Mit der Notwendigkeit der steten Kontextadaptierung von Wissen geht einher, daß in der Beratungs- und Trainingstätigkeit »nichts für selbstverständlich genommen« werden kann. »Man muß jedesmal aufs Neue überlegen, was erleben wir gerade, und was schließen wir daraus und in weiterer Folge auch, was lernen wir daraus«. Vor diesem Hintergrund überrascht es nicht, daß mehr implizites Wissen in den Köpfen der Berater/innen steckt als explizites Wissen in den Datenbanken der EDV gespeichert ist - mit dem Risiko, Wissensressourcen zu verlieren, falls jemand erkrankt oder ausscheidet. »Deutlich geworden ist mir dies beim Tod des Leo Bernardis, der viel Wissen mit ins Grab genommen hat«.

Für die Speicherung und die Abrufbarkeit von Wissen hat die Büroleiterin von C. eine zentrale Rolle inne. Die seit zwanzig Jahren im Unternehmen tätige Gesellschafterin weist ein bemerkenswert gutes Gedächtnis auf, so daß sie über einen breiten Fundus von »gut abrufbarem Wissen verfügt. Ich merke mir gut, wer was zu etwas geschrieben hat oder wer wo welche Skripte verwendet oder welche Aufträge in den einzelnen Firmen laufen«. Aktuell setzt die C. unterschiedliche Aktivitäten, um die Wissensverteilung unter den Gesellschafter/innen dezentraler und personen- bzw. vom Sekretariat unabhängiger zu strukturieren. Bislang sortierten und speicherten die Gesellschafter/innen Seminarprotokolle, Designs, Konzepte und sonstige kunden- und projektbezogene Aufzeichnungen weitgehend in ihren individuellen Ablagesystemen. Mit der Einrichtung einer Funkvernetzung für das gesamte Büro, der Anschaffung neuer EDV-Ausstattung sowie einer Neukonzeption der EDV-Systematik ist es nun allen Gesellschafter/innen möglich, eigenständig sowohl an ihrem Arbeitsplatz in der C. als auch von auswärts (zu Hause oder im Seminarhotel) auf zentrale Firmendaten zuzugreifen. Das wesentliche Ziel besteht darin, kunden-, projekt- und methodenbezogenes Wissen zu bündeln, nach Stichwortlisten zu kodifizieren, zu speichern und damit personen-, zeit- sowie ortsunabhängig zugriffsfähig zu machen. Wissenstransfer geschieht damit immer, aber nicht mehr nur face-to-face im Rahmen formeller und informeller Interaktionszusammenhänge. Vielmehr können auch jenseits individueller Erreichbarkeiten und kollektiver Interaktionsdichten Wissen organisational zusammengeführt, gespeichert, abgerufen und genutzt werden. Fraglos sind diesen Maßnahmen einer dezentralen und organisationalen Wissensbasierung nicht nur finanzielle Investitionen und technologische Neuanschaffungen vorausgegangen.

Ein Großteil des internen Wissenstransfers zwischen den Berater/innen »geschieht bei Kooperationen. Dort wird Wissen am intensivsten weitergegeben. Man hat dann viel Zeit zum Designen, Konzeptieren und Austauschen. Die tagtägliche Wissensgewinnung - situativ sowohl mit Klienten als auch mit Beratern - läuft bei C. sehr intensiv. Ich habe das Gefühl, bei jedem Seminar lerne ich was Neues dazu«. Der Wissenstransfer in der C. ist von viel Offenheit und Aufgeschlossenheit geprägt, wenn es darum geht, sich wechselseitig bei der Lösung von Wissensproblemen zu unterstützen. Wenn Wissensfragen auftauchen, »kann ich jederzeit meinen Kollegen anrufen und fragen, wer weiß etwas zu einem bestimmten Problem? Das läuft zwar unorganisiert, aber völlig problemlos. Eine entscheidende Regel, die wir uns in der C. gegeben haben, lautet: nach innen Wissen völlig frei verfügbar machen, nach außen hin eher restriktiv sein. Intern würde ich keine Einschränkung akzeptieren. (...) Ich klaue ganz hemmungslos von meinen Kollegen und erwarte auch, daß die von mir klauen. Denn da entwickeln sich auch völlig neue Ideen und man findet dann seinen Grundgedanken ein Jahr später völlig abgeändert, aber auch weiterentwickelt wieder«.

Die internen Vernetzungen bzw. Bahnen, über die Wissen transportiert wird, sind unterschiedlich weitreichend und stark ausgebildet. So wie sich im Laufe der Jahre fixe Diaden bzw. Triaden von Kooperationsbeziehungen etabliert haben, haben sich damit

zugleich stabile diadische bzw. triadische informelle Austauschbeziehungen gefestigt. »Die Vernetzung im Staff ist eine zirkuläre
Geschichte. Zwei arbeiten zusammen, es ist gut gegangen, also
arbeiten sie wieder zusammen. Es ist keine gezielte negative Aus-
lese, sondern eine positive Verstärkung«. Die relativ stabilen
diadischen und triadischen Kooperations- und Coaching-Beziehun-
gen »schaffen Unterschiede und verschiedene Welten. Es kann
durchaus passieren, daß der eine baß erstaunt ist, was der andere
zum selben Thema irgendwo anders macht«.

Externer Wissenstransfer mit Kunden, Konkurrenten und Konsulenten geschieht (außerhalb des Seminarkontextes) zum Beispiel
im Rahmen von Workshops, Kongressen und Symposien. Ein
weiteres Forum, welches dem Austausch mit anderen Beratungsfirmen dient, stellt ein Netzwerk von ca. 10 kleineren, österreichischen Beratungsfirmen dar. Diese Beratungsfirmen, die überwiegend nicht der ÖGGO angehören, treffen sich halbjährlich, um
Entwicklungen und Trends am Markt zu diskutieren sowie Informationen über die Auftragslage und Honorarlegungen weiterzugeben. Hier geht es stärker um strategische Absprachen als um
inhaltliche Fragestellungen.

2.3   OSB – »the lonely cowboys«

Die Gesellschaft für Systemische Organisationsberatung (OSB)
wurde 1988 in Wien gegründet. Ihr gehören sieben Gesellschaf-
ter/innen an, von denen sechs Berater/innen in Österreich, vornehmlich in Wien, leben und ein Berater in Deutschland ansässig
ist. Im Jahr 1995 kam die OSB auf einen Umsatz von beinahe ATS
20 Mio. Die OSB ist in Österreich, in Deutschland und in der
Schweiz tätig. In den letzten Jahren leistete die OSB den Großteil
ihres Absatzes in Deutschland und in der Schweiz. In 50% der
Beratungsprojekte werden Kooperationspartner eingebunden:
Selbständig tätige Einzelberater/innen, Berater/innen befreundeter

Unternehmen und halbselbständige interne Berater/innen erbringen zusätzliche Kapazitäten, liefern spezifisches Know-how
und erfüllen (organisatorische) Aufgaben der Projektbetreuung und
-abwicklung. Interne Berater/innen werden als Brückenkopf und
Ansprechpartner genutzt. Im Rahmen von Projekten übernehmen
diese vornehmlich operative Tätigkeiten und Monitoringsfunktion.
Kooperationspartner aus bzw. in Deutschland garantieren gezielte
Akquisition. Ebenso wie die BGN reserviert auch die OSB 15 Tage
im Jahr, die der unmittelbaren Know-how-Produktion dienen. Auf
dem Programm der Wissensproduktion und des Wissenstransfers
stehen die Einladung externer Experten, die (Gruppen-)Supervision
mit Berater/innen anderer Firmen, die Teilnahme an Tagungen
und Kongressen sowie die Kooperation mit Forschungsinstituten.

Werfen wir zunächst einen Blick auf die internen Konturen des
Wissensmanagements der OSB. Das Wissensmanagement der OSB
erfuhr vor vier Jahren einen wesentlichen Anreiz- und damit
Aktivitätsschub: Im Rahmen einer Strategieentwicklung definierte
die OSB verschiedene Kompetenz-Center, womit die Festlegung
konkreter Verantwortlichkeiten einherging. Aufgrund dessen »ist
ein Druck entstanden, herzuzeigen, daß etwas gearbeitet wird, und
einen Nutzen auch für die anderen sicherzustellen«. Während
zuvor »jeder relativ beliebig und vereinzelt auf sein Know-How
geschaut hat«, wird nunmehr Wissensmanagement »mit mehr
Zeitaufwand, systematischer und mit verstärkter Rückkopplung
ins Gesamtunternehmen« betrieben. Gegenüber Konkurrenten,
»die als Einzelkämpfer auf allen möglichen Kirchtagen mitzutanzen
versuchen«, erzielt die OSB auf diese Weise den Wettbewerbsvorteil, »in einem Verband zwar arbeitsteilig unterwegs zu sein,
aber gleichzeitig Austausch zu betreiben«. Ein weiterer Anreiz,
»unsere Art von Wissensmanagement zu betreiben«, geht mit der
Erfahrung einher, »daß wir profilierter sind (...) und interessante
Projekte akquirieren können und sich damit zeigt, daß es sich
lohnt, so etwas zu tun«. Ein »angenehmer Zwang«, regelmäßige

Literaturstudien vorzunehmen und Fachpublikationen zu beobachten und aufzuarbeiten, ergibt sich für den interviewten
Gesellschafter aufgrund seiner Rezensionstätigkeit für die Zeitschrift Organisationsentwicklung. Eigene, sehr intensive Publika-
tionstätigkeiten sind »Markenzeichen unserer Gruppe«.

Mit dem - ebenfalls von Seiten der C.-Berater/innen beschriebenen
- Widerspruch von Wissensmanagement und umsatzsichernder
Beratungsarbeit hat auch die OSB zu kämpfen: »Das ist das Dilemma, wenn man vergleicht, was ein Tag ökonomisch bringt, wenn
man ihn verkauft oder eben nicht, wenn man ihn zur Wissensproduktion verwendet. Das haben wir bei dem Forschungsprojekt
über die Familienunternehmen gesehen. Wenn man hochrechnet,
was uns das gekostet hat und was es uns gebracht hat - ein Bruchteil«.
Trotzdem war speziell dieses aufwendige Forschungsprojekt über
Familienunternehmen (Wimmer u.a. 1996) wesentlich, insofern es
»einen ungeheuren Schub für das gemeinschaftliche Lernen und
Know-how-Erarbeiten« erbracht hat. Die zeitliche Balancierung von
(unmittelbar) umsatzsichernder Beratungsarbeit einerseits und
Wissensmanagement andererseits ist nicht zuletzt auch deshalb
schwierig, weil »Wissensproduktion zumindest zum Teil eine andere
Zeitlogik als Beratung hat, indem sie kontinuierliche Beschäftigung
erfordert«.

Um neue Impulse zu gewinnen und neues Wissen zu generieren,
organisiert die OSB »regelmäßig zu bestimmten Themenstellungen«
interne Veranstaltungen mit Experten. So fand 1996 eine Veranstaltung mit Niklas Luhmann zum Thema »Zukunftsbewältigung
mit Organisationen« sowie eine weitere Veranstaltung mit Dietrich
Dörner zur »Nutzung der Computer-Simulationen für Eignungs-
diagnostik« statt. Eine weitere wissensrelevante Schiene führt zum
Daimler-Forschungsinstitut in Berlin. Dort werden in gemeinsamer
Kooperation EDV-Simulationen durchgeführt und deren Nutzen
für Strategieentwicklungen erhoben. Das »Anzapfen externer
Quellen« ist aus Sicht der OSB »die effizienteste Form der Know-

how-Entwicklung in unserem Feld«. Sei es nun im Rahmen kollegialer Coachings, von Veranstaltungen mit Experten oder von Kooperationen mit Forschungsinstituten: für erfolgreiches und fruchtbares Wissensmanagement bedarf es aus Sicht der OSB der Zusammenarbeit im Team, »weil das stimuliert«. Ein weiterer Erfolgsfaktor besteht darin, daß das, was gemeinsam erarbeitet wurde, »dann nachbearbeitet wird«, damit das Erlernte nicht vom Tagesgeschäft überspült und damit letztlich nur sehr begrenzt umgesetzt und nutzbar gemacht wird. Die Berücksichtigung dieser Erfolgsfaktoren garantiert nicht, daß jede Anstrengung im Bereich von Wissensmanagement »seinen Niederschlag in Produkte findet. Aber dann hat man halt einen Weg probiert und kann den für die Zukunft ausschließen«.

Der schriftlichen Dokumentation und Speicherung von Projekterfahrungen wird keine besondere Mühe geopfert: Um sich über Projekte zu informieren, »schaut man einfach in die Photoprotokolle der Flipcharts. Da schaut man sich einfach an, was die anderen gemacht haben, Design, Fragestellungen«. Neben den Photoprotokollen sind auch »Overhead-Folien-Pakete allen zugänglich«. Auf diese Weise »muß dann nicht das Rad jedesmal neu erfunden werden«.

Wissenstransfer erfolgt in der OSB in erster Linie »informell über kollegiales Coaching«. Ein solcher Erfahrungsaustausch »war am Anfang relativ heikel: einmal sich die Zeit zu nehmen und sich auch bloßzustellen. Aber da ist mittlerweile eine Vertrauensbasis geschaffen«. Diese Vertrauensbasis ist vorrangig ein Verdienst der Frauen der OSB: »Da sind die Frauen mutiger, die Ressourcen untereinander zu nutzen. Wir Männer haben da mehr Scheu. Da haben die Frauen viel an Klima und Kultur geschaffen und das besser möglich gemacht«.

Im Gegensatz zur BGN und zur C. nimmt das gemeinsame Büro für die OSB einen relativ geringen Stellenwert ein. Die Arbeit findet ihren Raum hauptsächlich direkt beim Kunden oder zu Hause im eigenen Büro. Die in erster Linie administrative Funktion des Büros spiegelt sich auch darin wieder, daß »wir alle unsere eigene Infrastruktur zu Hause haben«. Die Kommunikation untereinander »läuft über Telefon, Fax und PC«. Die Vernetzung über EDV wird an Bedeutung noch weiter zunehmen, »da wir in der BRD Leute dazukriegen«. Abgesehen vom dem Forschungsprojekt über Familienunternehmen wurden Datenbanken »bislang noch nicht benutzt, obwohl es von den technischen Möglichkeiten her geht«.

Als externes Forum der Wissensgenerierung und des Wissenstransfers nimmt die Österreichische Gesellschaft für Gruppendynamik und Organisationsberatung (ÖGGO) einen wesentlichen Stellenwert ein. Ein Großteil der Gesellschafter/innen der OSB betätigen sich sehr aktiv in der ÖGGO - sowohl auf Kongressen als Organisatoren und Workshopleiter als auch in Ausschüssen zur Betreuung der ÖGGO-Auszubildenden. Gerade die ÖGGO-Kongresse sind der OSB ein wichtiges »Anliegen als Versuch der Wissensproduktion in der Profession«.

Ein weiteres Forum der externen Wissensgenerierung und des Wissenstransfers wird über verschiedene Kooperationszusammenhänge vermittelt. So existieren verschiedene Kooperationszusammenhänge mit anderen befreundeten Beratungsunternehmen, mit einzelnen unabhängigen externen sowie halbselbständigen internen Berater/innen. Darüberhinaus werden Kontakte zu verschiedenen »Assozietäten« unterhalten, »deren Mitglieder sich ebenfalls aus unabhängigen Einzelberatern zusammensetzen, die sich jedoch sehr stark vernetzt haben und ihrerseits Drittnetzwerke aufgebaut haben. Die Stärke der Vernetzung solcher Assozietäten läßt sich an dem Umstand erkennen, daß die Mitglieder langfristig unter gleichem Namen (sie verwenden gleiches Briefpapier) und mit einem gemeinsamen Firmensitz kooperieren, sich gegenseitig bei der Akquisition unterstützen und dadurch hohe Interaktionsdichte aufweisen« (Königswieser 1996, S. 135).

3 Resümee: »David gegen Goliath«

Wer geht mit gutem Beispiel voran, wenn es um Innovationen, um neue Konzepte zum Thema Management, Führung, Organisationsentwicklung usw. geht? Einstimmig schallt die Kundenerwartung zurück: natürlich die Beratungsfirmen. Wer Wirtschaftsunternehmen, Krankenhäuser, Universitäten oder private Institute und Vereine beraten will, muß immer, so die weitverbreitete Kundenauffassung, einen Lern- und Entwicklungsschritt voraus sein - und zwar sowohl im Hinblick auf die Theorie als auch im Hinblick auf die Praxis. Denn nur wer sich mit den neuen Entwicklungsströmungen (theoretisch) auskennt und diese auch selbst (praktisch) erprobt und eigenhändig umgesetzt hat, kann glaubhaft und authentisch vermitteln, wo die Probleme liegen und wie diese zu lösen sind. Solcherart begründetes und erprobtes Wissen vermittelt Sicherheit. Und Sicherheit ist gefragt in Zeiten zunehmender Unsicherheit, Unvorhersehbarkeit und Komplexität. So ist es denn auch nur eine Minderheit von Managern, die sich auf gemeinsame Lernexperimente mit Beratungsfirmen einlassen, um nicht unmittelbar zu erfahren, »wie es geht«, sondern im Diskurs gemeinsam mit den Beratern zu schauen und auszuprobieren, »wie es gehen könnte«.

Große, global agierende Beratungsfirmen wie Roland, Berger & Partner, McKinsey und Arthur D. Little preschen denn auch als beeindruckende, vielfach zitierte Vorbilder für exzellentes Wissensmanagement voran. Kleine Beratungsfirmen, wie die der »Wiener Schule«, stoßen in Bereichen, in denen es wichtig ist, auf eine breite und intern nur durch hohen Aufwand herzustellende organisationale Wissensbasis zurückzugreifen, rasch an ihre Grenzen. BGN, C. und OSB sind Unternehmen, die intern nur sehr gering funktional ausdifferenziert sind - es gibt Themenschwerpunkte, es gibt Kompetenzcenter, es gibt jedoch kaum (hierarchisch unterstellte) personelle Ressourcen, auf die die

Berater/innen für Supportleistungen wie zum Beispiel Kundenbe-
fragungen, Literaturrecherche oder die Ausarbeitung vorskizzier-
ter Entwürfe für Angebotslegungen oder die Weiterentwicklung
von Instrumenten zugreifen können. Entsprechend stehen auch
keine »Nicht-Beratungs«-Spezialisten zur Verfügung, die zeit-
intensive Dokumentationen übernehmen könnten und damit eine
Grundvoraussetzung für die Schaffung einer elaborierten Infrastruktur überindividueller Wissensbestände erfüllen würden.

Es liegt auf der Hand, daß große Beratungsunternehmen andere
Ausgangsbedingungen und Möglichkeiten haben, unter Nutzung
modernster Technologien ein ausgefeiltes, hoch anspruchsvolles
und standardisiertes Wissensmanagement zu betreiben - da liegen
kleine Beratungsunternehmen jenseits und dies, ohne in Ver-
drängungsgefahr zu geraten, zumindest noch nicht. Und auf dieses
»zumindest noch nicht« kommt es an, und zwar nicht erst seit
McKinsey 300 Organisationsentwickler eingestellt hat: Die
Wiener Schule steht für hohe Beratungsqualität, die in erster Linie
personenbezogen vermittelt ist. Der Erfolg von BGN, C. und
OSB ist weniger ein Firmenerfolg als vielmehr der Erfolg gemeinsam am Markt auftretender Beraterpersönlichkeiten, die durch
Kompetenz, Reife und Charisma bestechen. Das Renommee der
Wiener Schule verliert jedoch an Stellenwert und Attraktivität,
sobald die Klienten-Organisationen deutlich an Intelligenz gegenüber den Berater-Organisationen gewinnen. Die Beobachtungen
der Beratersysteme, in welcher Weise sich beispielsweise Kommunikationsstrukturen und -prozesse durch die Einführung von
Intranet verändern, könnten relativ bald der Fach- und Prozeß-
expertise des Klientensystems unterlegen sein, welches aufgrund
von eigenen Erfahrungen und Auswertungen entwickelt wird.
Tritt dieser Fall ein, so bleiben den Beratungsunternehmen nur
zwei Möglichkeiten: Die erste Möglichkeit besteht darin, Kernkompetenzen scharf und eng zu definieren, um in Nischen durch
einen hohen Spezialisierungsgrad »state of the art« bieten zu

können. Der zweite Weg besteht darin, hoch elaboriertes Meta-Wissen über den Umgang mit Wissen und Nicht-Wissen zu entwickeln und anzubieten. Falls und wie immer auch dies gelingen mag, sind kleine Beratungsunternehmen trotzdem gefordert, nicht nur individuelle, sondern auch organisationale Kompetenz voranzutreiben und zu fördern, um für die gänzlich anderen Anforderungen und Wirklichkeiten in Großunternehmen anschlußfähig zu bleiben. Daimler Benz kommt mit einem Wissensschrank nicht aus, zumindest nicht mit einem Wissensschrank, der aus Holz ist und in Stuttgart steht. Auch wenn kleine Beratungsunternehmen hochtechnisierte und -entwickelte Formen des Wissensmanagements à la McKinsey oder Arthur Andersen nicht brauchen bzw. realistischerweise nicht erreichen, sind zumindest Lerngleichschritte notwendig, wie ein solcher Daimler Benz-»Wissensschrank« aussehen kann, wie dieser zu pflegen, abzustauben und zu entrümpeln ist.

4.3 Wissensarbeit im Investment Banking
Oliver Vopel

»Wer sich opportunistisch verhält,
wird bestraft in dieser Organisation«

1 Komplexe Finanzdienstleistungen und Wissensarbeit
2 Fluchtpunkte und Geschäftsfelder des Investment Banking
3 Die Organisation von Wissensarbeit im Investment Banking

Zusammenfassung:
Investmentbanker haben es, ebenso wie Bewährungshelfer oder Liebende, mit genuiner Unsicherheit zu tun. Keiner von ihnen kann wirklich wissen, was die Zukunft bringt. Sie alle nutzen Mechanismen zur Reduktion von Komplexität, um angesichts offener Zukünfte überhaupt entscheiden und handeln zu können. Die Differenz zeigt sich am Enttäuschungsfall: die Finanzexperten können es sich schlicht nicht leisten, Erwartungen zu konservieren, die im Rahmen ihrer Beobachtungen keine Abstützung erfahren. Entsprechend gehört die beständige und zweifelnde Revision aktueller Wissensgrundlagen für sie zum Tagesgeschäft, um auf dieser Basis eine ausreichende interne und externe Anschlußfähigkeit ihrer Expertise zu gewährleisten. Aufgrund der Komplexität von Produkten und Dienstleistungen der Investmentbanken ist auf organisationaler Ebene die Kombination und Koordination einer Vielzahl von Wissensansprüchen zwingende Voraussetzung für ihr Operieren. Gleichzeitig aber muß die Organisation selbst so nachgiebig gehalten sein, daß sie ihren Mitgliedern ein flexibles und selbstgesteuertes Umdirigieren von Strukturen erlaubt, um Interdependenz und Zeitdruck gerecht zu werden. Eine soziologische Analyse zeigt, daß weder professionelle Wissensarbeit noch elaborierte Wissensmanagementkonzepte eine tatsächliche Erfassung der Wirklichkeit zu leisten vermögen. Wo neben Wissen immer auch das Nichtwissen wächst, lassen sich Vertrauen und Mißtrauen als bedeutsame Faktoren in der Sozialdimension wissensbasierter Organisationen ausmachen.

1   Komplexe Finanzdienstleistungen und Wissensarbeit

Als sich im Oktober 1997 ausgehend von den asiatischen Aktien-
märkten eine massive Welle von Kurseinbrüchen ihren Weg
durch die Zeitzonen der Welt zur Wall Street im East Lower
Manhattan bahnte, stand »the most influential man on earth«
(TIME) in Washington vor einem Mikrophon und versuchte, die
Märkte zu beruhigen. Von den weltweiten Finanzmärkten wird
weniges so durchgängig mit gespannter Aufmerksamkeit bedacht,
wie Äußerungen des US-Zentralbankchefs Alan Greenspan zu
Krisenzeiten. Während seiner Rede vor dem Joint Economic
Commitee ließ Greenspan sich laufend Informationen über das
aktuelle Geschehen an den Finanzmärkten auf sein Rednerpult
spielen, um die Wirkung seiner Worte besser dosieren zu können.
Greenspans öffentlich demonstriertes Vertrauen in die Leistungsfähigkeit der US-amerikanischen Ökonomie (»impressive«) ließ
den Dow Jones Index zunächst um 60 Punkte steigen; am Ende
seiner Rede war der Dow auf sein Ausgangsniveau zurückgekehrt.
Dem Zentralbankchef war es gelungen, den Märkten Vertrauen
zurückzugeben, ohne dabei die Kurse zu beeinflussen.

Der Zustand der führenden Finanzmarktindizes läßt sich aber
nur selten relativ eindeutig bestimmten Ereignissen zurechnen.
Was normalerweise an den Märkten für Aktien, Devisen, Rentenpapiere, Rohstoffe, Staatsanleihen oder Optionen geschieht,
erscheint als Fusion oft widersprüchlicher Entwicklungen, die in
ihrer strukturellen Komplexität dem Weltklima ähneln und
partiell natürlich auch davon abhängen. Professionelle Beobachter
und Teilnehmer dieser Märkte haben es entsprechend mit vielschichtigen Rückkopplungsprozessen und sprunghaften Kausalitäten u.a. ihrer eigenen, von Wissen und Hoffnung genährten
Erwartungen zu tun. Entsprechend entziehen sich die vielfach
interdependenten Finanzmärkte einfachen Beschreibungen.

Die Krise der asiatischen Länder dürfte, so wird beispielsweise von den meisten Experten aus den Analyseabteilungen der Finanzinstitute erwartet, gerade große multinationale Unternehmen schwer treffen, weil deren Gewinnwachstum vielfach von der Nachfrage neuer Konsumenten auf den asiatischen Märkten abhängt. Ausgerechnet für die deutsche Wirtschaft zahlt sich nun aus, daß sie den Südostasien-Boom lange Zeit hartnäckig verschlafen hat. Als etwa der amerikanische Software- und Datenbankanbieter Oracle als erstes Großunternehmen die asiatischen Karten auf den Tisch legte und im Dezember 1997 seine Erwartungen bezüglich des Umsatzwachstums von 20% auf 4% nach unten korrigierte, erwachten rund um den Globus die Analysten aus ihrer Lethargie und ließen durch ihre Empfehlungen den Aktienkurs einbrechen. In einer Kurzschlußreaktion fiel daraufhin auch die Börsennotierung des deutschen Softwarehauses SAP, die sich innerhalb weniger Tage aber wieder erholte, als bekannt wurde, daß der Walldorfer Konzern in Asien nicht so stark engagiert sei wie die amerikanische Gesellschaft und insgesamt weit weniger unter dem starken Dollarkurs leide.

Wenn Schwächen so heimtückisch zu Stärken mutieren können und damit Konstanz und Eindeutigkeit verloren gehen, greift selbst auf den Etagen der Krokodile, wie die Trading floors der Broker- und Investmentfirmen genannt werden, die bange Frage um sich, was denn zu tun und was besser zu lassen sei. Es gibt so viele plausible Strategien für potentiell erfolgreiches Handeln auf den Finanzmärkten, daß selbst professionelle Akteure ihren Blick einengen müssen, um nicht ihre Handlungsfähigkeit durch Mehrdeutigkeit und Wahlmöglichkeit obstruiert zu erleben. Wer zum »richtigen« Zeitpunkt Aktien kauft oder verkauft, ein Unternehmen an die Börse bringt, vom Hong Kong- auf den US-Dollar wechselt, auf eine gute oder eine schlechte Maisernte setzt, einen wachsenden Bedarf an Biotechnologie entdeckt oder den besten Fusionspartner ausmacht, kann eigenes oder fremdes Geld

durch Investition in beträchtlichem Maße mehren. Investmentbanken, Pensionskassen, Versicherungen, Anlagefonds und die
übrigen professionellen Finanzmarktteilnehmer haben sich jeweils
gegenseitig fest im Blick, dazu demographische, gesellschaftliche,
rechtliche, geopolitische und technologische, welt- und volkswirtschaftliche Entwicklungen u.a.m., um auf Basis ihrer Beobachtungen und deren Analyse eigenes Handeln zu begründen und
fremdes Handeln zu motivieren.

All diese kognitiven Leistungen fallen zunächst auf personaler
Ebene an, werden aber zu einem guten Teil von der Organisation
genutzt. Viele der Beobachtungs-, Analyse- und Dienstleistungen
wären ohne organisationale Kopplung aufgrund ihrer Komplexität
gar nicht denkbar. Es deutet sich inzwischen an, daß der Erfolg
wissensbasierter Organisationen, die in hochkomplexen und
hochkompetitiven Umwelten operieren, in zunehmendem Maße
von der Frage abhängig ist, ob ihnen die Inversion einer traditionellen Orientierung gelingt, die erstrangig auf intelligente *Personen* abstellt. Organisationen, in deren Sediment sich ein hohes
Maß an *systemischer Intelligenz* verdichtet hat, versuchen, sich
gegen Fehlermöglichkeiten und Nachteile zu immunisieren, die
eine Abhängigkeit von einzelnen Mitarbeitern mit sich bringt.
Die Güte einer solchen überindividuellen Intelligenz zeigt sich
zum einen in Qualität und Revisionsbereitschaft der in den
Regeln, Standardoperationen und Geschäftsprozessen geronnenen
Manifestationen *organisierter* Wissensarbeit. Zum anderen findet
sie ihren Ausdruck in einer Art systemischen Mißtrauens, in einer
Kultur des Infragestellens, die den Zweifel lobt ohne dabei auf
Handlungsfähigkeit zu verzichten.

»Wissensarbeit« erscheint insofern sowohl personal, als auch
organisational basiert. Der vorliegende Text verfolgt und analysiert die Idee der Wissensarbeit am Beispiel komplexer Finanzdienstleistungen - speziell des Investment Banking. Es soll gezeigt
werden, in welcher Weise eine unter den Bedingungen der Moder-

ne erzwungene Wissensbasierung sich in besonderen Formen der Organisation von Arbeit manifestiert und welche Voraussetzungen daran geknüpft sind. Für den Fall der großen Investmentbanken sind als treibende Kräfte von Wissensbasierung und Wissensarbeit die Globalisierung der Finanzmärkte, die damit verbundene Eskalierung des Wettbewerbs und eine rapide Expansion von Expertise auf Seiten der Kunden selbst zu benennen. Unter diesen Bedingungen, so das Argument, weichen die traditionell starken Bindungen der großen institutionellen Kunden an die betreuenden Investmentbanken auf und ein erfolgreiches Operieren am Markt wird mittelfristig für die Banken nur dann möglich sein, wenn die Organisation und ihre Mitglieder sich auf Wissensarbeit eingestellt und ausgerichtet haben, wenn Marktstrategie und interne Organisation in dem Sinne reflexiv gehalten sind, als daß sie auf neues Wissen reagieren *und* bestehende Wissensbestände hinterfragen.

Dabei fällt der direkte Zusammenhang von Wissen und Rendite oder vielleicht deutlicher: von Intelligenz und Geld zunächst einmal eher schwach aus, jedenfalls auf lange Sicht. So zeigt sich am Beispiel der DAX-Karabiner (das sind passive Aktienfonds, die in ihrem Portfolio einfach dem Deutschen Aktienindex, DAX, folgen), daß weniger Wissen zu mehr Rendite führen kann. Die exakte Abbildung des DAX ist ein gleichsam ideenlos strukturiertes Anlageprogramm, das ohne aufwendige Aktienanalysen, Branchenbeobachtungen und Zinsprognosen auskommt, also nicht auf die Erfahrung, das Bewertungsvermögen und die Intelligenz von bestimmten Spezialisten angewiesen ist. Mit einer gewissen Ernüchterung muß der Anleger zur Kenntnis nehmen, daß sich das teure Personal auch gar nicht zu lohnen scheint. So hat eine Analyse der von 22 Researchabteilungen deutscher Banken im Zeitraum zwischen Juli 1993 und Juni 1996 gegebenen 40.000 Kauf-, Halte- oder Verkaufsempfehlungen ergeben, daß *keine* der bewerteten Researchabteilungen in der Gesamtsumme ihrer Empfehlungen den DAX hatte schlagen können (Ehren 1997, S. 144). Wäre ein Anleger also allen Empfehlungen egal welcher Bank gefolgt, so wäre seine Rendite geringer ausgefallen, als wenn er in seinem Portfolio nur die DAX-Werte abgebildet hätte.

Insbesondere in Zeiten allgemein steigender Aktienkurse ist allerdings zu beobachten, daß spezielle Fonds häufig eine über dem DAX liegende Performance aufweisen. Die Manager dieser Fonds vertrauen auf eine bestimmte Strategie - sie kaufen etwa nur Hochtechnologiewerte, nur Chemiewerte oder nur die Aktien kleinerer Unternehmen und kombinieren diese Beschränkung häufig noch mit geographischen Präferenzen. Eine solche Strategie hilft, die Fülle der potentiell gewinnversprechenden Empfehlungen drastisch zu reduzieren. Die Entscheidung für eine Strategie erlaubt Handlungsfähigkeit trotz Kontingenz, indem Unsicherheit reduziert wird. Man braucht sich als Fondsmanager nicht mehr zu fragen, ob man doch besser in Nebenwerte hätte investieren sollen, wenn man sich schon für führende Groß- unternehmen entschieden hat.

Das in den Aktienresearchabteilungen erzeugte Wissen der Investmentbanken ist in besonderem Maße verletzlich, denn diese Art von »Forschung« ist in gewisser Hinsicht ein exponierter Beleg für die Tatsache, daß Zukünfte genuin offen und damit unsicher sind, weil man hinterher eindeutig feststellen kann, ob man mit seiner Einschätzung daneben gelegen hat. Beispielhaft führen wir hier die DG Bank Asset Management an, deren Analysten sich mit insgesamt 6.732 Empfehlungen im o.g. Zeit- raum im Vergleich zu ihren Kollegen überproportional häufig äußerten und die u.a. die Aktie der Bremer Vulkan Werft sechs Monate vor deren Konkurs noch als Kaufwert empfahlen - ein Fehltritt, der den Ruf der Bank bis heute belastet. Einzelne Emp- fehlungen der untersuchten Banken konnten natürlich auch immer wieder *blendende* Gewinne (bis zu 191,7%) erbringen - nur

stehen die Adressaten dieser Empfehlungen, also Privatleute wie
Fondsmanager vor dem Problem, diese Goldstücke unter den
endlosen Empfehlungen erkennen zu müssen. Allein die in
Boston gepflegte Datenbank »First Call« liefert professionellen
Anlegern die jährlich rund 150.000 Empfehlungen der großen
internationalen Handelsfirmen per Datenübertragung frei Haus
(Womack 1996, S. 140). Die Analysten aus den Researchabteilungen der Banken vermarkten ihre Ideen und Empfehlungen
zunächst direkt im Bereich ihrer guten Kunden und schicken sie
erst mit einer gewissen Verzögerung auf elektronischem Wege an
First Call (und die Konkurrenz), die diese Informationen dann
sofort für ihre Kunden abrufbar macht.

Auch Währungsprognosen weisen auf das Grundproblem
professioneller Finanzanalysten hin, nämlich Zukunft *beobachten*
und *bewerten* zu müssen. Wer etwa im Dezember 1996 auf die
Währungsanalysten der 33 international größten Wertpapierhäu-
ser hörte, mißtraute dem US-Dollar, der zu jenem Zeitpunkt bei
1,55 DM stand. Nur drei der an der Studie beteiligten Häuser
hielten es damals für möglich, daß die US-Devise im Laufe des
Jahres 1997 einen Kurs von 1,70 DM erreichen könnte (Süddeut-
sche Zeitung 1997, Nr. 44, S. 21); im August 1997 erreichte der
US-Dollar dann bei 1,89 DM seinen Höchststand.

Ein letztes und besonders frappierendes Beispiel für die offen-
sichtliche Unwahrscheinlichkeit »richtiger« Einschätzung und die
Prävalenz von Nichtwissen soll an dieser Stelle am Beispiel des
Börsenganges der Firma Morgan Stanley, selbst eine Investmentbank, gegeben werden. Die Begleitung des Going Public eines
börsenreifen Unternehmens, also der Verkauf von Unter-
nehmensanteilen in Form von Aktien an interessierte Investoren,
gehört zum Kerngeschäft von Investmentbanken. Die im Rahmen
der Unternehmensbewertung stattfindende Festlegung des Emis-
sionskurses einer Aktie bildet dabei eine besonders kritische
Variable, wobei Investmentbanken ihr Wissen über die Mecha-

nismen der Finanzmärkte, die Anlagepräferenzen der großen
Investoren und ihre gewachsene Expertise über die Kunst der
Bewertung von Unternehmen aus vergangenen Going Public
Fällen nutzen und so Economies of scale bei den Wissenskosten
erzielen können (Reicheneder 1992, S. 253). In diesem Sinne
argumentieren auch Jacob und Klein: »Die Einbeziehung von
Investment-Banken in den Prozeß der Unternehmensbewertung
läßt sich zum einen mit Informationsvorsprüngen bei der Be-
wertung relevanter Marktdaten (z.B. Branchenbeurteilungen,
Daten über die Struktur vergangener, vergleichbarer Transaktionen), aber auch mit spezieller Expertise beim Einsatz von
Bewertungsmethoden begründen« (Jacob und Klein 1996, S. 57).

An der Ermittlung des Firmenwertes von Morgan Stanley &
Co., Inc. waren die Größen des amerikanischen Investment
Banking beteiligt, neben Morgan Stanley selbst die First Boston,
Goldman Sachs, Merrill Lynch, die Salomon Brothers und Shear-
son Lehman Brothers (Bloch 1986, S. 43f). Der gebündelten
Expertise und Intelligenz des US-amerikanischen Investment
Banking zum Trotz geriet das Going Public von Morgan Stanley
zu einem Paradebeispiel für ein unter dem Namen »underpricing«
bekanntes Phänomen: der Markt kennt den Wert der Firma
besser als die beratenden Investmentbanker (und die Firma selbst)
und bewertet Morgan Stanley noch am Tag des Going Public 26%
über dem Emissionskurs. »Goodwill« in der Terminologie der
Finanzspezialisten, die mit dieser Bezeichnung darauf verweisen,
daß sie das irrationale Geschehen auf den Markt zurechnen und
sich so vor der Idee zu drücken scheinen, daß *sie* es eigentlich
hätten besser wissen müssen und die Firma durch ihr Nichtwissen
um zusätzliche Einnahmen in Millionenhöhe gebracht haben.

Dennoch: daß es sich bei den Dienstleistern des Finanzsektors
um Menschen und Organisationen handelt, die *informiert* sind,
die ihr Metier *verstehen*, wird die Zustimmung der meisten finden,
die ihr Kapital investieren, sei es in Bundesanleihen, Aktienfonds,

junk bonds oder Derivate, anstatt es (vielleicht sicherer) in Woll-
strümpfe zu stecken. Man hat Vertrauen, daß das Institut seiner
Wahl sich auf szientistische Beobachtungsmodi konzentriert und
damit Wissen und nicht heiße Gebete oder festen Glauben in das
Zentrum seines Handelns und Entscheidens stellt.

 Wenn wir einer systemtheoretischen Begriffsfassung folgen und
Wissen als kognitive, das heißt lernbereite Erwartungshaltung
begreifen, dann wird deutlich, warum sich gerade an Mißerfolgen
und Zusammenbrüchen zeigt, daß das Geschäft von Finanzanalysten, Wertpapierhändlern, Investmentbankern und Fondsmanagern durch einen Typ von Arbeit geprägt ist, dessen heraus-
ragendes Merkmal sein enger Wissensbezug ist. Denn lernbereite
Erwartungen müssen auf ihren Enttäuschungsfall gefaßt sein und
auf den Finanzmärkten müssen sie im Rahmen des Risikomanagements sogar noch damit *rechnen*. Kognitive Erwartungen sind
dazu verurteilt, beständig reversibel gehalten zu werden - buchstäblich nichts kann als wirklich sicher gelten, nicht die Zukunft
und gerade auch die Vergangenheit nicht.

 Und obwohl auch die Experten selbst wissen, daß sie mit ihren
Prognosen nicht selten daneben liegen, analysieren sie doch Tag
für Tag die Aktiencharts, suchen nach instruktiven Korrelationen,
bewerten die Strategien und das Management junger Technologieunternehmen, begutachten die Entwicklungsmöglichkeiten ganzer
Branchen und kompletter Volkswirtschaften, angetrieben von der
Hoffnung, *besseres* und *anschlußfähigeres* Wissen zu erzeugen, als
die Kollegen der anderen Banken. All dies tun sie und sind dennoch jederzeit bereit, vorhandenes Wissen gegen neues, besseres
Wissen zu tauschen. Dieser unverkrampfte und leidenschaftslose
Umgang mit den eigenen Erwartungen zeichnet Wissensarbeit
in den Organisationen des Finanzsektors besonders aus. Ihre
Lernwilligkeit *darf* eigentlich keine Grenze kennen.

 Deutlich wird an all dem nicht allein, daß »Geldanlage« in einer
komplexen Welt eine offensichtlich unübersichtliche Sache ist.

Es offenbaren sich auch vier für das Thema Wissensarbeit wichtige Analysedimensionen:

1. Der geballte Sachverstand von hochbezahlten Bankexperten vermag Gewißheit allenfalls *sozial* in Form von Vertrauen zu stiften. Es kann in einer unbekannten Welt keine letzte Sicherheit geben; wollen wir Wissen annehmen, müssen wir Hoffnung investieren. Für den Umgang mit Wissen spielt in der Sozialdimension Vertrauen also eine herausragende Rolle - dies gilt für die Beziehung zwischen Experten und Laien ebenso, wie für einzelne Teams, Abteilungen und ganze Organisationen.

2. Die Gretchenfrage, ob es sich um »wahres« Wissen handelt, läßt sich erst mit dem Ablauf der *Zeit* beantworten. Wissen stellt eine Erwartungsstruktur dar, die Zeitdistanzen zu überbrücken vermag; nur eben nicht immer unbeschadet. Wissen kann extrem kurzlebig sein. Es trägt seine eigene Vorläufigkeit im Keim in sich und ist damit immer mit dem Risiko belastet, sich auf seiner Basis für das Falsche entscheiden zu können. Wissen und Expertise scheinen gerade im Finanzdienstleistungssektor einen nur noch vorläufigen, momenthaften, ja vorschlagenden Charakter aufzuweisen.

3. In der *Sache* hängt Wissen offensichtlich von den Einschätzungen ab, die »Informationen« (Beobachtungen) erst ihre Relevanz für Handeln und Entscheiden und damit ihren Wert geben.

4. Wissen existiert nicht im leeren Raum, es ist *strukturell* eingebunden in kommunikative Beziehungen. Nur in Kommunikationssystemen z.B. zwischen Vorgesetzten und Untergebenen, zwischen Experten und Laien oder zwischen kapitalsuchenden und kapitalgebenden Marktteilnehmern kann es seine Wirkung entfalten und unterliegt damit wechselseitig unterschiedlichen Beobachtungsschemata.

Investmentbanken versuchen, sich auf den Wellen hochgradig volatiler Umwelten zu halten – sie operieren an der Frontlinie von Globalisierung und sind damit einem beständigen Wandel

der Rahmenbedingungen ausgesetzt (Friedrichs 1997). Wollen sie
von ihrer Umwelt nicht als unglaubwürdig und damit irrelevant
ignoriert werden, muß sich ihr Wissen seine eigene Vorläufigkeit
gleichsam deutlich sichtbar auf die Fahne schreiben. Es werden
kognitive Erwartungen generiert, die dann auf Ungewißheit,
Kontingenz und Riskanz eingestellt werden, indem man ihnen
das Etikett »Expertise« anheftet, und die sich vom wissenschaftlichen Wissen gerade darin unterscheiden, daß sie ihre Gültigkeit
für die Zukunft gleichsam ausschließen. Das gilt streng genommen auch für die Gegenwart, denn der Zeitpunkt ihrer Erstellung
liegt zum Zeitpunkt ihrer geschäftsmäßigen Verwertung immer
schon in der Vergangenheit.

Wir wollen an dieser Stelle zunächst festhalten, daß der Umgang
mit Wissen, also die Modellierung von kognitiven Erwartungen
im Mittelpunkt der Operationen von Investmentbanken stehen.
Aufgespalten in Einzelprozesse läßt sich von *Beobachtung*, *Be-*
wertung und *Beratung* als Kerntätigkeiten ausgehen. Die im Investment Banking in den letzten Jahren zu beobachtende äußerst
dynamische Entwicklung (insbesondere in Europa) reflektiert
Wachstum und Struktur des Marktes für derartige Beobachtungs-,
Bewertungs- und Beratungsleistungen. Ganz ähnliche Entwicklungen lassen sich auf dem Markt für die Leistungen der internationalen Ratingagenturen feststellen (Everling 1991, S. 310).
Steigende Insolvenzquoten, Bonitätsverschlechterungen, Globalisierung, Securitization u.a.m. lassen den Bedarf an professionellen
Beobachtungs- und Beurteilungsleistungen steigen. Der Markt
verlangt nach (irgendeiner) Orientierung und die Investmentbanken und Ratingagenturen bieten sie in Form genuiner Wissensarbeit an. Diese Organisationen leben also von der Umwand-
lung entscheidungsbezogener Problemlagen, die sich aus unsi-
cherheitgenerierendem Nichtwissen ergeben, in handhabbare Entscheidungssituationen. Nichtwissen und Unsicherheit müssen

entsprechend als Bestandsvoraussetzung dieser Organisationen angenommen werden: Transparenz wäre unproduktiv.

Nirgendwo sonst wird die Komplexitätsreduktionsfunktion dieser Organisationen deutlicher als am Falle des Rating. Der Ratingprozeß, der aus mathematisch-statistischen Methoden in Kombination mit mehr qualitativen und die subjektive Erfahrung der Analysten berücksichtigenden Verfahren besteht, reduziert sich an seinem Ende auf bestenfalls drei Buchstaben: AAA. In diesen Zeichen spiegeln sich Branchenrisiko, die Marktstellung eines Unternehmens, die Qualität seines Managements, die potentielle Ertragskraft, die Strategie, das Risiko von Special events und vieles weitere in der schnörkerllosen Übersichtlichkeit, die ein schneller Markt verlangt. Die Bewertungen der Rater (Analoges gilt für die Unternehmensbewertungen durch Investmentbanker) sind dabei an der Vergangenheit wie an der Zukunft orientiert, sie schauen auf die Bilanzen, wie auf das Management (vgl. Baecker 1991, S. 115).

Wissensarbeit, so müssen wir hier konstatieren, beseitigt nicht die Schwierigkeiten, die sich aus struktureller Unsicherheit ergeben. 40.000 Empfehlungen erzeugen unzweifelhaft sogar ganz eigene Unsicherheitsprobleme. Und das Beispiel der Zinsprognose hat deutlich gemacht, daß auch die internationale Analystenelite *nicht* in die Zukunft schauen kann. Ihre Beobachtungen und Bewertungen sind also nicht *wahr*, sondern nur mehr oder minder *wahrscheinlich*. Sie erleichtern damit im konkreten Einzelfall das Treffen einer Entscheidung, die wiederum genuine Unsicherheit in das Risiko überführt, sich für das Falsche entschieden zu haben, weil die Entscheidung in ihrem Kontingenzraum alle Alternativen mit sich führt. Elaborierte Systeme des Risikomanagements haben die Tatsache, daß statistische Wahrscheinlichkeit gerade nichts über den Einzelfall aussagt, internalisiert und stellen daher Risiko*streuung* zentral. Dies ist auch die Grundidee der Portfolio-theorie, die sich in der deutlichen Sprache der Börsenweisheit so liest: »Nichts gewagt ist nichts gewonnen. Aber man sollte nicht alle Eier in einen Korb legen« (Bernstein 1997, S. 326).

2 Fluchtpunkte und Geschäftsfelder des Investment Banking

Investmentbanker erzeugen Produkte, die wesentlich aus Expertise bestehen. Um sie erfolgreich verkaufen zu können, müssen Wissen, Phantasie und Einfallsreichtum in praktische Problemlösungen umgesetzt werden, die großräumigen Märkten gerecht werden. Eine der gängigsten Definitionen des Begriffes Investment Banking besagt, daß damit alle bilanzunwirksamen Transaktionen einer Bank bezeichnet sind, die Provisionseinnahmen oder Handelsnutzen bringen und ganz überwiegend Wertpapiere zum Gegenstand haben (Burghagen 1989, S. 37). Dazu kommen noch Beratungsleistungen für Firmenkunden und öffentliche Institutionen (Aktienresearch, Mergers & Acquisitions Beratung u.a.m.).

In den USA war das wertpapier- und kapitalmarktorientierte Geschäft der Investmentbanken lange Zeit scharf zu trennen von den Schwerpunkten der sogenannten Commercial Banks, den Geschäftsbanken, die im wesentlichen die Einlagen der einen an ihre anderen Kunden verliehen haben. Mit Ausnahme der Vermögensverwaltung für wohlhabende Privatkunden ist das Geschäft der Investmentbanken auch durch die vorrangige Bedeutung von Unternehmen und staatlichen Institutionen als Kunden von den Geschäftsbanken zu unterscheiden (Jacob und Klein 1996, S. 10). Die Trennung von Investment- und Commercial Banking wurde in den USA durch den Glass Steagall-Act 1933 gesetzlich festgeschrieben (Benston 1990). In Europa sind durch die englischen Merchant Banks organisational spezialisierte und eigenständige Institute des Investment Banking beobachtbar, wobei für den deutschen Markt gilt, daß die Geschäftsbanken in dem Sinne Universalbanken sind, daß auch das Wertpapiergeschäft von ihnen betreut wird. Unspektakuläre Grundfunktionen des Investment Banking, wie der Handel mit Wertpapieren, die Auflage von Anleihen usw. wurden also in Deutschland traditionell von den großen Banken übernommen; die expertise-intensiveren Bereiche, wie etwa die Beratung von Unternehmen bei Firmenübernahmen oder die Generierung von Innovationen im Bereich Financial Engineering gehörten nicht unbedingt zum Standardrepertoire der deutschen Großbanken, nicht zuletzt auch deshalb, weil diese Dienstleistungen hier lange Zeit keinen Markt hatten.

Commercial- und Merchantbanken sind nun - insbesondere in Europa - in den letzten zehn Jahren scharf unter Druck geraten, gerade weil die amerikanischen Häuser, wie etwa Goldman Sachs, J.P. Morgan oder Morgan Stanley ihre Dienstleistungen inzwischen offensiv auch in Europa anbieten und ihre auf dem Heimatmarkt gesammelten Erfahrungen mit Erfolg auf den alten Kontinent transferieren (Breuer 1996, S. 64). In den USA wie auch in Europa ist in den letzten Jahren ein Verwischen der Grenzen von Commercial und Investment Banking einerseits und eine Intensivierung des Wettbewerbs andererseits zu beobachten. Die Investmentbanken sind gezwungen, ihre Strategien zu überdenken, weil die Personalkosten höher, die Margen niedriger und insgesamt ein turbulenter Verdrängungswettbewerb stattfindet, von dem viele professionelle Beobachter annehmen, daß ihn langfristig nur wenige Institute als eigenständige Organisationen überleben werden (Hunt 1995, S. 113). Während das Investment Banking in zunehmendem Maße auch darauf angewiesen ist, neben innovativen Ideen, Verhandlungsgeschick und Analysefähigkeit auch Kapital mobilisieren zu können, um z.B. eine Unternehmensübernahme im Zweifelsfall nicht nur zu begleiten, sondern diese auch gleich zu finanzieren, haben die Universalbanken lernen müssen, daß allein das Verleihen von Geld das Überleben nicht zu sichern vermag, weil die Firmenkunden ihren Finanzierungsbedarf in

zunehmendem Maße zu günstigeren Konditionen am Kapitalmarkt zu decken versuchen.

Es zeichnet sich unübersehbar ab, daß die besondere Expertise
der Investmentbanken eine Liaison mit der finanziellen Potenz
und den vertrauensgesättigten Kundenkontakten der Universalbanken eingeht (siehe etwa Breuer 1996, S. 65). In diesem Sinne
benannte auch Hilmar Kopper in seiner letzten Rede als Vor-
standssprecher vor den Aktionären der Deutschen Bank die »vital
three Cs - clients, capital and competence«. Zu Beginn des Jahres
1998 gab die Deutsche Bank bekannt, daß das institutionelle
Großkundengeschäft der Geschäftsbank und des Investment
Banking weitgehend miteinander verschmolzen werden sollen.
Ziel ist es, eine integrierte Bank zu schaffen, die alle Dienstleistungen aus einem Guß anbietet. Jedes Großunternehmen wird
dann nur noch einen Ansprechpartner, den *Client Executive*
haben, der das Fachwissen der Bank für diesen Kunden her-
anzieht. Zugleich wird die Deutsche Morgan Grenfell in London
aufgelöst und verliert ihren Namen.

Gerade für die im kommerziellen Bankgeschäft tätigen Institute
Europas gilt, daß sie ihren Firmenkunden in das Investment-
geschäft folgen müssen, wenn sie nicht am Margenverfall im
kommerziellen Bereich leiden wollen. Da selbst den großen
Banken die operative Expertise für ein umfassendes Investment
Banking zumeist fehlt, sind sie gezwungen, diesen Unternehmens-
bereich (sofern vorhanden) massiv aufzustocken bzw. durch
Zukauf bestehender Institute aufzubauen.

Allerdings ist diese Strategie durchaus problembeladen, denn das
Geschäft der Investmentbanken ist risikoreich. Eindringlich
demonstriert haben dies die Vorfälle bei der Morgan Grenfell
Asset Management (MGAM) oder der Barings Bank. Diese, für
die kommerziellen Banken »neuen Risiken« werden nicht nur von
den bankinternen Gegnern eines eigengewichtigen Investment
Banking mit Argwohn verfolgt, auch die internationalen Rating-

agenturen beobachten diese Expansion nicht ohne kritischen Blick. So ist etwa die Deutsche Bank, die eine von weltweit nur vier Privatbanken ist, denen mit einem »triple-A credit rating« die höchste Kreditwürdigkeit zugeschrieben wird, durch ihr finanziell folgenreiches Engagement im Investment Banking von der amerikanischen Ratingagentur Moody's mit einer verschärft-kritischen Begutachtung bedacht worden - bislang allerdings ohne Herabstufung (The Economist, 14. September 1996, S. 86). Eine solche Abwertung kann für eine Bank extrem bedenkliche Folgen haben, denn am Gütesiegel des Rating bestimmt sich, zu welchen Konditionen sich die Banken mit Zahlungsfähigkeit versorgen können.

Es sind dabei aber nicht allein die personenbezogenen Risiken, welche durch unsachgemäßes Handeln oder betrügerische Absicht (»moral hazard«) realisiert werden, die Investmenthäuser belasten und die von den Ratingagenturen mit Argusaugen beobachtet werden. Die international orientierten Investmenthäuser leiden massiv unter der prekären Kombination mehrerer sich verschränkender Faktoren, die zu einer radikalen Neuorganisation der Gruppe derjenigen Institute führt, die langfristig für Großkunden tätig sein werden. Die Weltliga wird in wenigen Jahren vermutlich nur noch aus einer Gruppe von zehn führenden Finanzinstituten bestehen: den führenden amerikanischen Instituten Goldman Sachs, Merril Lynch und Morgan Stanley, die schon heute über das Eigenkapital von Großbanken verfügen, J.P. Morgan und einer Gruppe anderer internationaler Geschäftsbanken, die ihre Expertise im Investment Banking massiv ausbauen. Aspiranten sind die größte amerikanische Geschäftsbank Chase, die Deutsche Bank und drei Schweizer Institute (FAZ vom 20. März 1997, S. 32).

Ein von der renommierten Fachzeitschrift *Euromoney* durchgeführtes Ranking zeigt, daß es genau diese Banken sind, denen die Großkundschaft eine herausragende Expertise in den Bereichen Underwriting, Trading und Advisory (Research, Risk management und Mergers & Acquisitions) zuschreibt (s. Tab. 1). Basis sind eine Befragung von Marktteilnehmern (z.B. Händlern und Emittenten) sowie Daten über das Volumen durchgeführter Transaktionen.

Die forcierenden Faktoren der anstehenden Neuordnung lassen sich wie folgt zusammenfassen:

1. Die *Globalisierung der Finanzmärkte* zwingt die Investmentdienstleister dazu, Produkte und Expertise anzubieten, die weltweite Möglichkeiten berücksichtigen und die den Kunden, die selbst global operieren, optimale Lösungen ihrer Finanzierungs- und Investitionsbedürfnisse verschaffen. Das setzt zumindest eine globale Beobachtungspräsenz und die Kenntnis der verschiedenen Märkte und der jeweiligen Akteure voraus (Jacob und Klein 1996, S. 17).

Tab. 1: Ranking der Finanzinstitute 1996 und 1995

1996	1995	Investmentbank	Gesamt (von 1000)	Underwriting (von 425)	Trading (von 375)	Advisory (von 200)
1	1	Merril Lynch (USA)	423.67	210.02	142.91	70.74
2	4	Goldman Sachs (USA)	399.03	232.20	102.79	64.04
3	2	SBC Warburg (CH)	396.46	192.49	142.83	61.14
4	3	Morgan Stanley (USA)	373.14	165.25	137.73	70.16
5	5	JP Morgan (USA)	351.51	136.23	172.73	42.55
6	12	Deutsche Morgan Grenfell (D)	227.34	107.98	104.87	14.49
7	9	Credit Suisse First Boston (USA/CH)	214.42	118.14	77.03	19.25
8	6	Union Bank of Switzerland (CH)	204.63	95.67	70.55	38.41
9	11	Citicorp (USA)	188.68	20.98	99.71	67.98
10	18	Chase (USA)	182.51	19.65	105.90	55.96
11	10	HSBC (UK)	176.43	40.54	82.76	53.12

12	7	BZW (UK)	137.79	51.41	75.29	11.09
13	16	ABN Amro (N)	135.33	78.18	53.46	3.70
14	8	Lehman Brothers (USA)	134.64	76.22	45.27	13.15
15	17	NatWest Markets (UK)	100.01	19.84	62.65	17.52
16	19	Nomura (J)	84.63	64.04	20.59	0.00
17	13	Salomon Brothers (USA)	67.75	39.74	23.76	4.25
18	15	Banque Paribas (F)	66.17|	18.76	45.10	2.31
19	-	Daiwa Securities (J)	59.10	53.17	5.93	0.00
20	-	Bank of America (USA)	48.25	0.05	30.92	17.28

Quelle: Euromoney, January 1997

Doch eine derartige Minimalstrategie wird nur für relativ kleine Spezialinstitute anwendbar sein - große Häuser müssen auch global agieren können, sie müssen Aktien weltweit plazieren, wenn ihre Kunden dies wünschen, sie müssen für diversifizierungs- oder wachstumswillige Konzerne den besten Übernahmekandidaten finden und dann auch genügend lokal relevante Expertise mobilisieren, um die Kaufverhandlungen entsprechend zu steuern - unabhängig davon, ob das Investitionsobjekt in Kanada oder Kasachstan liegt. Es liegt auf der Hand, daß mit dieser Problematik auch die tatsächliche Präsenz am Ort des Geschehens verknüpft ist, also Fragen der strategischen Niederlassung in den Finanzzentren aufgeworfen werden. In den zurückliegenden Jahren ist unter den großen US-amerikanischen Instituten ein regelrechter Wettlauf um Netzwerke von Dependancen im Ausland entbrannt. Schwerpunkte der globalen Expansion waren vor allem die jungen Finanzmärkte, weil hier, so das Kalkül der Banker, große Mengen an Investitionskapital benötigt werden, das von den heimischen Kunden im US-Markt zur Verfügung gestellt werden kann. Daß dieses Kalkül aufzugehen scheint, zeigt das Beispiel Morgan Stanley: 1994 hatte die Firma

rund die Hälfte des eigenen Kapitals im Ausland investiert und
es wurden bereits fast 40% der Umsätze im Ausland erzielt im
Gegensatz zu 25% vier Jahre zuvor (The Economist/manager
spezial: Wall Street ist überall, S. 21).

2. Die inzwischen *hochentwickelte Expertise der großen Firmenkunden* hat dazu geführt, daß sich die traditionellen festen Bindungen zwischen Investmenthäusern und den Firmenkunden aufge-
weicht haben und konkurrenzsensitiver geworden sind (Eccles
und Crane 1988, S. 53f.). Die Erosion der Bedeutung von Beziehungen als Grundlage von Geschäften stellt eine Entwicklung
dar, die bis Mitte der 80er Jahre allerdings empirisch noch nicht
eindeutig war (so etwa die Untersuchung von Baker 1990, S. 598).
Spätestens seit Anfang der 90er Jahre wurden nicht mehr alle
Geschäfte automatisch mit der »Hausbank« getätigt. So läßt sich
ein Konzern bei einem anstehenden Merger vielleicht von Goldman Sachs beraten (die in diesem Bereich einen führenden Ruf
genießt), die Absicherung gegen Wechselkursschwankungen aber
von der Citibank durchführen. Die Geschäftsgrundlage wird im
globalen Geschäft zunehmend wissens- und weniger vertrauens-
basiert. Es reüssiert diejenige Bank, die sich auf kritische Nachfragen und informierte Bedürfnisse eingestellt hat, die das aufge-
klärteste Angebot unterbreitet und komplexe Lösungen beherrscht, d.h. häufig, Kapital, Devisenhandel, Emissionen und
Beratung aus einer Hand liefern zu können.

3. Um im *entbrannten Wettbewerb* um den globalen Markt
bestehen zu können, setzen die meisten Institute auf Expansion,
was zu einer Explosion der Personalkosten geführt hat. Im Kampf
um die Intelligenz der Branche versuchen die Banken, Experten
von der Konkurrenz mit der finanziellen Brechstange abzuwerben, teilweise indem doppelte oder dreifache Gehälter geboten
wurden. So hat etwa die Deutsche Morgan Grenfell allein am
Finanzplatz New York innerhalb weniger Monate rund 1.000
Finanzfachleute angeworben (FAZ vom 15. März 1997, S. 24).

Gleichzeitig führen entstandene Überkapazitäten zu einem Preisdumping, so daß die Margen bei vielen Produkten und Dienstleistungen um bis zu 30% gesunken sind. Hunt berichtet davon, daß beispielsweise ein Initial Public Offering heute um 25% günstiger zu haben ist, als noch vor wenigen Jahren (Hunt 1995, S. 110).

4. Parallel zu diesen Entwicklungen leidet das Investment Banking unter einem allgemeinen Trend der *Disintermediation*: große Investoren drücken die Preise oder wenden sich direkt an kapitalsuchende Unternehmen. Im Bereich M&A haben die großen Konzerne eigene Abteilungen aufgebaut, die über genügend Expertise verfügen, um große Transaktionen alleine und ohne den teuren Rat der Investment Banker abzuwickeln. »A surprising number of them have built up in-house teams of three to six people who provide investment banking services and boast deal flows that would be the envy of many a small to medium-size investment bank. Perhaps as much as one third of the value of all deals by Europe s blue chips are now done in-house« (Jenkins 1996, S. 34).

5. Auch die *Dominanz des US-Marktes* entfaltet sich als Problemstellung für die europäischen Investmentbanken und zwar in einem doppelten Sinne: Zum einen benötigen die Banken ein starkes Standbein im US-Markt, weil das Management globaler Kapitalströme zu einem großen Teil über diesen Markt abläuft (2/3 des weltweiten Anlagevermögens sind in den USA beheimatet), zum anderen, weil im hochkompetitiven und schnellen US-Markt so viele Produktinnovationen und Möglichkeiten entstehen, daß der Transfer von Fähigkeiten und Wissen aus diesem Markt überlebensnotwendig ist (Hunt 1995, S. 109).

6. Die nach wie vor dynamische *Entwicklung der Informations- und Kommunikationstechnologie* hat zur Folge, daß sich die Informations- und Transaktionskosten verringern: »Vendors such as Reuters, Knight-Ridder and Bloomberg allow firms to feed all

their information into open computer systems. There it can be analysed at will. Mathematicans and quantum physicists have taken seats once occupied by seat-of-the-pants barrow boys. Head traders talk foundly of their »black boxes«, proprietary engines that run trading portfolios of great complexity« (The Economist. Sonderbeilage: Turning Digits into Dollars. A Survey of Technology in Finance. 26. Oktober 1996). Die Technologie aber macht den Zugriff auf eine immer größere Menge an potentiell informativen Zeichen möglich, so daß *Auswahl* und *Bewertung* zur Hauptproblemstellung werden und sich so die Leitfrage entpuppt, welches Wissen denn tatsächlich *wissenswert* ist.

Unter den aufgeführten Rahmenbedingungen gerät der von vielen Großbanken betriebene Ausbau des Investment Banking zu einer risikoreichen Option. Die Eigenkapitalrendite der beiden britischen Großbanken National Westminster und Barclays Bank ist durch ihre Expansion im Investment Banking schon weit hinter die eigenen Erwartungen und den Branchendurchschnitt zurückgefallen. Daß ausgerechnet zwei britische Banken zu den ersten »Opfern im Investment Banking« wurden (FAZ) liegt einerseits wenig zweifelhaft daran, daß am Finanzplatz London die im Investment Banking tätige ausländische Konkurrenz besonders massiv auftritt und das Geschäft entsprechend schwer umkämpft ist. Andererseits aber muß den beiden betroffenen Banken auch ein Mangel an professioneller Expertise für ihre Expedition ins Investment Banking unterstellt werden. Nachdem etwa National Westminster im Jahre 1996 ihr Investment Banking mit einer Milliardeninvestition zusammengekauft und neu strukturiert hatte, mußten im Frühjahr 1997 Verluste in Höhe von 240 Millionen DM eingeräumt werden, die durch Preismanipulationen eines Optionshändlers entstanden waren. Lange Zeit waren diese Manipulationen nicht entdeckt worden. Die Nichtbeachtung effektiver Management- und Kontrollsysteme hatte der Bank diesen vermeidbaren Verlust und ein massives Imageproblem zugefügt; der Ausbau der Sparte Investment Banking wurde zunächst gestoppt und dann sogar zurückgefahren. Die Bank konzentriert sich mittlerweile wieder stärker auf das Privatkundengeschäft.

Nachdem wir vorstehend Rahmenbedingungen und Entwicklungslinien des Investment Banking skizziert haben, wollen wir nun konkret auf einige Arbeitsgebiete dieser Organisationen eingehen. Der Darstellung vorausgeschickt werden muß, daß die Banken ihre Geschäftsbereiche in erheblichem Maße unterschiedlich strukturiert haben, so daß diese Schilderung allenfalls als grobe Orientierung verstanden werden sollte und auch als Aufforderung gelesen werden kann, sich an das informierte Credo des Insiders Ernest Bloch zu halten: »Investment banking is what investment bankers do« (Bloch 1986, S. 18).

Interessanterweise tun sie das zunächst einmal kostenlos. Die Investmentbanken versorgen ihre Kunden häufig über Monate und sogar Jahre mit Informationen, Marktstudien, relevanten Expertisen, gutem Rat und sonstigem Beistand, *ohne* daß sie dafür Geld erhalten würden. Kein Anwalt, kein Steuerberater und kein Unternehmensberater würde sich unter solchen Bedingungen auch nur an den Schreibtisch setzen. Im Geschäft der Investmentbanken ist die lose Kopplung zwischen Lohn und Leistung üblich: gezahlt wird erst, wenn der Deal gemacht ist.

»Nearly all of the investment bankers we talked to about this practice expressed little interest in changing to a fee arrangement similar to that of conculting or law firms - an hourly or per diem rate. They were willing to bear the risk of uncompensated services in return for what they felt were the higher fees they could earn on a deal basis. This was particulary true in M&A, where compensation was based on a percentage of the value of the deal« (Eccles und Crane 1988, S. 39).

Die Ablösung der Honorarforderung vom konkreten Prozeß der Wertschöpfung ist auch auf dem deutschen Markt zu beobachten.

Auch hier laufen die wissensintensiven Analyse- und Beratungs-
tätigkeiten ab, ohne daß diese wissensbezogen bezahlt würden.

Wenn ein Initial Public Offering trotz immenser Investitionen
und langer Projektlaufzeit am Ende nicht zustande kommt (weil
vielleicht gerade ein Markt eingebrochen ist), bemühen sich die
Banken allerdings, andere Lösungen für das kapitalsuchende
Unternehmen zu generieren – etwa in Form einer Beteiligungs-
gesellschaft oder eines Mergers mit einem kapitalkräftigeren
Unternehmen. Die einzelnen Geschäftszweige des Investment
Banking sind insofern auf eine enge Verzahnung angewiesen,
wenn Kundenbedürfnisse befriedigt werden sollen.

Die Komplexität der Geschäftsprozesse in einer Investmentbank
wird durch die wechselseitigen Abhängigkeiten der diversen
Produkte noch gesteigert und verlangt auf der Binnenseite der
Bankorganisation einen enormen Koordinationsaufwand der ein-
zelnen Abteilungen, die häufig für dieselben Klienten tätig sind.
So ist es nicht allein üblich, daß große institutionelle Anleger wie
z.B. ein Industriekonzern oder eine Versicherung einen Teil ihrer
Gewinne in professionell geführte Aktienfonds investieren; sie
lassen sich von den fondsauflegenden Investmentbanken auch mit
Hilfe von Derivaten gegen Schwankungen auf den Währungs- und
Rohstoffmärkten absichern, sie verlassen sich im Bereich von
Mergers & Acquisitions auf die komplexen Verfahren zur Be-
stimmung von Unternehmenswerten und die erfahrungsgesättig-
ten Verhandlungsstrategien der Bankexperten, und sie decken mit
Hilfe der Investmentbanken ihren Kapitalbedarf durch die Kredit-
beschaffung auf den globalen Finanzmärkten oder ein Going
Public an den Börsen. Dabei kann die Profitabilität der einzelnen
Produktlinien in erheblichem Umfang schwanken - diejenigen
Produkte, die nur geringe oder keine Deckungsbeiträge erwirtschaften, werden häufig dazu genutzt, den Kontakt zum Klienten
zu halten und zu pflegen, so daß die Bank über dessen Absichten
und Strategien möglichst gut informiert ist. Dieses Informiertsein

hat für die Investmentbanken höchste Priorität, wir werden in Abschnitt 3 darauf zurückkommen.

Zur Veranschaulichung der Geschäftsfelder von Investment-banken werden wir nachfolgend auf die Bereiche *Emission*, *Mergers & Acquisitions* und *Analyse* näher eingehen. Die Differenz zwischen primär- und sekundärmarktbezogenen Tätigkeiten bildet einen geeigneten Ausgangspunkt für die Betrachtung (Bloch 1986, S. 3). Auf den *Primärmärkten* operieren die Investment Banker als Intermediäre zwischen kapitalsuchenden und kapital-gebenden Marktakteuren: sie planen und begleiten die Emission von Eigen- oder Fremdkapitaltiteln und sorgen für deren Plazie-rung beim Publikum. Auf den *Sekundärmärkten* treten die In-vestmentbanken als Händler oder Broker in Funktion. Die Motive für die Aktivitäten auf den Sekundärmärkten, also dem Kauf- bzw. Verkauf von Wertpapieren im Rahmen des Eigen-handels einerseits, und der Abwicklung von Wertpapieraufträgen im Auftrag der Investoren andererseits, haben einen originären und einen derivaten Bezugspunkt. In sehr direkter Form wirken sich die Erträge aus dem Eigenhandel sowie die durch die Abwick-lung von Wertpapieraufträgen erzielten Provisionen auf die Bilanz der Investmentbanken aus. Die Bedeutung der im Rahmen des Eigenhandels erzielten Erträge hat für die Investmentbanken in den letzten Jahren stark zugenommen, seit diese mehr Eigen-kapital einsetzen (siehe zu diesem Punkt auch die ausführliche Studie zum Investment Banking in: The Economist/manager spezial. Wall Street ist überall, Hamburg 1995). Gleichzeitig aber haben diese Geschäfte eine nur schwer zu überschätzende Funk-tion für die Wissensgenerierung der gesamten Firma:

»Die Wahrnehmung der Dealer- oder Broker-Funktion generiert Informa-tionen über die Gegebenheiten und Mechanismen von verschiedenen Wertpapiermärkten und die dortigen Akteure, die im Zusammenhang mit den für das Primärgeschäft typischen Fragenkomplexen der Emissions-preisfindung, der Bestimmung des Emissionszeitpunktes und der Plazierung

emittierter Finanztitel als informatorische Basis genutzt werden können«
(Jacob und Klein 1996, S. 11).

Die *Emission* von Wertpapieren für Unternehmen oder Staaten
gehört zum operativen Kern von Investmentbanken (siehe für
einen Überblick etwa Reicheneder 1992, S. 241ff.). Dabei lassen
sich zwei Grundformen von Wertpapieren unterscheiden: Eigen-
kapitaltitel einerseits, also Aktienerstemissionen, Kapitalerhöhun-
gen, Equity-Carve-outs und Fremdkapitaltitel andererseits, z.B.
Anleihen und sog. Commercial Papers.

Die Durchführung eines Initial Public Offering, also die Erstausgabe eines Wertpapiers, hat für die Bank eine strategische
Bedeutung für ihre Beziehung zu Firmenkunden und Investoren
(Trobitz und Wilhelm 1996, S. 164). Im Zentrum eines Going
Public steht das aus Unternehmensbewertung, Plazierungskon-
zept, Equity Story, Ausgestaltung der Aktien und Marketing-
konzept bestehende *Gesamtkonzept* der Emission. Die Erstellung
eines derartigen Konzeptes durch die beratende Investmentbank
berührt zahlreiche sensitive Bereiche des emittierenden Unternehmens: die Offenlegung der langfristigen Strategie, die Planung
für die kommenden Geschäftsjahre, die Schaffung einer stringen-
ten Unternehmensstruktur; dazu kommen Einblicke in die
Beteiligungsverhältnisse und die Durchforstung der finanzwirt-
schaftlichen Kennzahlen. Offenlegung und Diskussion dieser
sensiblen Bereiche setzt ganz entscheidend das Vertrauen des
Unternehmens in die Investmentbank voraus, denn das genaue
Wissen um Strategien und Fähigkeiten des Managements, um
betriebs- und finanzwirtschaftliche Kennzahlen darf weder nach
außen dringen noch intern in die falschen Hände gelangen. Eine
Kontrolle der bankinternen Informationsflüsse ist unabdingbare
Voraussetzung für die Stabilisierung vertrauensvoller Beziehungen
zum Kunden - dies gilt immer wieder in besonderem Maße für
die Kontakte zu den eigenen Analysten:

»Wenn wir eine Börseneinführung durchführen, denn da gibt es da zwar
keine Insiderproblematik. Allerdings müssen wir auch in so einem Fall
aufpassen, daß wir die Information nicht völlig teilen mit dem Analysten -
denn wenn dieses Unternehmen an der Börse ist, dann ist es den Unternehmen mitunter nicht recht, daß der Analyst in die Bücher reingeschaut hat.
Nehmen Sie den Börsengang eines Automobilzulieferers: Der Analyst kennt
alle Details, der Analyst weiß genau, mit welchem Produkt und mit welchem
Kunden was verdient wird und am nächsten Tag geht er zu VW und führt
da ein Gespräch. Das wäre dem Unternehmen wahrscheinlich nicht sehr
recht, wenn dieser Analyst so tief Bescheid wüßte« (Interview A, 3).

Aufgrund des verstärkten Wettbewerbs um große Kunden im
Emissionsgeschäft insbesondere bei hohen Volumina führen auch
deutsche Unternehmen mittlerweile sogenannte »Beauty contests«
durch, bei denen mehrere Investmentbanken eingeladen werden,
erste Ideen und Konzepte auf Grundlage einer begrenzten Daten-
basis im Rahmen einer Präsentation vorzustellen (Trobitz und
Wilhelm 1996, S. 166).

Ist der Wettbewerb entschieden, erhält die ausgewählte Bank
Zugang zu den vertraulichen Firmeninformationen, die dann u.a.
dazu genutzt werden, die Equity Story zu erstellen, das sind auf
die Gruppe der potentiellen Investoren gerichtete Informationen
über die wichtigsten Unternehmensaktivitäten, die Märkte, die
Wettbewerber, das Management usw. Die Bank ist bei der Generierung dieser firmenspezifischen Informationen unbedingt auf
Glaubwürdigkeit bedacht, weil jede falsche Darstellung nicht nur
erhebliche rechtliche Konsequenzen nach sich ziehen würde
(»Prospekthaftung«), sondern auch die Reputation der Bank
irreparable Schäden erleiden würde. Die Feststellung der Emis-
sionsfähigkeit eines Unternehmens ist insofern keinesfalls ein
Selbstläufer.

Die *Corporate Finance* Abteilung gliedert sich zumeist in die
Bereiche Finanzierungskonzepte, Financial Engineering, Risikomanagement und Mergers & Acquisitions (M&A). Beispielhaft

wollen wir hier auf den M&A-Bereich näher eingehen. Die
Beratungsleistungen der Banker betreffen in diesem Feld vor allem
drei Bereiche: 1. Verkauf-/Kaufberatung, Suche nach geeigneten
Transaktionspartnern und Ansprache des Targets, Informations-
beschaffung und Unternehmensbewertung, Begleitung des Ver-
handlungsprozesses und Abwicklung der Transaktion; 2. Strate-
gieberatung; 3. Beratung bei der Abwehr feindlicher Übernahmen
(»Raid defence«).

M&A-Geschäfte sind dadurch gekennzeichnet, daß die Leistung
der Investmenbank nicht standardisierbar ist. Jeder Fall, jeder
Deal ist einzigartig und wird sich in dieser Form nicht wiederholen. Damit unterscheidet sich M&A etwa vom Feld der Derivate,
wo bestimmte Produkte in immer gleicher Form verkauft werden. »It seems unlikely that the M&A market will ever turn into
a commodity business, although a number of firms have developed some standard in-house procedures for handling many M&A
transactions« (Williamson 1988, S. 219). Firmenübernahmen und
-verkäufe haben gerade im deutschen Umfeld noch nicht die
Verbreitung gefunden, wie etwa auf dem US-Markt. Dennoch
haben die deutschen Banken gerade im Zuge der Wiederver-
einigung lernen müssen, daß sie die hierfür notwendige Expertise
sukzessiv aufbauen müssen, wollen sie langfristig nicht ihren
Heimatmarkt an die US-amerikanischen Konkurrenz verlieren.
Viele Firmen, die Betriebe der ehemaligen DDR von der Treu-
hand kaufen wollten, ließen sich von amerikanischen Investmenthäusern beraten. Experten erwarten, daß es im Vorfeld der
Einführung des Euro zu etlichen Unternehmenszusammen-
schlüssen und -übernahmen kommen wird - so etwa in der
Chemie- und der Automobilzulieferindustrie (Managermagazin
Mai 1997, S. 152). Es handelt sich also um einen Zweig des Investment Banking, der im Zuge der Globalisierung eine eher
stärkere Bedeutung bekommen wird. Folgerichtig werden Märkte
im M&A Geschäft nicht mehr nach Ländern oder Regionen

abgegrenzt, sondern nach Branchen, um so zu einer besseren Einschätzung der Konsolidierungstendenzen in der Unternehmenslandschaft zu gelangen (siehe etwa das Interview mit der Coleiterin von Morgan Stanley Deutschland, Naneen H. Neubohn in der FAZ vom 22. April 1997, S. B1).

Was in den USA längst übliche Geschäftspraxis ist, wurde in Deutschland erst im Zuge der geplanten (und dann geplatzten) feindlichen Übernahme des Thyssen-Konzerns durch den kleineren und schwächeren Konkurrenten Krupp für eine breitere Öffentlichkeit vorstellbar: unter dem Phantasienamen »Hammer und Thor« wurde in aller Stille ein Projekt initiiert, an dessen Ende ein Großkonzern gegen seinen Willen mit einem anderen verschmolzen werden sollte. Die Take-over-Spezialisten von Goldman Sachs arbeiteten drei Monate an dem Plan und legten bis ins Detail fest, wie der Take-over ablaufen sollte. Das Kaufangebot an die Thor-Aktionäre, die Finanzierung des Kaufpreises und die Bewältigung der finanziellen Belastung innerhalb weniger Jahre. Rund 200 Millionen Mark sollte Krupp an die Analysten und Investmentbanker von Goldman Sachs für die Ausarbeitung des Planes zahlen, inklusive der Erfolgsprämie. Der Kauf von Thyssen, so der Plan der Krupp-Berater, sollte sich durch Einsparungen, Verkäufe von Konzernteilen und Synergieffekte selbst finanzieren. Die Bankstrategen errechneten allein im Stahlbereich ein Einsparungspotential von 500 Millionen Mark pro Jahr.

Schon dieses Beispiel eines *hostile takeovers* zeigt, daß die Dienstleistung der Investmentbanker keineswegs von einer Abteilung allein erbracht werden könnte. Analysten, Kapitalmarkt- und Stahlexperten, Strategieberater und andere Spezialisten sind an einem derart komplexen Deal beteiligt. Für die geplante Krupp/Thyssen Transaktion wurden beispielsweise auch Kreditspezialisten der Deutschen und der Dresdner Bank hinzugezogen, die die benötigten 9 Milliarden DM zwischenfinanzieren sollten. Wissen und Phantasie von Experten aus unterschiedlichen Abteilungen und sogar aus unterschiedlichen Banken müssen wie Zahnräder ineinandergreifen, damit ein großer Deal gelingen kann.

Daß Einfallsreichtum, Wissen, Kapital und Verschwiegenheit *Erfolg* allerdings nicht garantieren können, mußten auch die »enigmatischen Drahtzieher« (Schumann 1989, S. 299) von Goldman Sachs erfahren: der Krupp/Thyssen-Deal stieß auf starken öffentlichen Protest und ging nicht auf. »Local bankers say it indicates how little the bank understood the complicated industrial structure. In Germany decisions are made in the wider interests of company s so-called *stakeholders* - not only shareholders but also customers, suppliers, bankers and employees, whose representatives sit on supervisory boards« (Celarier 1997, S. 63). Eine Bewertung der Folgen dieser Fehleinschätzung für die Investmentbank Goldman Sachs läßt sich nicht allein als Summe der entgangenen Advisor-fees ausdrücken. Goldmann Sachs war bislang immer darauf bedacht gewesen, die Begleitung und Durchführung von *feindlichen* Übernahmen nicht zur Regel werden zu lassen, um das Vertrauen ihrer wichtigen Firmenkunden nicht zu verlieren. Der Krupp/Thyssen-Deal stellte aber ganz offensichtlich den Versuch dar, an einem Trend zu partizipieren, der die Unternehmenslandschaft in Kontinentaleuropa kräftig verändern und die Einnahmen der Investmentbanker in die Höhe treiben wird. So haben britische Unternehmen in 1997 rund 8,7 Milliarden Pfund für Akquisitionen im kontinentaleuropäischen Raum ausgegeben - soviel wie nie zuvor. 1996 lag der vergleichbare Betrag noch bei 6,5 Milliarden Mark. Mit 266 Unternehmensübernahmen durch britische Unternehmen war 1997 das stärkste Jahr seit 1990. Gut verdient haben an diesen Fusionen und Übernahmen die Investmentbanken: 1997 haben sie mit 1,3 Milliarden Pfund einen Rekordbetrag an Gebühreneinnahmen erzielt (Vorjahr 1,1 Milliarden).

Tab. 2: Die erfolgreichsten M&A Berater 1997

1997	1996	Investmentbank	Wert von beratenen Übernahmen und Fusionen (in Milliarden Pfund)
1	2	Lazard Brothers	21,9
2	3	SBC Warburg Dillon Read	19,8
3	4	Schroders	12,3
4	10	Goldman Sachs	8,4
5	5	NM Rothschild	8,3
6	11	Morgan Stanley	7,5
7	1	Baring Brothers	6,6
8	9	Merrill Lynch	6,2
9	8	UBS	5,9
10	13	BZW	4,8
11	16	JP Morgan	4,7
12	6	Dresdner Kleinwort Benson	4,3
13	14	Deutsche Morgan Grenfell	4,3

Quelle: Acquisitions Monthly

Sicher scheint zu sein, daß die Globalisierungstendenzen der Wirtschaft mittel- und langfristig größere Einheiten hervorbringen und evolutionär begünstigen werden. Gerade im Dienstleistungsbereich (etwa im Feld der Versicherungs-, Bank- und Telekommunikationskonzerne) zeichnet sich dies unverkennbar ab. Viele Großkonzerne verfügen inzwischen über In-house M&A Abteilungen, die Transaktionen mittlerer Größe ohne den Rat der Finanzberater durchführen, und zwar häufig nicht nur billiger, sondern auch informierter. Aber die Investmentbranche sieht nicht untätig dabei zu, wie ihre Kunden Expertise und Know-how aufbauen und das lukrative Geschäft internalisieren. In zunehmendem Maße gehen die Investmentbanken dazu über, aktiv zu werden, noch bevor ein Unternehmer Übernahmpläne schmiedet. In den M&A Abteilungen machen sich die Banker Gedanken über ihren »Dream-Merger«, formulieren Ideen, konkretisieren und strukturieren sie, und treten dann an den Unternehmer mit ausgearbeiteten Vorschlägen zur Übernahme einer anderen Gesellschaft heran.

Research. Die Arbeit von Researchabteilungen betrifft die Analyse von Unternehmen ebenso wie von Regierungen (und ihrer

Wertpapiere), die Beobachtung der verschiedenen Finanzmärkte sowie der generellen Entwicklung der Zinssätze (Rappaport 1988, S. 68f.). Dazu kann noch Portfolio-Research kommen, also Theorie und Strategie optimaler Anlagegestaltung.

In gewisser Weise liegt die Tätigkeit der Researchabteilung quer zu den übrigen Bereichen der Investmentbanken. In die Aufgabenstellung der zumeist als Cost center geführten Researchabteilungen sind Zielkonflikte eingebaut: sie sollen einerseits die übrigen Abteilungen mit Analysen und Prognosen unterstützen, andererseits aber auch unabhängig in ihrem Urteil sein. Um dieser Unabhängigkeit Nachdruck zu verleihen, haben gerade deutsche Institute aufgrund ihrer Industriebeteiligungen damit begonnen, ihre Researchabteilungen in unabhängige Töchter auszugliedern (SZ vom 22. Februar 1997, S. 21). Auf diese Weise soll vermieden werden, daß ein Analyst ungünstige Prognosen für ein Unternehmen zurückhält, an dem die eigene Bank vielleicht selbst Anteile hält. Auch kritische Berichte über große Kunden werden schon mal zurückgehalten. Ausgliederung und Abschottung der Analyse- und Researchabteilung sollen den Ergebnissen der Arbeit aber nicht nur ein größeres Maß an Unabhängigkeit und Objektivität bescheren. Der Researchbereich einer Investmentbank ist partiell und temporär auch deswegen von anderen Organisationseinheiten durch sogenannte »chinese walls« abgeschirmt, weil sie nichts über die Aktivitäten der eigenen Bank wissen *dürfen*. Wenn Analysten beispielsweise vor der Öffentlichkeit von der geplanten Fusion zweier Unternehmen aus der Abteilung Mergers & Acquisitions erfahren würden, so wäre dieses Wissen zwar extrem relevant und gewinnversprechend, aber eben auch illegal (siehe etwa Hopt und Wymeersch 1991). Nicht zuletzt um Insidergeschäfte zu unterbinden, nehmen Analysten eine Sonderstellung in den Banken ein.

Am Beispiel der durch Krupp geplanten Übernahmeattacke auf Thyssen läßt sich demonstrieren, wie vielfältig das Beobachtungsrepertoire von Analysten ausfällt. So konstatierte ein in London ansässiger Analyst der Salomon Brothers, daß es in *politischer Hinsicht* leichter durchzusetzen sei, wenn nur die Stahlproduktionen der beiden Konzerne zusammengelegt würden. Mit Blick auf den Wirtschaftsraum Europa und unter Bezugnahme auf *volkswirtschaftliche Effizienzkriterien* sei, so der Analyst, eine Verringerung der Stahlproduktion um zwei bis drei Millionen Tonnen nötig. Mit Blick auf Dortmund wurde in *betriebswirtschaftlicher Hinsicht* in London festgestellt, daß wesentliche Teile des dortigen Krupp-Standortes geschlossen werden müßten, weil Krupp bei Flachstahlerzeugnissen so »extrem schlecht abschneide«. Synergien der beiden Konzerne erwartete der offensichtlich *technisch versierte* Analyst bei der Kokserzeugung und im Hochofenprozeß und auch, weil statt zwei nur eine »Dünnbrammen-Stranggußanlage« gebaut werden müßte (Skepsis über Aufschub der Übernahmeattacke. In: FAZ vom 20. März 1997, S. 20). Dieses Beispiel zeigt, daß Beobachtungen auf unterschiedlichsten Ebenen gefragt sind, wenn es um die plausible und extern anschlußfähige Beurteilung und Einschätzung von Investitionschancen geht.

Beim Aktienresearch stellt die Analyse u.a. Fragen nach der Strategie eines Unternehmens, der Güte des Managements, den Beteiligungsverhältnissen und dem erwarteten Cash-flow. Gerade der angelsächsische Research fragt mehr nach dem Potential des Kunden und ist mithin weniger vergangenheitsorientiert. Statt einer »bodenständigen« Analyse betriebswirtschaftlicher Kennziffern werden in London mehr die Strategien untersucht, die Unternehmen potentiell erfolgreich machen können. Um Innovationen oder das Kalkül junger Technologieunternehmen kompetent beurteilen zu können, benötigen die Researchabteilungen selbst technisches Wissen. Aus diesem Grund werden zunehmend auch fachfremde Chemiker, Ingenieure, Soft- und Hardwarespezialisten angestellt. Die Deutsche Bank und die Dresdner Bank haben ihren Aktienresearch nach London in die zugekauften

Investmentbanken verlagert, weil die Analysten und Fondsmanager in der deutschen Zentrale zu sehr an deutsche Titel und
festverzinsliche Wertpapiere orientiert seien (Ehren und Nölting
1997, S. 140). Im Zentrum der Beobachtung stehen weniger
einzelne Firmen, sondern zunehmend ganze Sektoren - bei der
Deutschen Morgan Grenfell werden im sog. »Company monitor«
15 Branchen mit mehr als 150 Unternehmen beständig analysiert
und europaweit auf Kurschancen untersucht. Weil die Kauf- oder
Verkaufsempfehlungen der Analysten nicht ohne Auswirkungen
auf den Aktienkurs eines Unternehmens bleiben (die Bewertungen der Analysten tauchen auf den Bildschirmen in den Trading
rooms der Handelsabteilungen auf, deren Mitarbeiter dann
entsprechend reagieren), haben die Unternehmen nun ihrerseits
begonnen, Analysten abzuwerben und einzustellen, um ihr
Handeln und Entscheiden mit den Kriterien der Zunft auf Passung zu bringen und das dann auch entsprechend *darzustellen*. In
formaler Hinsicht passen sich gerade deutsche Unternehmen
zunehmend den Beobachtungskriterien des vagabundierenden
Weltkapitals an, was sich u.a. darin äußert, daß sie ihre Bilanzie-
rungspraktiken an internationale Standards (IAS oder US-GAAP)
anpassen und den Investoren somit eine Vergleichbarkeit mit den
ausländischen Emittenten erlauben.

Die Wissensgenerierung der Aktienanalysten bewegt sich in
einem Spannungsfeld zwischen beobachtetem Objekt einerseits
und den Adressaten dieser Beobachtungen, den Investoren andererseits. Der Umgang mit Wissen hat sich auf beiden Seiten dieser
Unterscheidung in der jüngeren Vergangenheit erheblich gewan-
delt. Auf der Seite der analysierten Unternehmen wird im Rahmen der sogenannten *Investor Relations* (IR) Transparenz und
Zugänglichkeit für externe Beobachter eine erhöhte Bedeutung
beigemessen. Zwar ist den Analysten klar, daß die Informationen
der IR-Manager immer mit einem gewissen Bias versehen sind,
doch falsche Informationen oder überoptimistische Umsatz-

prognosen sind eher selten, weil damit die sensible Vertrauensbasis dieser für beide Seiten wichtigen Beziehung zerstört würde.
Für die Seite der Investoren gilt, daß ihr Wissensdurst in deutli-
chem Umfang gestiegen ist - das limitierte Vokabular der Wall
Street (buy, sell, hold) vermag die informierten Fragen der Investoren nicht mehr zu befriedigen. Die Manager der großen
Fonds haben in aller Regel sogar eigene Analysten, die zwar nicht
so spezialisiert sind wie ihre Kollegen aus den Researchabteilungen
der Banken, aber sie wissen eben die Einschätzungen besser
einzuschätzen. Weil die Investoren zu Analysten unterschiedlicher
Banken Kontakt haben und so über sehr viel und häufig auch
widersprüchliche Informationen verfügen, wird der Marketinga-
spekt der Analyse wichtiger. Während der Analyst früher hauptsächlich im Büro über seinen Spreadsheets saß, rechnete und
Reports verfaßte, verbringt er heute viel mehr Zeit bei seinen
Kunden, um seine Meinung und Expertise zu plausibilisieren.
»Gute Gründe« werden wichtiger, weil nur Kursphantasie bei den
Investoren anschlußfähig ist.

3   Die Organisation von Wissensarbeit im Investment
   Banking

Eine oberflächliche Analyse der Situation im Investment Banking
könnte zu der Schlußfolgerung gelangen, daß die Organisation
nichts, der Spezialist für Automobilwerte, der Experte in Sachen
mittelamerikanischer Kreditsyndizierung oder die Primadonna
des Initial Public Offering hingegen alles ist. Dafür spricht in
gewisser Hinsicht, daß die Angestellten der Investmenthäuser
exorbitante Gehälter und Boni erhalten, die Organisation selbst
hingegen nur relativ geringe Erträge im Sinne von Shareholder
Value erzeugt. »In general, the employees of investment banks
have done much better than their shareholders. While compensation has risen steadily over the years, volatility in business perfor-

mance has been absorbed by the shareholders« (Hunt 1995, S. 112). Die Bonuszahlungen erreichten in London 1997 eine neue Rekordsumme, so daß daraufhin die Immobilienpreise in den bevorzugten Wohnlagen Londons wie an der Côte d Azur kräftig angezogen haben (Gutt 1997, S. 7).

Nicht nur die Gehälter lassen es unzweifelhaft erscheinen, daß Investment Banking in wesentlichen Bereichen »people driven« ist: »Expertise, Know-how und Produktkenntnis sind die Faktoren, die in erster Linie von den Mitarbeitern abhängen« (Breuer 1996, S. 65). Allerdings ist keine einzelne Person in der Lage, genügend »richtiges« Wissen, Überzeugungsmacht und Vertrauen generieren und auf sich vereinen zu können, die nötig wären, um die Feinheiten großer Deals zu erdenken, den Deal einzufädeln und abzuwickeln. Ein Geschäft von üblicher Größe und Komplexität besteht aus der Expertise mehrerer Abteilungen der Bank.

Die Arbeit einer Investmentbank erfordert also die Kombination und Koordination einer Vielzahl interner Wissensansprüche. Es lassen sich insbesondere folgende Wissensarten analytisch unterscheiden: Kundenwissen, Branchenwissen, gesamtwirtschaftliches Rahmenwissen, juristische Expertise, finanz- und betriebswirtschaftliches Fachwissen, Produktwissen, Personenwissen, Projektwissen und Wissen über die Steuerung der Organisation, also etwa Wissen über die Wirkung von Bonus- und Kontrollsystemen oder wirkungsvolle Prinzipien der Organisation von Wissensarbeit.

Gerade die letztgenannten Wissensarten deuten auf die überindividuellen Wissensbestände der Organisation hin, die in den Regeln, Systemen und den tradierten Operationsweisen der Firma gespeichert sind. Dieses organisationale Wissen kann sich für die Überlebensfähigkeit der Organisation als notwendig, mit dem Ablauf der Zeit aber auch als hinderlich herausstellen, denn Investmentbanken operieren in Umwelten, die sich phasenweise innerhalb von Minuten ändern. Das heißt, daß die Banken laufend Gelegenheit haben, sich mit dem Festhalten an Überzeugungen für das Falsche entschieden zu haben. Entsprechend formuliert Hunt als zentrale Anforderungen, auf die sich Investmentbanken unter den Bedingungen der Moderne einstellen müssen, die Flexibilität ihrer Strukturen und die Fähigkeit, neues Wissen über ihre internen Strukturgrenzen hinweg fließen lassen zu können:

»These businesses are based on highly skilled individuals and are completely dependent on their motivation and leadership. Moreover the organization itself must be flexible enough to respond to major swings in business volume and opportunity: people and capital must be very fluid across organizational boundaries. This fluidity is required of information as well. The sharing of insights between one part of the organization and another must occur rapidly and horizontally; the opportunities will not wait for knowledge to be passed up and down the chain of command. These features are difficult to design into an organization, and are radically different from the characteristics of many of today's banks« (Hunt 1995, S.115).

Flexibilität, Anpassungsfähigkeit und Kooperationsbereitschaft sind Werte, die für die Organisationen der Investmentbranche von zentraler Bedeutung sind. Dem Top Management einer Bank stehen nun im wesentlichen fünf Bereiche offen, in denen es steuernd einzugreifen vermag: die Strategie der Bank, die Struktur der Bank, die Kontroll- und Bonussysteme und nicht zuletzt auch die Definition, Festsetzung und Steuerung von zentralen Geschäftsprozessen. Mit diesen Elementen muß das Management eine Gradwanderung leisten zwischen Differenzierung und Integration, auf die die Organisation angewiesen ist: Differenzierung führt zu unterschiedlichen Zielsetzungen einzelner Abteilungen, zu unterschiedlichen Haltungen und Einstellungen und auch zu unterschiedlichen Zeitvorstellungen. Trader etwa haben andere Zeithorizonte als Emissionsberater, Analysten von Automobilwerten andere als diejenigen, die hauptsächlich die Computerbranche beobachten. Die Strategien der Institute scheiden sich z.B. entlang der Frage, welche Tätigkeitsfelder als eigenständige

Abteilung organisiert werden, oder ob eine bestimmte Dienstleistung als cost- oder profit-center geführt wird.

Um schnell und kompetent auf wahrgenommene Umweltveränderungen reagieren zu können, verzichten Investmentbanken in bestimmten Bereichen auf hochgetriebene Kontroll- und zentralisierte Entscheidungsansprüche. Nur fundamentale Weichenstellungen in bezug auf die interne Struktur, die langfristige Strategie und Personalfragen werden vom Top Management getroffen, denn keine größere Firma könnte sich die Verzögerung im Handeln und die Inkompetenz in der Sache leisten, die durch ein Top Management ausgelöst würde, das *immer* mitentscheiden wollte: zu viele Möglichkeiten gingen verloren (Eccles und Crane 1988, S. 122).

Eine Sichtweise, die in diesem Zusammenhang weniger das Management von Wissens*arbeitern*, als vielmehr das Management von Wissens*arbeit* in das Zentrum der Betrachtung rückt, legt eine prozeßorientierte Analyse der Probleme dieser Art von Arbeit nahe. Auf die wesentlichen Problemlagen einer prozeßorientierten Koordination von Wissensarbeit haben Davenport et al. hingewiesen. Von den Autoren der Studie werden sieben Punkte angeführt (Davenport et al. 1996, S. 55): Erstens der beständige Wandel von benötigten Inputs und nachgefragten Outputs der Organisation; zweitens die unstrukturierten und hochgradig individualisierten Arbeitsroutinen der Wissensarbeiter; drittens die Schwierigkeit, zwischen Prozessen, Outputs und Inputs sinnvoll unterscheiden zu können; viertens die Ermangelung einer anerkannten Wissensmetrik; fünftens die starke Autonomie der Spezialisten; sechstens die große Leistungsvarianz der Mitarbeiter und siebtens der Mangel an geeigneter Informationstechnologie.

Unter diesen Bedingungen kann jeder ernstgemeinte Versuch, alle Aktivitäten und Prozesse von zentraler Stelle aus adäquat steuern zu wollen, nur als reine Hybris angesehen werden. Es verwundert insofern auch nicht, wenn auch nicht systemtheoretisch geschulte Beobachter Investmentbanken als Einheiten ansehen, die sich selbst schaffen und strukturieren, die ihr Design nur unter gelegentlicher Mitwirkung des Managements kreieren.

»Because of the complexity of the business and the speed with which it changes, strategy is formulated largely below the most senior level through a grass-roots or bottom-driven process. The organizational structure used to implement the strategy is also largely defined by people below top management. To a great extend, therefore, investment banks are self-designing organizations« (Eccles und Crane 1988, S. 3).

Die Frage, welche Informationen wo eingeholt und gesammelt werden, wie und an wen sie verteilt werden, wird durch diejenigen beantwortet, die direkt mit einem Deal befaßt sind. Auf diese Weise wird eine kunden- und produktorientierte temporäre Teamstruktur zum dominanten Aufbau- und Operationsmuster von Investmentbanken. Führende Investmentbanken haben z.B. ihre Akquisitionstaktik dahingehend verbessert, daß sie kombinierte Angebotsteams für wichtige Kunden erstellen. Dabei werden innerorganisationale Abteilungsgrenzen beständig und »auf Zuruf« überbrückt und durchdrungen, um Interdependenz und Zeitdruck gerecht zu werden. Das Verlagern von Durchführungs- und Entscheidungskompetenzen auf die operative Unternehmensebene läßt den Bedarf an Informationen und Know-how bei den involvierten Mitarbeitern sprunghaft ansteigen.

»Wir haben natürlich Telefonlisten, wir wissen genau, wer ist wofür zuständig, da gibt es Organigramme und da können sie auch direkt anrufen und das ist auch kein Problem, aber es hilft natürlich, wenn sie Leute schon mal gesehen haben, das ist ganz klar. Diese informellen Kontakte sind insbesondere wichtig, weil wir hier über vier Stockwerke verteilt sitzen. Wenn sie als jüngerer Mitarbeiter an einer Transaktion arbeiten, dann kann es durchaus so sein, daß er nicht weiß, daß zwei Stockwerke tiefer jemand sitzt, der schon mal an einem ähnlichen Deal gearbeitet hat. Hier muß man schauen, daß man Systeme hinbekommt, wo die Leute über Datenbanken

Zugriff haben auf Informationen, daß man weiß, wer ist wo Experte.«
(Interview B, 2).

Die Leitung dieser Bank experimentiert ganz vorsichtig mit der
»Institutionalisierung« solcher zufälligen Austauschprozesse, weil
man erkannt hat, daß die informellen Wege allein nicht mehr
ausreichen, um dem Wandel der benötigten Wissensbasis gerecht
zu werden. Einmal pro Jahr wechseln 50% der Mitarbeiter aus
dem Professionalbereich ihren Arbeitsplatz. Dieses Merry-go-
round über vier Stockwerke soll einerseits die Bildung von immer
neuen »Wissensseilschaften« fördern, andererseits die Bildung von
Herrschaftswissen verhindern. Die Durchführung regelmäßiger
bonusrelevanter Bewertungen des Personals der Bank durch sich
selbst (horizontal und vertikal) hat ein übriges dazu beigetragen,
daß sich unternehmenskulturelle Veränderungen ergeben haben.

Die in den meisten Banken nur lose strukturierte interne Netz-
werkformierung soll durch elaborierte Reporting-Systeme (gerade
im Tradingbereich) kontrolliert werden, weil das Handeln einzelner zu Katastrophen für die gesamte Organisation führen kann.
Berichte über abgelaufene Geschäfte, Kundenbewertungen,
anonyme interne Querbewertungen unterschiedlicher Personen
und Gruppen und natürlich Kennzahlen finanzieller Erträge
sollen helfen, Schwachstellen zu orten und Fehler aufzuspüren,
sowie die branchenüblichen Bonuszahlungen festzulegen.

Gerade die letztgenannten Bonuszahlungen führen Mitarbeiter
aus den Trading rooms immer wieder in Versuchung, lokale
Optima um jeden Preis realisieren zu wollen mit den bekannten
verhängnisvollen Folgen von Kontrollillusionen und Overconfidence in der Hoffnung auf immer größere Gewinne. »Die
Bank von England warnte in einer umfangreichen Untersuchung
vor den Gefahren falsch strukturierter Bonuspläne. Problematisch
sind hohe variable Boni, weil sie sozusagen eine einseitige Wette
darstellen, die man nur gewinnen oder verlieren kann« (Gutt
1997, S. 7). Brown et al. haben gezeigt, daß leistungsbezogene

Boni ein unerwünschtes Risikoverhalten gerade bei denjenigen Fondsmanagern hervorrufen kann, die Gefahr laufen, am Ende des Jahres als »loser« darzustehen: »(...) we show that the managers with poorest initial perfomance during an assesment period appear to act in a manner consistent with their own best interest, but not necessarily that of their shareholders« (Brown et al. 1996, S. 109).

Das Management versucht, diesen Tendenzen mit dem Design von Bonussystemen entgegenzuwirken, die auch berücksichtigen sollen, welche Beiträge der einzelne für das Team oder die Gruppe insgesamt geleistet hat (The Economist/manager spezial, S. 16, Hunt 1995, S. 115).

»Und außerdem, es wird auch Ihre Beurteilung treffen. Es gibt 360-Grad Beurteilungen, d.h. Sie werden nicht nur von oben beurteilt, Sie werden auch von unten beurteilt. Direktoren genauso. In einem jährlichen Rhythmus, ist neu eingerichtet worden, d.h. wir haben dieses Jahr auch unsere Chefs beurteilt. (...) Die Beurteilung ist auch ein Bestandteil für die Bewertung des Bonus. Und wenn sich rumspricht, daß einer Wissen nicht teilt, dann kriegen sie Probleme, vor allem auch, weil sich heute keiner mehr darum reißt, mit Ihnen zusammenzuarbeiten. Wer sich opportunistisch verhält, wird bestraft in dieser Organisation. Wir haben jetzt 'ne Situation, wo Sie an alle Präsentationen dran kommen, die gehalten wurden. Es ist nicht verboten in die Akte des Kunden XY reinzuschauen, wir sind da alle irgendwie die Insider, zumindest after the fact, wenn solche Transaktionen dann publik sind können Sie im Nachhinein da rein schauen. Und allein schon dadurch ist es möglich, Wissen für sich zu behalten.« (Interview A, 2)

Schwerwiegende Beobachtungs- und Bewertungsprobleme liegen bei dieser Systemgestaltung auf der Hand. Läßt sich etwa das Nichteingehen von Risiken beobachten? Und wieviel ist das Kontakthalten zu potentiellen Kunden wert? Wieviel das Recruiting aufstrebenden Talents? Ein anderes Mittel, die Anreizstruktur weniger auf den Vorteil des Tages auszurichten, sind sogenannte *Deffered boni*, worunter Einkommen zu verstehen sind, die beispielsweise über Aktienoptionspläne oder die Verknüpfung an langfristige Unternehmensziele aufgewertet werden. Ob sich mit Hilfe derartiger Systemmanipulationen opportunistische Verhaltensweisen tatsächlich eindämmen lassen, erscheint zumindest zweifelhaft - Salomon Brothers verlor wichtige Mitarbeiter schon, als das Management mit neuen Bonussystemen nur experimentierte (Gutt 1997, S. 7). Es ist ganz klar, daß die Vertrauensbasis zwischen Organisation und Wissensarbeiter in dem Maße brüchiger wird, in dem sich die Experten in ihrem Selbstverständnis als »freelancing high flyers« (Kern 1996, S. 8) betrachten, die nicht auf eine bestimmte Firma angewiesen sind.

Wir wollen an dieser Stelle nur kursorisch anmerken, daß eine Anreiz- und Bindungsstruktur, die im wesentlichen über eine außergewöhnliche finanzielle Kompensation organisiert ist, eine überaus gefährliche Strategie darstellt. Der drohende Moral hazard der eigenen Mitarbeiter scheint unter diesen Bedingungen provoziert - daran zeigt sich auch die Dummheit der Organisation. So hat eine Befragung von Wissensarbeitern darauf hingewiesen, daß Geld (ein hohes Lohnniveau bereits vorausgesetzt) nur noch eine kleine motivationale Wirkung zu entfalten vermag. »Once the financial rewards offered meet those prevailing in the industry it is the other three motivators, namely personal growth, operational autonomy, and task achievment, which managers should use to achieve motivated behaviour from their staff« (Tampoe 1996, S. 184, vgl. auch Rappaport 1988, S. 135f.). Ein geldbasiertes Reward-and-penalty System ohne jede Fehlertoleranz, das Abweichungen bestraft und Belohnungen für vergangenes Handeln verspricht, kann die Entstehung einer konkurrenzintensiven, lernunwilligen, kurzsichtigen und von Illoyalität geprägten Firmenkultur nahelegen, die das opportunistische Verhalten der Angestellten geradezu herausfordert (siehe dazu Ansoff 1988, S. 170). Das schwerwiegendste Problem eines nach hinten schauenden Gehaltssystems liegt in der Tatsache begründet, daß Abweichungen als Fehler beobachtet werden und eben gerade nicht als wichtige Informationen gewertet werden, die als Leitsystem für das weitere Vorgehen, für Kooperation und individuelle Förderung dienen könnte. Caplen hat festgestellt, daß führende Investmenthäuser versuchen, ihre eigene Kultur auf Kooperation und Langzeitorientierung auszurichten und umzubauen. »A key behavioural pattern that has to be established is that mistakes can be tolerated, but that surprises and failure to come clean on errors cannot. (...) Chief executives must cultivate a more liberal atmosphere if they want to hear about mistakes before they are irrevocably overwhelmed by them« (Caplen 1995, S. 39).

Die vorherigen Bemerkungen sollten deutlich machen, wie schwierig, voraussetzungsvoll und im Grunde unwahrscheinlich eine gelingende Organisation von Wissensarbeit im Investment Banking tatsächlich ist. Neben den rein kognitiven Limitationen wissensbasierten Entscheidens sind es gerade auch die sozialstrukturellen Bedingungen eines zumindest partiell maßgeblich durch Gier, Nepotismus und Opportunismus geprägten Umfeldes, in deren Fußangeln sich Wissensarbeit so leicht verfangen kann. Auftauchen werden die so benannten Problemkomplexe auch in der folgenden Differenzierung von Wissensarbeit in die Bereiche Wissensgenerierung, Wissensspeicherung und Wissensdiffusion (Mingers 1997). Wir wollen auf die jeweils hervorstechenden Aspekte kurz eingehen.

Wissensgenerierung. Eines der augenfälligsten Mittel der Wissensgenerierung im Investment Banking ist auf organisationaler Ebene der *Einkauf* von Wissen. Indem eine Organisation einen Experten, ein Team und ein ganzes Unternehmen »einkauft« versucht sie, das Wissen und die Kompetenz im Handeln und Entscheiden Externer zu internalisieren.

Die Deutsche Bank (Morgan Grenfell), die Dresdner Bank (Kleinwort Benson) oder auch die Credit Suisse (First Boston) haben ihr Know-how im Investment Banking zunächst durch die Akquisition bestehender Investmentbanken erworben bzw. grundlegend erweitert und zwar mit immensem finanziellen

Aufwand. So hat allein die Dresdner Bank für das Londoner Investmenthaus Kleinwort Benson (um das sich auch die Commerzbank zunächst bemüht hatte) rund 2,2 Milliarden DM zahlen müssen. Allerdings kann der Wissenserwerb qua Unternehmenskauf durchaus problembehaftet sein: Neustrukturierung und Aufteilung des Investment Banking bei der Dresdner Bank zwischen Frankfurt und London führten etwa zu Streitereien um Kunden, Produkte und Geschäft (Schulz, FAZ vom 3. März 1997, S. 20).

Zu Streitereien kommt es auch, wenn Investmentbanken sich gegenseitig besonders erfolgreiche Teams und Spezialisten abwerben. Dieser, von seinen Betreibern etwas euphemistisch »selective hiring« genannte Ansatz hat insbesondere der Deutschen Bank schon einen entsprechenden Ruf bei der Konkurrenz eingebracht, das Wort vom »Scheckbuch-Banking« machte die Runde. So warb die Bank beispielsweise in den USA eine Gruppe hochbezahlter Spezialisten für Technologieunternehmen vom Konkurrenten Morgan Stanley ab. Die Expertise und Kontakte dieser Gruppe hätten die üppigen Vergütungen und Abwerbesummen schon gerechtfertigt, so der ehemalige Chef der Deutschen Bank in Nordamerika Carter McClelland, denn die Spezialisten haben bereits mehrere Kunden bei Fusionen und Übernahmen beraten sowie bei Aktien-Emissionen betreut und seien in der Lage, Gebühreneinnahmen von 100 Millionen Dollar im Jahr zu erwirtschaften (FAZ vom 15. März 1997, S. 24). Dem »Chef« der Gruppe und Spezialisten für Informationstechnologie-Unternehmen soll die Deutsche Bank ein Jahresgehalt von 8 Millionen Dollar auf drei Jahre garantiert haben. Nicht zuletzt das atemberaubende Gehaltsgefälle zwischen London und Frankfurt hat unter internen und externen Kritikern der Investmentbank die Frage aufgeworfen, ob sich mit einer hochspezialisierten »Söldnertruppe« teamorientiert zusammenarbeiten läßt.

Wenn einzelne Stars abgeworben werden, dann liegen die Gründe hierfür nur zum Teil in der außerordentlichen Expertise, im Geheimwissen, im besonders innovativen Blickwinkel eines Experten. Neben seinem intellektuellen Vermögen, Probleme zu lösen, zählt gerade auch sein soziales Kapital, Probleme gemeinsam mit dem Kunden »erfinden« zu können, für deren Lösung dann Investment Banking das Mittel der Wahl ist. Bezahlt wird insofern auch für die engen Kundenkontakte, die ein bestimmter Experte unterhält und pflegt. Der besondere Wert eines solchen Netzwerkes liegt dabei auch in der Möglichkeit, frühzeitig, d.h. vor der Konkurrenz, Wissen über die Absichten, Pläne und Strategien eines Kunden zu erhalten, also auch in dem Vertrauensbonus, den ein bekannter Spezialist bei den potentiellen Kunden genießt. Die »Zauberer« der Branche haben ein Gespür für Märkte und technologische Neuerungen sowie die Fähigkeit, Kunden zu existentiellen Weichenstellungen zu bewegen, etwa sich zu einer Fusion mit einem Konkurrenten zu entschließen. Ein Experte ist sein Geld also wert, wenn es ihm gelingt, *gemeinsam* mit dem Kunden in dem Sinne Wissen zu erzeugen, daß positive (aber lernbereite) Erwartungen in bezug auf verkäufliche Lösungen hin strukturiert werden. Enge Kundenkontakte und Vertrauen werden im übrigen vor allem auch dann zu einer wichtigen Geschäftsgrundlage, wenn das Produkt oder die Problemlösung mehr oder minder von jeder Bank erbracht werden kann.

Für die Organisationen des Investment Banking ist intimes Wissen und Detailkenntnis über Strukturen, Abläufe, Probleme und Visionen ihrer Kunden von strategischer Bedeutung. Nur wenn eine Investmentbank eine Vorstellung davon hat, wohin sich etwa die Automobilbranche entwickelt, kann sie langfristig brauchbare Vorschläge für strategische Optionen der Automobilhersteller erarbeiten, mögliche Akquisitionen mit den Kunden diskutieren, etwa Joint Ventures oder die Veräußerung von Geschäftsfeldern. Das Wissen über derartige Zusammenhänge und

Entwicklungen kann eine Bank nicht aus sich selbst schöpfen. Um diese Expertise generieren zu können, ist sie auf vielfältige indirekte oder direkte Kontakte mit der jeweiligen Branche angewiesen.

So kann die Bank im Rahmen ihres Human Ressource Management neue Mitarbeiter direkt an denjenigen Universitäten rekrutieren, die für bestimmte Industriefelder ausgewiesene Schwerpunkte mit engen Praxiskontakten ausgebildet haben. Investmentbanken versuchen auch, neue Mitarbeiter unmittelbar aus den Communities of practice anzuwerben, also etwa von großen Unternehmensberatungsgesellschaften oder, um am Beispiel zu bleiben, direkt aus der strategischen Planungsabteilung eines Automobilkonzerns. Das Wissen dieser Insider ist so wertvoll, daß es nichts ausmacht, wenn sie die Codes der Investmentbranche bei der Einstellung noch nicht verstehen.

Wichtiger noch als diese indirekten Kontakte sind die Interaktionssituationen mit den Mandanten für die Generierung strategischen Kundenwissens. Das Wissen über ein bestimmtes Unternehmen, seine Bedürfnisse, seine Strategien läßt sich nur partiell öffentlich zugänglichem Material wie etwa der Bilanz einer Aktiengesellschaft oder anderer grauer Literatur entnehmen. Das verborgene Wissen über Problemlagen und Kontextbedingungen der Kunden, das den Investmentbankern die Möglichkeit gibt, relevante und im betreffenden Unternehmen auch an- und abschlußfähige Vorschläge, Ideen und Konzepte vorzulegen, erhalten die Banken vornehmlich im Rahmen einer kontinuierlichen Versorgung mit gutem Rat, lange bevor es zu einem wirklich rentablen Deal kommt.

»When an investment bank has access to detailed financial statements beyond what is publicly available, it is better able to propose ideas for deals that the customer will accept. The information cycle - deals generate information, which in turn generates more deals - is especially strong when a relationship exists« (Eccles und Crane 1988, S. 57).

Banken versuchen, solche Beziehungen zu den »big ticket clients« auf- und auszubauen, indem sie diese kostengünstig und laufend mit neuem Wissen versorgen. »By seeing how the customer responds to theses ideas, the investment banker hopes to learn more about what the customer s needs really are and the kind of deals it really does want to do« (ebd. S. 60).

Diese Form der Wissensgenerierung gerät jedoch zunehmend unter den Druck sinkenden Vertrauens. Wenn große Firmen Beziehungen zu mehreren Investmentbanken unterhalten, kann dies auf beiden Seiten zu einem Mangel an Loyalität führen. Der Kunde etwa mag kritische Informationen vor den Beratern geheimhalten, weil er befürchtet, die Banker könnten beim nächsten Deal schon auf der anderen Seite des Verhandlungstisches sitzen und dann über Wissen verfügen, das ihn verwundbar macht (Baker 1990, S. 597).

In engem Zusammenhang zur genauen Kenntnis von Kundenbedürfnissen entsteht auch Wissen über potentiell erfolgreiche neue Produkte. Dieses Wissen taucht überwiegend nah am Markt auf, d.h. im operativen Tagesgeschäft zumeist junger Investmentbanker. Deren Ideen für neuartige Dienstleistungen müssen sich dann ihren Weg nach oben bahnen - die Organisation prüft den Impuls am eigenen Widerstand. Allerdings müssen entsprechende Strukturen und auch eine fördernde Kultur vorhanden sein.

Wissensspeicherung. Das Gros des im Investment Banking erzeugten Wissens hat eine derartig kurze Gültigkeitsdauer, daß es für die Organisation keinen Nutzen brächte, sie routinemäßig irgendwie symbolisch repräsentiert auf Dauer abzulegen. Im Gegenteil, die Banken müssen sich sogar über Prozeduren des Vergessens und Entlernens Gedanken machen, um nicht von radikalen Veränderungen des Marktes ausgezählt zu werden. Das betrifft die organisationalen Strukturen ebenso, wie die spezifischen Kompetenzen ihrer Mitarbeiter. Gewußtes Wissen wird schließlich geschätzt, so daß man die eigene Expertise in ihrer

Bedeutsamkeit an den Kundenbedürfnissen vorbei verteidigt.
Goldman Sachs etwa versucht dieser Problematik zu begegnen,
indem auf eine Personalentwicklungsstrategie gesetzt wird, die
ein Generalistentum mit einer gewissen Spezialität zum Bildungs-
ziel erklärt. »Rapidly changing markets reduce or even make
obsolete the need for certain specialists and increase or create the
need for others. The advantages of specialization must be balanced
against the advantages of keeping people fungible, as investment
bankers like to say, so that the firm's human resources do not
become so specialized that they cannot adapt to changing market
circumstances« (Eccles und Crane 1988, S. 127). Tiefe und Reichweite interner Differenzierungsprozesse sind also ein hochgestell-
ter Aspekt organisationaler Wissensspeicherung. Die Differenzierung bestimmt, wie die Organisation ihre Beobachtungsposten
ausrichtet und somit, welche Informationen erzeugt werden.
Wenn eine Abteilung erst einmal besteht, dann sehen ihre Mitarbeiter, was sie sehen und nicht, was sie nicht sehen. Mit anderen
Worten: was in einer Organisation an Wissen gespeichert wird,
hat nicht nur einen beträchtlichen Einfluß darauf, was die Organisation dann weiß, sondern auch, was sie zukünftig wissen *kann*.

Leitlinien, Routinen und Traditionen, die sich in Abteilungen
manifestieren, an Produktlinien oder an geographischen Einheiten
entlang ausbilden, sind nicht nur einfach gespeichertes, älteres
Wissen. Sie tragen zudem deutlich normative Züge. »Fürstentü-
mer« werden politisch verteidigt und nicht wissensbasiert diskutiert. Wenn etwa eine Bank ihre länderspezifische Organisationsform aufgrund des Drucks der Globalisierung zugunsten einer
produkt- und kundenorientierten Form verändern möchte, so
sind Konflikte programmiert, die nicht auf intellektuellem Terrain ausgetragen werden.

Damit soll nicht gesagt werden, daß es im Investment Banking
so etwas wie organisationales Wissen, welches in Traditionen und
Leitlinien gespeichert ist, nicht »geben« würde. Es gibt aber

deutliche Hinweise, daß es neben Standardabläufen und Routinen gerade die intelligenten »Meta-Regeln« sind, die in das Systemgedächtnis der Organisation gelangen und dort ihre Wirkung langfristig entfalten. »Hire good people and leave them alone« könnte eine dieser Regeln heißen, die dann auch erklärt, warum offensichtlich soviel Wissen in den Köpfen stecken bleibt.

Wissensdiffusion. Daß die Wissensdiffusion in weiten Bereichen des Investment Banking personenbezogen und im face-to-face Kontakt erfolgt, kann vor dem Hintergrund des bereits Gesagten nicht weiter überraschen. Abgesehen von den globalen Datenströmen, die stündlich in die Großraumbüros der Händler schwappen, gilt für den Rest der Organisation, daß es im wesentlichen die Personen-Netzwerke sind, die die weitere kommunikative Verwertung von Wissen prägen. Während für den Händler der Markt zu fast hundert Prozent anonym bleibt, kennt der Analyst die Vorstände und leitenden Mitarbeiter der ihn interessierenden Firmen und hat zumeist schon offene Gespräche mit ihnen geführt. Und er gibt sein Wissen häufig auch im persönlichen Kontakt an die Kollegen aus anderen Abteilungen weiter (natürlich wird, gerade im Research, auch eine unübersichtliche Masse an Berichten, sog. Reports, geschrieben). Diese quer zur ohnehin flachen hierarchischen Struktur liegenden Netzwerke sorgen für eine *Verteilung* des Wissens aufgrund von *Nachfrage*.

Neben der Pflege und/oder der Toleranz informeller Netzwerke ist die internationale Migration von Wissensarbeitern als wichtige Strategie der Investmentbanken zu werten, Expertise kurz-, mittel- oder langfristig an die Orte zu transferieren, an denen sie im Rahmen komplizierter Deals benötigt und nachgefragt wird (Beaverstock und Smith 1996, S. 1392). In der überwiegenden Zahl der Fälle handelt es sich um kurzfristige Einsätze - wenige Menschen sind soviel mit dem Flugzeug unterwegs, wie Investmentbanker (siehe die lebendige Schilderung von Kunkel 1997). Am Fall der Mergers & Acquisitions-Abteilung der Credit Suisse First

Boston wird deutlich, daß die Banken auf die Mobilität ihrer
Mitarbeiter gar nicht verzichten können: die M&A-Abteilung hat
rund 130 Mitarbeiter, die auf 21 Standorte in Europa, Nordamerika und Asien verteilt sind. Neben der geographischen
Verteilung werden von der Gruppe 15 verschiedene Industriearten
(von *Chemicals* bis *Waste Management*) schwerpunktmäßig beobachtet und betreut, hinzu kommt noch die ausdifferenzierte
Produktexpertise (von *Acquisitions* bis *Tracking Stock*). Es ist vor
diesem Hintergrund schlicht ausgeschlossen, daß an jedem Ort
die besten Frauen und Männer für jedwede Problemlage direkt
verfügbar sind, so daß »extensive traveling« zu den Standards in
den Stellenausschreibungen der Investmentbranche gehört.

Neben dem reinen Transfer von Wissen hat die Versendung von
Mitarbeitern noch weitreichendere Bedeutung für die Banken.
Dazu der Personaldirektor einer britischen Investmentbank:

»The bank sends personnel overseas for the following reasons. One, local
staff do not have the skills to undertake many of the banking functions. Two,
overseas assignments are a means of developing both UK and international
staff. Three, it is beneficial for the bank to cross-fertilise - for the exchange
of views and working practices, as well as to improve the cohesivness of the
bank. Four, many banking techniques, products and services are developed
in the UK and the skills need to be transferred to international locations«
(zitiert nach Beaverstock und Smith 1996, S. 1390).

Fazit. Aus all dem Gesagten läßt sich schließen, daß sich die
Generierung, Speicherung und Diffusion von Wissen im Investment Banking weitgehend personenbezogen im face-to-face
Kontakt und innerhalb von z.T. temporären *communities of
practice* vollzieht. Das funktioniert bislang offensichtlich relativ
erfolgreich. Doch gleichzeitig scheint die Majorität der Investmenthäuser sich einen unbefangenen Umgang mit ihren intellektuellen Ressourcen auch noch leisten zu können. Zwar werden
exorbitante Summen bereitgestellt und investiert, um angesehene
Stars, komplette Expertenteams oder gleich ganze Banken ein-

bzw. aufzukaufen und die eigenen Mitarbeiter zu halten, aber ein aktives, reflexives und global orientiertes Management von Wissensressourcen sucht man (noch) vergebens. Das verwundert angesichts der Tatsache, daß es genügend Organisationen gibt, die für die Investmentbranche durchaus instruktive Beispiele geben könnten. Zu denken ist dabei etwa an Unternehmensberatungen, die routinemäßig in after-action reviews versuchen, aus abgelaufenen Projekten einen Wissensmehrwert abzuschöpfen. Es gelingt ihnen auch, einen Teil des Wissens ihrer Experten in Form von Berichten und Studien zu bewahren, nicht zuletzt für den Fall, daß Mitarbeiter das Haus wieder verlassen. Gerade letztgenannter Punkt, der Wissensverlust durch Abwanderung, ist in Investmentbanken angesichts hoher Turn-over-Raten ein nicht eben unbekanntes Problem. Aber auch ähnlich fehlersensitive Organisationen (wie etwa Flugzeugträger) könnten den Banken zu denken geben: *high-reliability organizations* machen vor, wie organisationale Regeln und Normen institutionalisiert werden, die das Orten und Offenlegen von Fehlern fördern, ohne dabei Werthaltungen zu produzieren, die Fehler nur dann verurteilen, wenn sie zum zweiten Mal geschehen. Das Experimentieren mit *präventiven Lernprozessen* könnte eine lohnende Investition darstellen angesichts eines Geschäftsumfeldes, in dem kleine Fehler zu Millionenverlusten heranwachsen können.

Eine derartige Ignoranz werden sich nur Institute auf Dauer leisten können, die von vornherein nicht in der Oberliga des Investment Banking mitspielen wollen und sich statt dessen auf lokale Nischenmärkte mit mittelständischen Kunden spezialisieren, die wiederum selbst (noch) nicht dem Druck der Globalisierung ausgesetzt sind und die statt Wissensaustausch lieber auf Tuchfühlung mit ihrem Investmentbanker gehen, jenem Mann ihres Vertrauens, der ihnen im richtigen Moment ins Ohr flüstert: *»Heute ist Aktionärsversammlung - da ziehst Du besser einen Anzug an!«* (Interview C, 1).

4.4 Recht als Bestandteil einer »intelligenten« Suprastruktur der Finanzmärkte
Konstanze Piel

Zusammenfassung
Mit der qualitativ neuen Rolle des Wissens verbinden sich für die Finanzwirt-schaft nicht nur neue Chancen, etwa im Hinblick auf die verhältnismäßig neuen Instrumente der Risikodiversifizierung, sondern vor allem auch neue Risiken - allen voran das Risiko des Nicht-Wissens. Staat und Recht werden dabei durch die Komplexität des Finanzsystems zunehmend in die Defensive gedrängt. Die Eigendynamik und Emergenz lateraler Weltsysteme lassen die nationalstaatliche Autonomie erodieren, der internationale Wettbewerb nationaler Ökonomien verschärft sich.
Der vorliegende Beitrag legt am Beispiel des Kapitalmarktrechts dar, daß das Zusammenspiel von Globalisierung und Wissensbasierung auf seiten der Marktakteure neue Loyalitäten entstehen lassen. Die hierdurch verstärkte Interdependenz des ökonomischen und des politischen Systems eröffnen dem Nationalstaat die Chance, die Frage nach der rechtlichen Steuerung der Finanz-märkte nicht mehr vorrangig mit Blick auf die Vermeidung von Wettbewerbs-nachteilen zu thematisieren, sondern verstärkt die Qualität des Rechts als »Aktivposten« internationaler Wettbewerbsfähigkeit zu nutzen. Der Erfolg einer solchen Strategie dürfte davon abhängen, inwiefern es dem Recht gelingt, die Lern- und Innovationsfähigkeit des Finanzsystems durch eine wechselseitige Steigerung ökonomischer und politischer Rationalität zu befördern und so zur Institutionalisierung eines intelligenten Überbaus beizutragen.

1   Entwicklungslinien internationaler Finanzmärkte

> *»Financial markets are best understood as a historical*
> *process, and history never quiete repeats itself«.*
> George Soros

Die Finanzwirtschaft gehört zu den dynamischsten Wirtschafts-
zweigen. Die unter Stichworten wie Informationszeitalter und
Globalisierung diskutierten gesamtgesellschaftlichen Entwick-
lungstendenzen vollziehen sich hier nahezu in Reinform. Dabei
sind die Finanzmärkte nicht nur beispielhaft für die technologie-
geleitete Globalisierung und die zunehmende internationale
Verflechtung des politischen und ökonomischen Systems, sondern
diese stehen als Transmissionspunkt der Volkswirtschaften im
Zentrum dieser, die Relevanz nationalstaatlicher Grenzen relati-
vierenden Prozesse.

Der Einsatz leistungsfähiger Informations- und Kommunikationstechnologien hat nicht nur die Art und Weise der Informationsvermittlung und -verarbeitung dramatisch verändert, sondern
auch die Funktionsweise der Märkte maßgeblich beeinflußt
(Bryant 1987; Cerny 1994): Infolge zeitlicher und örtlicher Unge-
bundenheit der Finanzmärkte sowie der Möglichkeit der Marktteilnehmer, standortunabhängig und in »Real-Time« am Markt-
geschehen teilzunehmen, reduzierten sich die Transaktionskosten
im Hinblick auf die Informationsübermittlung und -verarbeitung
sowie die Vertragsabwicklung erheblich. Die steigende Umsatz-
geschwindigkeit und der hohe Vernetzungsgrad der Märkte - im
Zusammenhang mit der sukzessiven Liberalisierung des Kapitalverkehrs - haben dabei eine Entwicklungsdynamik in Gang
gesetzt, im Zuge derer sich die Leistungsanforderungen vor allem
an die organisierten Finanzmärkte kontinuierlich erhöht haben.
Steigende Transaktionsvolumina einerseits und die aus der zunehmend bestehenden Möglichkeit der Nutzung komparativer
Kostenvorteile (infolge der hohen Mobilität des Kapitals) resultie-

rende Wettbewerbsintensivierung andererseits, haben gerade im Börsenwesen zu tiefgreifenden Strukturveränderungen geführt. Weltweit zeichnet sich derzeit ein Trend in Richtung auf eine vollständige Computerisierung des Finanzhandels ab. An nahezu allen Börsen sind inzwischen computergestützte Informations- und Handelssysteme im Einsatz. Auch im traditionellen Parkett- handel hat die Automation der Börsenfunktionen, etwa der Orderübermittlung, bereits Einzug gehalten und selbst die Auf- sichtsbehörden sind inzwischen auf eine programmgesteuerte Überwachung des Handels angewiesen.

Die finanziellen und technologischen Innovationen der letzten Jahre haben die Finanzwirtschaft räumlich und zeitlich weit- gehend unabhängig gemacht, den Zeithorizont immer weiter in die Zukunft verlagert und die Bedeutung der virtuellen im Ver- gleich zur realen Ökonomie vergrößert. Die Finanzmärkte haben dabei eine Komplexität erreicht, die zunehmend über die operati- ve hinaus in die kognitive Dimension weist. Das Finanzierungs- und Anlageverhalten verschiebt sich von individuellen zu in- stitutionellen Arrangements, traditionelle Instrumente wie der einfache Kredit werden vermehrt durch flexibel kombinierte derivate, d.h. »intelligente Produkte« ersetzt. Hiermit einher- gehend ist die Finanzwirtschaft durch eine fortschreitende Profes- sionalisierung und Spezialisierung geprägt, die Marktteilnehmer sind zunehmend auf das systematisierte Wissen von Experten- systemen, d.h. auf spezielle Informations- und Beratungsdienste und den Einsatz von Experten und Analysten angewiesen.

2   Die Informiertheit der Märkte

> *»Information has nothing to do with human knowledge,*
> *skills or competence. It is at best worthless garbage which*
> *pollutes our world.« Karl E. Sveiby*

Damit rückt zu einem Zeitpunkt, an dem die Finanzmärkte der
Utopie »vollständiger Information« (Gabler 1988, S. 2528) näher
scheinen als je zuvor, die Wissensabhängigkeit finanzieller Transaktionen, d.h. die Frage nach der Interpretation verfügbarer Informationen in den Vordergrund.

In dem Maße, in dem die enorm gestiegene Sensibilität der Beobachtungsinstrumente und die Geschwindigkeit der Informationsübermittlung und -verarbeitung die Beobachtung von Differenzen
möglich (und erforderlich) macht, die in der Vergangenheit nicht
sichtbar und somit irrelevant waren (Kurtzman 1993, S. 39),
gewinnt die Informations*bewertung* an Bedeutung:

> »In der heutigen Umwelt kann jede Information über Fundamentalvariablen
> kurzfristig jede Wirkung haben, je nachdem, wie sie interpretiert wird und wie
> die Erwartungsbildung in bezug auf die entsprechende Grösse aussieht. Wichtig
> ist heute weniger, was der wirkliche Informationsgehalt einer Meldung ist, als
> vielmehr, was geglaubt wird über die Art und Weise, wie die anderen Markt-
> teilnehmer auf die Meldung reagieren werden.
>
> Dies bedeutet im Prinzip nichts anderes, als dass die (...) Fortschritte in der
> Mikroelektronik und im Telekommunikationsbereich hier kein Informations-
> problem gelöst, sondern eines geschaffen haben. Wo früher vermeintlich zu
> wenig Information vorhanden war, um eine vernünftige Preisbildung zu
> garantieren, ist heute viel zu viel Information und viel zu viel Interpretation
> vorhanden« (Heri 1989, S. 33).

Wenngleich die eingangs zitierte Einschätzung Sveibys zwar
überzeichnet ist, so ist doch zutreffend, daß Informationen ohne
Wissen wertlos sind. Wissen liefert interpretierte Beobachtungen
und hat »nichts mit ›Tatsachen‹ im Sinne einer unverrückbaren
objektiven Richtigkeit oder Wahrheit zu tun« (Willke 1995, S. 238).

Die Riskanz der Finanzmärkte läßt sich nicht mehr einfach auf der Folie verfügbarer Informationen betrachten, sondern stellt sich zunehmend auch als Wissensproblem dar: Dementsprechend verwundert es kaum, daß parallel zu den immer ausgefeilteren Methoden des Risikomanagements auch die Riskanz der Märkte zunimmt.

Die Märkte im allgemeinen, d.h. sowohl die Güter- und Dienstleistungsmärkte als auch die Finanzmärkte, bilden die »interne Umwelt der Wirtschaft« (Luhmann 1988, S. 94ff.). Die besondere Relevanz der Finanzmärkte resultiert aus der Tatsache, daß diese mit allen Märkten verknüpft sind und somit die Einheit des Systems repräsentieren. Über den Prozeß reflexiver Beobachtung - wobei es sich hier um eine Beobachtung mindestens zweiter Ordnung handelt - fungieren die Finanzmärkte als Selbstaufklärer des Wirtschaftssystems.

Mittels des Preismechanimus informiert sich das Wirtschaftssystem über Zahlungserwartungen, wobei jeder Marktteilnehmer zu jedem Zeitpunkt über die Preise - d.h. im »Spiegel des Marktes« (White 1981, S. 542f.) - sich selbst und die Konkurrenz beobachten kann. Das heißt, die Operationen des Systems, die Zahlungen, sind zum einen auf den Erhalt der Zahlungsfähigkeit gerichtet und wirken zum anderen über die Preisbildung erwartungsbildend. Auf den Zukunftsmärkten erfolgt - neben der konkreten Risikoabsicherung finanzieller Transaktionen die Erwartungsbildung darüber hinaus in Form der Simulation von Entscheidungen: So wird beispielsweise mit dem Abschluß einer Option (ob nun aus Spekulationsmotiven oder zum Zwecke der komplementären Kurssicherung) insofern eine Art Wette abgeschlossen, als der Abschluß einer Verkaufsoption (put) in Erwartung einer Baisse, der einer Kaufoption (call) dagegen in der Erwartung einer Hausse erfolgt.

Während auf den Primär- und Sekundärmärkten Zahlungen aufgrund der Erwartung von Zahlungen vorgenommen werden, d.h. auf der Grundlage der Beobachtung von Zahlungen für Zah-

lungen, erfolgt auf den Zukunftsmärkten die Beobachtung von
Beobachtungen. (Inzwischen existieren schon Derivate, deren
Underlyings selbst abgeleitete Finanztitel darstellen, d.h. die
Selbstreflexivität finanzökonomischer Operationen ist theoretisch
bis zu einer Beobachtung n-ter Ordnung steigerbar.) Damit sind
die Entscheidungen zwangsläufig spekulativ (spätlat. speculatio:
Betrachten, Beschauen) - und dementsprechend riskant. Gleichzeitig erhöht dies für die Marktteilnehmer die Möglichkeit, Chancen und Risiken ex ante durch die »Erprobung« von Preisen ab-
schätzen zu können. Die Riskanz des marktvermittelten Risikomanagements resultiert dabei nicht nur aus der temporalen Ungewißheit der Ereignisse, sondern vor allem auch aus der hohen Kontext-
abhängigkeit, d.h. Interpretationsbedürftigkeit der Informationen.
Risikomanagement ist demzufolge »not a problem of a lack of
information, but rather a lack of knowledge with which to inter-
pret its meaning« (Marshall/Prusak/Shpilberg 1996, S. 82).

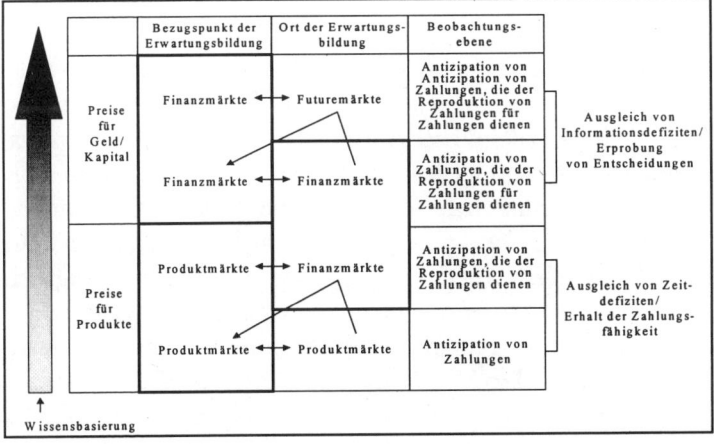

Abb. 4.4.1: Risikostrukturierung der Wirtschaft durch systeminterne Erwartungsbildung

Die Riskanz des Risikomanagements wird deutlich, wenn man berücksichtigt, daß nicht nur die das Erfordernis des Risikomanagements erst indizierende Ungewißheit zukünftiger Ereignisse sowie die Interpretationsbedürftigkeit der Informationen sich auf der Ebene des Umgangs mit Wissen in ähnlicher Form wiederholen - und damit die Notwendigkeit des Wissensmanagements als Instrument des Risikomanagements begründen. Das Wissen ist nicht nur in seiner zeitlichen Geltung durch den Zwang zu ständiger Innovation - und damit einer permanenten Reflexion seiner eigenen Rahmenbedingungen - begrenzt. Vor allem mangelt es an objektiven Kriterien zur Identifizierung »richtigen« Wissens. Interpretationen können falsch sein - dies läßt sich jedoch oftmals erst ex post feststellen - sei es, weil ein entsprechendes Kontroll-Wissen hierzu nicht vorhanden ist oder Kontrollen schlicht versagen, sei es, weil die Interpretation erst durch Zeitablauf, d.h. durch den Eintritt oder Nicht-Eintritt bestimmter Ereignisse verifiziert oder falsifiziert werden kann. »In the absence of definitive knowledge, expert opinions tend to be colored by personal values as well as professional judgement, leading to different assessments of the significance of particular risks« (Jasanoff 1986, V). D.h. in Ermangelung einer klaren Unterscheidung von Wissen und Nicht-Wissen ist die Konsensfähigkeit des Wissens gering. Die Schere zwischen Information und Wissen öffnet sich hierdurch insofern noch weiter, als gerade die Zunahme öffentlich zugänglichen Wissens die Bedeutung privaten Wissens steigert. Das Wissen wird damit jedoch nicht nur zu einer zentralen ökonomischen Größe, vielmehr wird zugleich auch die Institutionalisierung von Regelsystemen - vor allem auch im Hinblick auf eine externe Kontrolle dieses Wissens - erschwert. Im Gegensatz zu dem Wissen klassischer Professionen bewirkt hier die geringe Konsensfähigkeit des Wissens eine Revidierung des Verhältnisses normativer und kognitiver Erwartungen. Dies hat auch Auswirkungen auf die durch ein hohes Tempo der Wissensrevision charakterisierte Entwicklungsdynamik der Finanzmärkte,

welche auf Kontextänderungen (d.h. vor allem auch auf staatliche
Regulierung) extrem zeitnah und sensibel mit Innovationen reagieren.

3   Die Ignoranz des Rechts

> *»Die Notwendigkeit zu entscheiden reicht weiter als die*
> *Fähigkeit zu erkennen« Immanuel Kant*

Die bereits Ende der siebziger Jahre diagnostizierte Krisensym-
ptomatik rechtsförmigen Staatshandels ist nach wie vor aktuell,
erfährt jedoch in der Wissensgesellschaft eine neue Akzentuierung.
Angesichts der aus der Aufgabenambivalenz des »präventiven
Staates« resultierenden Überforderung des Rechts, einerseits Sicherheit zu gewährleisten und zugleich Innovationen zu fördern
bzw. zumindest nicht zu behindern (vgl. Grimm 1990; 1991), klingt
es vielversprechend, wenn der Gesetzgeber seine Bemühungen
explizit darauf ausrichtet, die Wettbewerbsfähigkeit des Finanzplatzes Deutschland zu fördern und zugleich die Kontrolle über
die Märkte zu verstärken. Mit dem Zweiten Finanzmarkt*för-
derungs*gesetz von 1994 erfolgte eine Ausweitung der staatlichen
Aufsicht über den Wertpapierhandel, indem die bisherige Rechts-
aufsicht über die Börsen zu einer zentralen Marktaufsicht über den
gesamten Wertpapierhandel ausgebaut wurde.

   Die aufsichtsrechtlichen Bestimmungen des Wertpapier- und vor
allem des Börsenrechts sind den dogmatischen Strukturen des
Gefahrbegriffs verhaftet, ausgerichtet auf Ordnungserhalt durch
die Abwehr von Störungen.

   In Anbetracht der Eigendynamik des Regelungsfeldes, dessen
Riskanz gerade mit der zunehmenden Informiertheit der Märkte
verstärkt durch das Risiko des Nicht-Wissens bestimmt ist, erscheint es jedoch fraglich, ob eine bloß rechtsfortbildende Weiterentwicklung des Kapitalmarktrechts ausreicht, um eine effektive
Risikosteuerung zu gewährleisten.

Die traditionelle ordnungsrechtliche Konzeption der Börsen- und Wertpapieraufsicht läßt sich auch heute noch mit den Worten Triepels (1917, S. 69) definieren als »Hinsehen zu dem besonderen Zwecke, das Objekt der Beobachtung mit irgend einem Richtmass in Übereinstimmung zu bringen oder zu erhalten«. Die zentrale Frage hierbei ist jedoch nicht nur, *wie* - das heißt mittels welcher Maßnahmen - diese Übereinstimmung anvisiert, sondern gerade auch *welches Richtmaß* hierbei angelegt wird.

Das Richtmaß des traditionellen Aufsichtstypus der staatlichen Gefahrenabwehr leitet sich aus einem erfahrungsorientierten, statischen Normalzustand ab. Die Aufsicht gerät dabei infolge der Komplexität und Dynamik des Marktgeschehens zunehmend in Bedrängnis - die hieraus resultierenden Probleme sind bekannt: Die Effektivität rechtlicher Steuerung ist nicht mehr gewährleistet, wenn die Normierung der Marktentwicklung ständig hinterherhinkt, und zudem ist seitens der beaufsichtigten Marktakteure mit erheblichen Nachteilen im internationalen Wettbewerb zu rechnen, indem u.U. existentielle Innovationen behindert werden. Bislang weitgehend unbeachtet geblieben ist dagegen die Frage, inwiefern der Rekurs auf das Gleichgewichtsmodell als idealtypischer Normalitätsvorstellung unter dem Vorzeichen zunehmender Wissensbasierung noch praktikabel ist. Sowohl die aufsichtsrechtliche d.h. öffentlich-rechtliche als auch die privatrechtliche Normierung des organisierten Wertpapierhandels werden dominiert durch vielfältige Informations- und Publizitätspflichten, Informationsverwertungsverbote sowie informationsbezogene Organisationsvorschriften.

Vorrangiges Schutzgut des Kapitalmarktrechts ist die Funktionsfähigkeit der Märkte. Die vom Gesetzgeber intendierte Verbesserung der Preisbildungsqualität durch eine Steigerung der Informiertheit der Märkte bzw. umgekehrt die Vermeidung unangemessener Preise infolge fehlender oder mangelhafter Informationen (vgl. BT-Drucks. 12/7918, S. 102) unterstellt, daß die Preise bzw. Kurse (potentiell) die relevanten Informationen vollständig widerspiegeln. Wie oben bereits festgestellt, läßt sich die Preisbildung auf den Finanzmärkten im allgemeinen und den Zukunftsmärkten im besonderen nicht ausschließlich im Hinblick auf die Bildung eines Marktgleichgewichts von Angebot und Nachfrage betrachten. Angesichts der hierarchischen Anordnung der Finanzmärkte reflektieren die Preise vielmehr jeweils die *Erwartung zukünftiger* Preisentwicklungen. Mit fortschreitender Futurisierung der Märkte steigt somit die Interpretations- und damit die Wissensabhängigkeit ihrer Effizienz. Das heißt neben der Information avanciert das Wissen zur kritischen Ressource riskanter Entscheidungen.

Die Frage nach dem Gleichgewicht von Angebot und Nachfrage und dem tatsächlichen und potentiellen Grad der Informationseffizienz des Kapitalmarktes bleibt hiervon insofern unberührt, als die Wissensabhängigkeit finanzökonomischer Entscheidungen die Relevanz des Informationsaspekts nicht aufhebt, sondern lediglich als intervenierende Variable einkalkuliert werden muß. Dementsprechend sei noch einmal betont, daß zum Zwecke größtmöglicher Transparenz des Marktgeschehens und Chancengleichheit der Marktteilnehmer selbstverständlich die Informationspolitik der Marktakteure als Gegenstand rechtlicher Normierung - durchaus auch in der Form regulativen Rechts - unabdingbar ist. Die Annahme, hiermit die Riskanz der Märkte mehr als nur punktuell bearbeiten zu können, wäre jedoch illusionär. Vielmehr geht die ausschließliche Fokussierung des Informationsaspekts mit einer eklatanten Vernachlässigung des Risikos des Nicht-Wissens einher, da die Verlagerung von einem Informations- zu einem Wissensproblem der Finanzmärkte im Recht keine Entsprechung findet.

Angesichts der Tatsache, daß sich die Wissensabhängigkeit gerade aus der zunehmenden Informiertheit der Märkte speist, erscheint es äußerst zweifelhaft, ob die infolge der knappen Systemzeit ohnehin begrenzte Rationalität ökonomischer Entscheidungen -

die durch den Einsatz leistungsfähiger Informations- und Kommunikationssysteme eher eine zusätzliche Einschränkung denn
Erweiterung erfährt - durch ein Mehr an Information erhöht
werden kann. Insbesondere für das breite Kapitalmarktpublikum,
d.h. vor allem für die privaten Kleinanleger, kann das zur Umsetzung der Informationen in Kauf- und Verkaufsentscheidungen
erforderliche Wissen nicht umstandslos vorausgesetzt werden.
Dementsprechend kann etwa mit dem Insiderhandelsverbot und
der dieses flankierenden Ad hoc-Publizität dem Ausnutzen bzw.
bereits dem Entstehen von Informationsasymmetrien im Sinne
informationeller Chancengleichheit durchaus begegnet werden,
inwiefern hierdurch auch tatsächlich der Anlegerschutz befördert
wird, ist allerdings fraglich.

Stellte Hopt 1975 für den Kapitalanlegerschutz fest, daß »*neben*
der Sorge um den Anlegerschutz (...) mehr oder weniger akzentu-
iert *auch* die Sorge um den Kapitalmarkt und letztlich die Wirtschaft« stehe (Hopt 1975, S. 336; Hervorh. K.P.), so geht die h.M.
(nicht nur im Hinblick auf das Insiderhandelsverbot) heute davon
aus, daß Funktionsschutz und Anlegerschutz weitgehend nur noch
insofern zwei Seiten einer Medaille bilden, als eine ausreichende
Liquidität des Kapitalmarktes im Interesse der Anleger liegt (Kümpel 1996). Das Scharnier zwischen Anlegerschutz und Funktionsschutz bildet dabei das Anlegervertrauen: Die erwünschte Markt-
breite und -tiefe setzt die Investitionsbereitschaft des breiten
Anlegerpublikums voraus - diese hängt angesichts der Ungewißheit
und mangelnden Sachkunde der privaten Investoren wesentlich von
deren Vertrauen in die Funktionsfähigkeit der Märkte ab:

»Ohne einen solchen ausreichenden Vertrauensschutz ist die Funktionsfähigkeit der Wertpapiermärkte gefährdet. Bei einer spürbaren Erschütterung dieses
Vertrauens besteht die Gefahr, daß sich die enttäuschten Anleger von den
betroffenen Märkten abkehren und diesen hierdurch die für ihre Funktionsfähigkeit erwünschte Liquidität entziehen« (Kümpel 1996, S. 29; vgl. BT-
Drucks. 12/6679; 12/7918).

Wenngleich die rechtliche Normierung des Informationsverhaltens der Marktakteure hiermit hinsichtlich des Anlegerschutzes nicht obsolet wird, so erfährt der »Anlegerschutz qua Information« doch durch die Wissensabhängigkeit finanzökonomischer Operationen eine Relativierung.

Sofern der Gesetzgeber selbst also mit Blick auf den übergeordneten Schutzzweck der Funktionsfähigkeit des Kapitalmarktes nicht mehr den Anleger*schutz*, sondern vorrangig den Schutz des Anleger*vertrauens* fokussiert, läßt sich dies durchaus als ein Indiz für die Einsicht werten, daß allein mit einem Mehr an Information die Rationalität riskanter Entscheidungen und die Qualität der Preisbildung nicht erhöht werden kann - und dennoch mittels rechtlicher Steuerung des Informationsverhaltens der Marktteilnehmer eine Bearbeitung des Wissensproblems - und damit der Riskanz - möglich ist. Das Recht übernimmt dabei jedoch lediglich eine passive Rolle, indem es sich darauf beschränkt, das Nicht-Wissen-*Können* des breiten Anlegerpublikums durch »vertrauensbildende Maßnahmen« (BT-Drucks. 12/6679) zu kompensieren. Implizit wird hierdurch der aktiv-risikobearbeitende Part des Wissensmanagements dem Markt bzw. dem Management der auf diesem Markt agierenden Unternehmen überlassen (siehe Abb. 4.4.2).

Wie bereits festgestellt, dient der hierarchische Aufbau der Märkte der Risikostrukturierung der Wirtschaft, wobei die Zukunftsmärkte durch das Handelbarmachen von Risiken für das Risikomanagement der Marktteilnehmer von zentraler Relevanz sind (Abb. 4.4.1). Das marktvermittelte Risikomanagement läßt sich zugleich *auch* als eine Form des Wissensmanagements begreifen. Die »Erprobung« zukünftiger Preisentwicklung dient der Bewältigung (nicht der Beseitigung) von Ungewißheit.

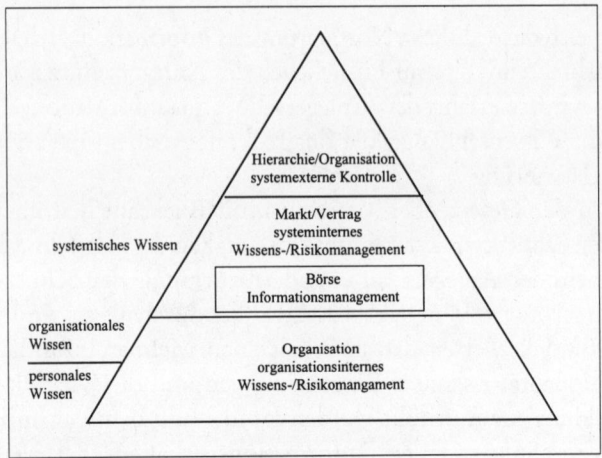

Abb. 4.4.2: Arbeitsteiliges Risiko- und
Wissensmanagement der Finanzmärkte

Das systeminterne Risikomanagement beruht ausschließlich auf
mikroökonomischen Erwägungen und »markets participants are
trying to discount a future that is itself shaped by market expectations« (Soros 1998). Dies dient nicht nur der Absicherung gegen
bestehende Risiken, sondern produziert seinerseits auch *neue* Risiken. Die Funktion des Wissensmanagements als Instrument des
Risikomanagements läßt sich in diesem Kontext vor allem als
Präventivmaßnahme zur Vermeidung einer Überführung systemischer in operative Risiken beschreiben. Die mit der zunehmenden
Selbstreflexivität der Märkte steigende Interpretationsabhängigkeit
der Informationen befördert eine *Kultur der Wissenskonkurrenz.*
So fruchtbar diese Konkurrenz im Hinblick auf die Innovationsfähigkeit der Finanzwirtschaft u.U. auch sein mag, so riskant ist
sie, wenn sie sich auch innerhalb der einzelnen Unternehmen
fortsetzt: Die weniger durch objektive, d.h. ex ante bestimmbare
Kriterien der Fachlichkeit als vielmehr ex post am Erfolg bemesse-

ne Expertise, und das damit oftmals einhergehende unternehmensinterne Entlohnungssystem, behindern den Austausch und Transfer von Wissen innerhalb der Organisation und verleiten zugleich
das Management zu »overconfidence« gegenüber den Mitarbeitern.
Wenngleich hier nicht näher auf die Bedingungen der Rückkopplung personalen und organisationalen Wissens und der entsprechenden Lernprozesse eingegangen werden kann, so sollte deutlich
geworden sein, daß »better knowledge management can drive better
risk management« (vgl. ausführlich hierzu: Marshall/Prusak/Shpil-
berg 1996).

Im Gegensatz zur Information entzieht sich das Wissen aufgrund
seines heterarchischen, provisorischen Charakters einem direkten
hierarchischer Zugriff - und es kann auch nicht Aufgabe des Rechts
sein, das Risiko- und Wissensmanagement der Wirtschaft direkt
zu steuern bzw. sogar zu substituieren. Aber die *Voraussetzungen*
hierfür können (in Grenzen) durchaus im Sinne einer Anleitung
zur Selbststeuerung normiert werden. Im Hinblick auf das Zusammenspiel von personalem und organisationalem Wissen drängt
sich ein Vergleich mit den informationsbezogenen Organisationsvorschriften des Wertpapierhandelsgesetzes auf. Ebenso wie diese
Vorschriften die Wertpapierdienstleistungsunternehmen u.a. dazu
auffordern, den betriebsinternen Informationsfluß »so zu organisieren, daß die erforderlichen Informationen möglichst zeitnah zur
Verfügung stehen« (Assmann/Schneider 1995, § 33, Rdnr. 4), wäre
es möglich, eine entsprechende Normierung der Wissensorganisation in das Wertpapierhandelsgesetz aufzunehmen. Auch die auf
die Vermeidung von Interessenskonflikten zielende Regelung, das
Vergütungssystem der Mitarbeiter derart zu gestalten, daß es keine
Anreize zur illegitimen Informationsweitergabe bietet (Assmann/
Schneider 1995, § 33, Rdnr. 22), wäre in einer Form denkbar,
wonach positive Anreize zum Wissenstransfer vermieden werden.
In eine ähnliche Richtung weisen Vorschläge, die - an die Kultur
des Shareholder-Value anknüpfend - über eine emittentenbezogene
Verpflichtung zur Erstellen von Risikobilanzen auf eine Ver-

besserung der Attentionsallokation abzielen. Dies sind nur einige
Beispiele dafür, wie die rechtliche Ausgestaltung wissensorientierter
Vorschriften konkret aussehen könnte. Eine lediglich punktuelle
Bearbeitung der bestehenden Regelungen ist jedoch nicht möglich.
So sind z.B. die Organisationsvorschriften des WpHG auf die
Einhaltung der Verhaltensregeln ausgerichtet, die - wie das gesamte
Kapitalmarktrecht - vorrangig auf die Steuerung des Informations-
verhaltens der Marktakteure abzielen. Will man das Recht auf die
Wissensproblematik der Märkte einstellen, so kann dieses nur im
Sinne der Systemvorsorge auf eine Steigerung der Lern- und Inno-
vationsfähigkeit des Finanzsystems erfolgen. Das Unterfangen,
mittels rechtlicher Steuerung dazu beizutragen, Intelligenz in den
Regelsystemen sowohl des Finanzsystems als auch der einzelnen
Organisationen zu institutionalisieren, stellt sich jedoch als äußerst
voraussetzungsvoll dar. Im gegenwärtigen Kapitalmarktrecht
finden sich zwar durchaus Anknüpfungspunkte, die bestehenden
Steuerungskapazitäten sind jedoch bei weitem nicht ausgeschöpft.

Eine Ausnahme bildet in diesem Zusammenhang das Börsenrecht,
da das Wissensproblem finanzökonomischer Operationen hier
nicht unmittelbar virulent ist. Die Funktion der Börse beschränkt
sich darauf, Angebot und Nachfrage zwecks Ausgleich zusammen-
zuführen, die Entscheidungen der Marktteilnehmer werden über
die Börse vermittelt und bilden sich in den Börsenkursen ab - wie
die Preisinformationen interpretiert werden bzw. wie die sich
hierin manifestierenden Erwartungen auf den Markt auswirken ist
für die Börse als »Informationsvermittler« (Lemmer 1995) irrelevant. Das Recht beschränkt sich dementsprechend als
Organisations- und Verfahrensgesetz auf die Gewährleistung und
Sicherung des Börsenhandels. Zwar ist die Börse als Knotenpunkt
wissensbasierter Infrastruktur auch selbst mit Problemen des
Wissensmanagements konfrontiert, ein diesbezüglicher Handlungsbedarf des Gesetzgebers beschränkt sich jedoch weitgehend darauf,
das Recht auf die gestiegene Komplexität und Entwicklungsdynamik einzustellen, denen durch eine marktgerechtere Regulierung,

d.h. vor allem durch Deregulierung und Flexibilisierung, durchaus wirkungsvoll begegnet werden kann (vgl. hierzu die Empfehlungen von Hopt/Baum/Rudolph 1997). Dies schließt jedoch nicht aus, die Börse u.U. eben nicht nur als Ort der Informationsvermittlung, sondern potentiell auch des Wissenstransfers und der Wissensdiffusion zu beschreiben. Überlegungen im Hinblick auf die Institutionalisierung bzw. den Ausbau von Verhandlungssystemen auf der Basis bereits vorhandener Gremien wie etwa dem Börsenrat erscheinen durchaus lohnenswert.

Will der Staat die evolutionären Vorteile der Autonomie der Finanzmärkte nicht verspielen, so muß sich die rechtliche Steuerung weniger auf die *Vermeidung* als vielmehr auf das *Bewußtmachen* von Risiken einrichten. So sinnvoll es angesichts der konstitutiven Ungewißheit finanzökonomischer Entscheidungen ist, das Vertrauen in die Funktionsfähigkeit der Märkte im Falle des Nicht-Wissen-*Könnens* zu stärken, so unerläßlich ist es zugleich, die Attention der Akteure gerade mit Blick auf das Nicht-Wissen-*Wollen* zu befördern.

Solange das Recht jedoch der Dichotomisierung von Gefahr und Sicherheit sowie der dementsprechend strengen Arbeitsteilung zwischen ausschließlich marktvermittelten Innovations- und Lernprozessen einerseits und staatlicher Kontrolle andererseits treu bleibt und damit die gerade aus der Ungewißheit des Wissens resultierende Sicherheit des Risikos ignoriert, ist die rechtliche Steuerung der Finanzmärkte selbst riskant.

4 Die Qualität des Rechts als Wettbewerbsfaktor

Wenngleich »die seit vielen Jahren gehegte Erwartung, daß die Finanzmärkte in der Welt zu einem einheitlichen System verschmelzen und geographische Unterschiede unbedeutend werden, (...) sich auch in absehbarer Zeit nicht erfüllen« wird (Breuer 1996, S. 88) - so sind diese doch ein Beispiel par excellence für die voranschreitende Globalisierung. Das Kriterium hierfür ist nicht nur die Quantität der Transaktionen, sondern vor allem auch die Tatsache, daß nicht mehr vorrangig der nationale, sondern der globale Kontext den Referenzrahmen finanzökonomischer Operationen bildet.

Die zunehmende globale ökonomische und informationelle Integration hat zu mehr Standortkonkurrenz auf dem Weltmarkt geführt und damit den Druck in Richtung auf eine marktgerechte nationalstaatliche Regulierung zur Förderung der Standortattraktivität erhöht. Eindeutiges Indiz hierfür ist die prominente Position, die die Standortfrage in der öffentlichen Diskussion der letzten Jahren einnimmt. Die Devise lautet: »Wer zu spät de- oder re-reguliert, den bestraft der Markt« (Schuster 1997, S. 4).

Der Gesetzgeber hat den kompetitiven Charakter des Rechts erkannt und soweit verinnerlicht, daß er die jüngsten Novellierungen des Kapitalmarktrechts explizit als Finanzmarktförderungsgesetze formulierte. Wenngleich die legislative Initiative zur Finanzmarktförderung in Umsetzung verschiedener EG-Richtlinien erfolgte - und sich insofern eher als Pflicht denn als Kür darstellt - so ist diese nicht nur europäischen Harmonisierungsbestrebungen geschuldet, sondern umfassend auf die »Verbesserung der Attraktivität und der internationalen Wettbewerbsfähigkeit des Finanzplatzes Deutschland« ausgerichtet (BT-Drucks. 12/6679, S. 1).

Die internationale Wettbewerbsfähigkeit der nationalen Ökonomien hängt zentral von der Wettbewerbsfähigkeit der Finanzwirtschaft ab. Die Funktion der Finanzmärkte zielt auf die Gewährleistung einer effizienten Ressourcenallokation, wobei - angesichts der noch immer bedenklichen Unterkapitalisierung deutscher Unternehmen - neben dem Erschließen privater Anlagegelder im Inland vor allem auch ausländische Anlagegelder als Finanzierungsquellen unverzichtbar sind. Dementsprechend hat der Staat ein vitales Interesse an dem Ausbau einer international konkurrenzfähigen rechtlichen Ordnung der Finanzmärkte.

Angesichts der Relevanz rechtlicher Steuerung als Determinante der internationalen Wettbewerbsfähigkeit nationaler Ökonomien läßt sich das Recht auch als Produktionsfaktor fassen: »Das bedeutet, daß das volkswirtschaftliche Gesamteinkommen dadurch wächst, daß bestimmte Rechtsregeln entdeckt und/oder optimiert werden und umgekehrt sinkt, wenn dieses nicht oder nur schlecht geschieht« (Schwintowski 1995, S. 23). Dabei läßt die Mobilität des Kapitals, das sich ohne Loyalität dort niederläßt, wo es die günstigsten Konditionen vorfindet und genauso schnell weiterwandert, sobald sich die Bedingungen ändern, die Befürchtung laut werden, der verschärfte Wettbewerb um Investoren führe dazu, daß die ohnehin fragmentierte staatliche Souveränität infolge der Globalisierung weiter erodiert und den Staat gegenüber den Marktakteuren vollends in die Defensive treibt. Szenarien, die z.T vor diesem Hintergrund entworfen werden, sehen den Staat zum Spielball eines »entfesselten Kapitalismus« verkommen (»L´horreur économique« Forrester 1997; »The Manic Logic of Capitalism« Greider 1997). So unstreitig die Souveränitätseinbußen des Nationalstaats auch sind - die daraus abgeleitete Folgerung, das Bestreben im globalen Wettbewerb zu bestehen, führe in Richtung auf eine »competition of laxity« (Cerny 1994, S. 328) ist jedoch keinesfalls zwingend. Laschere Gesetze stellen nicht unbedingt einen Wettbewerbsvorteil dar. Zum einen sind es erfahrungsgemäß eher die extensiv regulierten Staaten, die auf eine internationale Angleichung der Standards drängen. Zum anderen werfen die Riskanz und Wissensabhängigkeit finanzökonomischer Transaktionen wie bereits festgestellt nicht primär die Frage nach der Regelungsintensität und -dichte auf, sondern zwingen verstärkt auch zu einer Fokussierung der *Qualität* rechtlicher Steuerung. Daß hier gerade um der Konkurrenzfähigkeit willen Ballast abgeworfen werden muß, ist unbestritten.

Die Frage, ob sich die Standortkonkurrenz positiv oder negativ auf die Qualität des Rechts auswirkt, dürfte letztlich davon abhängig sein, inwiefern es gelingt, »Spielregeln« für den internationalen Wettbewerb zu etablieren: Stellt sich das Recht *innerhalb* der Grenzen des Nationalstaats als ein öffentliches Gut (d.h. als eine - gerade *auch* in Eingriffen bestehende - Leistung, die der Staat oder vom Staat getragene Institutionen bereitstellen) und insofern »außer Konkurrenz« dar, so sieht es sich unter dem Vorzeichen der zunehmenden Mobilität des Kapitals mit konkurrierenden Rechtsordnungen konfrontiert. Es ist nicht mehr einfach nur das Recht, daß die Märkte regelt bzw. überhaupt erst ermöglicht, vielmehr wird auch das Recht selbst zunehmend marktförmig vermittelt - und ist mit dem Konstituieren eines Marktes rechtlicher Steuerung dementsprechend auch selbst von Marktversagen bedroht:

»Ist nun aber staatliches Handeln als wirtschaftlich relevantes Gut erkannt, das in einer Vielstaatenwelt marktförmig, weil unter Konkurrenzbedingungen angeboten wird, dann gilt für diesen wie jeden anderen Markt, daß Rahmensetzungen Chancengleichheit herstellen und Mißbrauch, also unlauteren Wettbewerb und Dumping, verhindern müssen. Ansonsten kommt es zu Marktversagen. Dies kann durch Ordnungsmodelle für die Standortkonkurrenz verhindert werden, die Wettbewerb und Kooperation verbinden. Instrumente hierfür sind im Prinzip bekannt und werden in embryonaler Form auch seit jeher in der Staatenwelt praktiziert - in Form von zwischenstaatlichen Vereinbarungen oder sogenannten internationalen Regimen« (Bornschier 1996).

Inwiefern die *Qualität* des Rechts tatsächlich zu einem Wettbewerbsfaktor wird, dürfte jedoch zentral davon abhängen, die rechtliche Steuerung der Finanzmärkte nicht mehr länger nur als negative Einflußgröße mit Blick auf die *Vermeidung* von Wettbewerbsnachteilen zu diskutieren, sondern verstärkt das Recht auch als »*Aktivposten*« internationaler Wettbewerbsfähigkeit zu thematisieren.

5   Recht als kollaterales Gut

> *»Es geht nicht um Deregulierung, sondern darum,*
> *die richtige Regulierung zu finden.«*
> *J. Stiglitz, Chefsvolkswirt der Weltbank*

Kaum sind die nationalstaatlichen Souveränitätseinbußen auch in der populärwissenschaftlichen Diskussion zum Allgemeinplatz geworden, tauchen in jüngster Zeit vermehrt Indizien auf, die auf eine Reanimation des Staates hindeuten (vgl. »Abschied vom Staat - Rückkehr zum Staat?« Voigt 1993). Eine Auferstehung gleich Phönix aus der Asche ist zwar nicht zu erwarten, aber dennoch besteht weitgehend Einigkeit, daß der Nationalstaat - gerade unter den Bedingungen der Globalisierung - in seiner Funktion als zentraler Instanz der Legitimation von Herrschaft unverzichtbar ist. Unabhängig davon, ob man die konstatierten Re-Regulierungstendenzen im Sinne einer Rahmensetzung als Voraussetzung für die dominanten Deregulierungstendenzen rechtlicher Steuerung, als Reorganisationsmaßnahmen angesichts der zunehmenden internationalen Öffnung der Märkte interpretiert oder dem Staat nur noch als »pouvoir intermédiaire« die Rolle eines Vermittlers im Mehr-Ebenen-System zugewiesen wird - im Zentrum dieses Transformationsprozesses steht nicht nur die Frage nach der Verhältnisbestimmung von nationaler, supranationaler und subnationaler Regulierung, sondern vor allem auch das Zusammenspiel von staatlicher und privater Steuerung.

Mit dem Zweiten Finanzmarktförderungsgesetz wurde gerade im Bereich des traditionell korporatistisch geprägten, durch einen hohen Grad an Selbstregulierung charakterisierten Börsenwesens die Selbstregulierung zugunsten einer staatlichen Regulierung eingeschränkt bzw. suspendiert. Nicht nur die Selbstverwaltung der Börsen wurde reduziert, auch vorhandene Selbstbeschränkungsabkommen wie die Insiderhandels-Richtlinien, die Händler- und

Beraterregeln wurden durch ein (repressiv sanktioniertes) gesetzliches Insiderhandelsverbot abgelöst.

Regte sich bei Erlaß des Börsengesetzes 1896 noch heftiger Widerstand seitens der Marktteilnehmer, so wurden die die Selbstregulierung der Marktteilnehmer einschränkenden Novellierungen der letzten Jahre von diesen - nach anfänglichem Widerstand - ausdrücklich begrüßt.

Mit der Einführung der freiwilligen Insiderregelung reagierte die Finanzwirtschaft zunächst auf die bereits Anfang der siebziger Jahre aufkommende Forderung nach einer gesetzlichen Regelung des Insiderhandels. Die Strategie, einem Insiderhandelsverbot durch eine freiwillige Selbstregulierung der Materie zuvorzukommen erwies sich bis Ende der achtziger Jahre als erfolgreich - im Zuge der fortschreitenden Globalisierung der Märkte versagt diese jedoch. Man könnte vermuten, daß mit dem Einsatz moderner Informations- und Kommunikationstechnologien, der zunehmenden Vernetzung und der steigenden Interaktionsintensität der Finanzmärkte die Evidenz (oder zumindest die Möglichkeit) von Insidertransaktionen zugenommen und damit das Erfordernis einer gesetzlichen Regelung begründet hätte. Tatsächlich war das Verbot jedoch weniger einer *inneren* Notwendigkeit als vielmehr dem *äußeren* Druck internationalen Wettbewerbs geschuldet: Nicht nur, daß der Zugang deutscher Emittenten und Finanzprodukte zum amerikanischen Markt auf den Widerspruch der SEC stieß - die Begründung, der Anlegerschutz sei zu schwach und die deutsche Aufsicht nicht effizient genug, führte gerade auch im Vergleich mit anderen europäischen Finanzplätzen zu einem erheblichen Reputationsverlust des deutschen Standorts.

An dieser Stelle schimmert für den bereits mit dem »Trostpreis local hero« ausgezeichneten Nationalstaat (Willke 1996, S. 362ff.) tatsächlich ein Silberstreif am Horizont. Der fortschreitenden Globalisierung der Kapitalmärkte steht bestenfalls eine Internationalisierung der Regulierung gegenüber. Unterschiedliche Rechtsordnungen verursachen für die Marktteilnehmer jedoch erhebliche

Transaktionskosten, da das Recht »nicht für alle Marktteilnehmer frei verfügbar (ist), wie etwa Produktionsfaktoren Arbeit, Kapital« (Schwintowski 1995). Insofern ist eine globale Regulierung von den Marktakteuren durchaus erwünscht, um die Transaktionskosten zu reduzieren. Solange jedoch die strukturelle Kopplung des politischen und des Rechtssystems über die Verfassung auf globaler Ebene keine Entsprechung findet, d.h. solange ein Weltstaat nicht in Sicht ist, kann diese »Schieflage« nur ausgeglichen werden über private, d.h. außerhalb der Normhierarchie der Rechts angesiedelte Normierungsregime. So stellt Teubner (1996, S. 250) für die lex mercatoria fest: »Statt auf den Willen des nationalen Gesetzgebers nimmt lex mercatoria Rückgriff auf den reichhaltigen Fundus von nicht-rechtlichen Sinnmaterialien, auf internationale Handelsbräuche, Verkehrssitten und kommerzielle Praktiken«. Was aber, wenn gerade die Globalisierung im Zusammenspiel mit der gestiegenen Wissensabhängigkeit der Märkte diesen Fundus geplündert hat?

In dem Maße, in dem die Märkte größer und unübersichtlicher werden, sinkt offensichtlich die Legitimationsfähigkeit der Selbstregulierung. Die Vertrauensbasis der »Kaufmannsehre« erodiert mit der Anonymisierung der Märkte. Vor allem aus der Perspektive des Auslands sind die Verfahren und Institutionen des deutschen Selbstregulierungssystems schwer einsehbar - und damit wenig vertrauenserweckend. Auch auf eine professionelle Normierung kann aufgrund der geringen Konsensfähigkeit des Wissens nicht zurückgegriffen werden. Berücksichtigt man, daß eine ex ante Unterscheidung von Wissen und Nicht-Wissen, von »richtigen« und »falschen« Interpretationen nicht möglich ist und zudem gerade bei den private Kleinanlegern, um die sich die Finanzmärkte verstärkt bemühen, ein Verständnis für die Funktionsweise der Märkte sowie der auf ihnen gehandelten Finanzprodukte kaum mehr vorausgesetzt werden kann, so wird die Bedeutung des Anlegervertrauens für die Konkurrenzfähigkeit eines Finanzplatzes unmittelbar einsichtig. Insbesondere wenn man neue Anleger

gewinnen will, kann sich der Konstitutionsprozeß der Vertrauensbildung auch nicht aus konkreten Erfahrungen speisen, sondern
nur aus der Reputation des jeweiligen Marktes. Das Vertrauen der
Anleger in das Funktionieren des Marktes, d.h. das Systemvertrauen, bezieht sich auf Institutionen wie z.B. formale Regeln und
wird gerade durch den Einbau mißtrauensbasierter Mechanismen
abgestützt (Luhmann 1989).

Die Annahme, durch den Zusammenbruch des Sozialismus sei
die Dichotomie von marktlicher und hierarchischer Steuerung
zugunsten des Marktes aufgelöst worden und der Kapitalismus sei
demzufolge »schon deshalb ohne Probleme der Legitimation, weil
es in der gegenwärtigen Welt an überzeugenden Alternativen
mangelt« (Altvater/Mahnkopf 1997), erweist sich als zu einfach.
Phänomene wie etwa die 1996/97 zutage getretenen Parallelität von
Massenarbeitslosigkeit und Börsenhausse ebenso wie das mit der
Expansion der Zukunftsmärkte assoziierte »Abheben« der Finanzmärkte von der realen Wirtschaft in Sphären rein profitorientierter
Spekulation befördern eine die fragile Balance von Stabilität und
Innovation, das Nebeneinander von Chancen und Risiken wider-
spiegelnde Ambivalenz der öffentlichen Meinung zur »invisible
hand« des Marktes. Das heißt *gerade aus der Alternativlosigkeit* des
Kapitalismus erwächst ein erheblicher Legitimationsdruck wirt-
schaftlicher Selbstregulierung.

Paradoxerweise sind es dabei gerade die Denationalisierung der
Finanzwirtschaft und die Wissensbasierung ihrer Operationen, die
nicht nur die Autonomie des Nationalstaates unterminieren,
sondern eben auch die kollektive Handlungsfähigkeit der Marktakteure reduzieren - und infolgedessen die Ökonomie verstärkt auf
den Umweg über politisch-legislative Institutionen rückverweisen.
So bringt die Globalisierung, die einerseits Loyalitäten zerstört,
auch neue »Loyalitäten« hervor, indem die Marktteilnehmer auf
die demokratische Legitimation staatlicher Regulierung angewiesen
sind. Gefragt sind die Kernfunktionen des Staates, Rechtssicherheit
und -durchsetzung, das Gewaltmonopol nach innen und die

Fähigkeit, nach außen die Einhaltung von Abkommen zu garantieren.

Angesichts der Tatsache, daß dem staatlichen Recht so ein »Gütesiegel-Effekt« (Kümpel 1996, 26 m.H.a. BT-Drucks. 12/6679, S.36) zukommt, eröffnen sich für den Nationalstaat neue Handlungsspielräume, die die Chance in sich bergen, die *Qualität* des Rechts zu einem Wettbewerbsfaktor werden zu lassen. Umgekehrt besteht aber auch die Gefahr einer Instrumentalisierung des Rechts durch die Ökonomie, womit »der Leviathan (tatsächlich) auf dem Weg zum nützlichen Haustier« (Schulze-Fielitz 1993; vgl. Denninger 1990) wäre.

Vor diesem Hintergrund erscheint die aktuelle Rechtsentwicklung als wenig aussichtsreich. Die anhaltende Dominanz neoliberaler Konzepte schreibt dem Recht eine passive Rolle im Zusammenhang des gestiegenen Wettbewerbsdrucks zu. Die Funktionsbestimmung des Staates als rahmensetzende Instanz basiert auf der Vorstellung der klaren Trennung von Staat und Gesellschaft. Wie bereits festgestellt läßt sich die Beziehung von Markt und Staat gerade angesichts der neuen Qualität des Wissens eben nicht als Null-Summen-Spiel fassen (Vogel 1996, S. 3), vielmehr stellen sich Privatautonomie und Staat als reziproker Verweisungszusammenhang dar.

Hinsichtlich der Notwendigkeit einer Aktivierung der dezentralen Intelligenz der Marktakteure ist den Forderungen nach Deregulierung i.S.v. mehr Selbstregulierung durchaus zuzustimmen. Jedoch anzunehmen, Selbstregulierungskräfte ließen sich einfach »freisetzen«, hieße, den interaktiver Charakter von Innovationen und den heterarchischer Charakter des Wissens zu vernachlässigen. Innovations- und Wettbewebsfähigkeit entstehen gerade nicht nur auf der Ebene der Marktakteure, sondern müssen durch innovationsfördende Steuerungsleistungen des Staates aktiv unterstützt werden (Porter 1990). Das Recht läßt sich in der Wissensgesellschaft nicht als negative Einflußgröße fassen, vielmehr geht es um eine intelligente Kombination staatlicher und privater

Regulierung. Sofern die Definition rechtlicher Normierung als öffentliches Gut auf das diesbezügliche Monopol des staatlichen Gestaltungsauftrags rekurriert, erscheint es mit Blick auf das Zusammenspiel staatlicher und privater Regulierung sinnvoller, das Recht als kollaterales Gut zu definieren im Sinne eines staatlichen Beitrags zur Institutionalisierung eines intelligenten Überbaus wissensbasierter Systeme. Die auf die Bereitstellung von Infrastrukturen bezogene Feststellung Willkes ist insofern auch auf das Recht als Bestandteil einer intelligenten Suprastruktur der Finanzmärkte übertragbar: »Der entscheidende Punkt für unseren Zusammenhang ist, daß kollaterale Güter neue Formen - und Regeln - der Verschränkung von privaten und öffentlichen Interessen, von ökonomischer und politischer Rationalität erfordern - oder aber nicht produziert werden« (1994, S. 253). Das Recht wird natürlich auch dann produziert, wenn diese Voraussetzungen nicht erfüllt sind - ist aber unter den Bedingungen der zunehmender Globalisierung und Wissensbasierung von Dysfunktionalitäten bedroht.

Versteht man somit die rechtliche Steuerung als Teil eines heterarchischen Regulierungsensembles, so läßt sich die staatliche Regulierung zugleich als Bestandteil und als »Kitt« des normativen Überbaus der Wissensgesellschaft begreifen. In Überwindung der klassischen etatistischen Sichtweise einer Trennung von Staat und Gesellschaft ist der Staat nicht mehr die zentrale Kontrollinstanz, zugleich kommt ihm jedoch die Letztverantwortung für das Funktionieren dieses Regulierungsensembles zu. Dies setzt voraus, daß neben die nach wie vor unverzichtbaren Kontrollaufgaben auch solche des »enabling« i.S.d. Sytemvorsorge treten. Die »Intelligenz« dieser Suprastruktur liegt folglich darin, die die aktuelle Überforderung des Staates begründende Ambivalenz von Sicherheitsansprüchen einerseits und dem Erfordernis der Innovationsfähigkeit andererseits, nicht durch eine strikte Arbeitsteilung, sondern durch die wechselseitige Steigerung der gegenläufigen Prinzipien Privatnutz und Gemeinwohl aufzulösen. Diese Aufgabe ist umso schwieriger, als sich die hierzu erforderliche

Doppelattribution (vgl. Teubner 1990) nicht nur auf die Verschränkung von privater und öffentlicher Rationalität auf nationaler Ebene, sondern immer auch zugleich auf den nationalen und den globalen Kontext beziehen muß.

Wurde oben auf die Gemeinsamkeit von Suprastruktur und Infrastruktur in Form der Notwendigkeit einer Verzahnung von ökonomischer und politischer Rationalität hingewiesen, so besteht ein entscheidender Unterschied in der Akzentuierung der diese Notwendigkeit begründenden Problematik: Das Problem der Bereitstellung von Infrastrukturleistungen besteht in der mangelnden Verfügbarkeit der Ressourcen Geld und Wissen, das der Suprastruktur dagegen in Ermangelung der Ressourcen Macht und Wissen. Aber der entscheidende Unterschied ist, daß es im Hinblick auf die rechtliche Steuerung nicht mehr nur um die *Verfügbarkeit* von Wissen geht, sondern eben darüber hinaus um die kooperative *Ermöglichung* von Lern- und Innovationsfähigkeit.

Wenn Luhmann für die Weltgesellschaft eine Schwerpunktverschiebung von einem normativen zu einem kognitiven Erwartungsstil feststellt (Luhmann 1971), so könnte man diese Überlegung für die Wissensgesellschaft dahingehend fortführen, den kognitiven Erwartungsstil in den normativen zu inkorporieren.

»Normatives Erwarten zeigt sich als entschlossen, die Erwartung auch im Enttäuschungsfalle festzuhalten, und stützt sich dabei auf entsprechende Ressourcen wie innere Überzeugung, Sanktionsmittel, Konsens. Kognitives Erwarten stilisiert sich dagegen lernbereit, es läßt sich durch Enttäuschungen korrigieren und stützt sich seinerseits auf entsprechende Ressourcen, vor allem auf die Erwartung, daß sich in Enttäuschungslagen die Richtung der Erwartungsänderung hinreichend eindeutig ausmachen läßt« (Luhmann 1971, S. 11).

Es geht nicht mehr einfach nur um den Unterschied »Lernen oder Nichtlernen«, sondern vielmehr um eine Balance von Stabilität und Innovation. Es bleibt zu hoffen, daß sich der Staat in dem Spannungsfeld von statischen Kontrollinteressen einerseits und der Innovationsdynamik der Märkte andererseits nicht auf seine neu

gewonnenen Aufsichtsbefugnisse zurückzieht - und damit u.U. eine
einseitige Instrumentalisierung des Rechts als »Investors-Relations-
Maßnahmen« riskiert, sondern den »Gütesiegel-Effekt« auch für
eine aktive Gestaltung des Regelungsfeldes nutzt.

4.5 Risiko- und Wissensmanagement in Banken
Torsten Strulik

Zusammenfassung:

Am Beispiel des Bankensektors wird deutlich, daß mit der zunehmenden Wissensbasierung der Ökonomie gleichzeitig veränderte Anforderungen an die Akteure gemischt öffentlich-privater Steuerungsregime einhergehen. So ist gegenwärtig zu erkennen, daß sich die Bemühungen der Bankenaufsicht verstärkt auf die Bewußtmachung von Risiken und die Verbesserung der Selbststeuerungskompetenzen der Banken richten. Die Zulassung bankinterner Modelle der Risikosteuerung spiegelt die Einsicht wider, daß Regulierung in zunehmendem Maße ein Wissensproblem ist und eine direktive Steuerung mittels Detailvorgaben, an der Dynamik und Intransparenz des Bankgeschäfts aufläuft. Der damit einhergehende Strategiewandel der Bankenaufsicht in Richtung einer ›Anleitung der Selbststeuerung‹ und der Rekurs auf das dezentrale Wissen der Banken führen vor die Frage nach der Ausgestaltung bestehender Risikomanagementsysteme sowie nach der Relevanz einer Integration entsprechender Verfahren in ein organisationales Wissensmanagement. Im Rahmen dieser Fallstudie wird zunächst der Zusammenhang von Regulierung, Wissensbasierung und Selbststeuerung beleuchtet, um anschließend die Reichweite des Risikomanagements der Banken zu überprüfen sowie Anforderungen an ein geeignetes Wissensmanagement zu formulieren.

1   Einleitung

Seit Mitte der neunziger Jahre ist das Risikomanagement der
Banken zu einem Hauptziel von Maßnahmen der nationalen und
internationalen Bankenaufsicht geworden (BIZ 1997, S. 155).
Entsprechende Initiativen beruhen auf der Erwartung, daß solide
interne Kontrollmechanismen entscheidend zur Förderung der
Stabilität des gesamten Finanzsystems beitragen (Deutsche Bundesbank 1997, S. 101). Die Aktivitäten der Regulierungsbehörden
richten sich in diesem Zusammenhang insbesondere auf die *Bewußtmachung* der mit Derivaten ›handelbar‹ gemachten Marktrisiken (Zins-, Aktienkurs- und Währungsrisiken) und die Förderung der *Selbstkontrolle* auf seiten der Banken. Dies zeigt sich
anhand der letzten Revision des Basler Akkords im Jahre 1996
sowie der 6. Novelle des Gesetzes über das Kreditwesen (KWG):
Aufgrund der mangelnden Standardisierbarkeit bestimmter Risiken
sowie des dynamischen Fortschritts der ›Risiko-Diagnostik-Techno-
logie‹, wird den Banken erlaubt, bei der Ermittlung ihres Markt-
risikopotentials (Value-at-Risk) eigene *interne Modelle* der Risikomessung einzusetzen. Mit diesem Schritt in Richtung einer mehr
qualitativen Bankenaufsicht wird der Einsicht Rechnung getragen,
daß sich die Regulierung des Bankensektors in zunehmendem
Maße als *Wissensproblem* darstellt und eine direktive Steuerung
mittels Detailvorgaben an der Dynamik und Intransparenz der
Finanzgeschäfte aufläuft. Gleichzeitig wird angenommen, daß
aufgrund des forcierten Wettbewerbs auf den Finanzmärkten, ein
hohes Eigeninteresse der Banken an der Entwicklung möglichst
leistungsfähiger Meßverfahren besteht.

Der Rekurs auf das *dezentrale Wissen* und die *Selbstbindungs-
bereitschaft* der Banken, führt vor die Frage nach der Ausgestaltung
und Reichweite bestehender Risikomanagementsysteme. Dies um
so mehr, als in jüngster Zeit kritische Stimmen auf Probleme und
Defizite dieser Systeme hinweisen. So zeigen Chris Marshall, Larry
Prusak und David Shpilberg (1996) an den Beispielen Baring

Securities, Kidder Peabody und Metallgesellschaft, daß die Verluste dieser Unternehmen auf ein übermäßiges *Vertrauen* in bestehende Formen des Risikomanagements sowie auf ein unzureichendes *Wissensmanagement* zurückzuführen sind. Aus ihrer Sicht ist nicht der Einsatz der derzeit viel diskutierten derivativen, das heißt aus anderen Finanzprodukten ›abgeleiteten‹ Finanzinstrumente wie z.B. Termingeschäfte, Futures, Optionen oder Swaps das zentrale Problem, sondern die Art und Weise, wie mit diesen Instrumenten umgegangen wird. Von entscheidender Bedeutung ist für die Autoren daher die Einbindung des Risikomanagements in umfassende Modelle des Wissensmanagements. Unterstrichen wird diese Einschätzung von Edgar Meister (FAZ v. 25.11.97, S. 33), Mitglied des Direktoriums der Deutschen Bundesbank und dort zuständig für den Bereich der Bankenaufsicht. Mit Blick auf die Verwendung bankinterner Modelle der Risikomessung weist Meister darauf hin, daß diese Modelle zwar einerseits unverzichtbare Hilfsmittel für die Risikosteuerung darstellen, andererseits allerdings nichts über die Risiko*bereitschaft* der einzelnen Bank aussagen. »Interne Modelle dienen der Risiko-Identifizierung und -Quantifizierung sowie der Ermittlung der Eigenkapitalunterlegung für bankaufsichtliche Zwecke. (...) Sie schützen jedoch nicht vor übermäßigem ›risk appetite‹ der Banken. Welches Risiko eine Bank eingeht, entscheidet letztlich jedes Institut selber - Risikomodelle sind keine Ruhekissen.« Meister empfiehlt den Banken daher, ihr Risikomanagement als »umfassende Managementaufgabe« zu betrachten.

Hinsichtlich der beschriebenen Problematik ist bislang ungeklärt, inwieweit bestehende Risikomanagementsysteme, neben quantitativen, auch *qualitative* Faktoren des Umgangs mit den Risiken des Bankgeschäfts fördern und, daraus abgeleitet, wie das Selbststeuerungspotential von Banken und damit deren Beitrag innerhalb gemischt öffentlich-privater Steuerungsregime einzuschätzen ist. Dirk Baecker (1991, S. 20f.) gelangt im Rahmen seiner Untersuchung zur Risikoverarbeitung in der Wirtschaft zu dem Schluß, daß die Banken zwar neue Abteilungen des Risikomanagements einrichten, gleichzeitig aber kaum wissen, »wie sie die Probleme definieren können, die diese Abteilungen lösen sollen«. So raffiniert die Risikoverarbeitung der Banken funktioniert, »so unreflektiert vollzieht sie sich«. Angesichts dieser Ausgangslage versucht der vorliegende Text den Zusammenhang von *Regulierung*, *Selbststeuerung* und *Wissen* zu diskutieren sowie unter dem Aspekt des *Wissensmanagements*, die Bedingungen eines *reflektierten* organisationalen Umgangs mit den Risiken des Bankgeschäfts zu beleuchten.

Hierzu wird aus einer steuerungstheoretischen Perspektive zunächst gezeigt, daß die Regulierung des Bankensektors in zunehmendem Maße mit dem Problem einer mangelnden *zentralen* Verfügbarkeit über die Steuerungsressource *Wissen* konfrontiert ist und sich daraus die Relevanz *hybrider* Formen der Koordination ableitet (2). Empirisch belegt werden diese Ausführungen anhand einer Skizze der aktuellen Entwicklungen des Bankgeschäfts. Es wird deutlich werden, daß insbesondere dessen hohe *Riskanz* und *Wissensbasierung* eine stärkere Berücksichtigung der *Selbststeuerungskompetenzen* von Banken erfordert (3). Eine Beschreibung von Formen organisationaler Selbststeuerung sowie eine analytische Betrachtung des Verhältnisses von *Selbststeuerung* und *Wissen* dient anschließend dazu, die Anforderungen an das Risiko- und Wissensmanagement der Banken zu erläutern (4). Anhand der Unterscheidung zwischen einer *reflexiven* und einer *reflektierten* *Selbststeuerung* ist es möglich, das Prinzip und die Problematik des *Risikomanagements* zu beleuchten sowie die regulatorischen Erwartungen an das Risikomanagement der Banken zu präzisieren (5). Schließlich soll angedeutet werden, in welcher Form ein organisationales *Wissensmanagement* zur Erfüllung dieser Erwartungen beitragen kann. Grundlegend ist die Annahme, daß eine Kompatibilität zwischen den ökonomischen Kriterien der Banken und den Regulierungszielen der Bankenaufsicht nur unter der Voraussetzung herstellbar ist, daß die Banken Mechanismen institutionalisieren, welche ein intelligentes Verhältnis von *Vertrauen* und *Miß-*

trauen im Umgang mit ihrem Risikomanagement gewährleisten (6). In einem Ausblick werden zudem *Kriterien* für die Ausgestaltung und Handhabung entsprechender Verfahren innerhalb von Banken präsentiert (7).

2 Die Regulierung des Bankensektors als Wissensproblem

In den vergangenen zwei Dekaden haben sozialwissenschaftliche Analysen unter differenzierten Gesichtspunkten auf die Probleme politischer Steuerung hingewiesen (Mayntz 1987). Die hieraus resultierende Skepsis bezüglich traditioneller Formen der Regulierung hat zu einer breiten Diskussion über alternative Konzepte geführt und eine Reihe von empirischen Studien angeregt, welche die Rolle korporativer Akteure innerhalb gemischt öffentlich-privater Steuerungsregime untersuchen (Willke 1997; Mayntz/Scharpf 1995). Hierbei ist in vielen Bereichen deutlich geworden, daß sich die klassische Dichotomie von Markt und Staat nicht länger aufrechterhalten läßt und Regulierung die *aktive* Kooperation öffentlicher und privater Akteure voraussetzt (Ayres/Braithwaite 1992). Wie Philip Selznick (1994, S. 401) betont, sind entsprechende institutionelle Arrangements grundsätzlich geeignet, sowohl die Kompetenzen der Regulierungsbehörden als auch die der privaten Akteure zu erweitern. Folglich sollten sich regulatorische Bemühungen stärker auf die Einbeziehung von Unternehmen richten und deren Bereitschaft zur Erfüllung öffentlicher Aufgaben mobilisieren.

Die Notwendigkeit der Etablierung lern- und anpassungsfähiger *hybrider* Steuerungsregime zeigt sich in besonderer Weise am Beispiel des Bankensektors. Durch ihre spezifische Funktion, die Wirtschaft mit jederzeitiger Zahlungsfähigkeit zu versorgen, kommt den Banken eine zentrale gesellschaftliche Stellung zu, welche sie gleichzeitig zum Adressaten weitreichender staatlicher Regulierung macht. Dabei ist zu erkennen, daß herkömmliche Regulierungsstrategien, die im wesentlichen mit Ge- und Verboten

operieren, stets mit dem Risiko konfrontiert sind, einen Teufelskreis in Gang zu setzen, der seine Dynamik aus einer wechselseitigen Adaption *an* sowie Verstärkung *von* politischen Maßnahmen
der Regulierung und ökonomischen Strategien der Vermeidung
von Regulierung bezieht (Kane 1981). Vor diesem Hintergrund
sind die Organe der Bankenaufsicht in zunehmendem Maße mit
der Problematik einer mangelnden *zentralen* Verfügbarkeit über
die Steuerungsressource *Wissen* konfrontiert. Dies wird vor allem
mit Blick auf die derivativen Finanzinstrumente sichtbar, deren
besondere Dynamik eine angepaßte und schnellere Risikoerfassung
als bei den herkömmlichen Finanzinstrumenten erforderlich
macht. Zwar lassen sich auch heute noch bestimmte Risiken, wie
etwa der Ausfall von Kreditnehmern, auf der Basis von Erfah-
rungswerten kalkulieren, standardisieren und mit entsprechendem
Eigenkapital unterlegen, doch stellen insbesondere die mit dem
Einsatz derivativer Instrumente verbundenen Marktrisiken neue
Anforderungen an die Nutzung von Wissen in Banken sowie auf
seiten der Bankenaufsicht. Gerade in diesem Geschäftsfeld ist zu
beobachten, daß einerseits die steuerungsrelevanten Handlungsketten und Wirkungszusammenhänge immer unüberschaubarer
werden und zudem die Regulierungsbehörden, nicht zuletzt
aufgrund ihrer internen Besoldungsstruktur, nicht dazu in der Lage
sind, eine adäquate personelle Ausstattung zu gewährleisten und
auf diese Weise, den hochqualifizierten *Wissensarbeitern* innerhalb
der Banken, ein ausreichendes externes Kontrollwissen entgegen-
zusetzen. Es ist folglich zunehmend das Problem des *Nichtwissens*
auf seiten der staatlichen Instanzen, das dazu führt, daß herkömmliche direktive Maßnahmen an der Dynamik und Intransparenz
des Bankgeschäfts auflaufen. Erforderlich erscheint daher eine
Strategie, die eine Lockerung der Interdependenzen zwischen
Regulierungsbehörden und Banken in dem Sinne ermöglicht, daß
auf eine übergreifende Vereinheitlichung formaler Regeln verzichtet und statt dessen auf die dezentrale Problemlösungskapazität der
Banken zurückgegriffen wird. Damit ist die Annahme verknüpft,

daß eine größere Problemnähe und eine damit einhergehende weitreichendere Sachkenntnis, die Wahrscheinlichkeit situativ angemessenerer Problembearbeitungsformen erhöht (Schimank 1987, S. 60).

Die vorangegangenen Überlegungen spiegeln sich derzeit in Bemühungen der nationalen und internationalen Bankenaufsicht wider, die auf eine Verbesserung der Selbstkontrolle von Banken zielen. Hinsichtlich des Umgangs mit Derivaten weist Michael Power (1997) darauf hin, daß organisationsinterne Kontrollsysteme in jüngster Zeit eine Schlüsselfunktion im Rahmen regulatorischer Strategien einnehmen. Aus Powers Sicht: »the subject of internal control, once a guaranteed remedy for sleeplessness, has made a spectacular entry onto regulatory and political agendas« (ebd., S. 57). Ein wesentlicher Auslöser für eine stärkere Berücksichtigung interner Kontrollsysteme war zweifellos der Konkurs der britischen Barings Bank im Jahre 1995, in dessen Folge zahlreiche Kommentatoren einen vollständigen Zusammenbruch interner Managementkontrollen diagnostizierten (Dial 1995). Darüber hinaus hat das rasante Wachstum derivativer Geschäfte und die damit einhergehende Sorge um eine mögliche Systemkrise, welche in der Art eines ›Dominoeffekts‹ zur Schädigung des gesamten Finanzsystems führen kann, das Risikomanagement der Banken zu einem zentralen Gegenstand des Interesses der Bankenaufsicht werden lassen (BIZ 1997, S. 155).

Insbesondere der Zulassung bankinterner Risikomodelle (Eller/Deutsch 1998; Jorion 1997) zum Zwecke der Ermittlung des bankaufsichtlich vorzuhaltenden Eigenkapitals im Fremdwährungs-, Aktienkurs-, Zinsänderungs-, Rohwarenpreis- sowie Optionsrisikobereich, liegt dabei die Einsicht zugrunde, daß detailliert vorgegebene Verfahren, bestehende Risiken weniger präzise messen als die in den Banken verwendeten Methoden (Boos/Schulte-Mattler 1997, S. 684). Die Bankenaufsicht setzt somit verstärkt auf das dezentrale Wissen der Banken und deren Motivation und Kompetenz zur Selbstkontrolle. Konkret bedeutet dies, daß sie sich im Sinne einer Modellprüfung auf die Feststellung der Eignung des Risikomodells für die Berechnung der Kapitalunterlegung beschränkt. Die Bankenaufsicht prüft nicht, ob das Risikomodell zur Risikosteuerung der einzelnen Bank auch tatsächlich geeignet ist. Diese Kontrolle hat die Bank *selbständig* und *eigenverantwortlich* durchzuführen. Hier wird deutlich, daß mit der *Delegation* staatlicher Aufgaben gleichzeitig erweiterte Anforderungen an die Selbststeuerung der Banken einhergehen. Bevor wir in diesem Zusammenhang verschiedene Formen der Selbststeuerung sowie die mit ihnen korrespondierenden Formen organisationalen Wissens analytisch unterscheiden wollen, wird es im nächsten Abschnitt darum gehen, den Hintergrund zu erhellen, vor dem sich die gerade aufgeführten Bemühungen der Bankenaufsicht vollziehen.

3 Riskanz und Wissensbasierung des Bankgeschäfts

Banken operieren in der internen Umwelt der Wirtschaft. Mit Niklas Luhmann (1991, S. 188) läßt sich die Wirtschaft als Sammelplatz für Risiken beschreiben, die mit Zeitdifferenzen bei der Verwendung von Geld zu tun haben. Den Banken als organisierten Sozialsystemen in der internen Umwelt der Wirtschaft kommt in diesem Zusammenhang die Aufgabe zu, das zugrundeliegende Problem, nämlich die Schaffung, Kontinuierung und Erweiterung der Zahlungsfähigkeit in der Zeit, in provisorische und darum befristete Lösungen zu transformieren. Die Banken sind hierbei mit dem Risiko konfrontiert, daß sich während des Ablaufs dieser Fristen, die Voraussetzungen nicht erfüllen, die die Grundlage der abgeschlossenen Bankgeschäfte waren (Baecker 1991, S. 13). Blickt man auf die internationalen Finanzmärkte so zeigt sich, daß seit etwa Mitte der siebziger Jahre die Komplexität entsprechender Lösungen zur Überbrückung der Differenz von Vergangenheit und Zukunft erheblich zugenommen hat und parallel dazu veränderte bzw. neue Risiken des Bankgeschäfts entstanden sind. Diese Entwicklungen lassen sich mit Prozessen einer fortschreitenden *Globalisierung* (Cerny 1994) und *Wissensbasierung* (Willke 1997) der Ökonomie in Verbindung setzen, welche sich im wesentlichen auf ein sich wechselseitig stimulierendes und dynamisierendes Zusammenspiel von (1) innovativer Technologie, (2) politischen Entscheidungen, (3) Securitization sowie (4) Finanzinnovationen zurückführen lassen.

(1) Gegenwärtig ist nicht mehr zu übersehen, daß der operative Kern des Bankgeschäfts, das heißt die Verarbeitung und Übertragung von wert- und rechtsbezogenen Daten, in zunehmendem Maße von der Kommunikations- und Computertechnik beeinflußt wird. Dies zeigt sich sowohl hinsichtlich des Informationsgehalts, welcher überwiegend wirtschaftliche Werte in Form von immateriellen Nominalgütern (Geld, Wertpapiere, Guthaben etc.) darstellt, als auch mit Blick auf die Informationsintensität des Wertschöpfungsprozesses. Die daraus resultierende erhöhte Riskanz des Bankgeschäfts läßt sich gerade am Risikomanagement erkennen. Hier ergibt sich der paradoxe Effekt, daß durch den Einsatz immer leistungsfähigerer Hard- und Software zwar einerseits die Möglichkeiten der Identifizierung, Messung und Kontrolle von Risiken einzelner Produktbereiche erweitert werden, zugleich aber auch die Komplexität der maßgeschneiderten ›synthetischen‹ Finanzprodukte sowie die Abhängigkeit von Expertensystemen zunimmt. Wie eine Reihe von Fällen in der Vergangenheit gezeigt haben, können beispielsweise Programmfehler, eine unzureichende Bedienung oder übertriebenes Vertrauen in errechnete Daten, zu erheblichen Verlusten führen (Neumann 1995).

(2) Neben den technologischen Entwicklungen haben insbesondere eine Vielzahl von politischen Entscheidungen zu tiefgreifenden strukturellen Veränderung an den Finanzmärkten sowie zu einer Forcierung der Dynamik und Riskanz des Bankgeschäfts beigetragen. Waren die Finanzmärkte - mit Ausnahme der Devisenmärkte - lange Zeit klassische nationale Märkte, welche sich über die nationale Währung definierten und in einem System fester Wech-

selkurse fixiert sowie durch verschiedene Regulierungen geschützt
wurden, so änderte sich diese Struktur insbesondere durch eine
Politik der *Deregulierung*. Die wohl weitreichendsten Maßnahmen
bestanden in der Aufgabe fester Wechselkurse (1973), dem Über-
gang der amerikanischen Regierung von einer keynesianischen
Niedrigzinspolitik zu einer monetaristischen Orientierung an
Geldmengenzahlen (1979), der Deregulierung des Londoner
Finanzmarktes (Big Bang 1986) sowie der völligen Liberalisierung
des Kapitalverkehrs in der EU (1990) (Kaufmann 1997, S. 126;
Welzmüller 1997, S. 24; Guttmann 1996, S. 171). In ihrer Gesamt-
heit haben diese Maßnahmen zu einem wesentlichen Ansteigen der
Volatilitäten, das heißt der Schwankungen von Wechselkursen,
Zinsen, Aktienkursen sowie anderen Finanztitelpreisen und damit
der Risiken der Finanzmarktakteure geführt (Heri 1989, S. 22f.).

Die parallel zu beobachtende hohe Frequenz bankaufsichtlicher
Regelungen deutet darauf hin, daß die Bankenaufsicht gleichzeitig
bemüht ist, mit den rapiden Veränderungen auf den zusammen-
wachsenden Finanzmärkten schrittzuhalten. Betrachtet man
beispielsweise die Situation in der Bundesrepublik Deutschland,
so zeigt sich, daß Gesetzgeber und Bankenaufsicht den strukturellen Veränderungen der Finanzmärkte mit mehreren Novellierungen des Gesetzes über das Kreditwesen (KWG) begegneten, deren
zeitliche Abstände sich zudem jeweils verkürzt haben. Wie allerdings Edward J. Kane (1981) anhand seiner Theorie der »regulatory dialectic« verdeutlicht, stellen sich politische Maßnahmen der
Regulierung und ökonomische Strategien der Vermeidung von
Regulierung, permanent aufeinander ein und verstärken sich
wechselseitig. Festzuhalten ist demnach, daß sowohl politische
Maßnahmen der Deregulierung als auch herkömmliche Strategien
der Regulierung, zu einer Erhöhung der Dynamik und Riskanz des
Bankgeschäfts beitragen.

(3) Eng verknüpft mit dem Anstieg der Volatilitäten aufgrund
politischer Entscheidungen und der sich daraus ergebenden Notwendigkeit, neue Instrumente der Absicherung zu finden, das heißt

Risiken ›handelbar‹ zu machen, ist der gravierende Wandel der Finanzierungsgewohnheiten und des Anlegerverhaltens. Unter dem Stichwort *Securitization* (Verbriefung) läßt sich eine Entwicklung beobachten, in deren Verlauf die Kreditmärkte zugunsten der Wertpapiermärkte an Bedeutung verloren haben. Die Dynamik der Verbriefung läßt sich am Wachstum der Anleiheemissionen in den OECD-Ländern und an den Euromärkten beobachten. So hat sich der Nominalbetrag ausstehender Schuldverschreibungen von Ende 1980 bis Ende 1993 in den OECD-Ländern auf umgerechnet 36,7 Bill. DM fast versechsfacht (Adam 1997, S. 196). Bedeutsam ist in unserem Zusammenhang, daß der Vorgang der Securitization insgesamt mit einer Zunahme *bilanzunwirksamer Geschäfte* einhergeht und dazu führt, daß die Bankbilanz ihre Aussagekraft über die Risikosituation einer Bank verliert und die Risikoverteilung insgesamt unübersichtlicher wird.

(4) Forciert wird die Tendenz zu bilanzunwirksamen Geschäften durch die Konstruktion von Finanzinnovationen. Hierzu zählen u.a. *derivative Finanzinstrumente* wie Swaps, Options, Futures usw., die dazu dienen, Risiken entsprechend der Präferenzen der Marktteilnehmer zu verteilen. Derivate sind von den traditionellen Finanzierungsbeziehungen wie Kredit, Anleihe, Aktie o.ä. ›abgeleitet‹ und stellen neuartige Vertragsbeziehungen dar. Betrachtet man die Entwicklung der außerbörslich, das heißt von Banken oder Wertpapierhäusern gehandelten Derivate, so zeigt sich, daß der Nominalbetrag der Geschäfte von 1991 bis 1996 um mehr als das fünffache, von 4.449,4 Mrd. US-Dollar auf 24.292,0 Mrd. US-Dollar, gestiegen ist (BIZ 1997, S. 147). Zielt der Einsatz derivativer Instrumente im Rahmen des Risikomanagements darauf, die Bank vor Verlusten zu schützen, so ist ihre Verwendung gleichzeitig mit besonderen Risiken verbunden. Im Unterschied zum klassischen Kreditgeschäft, bei dem das Bonitätsrisiko im Vordergrund steht, liegt bei den Derivaten das Hauptgewicht der Risiken bei den Veränderungen von marktpreisbestimmten Faktoren (Marktpreisrisiko). Da hier eine Vielzahl von Variablen miteinander

verknüpft sind, lassen sich die Risiken von Derivaten schwerer erkennen, erfassen und bewerten als Risiken aus dem traditionellen Bankgeschäft. Zudem können die Risiken aufgrund des Hebeleffekts, das heißt der Möglichkeit, mit einem vergleichsweise geringen Kapitaleinsatz hohe Beträge zu bewegen, größere Dimensionen erreichen (Simler 1997, S. 37).

Betrachtet man die aufgeführten Entwicklungen des Bankgeschäfts, dann wird neben der zunehmenden Riskanz vor allem die hohe *Wissensbasierung* des Bankensektors deutlich. Die Nutzung von Kommunikations- und Computertechnologien, der Einsatz von Softwareprogrammen für komplexe Simulationen, die Entwicklung von Finanzinnovationen, die Beschäftigung von Experten (z.B. für die Modellierung neuronaler Netze) sowie der Umgang mit regulatorischen Vorgaben, stehen für ein hohes Maß an ›embedded intelligence‹. Es liegt daher nahe, die Organisation ›Bank‹ mit dem von William H. Starbuck (1992) geprägten Begriff »knowledge intensive firm« zu charakterisieren. Wie in diesem Zusammenhang die Probleme zeigen, welche sich aus politischen Maßnahmen der Deregulierung und (Re-)Regulierung ergeben, läßt sich das innerhalb der Banken vorhandene Wissen immer weniger über die herkömmlichen Koordinationsformen Hierarchie und Markt kontrollieren. Myron S. Scholes (1996), der jüngst gemeinsam mit seinem Kollegen Robert C. Merton für eine neue Methode zur Bewertung von Derivaten den Nobelpreis für Wirtschaftswissenschaften erhielt, postuliert daher, daß vor allem aufgrund der kurzen Halbwertszeit von Maßnahmen der Regulierung, »regulators must rely more on the industry that is motivated by their own self-interest to provide the appropriate economic level of risk controls and management« (ebd., S. 284). Scholes unterstreicht damit die wachsende Bedeutung von Formen der Regulierung, die das Potential privater Akteure im Sinne einer »Konditionierung der Selbststeuerung« (Willke 1992, S. 200) anregen und in der *Lern- und Anpassungsfähigkeit* von Organisationen eine wichtige Bedingung für den Erfolg gemischt öffentlich-privater Steuerungsregime sehen. Vor diesem Hintergrund wird es im folgenden um eine Skizzierung unterschiedlicher Formen organisationaler Selbststeuerung sowie darüber hinaus um eine analytische Betrachtung des Verhältnisses von Selbststeuerung und Wissen gehen. Ziel ist es, die Anforderungen an das Risiko- und Wissensmanagement von Banken zu präzisieren, um anschließend zu untersuchen, inwieweit bestehende Risikomanagementsysteme diesen Anforderungen entsprechen bzw. welche Bedeutung einer Integration des Risiko- und Wissensmanagements zukommt.

4 Anforderungen an die Selbststeuerung von Banken

Die Bedingungen sowie die Möglichkeiten der gegenwärtig zu beobachtenden bankaufsichtlichen Strategien einer stärkeren Berücksichtigung des dezentralen Wissens sowie der Lern- und Anpassungsfähigkeit von Banken werden deutlich, wenn man letztere als selbstreferentielle Sozialsysteme bestimmt und auf diese Weise den Aspekt der *Selbststeuerung* in den Mittelpunkt der Überlegungen rückt. Mit dieser Ausgangsposition geht zugleich eine Absage an organisationstheoretische Konzepte einher, die Organisationen einseitig als umweltoffene Sozialsysteme betrachten und damit die Annahme verknüpfen, daß es sich um extern kontrollierbare und außengeleitete Systeme handelt (Pfeffer/Salancik 1978, S. 257). Werden Organisationen in dieser Weise beschrieben, so erscheinen sie kybernetisch als »triviale Maschinen«, die gleiche Inputs aus der Umwelt stets in gleiche Outputs transformieren (v. Foerster 1992, S. 60). Ein Blick auf die oben dargestellte Problematik der ›regulatory dialectic‹ genügt, um zu erkennen, daß ein derartiges Verständnis von Organisation unzureichend ist. Wie läßt sich beispielsweise erklären, daß Banken vielfältige innovative Strategien entwickeln, durch deren Einsatz sie auch die ausgefeiltesten regulatorischen Maßnahmen zu umgehen vermögen und den Aufsichtsbehörden meist einen Schritt voraus sind? Es liegt daher nahe, den internen Bedingungen organisationaler Entscheidungen eine größere Aufmerksamkeit zu widmen und Organisationen als »nicht-triviale Maschinen« zu betrachten, die von außen weder gesteuert noch durch eine Input/Output-Transformationsfunktion beschrieben werden können. Vielmehr ist zu berücksichtigen, daß Entscheidungen von kognitiven Strukturen, das heißt spezifischen *internen Relevanzkriterien* abhängen, die selbst wieder von vorangegangenen Entscheidungen beeinflußt werden (ebd., S. 62f.).

Daß Banken als organisierte Sozialsysteme zu begreifen sind, die aus Entscheidungen bestehen, welche sie in einem rekursiven Prozeß *selbst* erzeugen, hat Baecker (1991) in Anlehnung an Luhmanns (1984) Theorie selbstreferentieller Systeme gezeigt. In unserem Zusammenhang ist von Bedeutung, daß sich Organisationen einerseits durch interne Relevanzkriterien von der Umwelt abschließen, diese Kriterien jedoch andererseits eine spezifische *kognitive Offenheit* der Organisation ermöglichen. Zwar können Organisationen ihre Strukturen nur selbst, das heißt strukturdeterminiert anpassen, doch ist es zugleich ein Konstitutionsmerkmal selbstreferentieller Systeme, daß sie aus der Umwelt brauchbare Informationen filtern und diese zum Systemaufbau nutzen. Insofern fungieren Umweltereignisse als *Anregungen* für entsprechende Veränderungen. Genau dieser Einsicht scheinen derzeit bankaufsichtliche Strategien zu folgen, die auf eine *Bewußtmachung* von Risiken zielen und es den Banken innerhalb eines vorgegebenen *Kontextes* (z.B. bezüglich der erforderlichen Ermittlung von Risikopotentialen) selbst überlassen, geeignete Verfahren zu entwickeln. Um die hierzu erforderlichen Selbststeuerungskompetenzen auf seiten der Banken und daraus abzuleitende Anforderungen an das Risiko- und Wissensmanagement zu formulieren, empfiehlt es sich, drei unterschiedliche Formen der Selbststeuerung und die damit korrespondierenden Formen des Wissens analytisch zu unterscheiden.

Die grundlegende Form der Selbststeuerung soll zunächst als *basale Selbststeuerung* bezeichnet werden. Sie bildet die Bedingung für die Existenz eines selbstreferentiellen Systems. Im Falle des organi-

sierten Sozialsystems ›Bank‹ vollzieht sich die basale Selbststeuerung über Entscheidungen hinsichtlich der ›Abgabe und Annahme
von Zahlungsversprechen‹. Wie wir bereits gesehen haben, sind
hierzu kognitive Strukturen notwendig, die festlegen, welche
Entscheidung auf eine andere folgt. Auf der Ebene der basalen
Selbststeuerung handelt es sich hierbei um verhältnismäßig ›einfache‹ Strukturen. So liefern vorangegangene Erfahrungen, die als
Kenntnisse über die Realität, Sachverhalte, Personen, Normen,
Werte sowie Handlungen sedimentieren, ein *basales Wissen*, anhand
dessen die Organisation in der Lage ist, ihre soziale Realität auf der
Grundlage von Interpretationen zu konstruieren und sich in der
Welt zu orientieren. In Anlehnung an Konzepte der sogenannten
›second order cybernetics‹ kann in diesem Zusammenhang auch
von einem ›Wissen erster Ordnung‹ gesprochen werden.

Eine erweiterte Form der Selbststeuerung läßt sich als *reflexive
Selbststeuerung* beschreiben. Generell verstärkt und verdichtet
Reflexivität die prozeßtypischen Merkmale einer Organisation. Es
kommt zur Herausbildung von Verfahren, die sich auf den *Prozeß*
des ›Zustandekommens von Entscheidungen‹ beziehen. Hierzu
muß die Organisation vorhandene Wissensbestände erkennen und
explizieren. Darüber hinaus setzt eine reflexive Selbststeuerung die
Generierung eines *reflexiven Wissens* voraus, man könnte auch
sagen eines ›metakognitiven Wissens‹ bzw. eines ›Wissens zweiter
Ordnung‹, mit dessen Hilfe sich das basale Wissen planen, überwa-
chen und regulieren läßt. Übertragen auf den Fall der Banken
bedeutet dies beispielsweise, daß der Entscheidungszusammenhang
›Kreditgeschäft‹ zum Gegenstand von Entscheidungen wird. So
lassen sich durch die Implementation softwarebasierter Kontrollsysteme Kreditrisiken genauer und schneller ermitteln und folglich
das Kreditgeschäft intensivieren. Reflexives Wissen trägt somit im
klassischen Sinne zu einer *Rationalisierung* des zugrundeliegenden
Prozesses bei.

Die weitreichendste Form der Selbststeuerung schließlich, soll als
reflektierte Selbststeuerung bezeichnet werden. In diesem Fall wird

die *Einheit* der Differenz von Organisation und Umwelt thematisiert und zum Bezugspunkt der Entscheidungen der Organisation gemacht. Das heißt, die Organisation geht zu sich selbst auf Distanz und beobachtet die Auswirkungen ihrer eigenen Entscheidungen in der Umwelt unter dem Aspekt möglicher Rückwirkungen auf sie selbst. Banken erreichen diese Form der Selbststeuerung, wenn sie beispielsweise eine angemessene Resonanz für die Gefahr einer Systemkrise aufbringen und ihre Entscheidungen an antizipierten Folgen orientieren. Die Voraussetzung dieser Form der Selbststeuerung besteht in dem Vorhandensein eines *reflektierten Wissens*, dem zwar ebenfalls Reflexivität im Sinne eines ›Wissens zweiter Ordnung‹ zugrunde liegt, das jedoch über das oben beschriebene reflexive Wissen hinausreicht, da es sich nicht nur auf die Prozesse der Organisation bezieht, sondern sich an der Differenz von Organisation und Umwelt orientiert. Dies erfordert von der Organisation zunächst die Fähigkeit, möglichst ›passende‹ *Selbstbeschreibungen* anzufertigen. Sie muß vorhandene Wissensbestände explizieren und erkennen, anhand welcher formalen Strukturen Entscheidungsprozesse zustandekommen und wie diese möglicherweise reflexiv verdichtet werden. Die Organisation kann sich hierzu beispielsweise auf Satzungen, Stellenpläne und -beschreibungen sowie dokumentierte Organisationsabläufe beziehen. Zudem kann sie beobachten, welche informellen Prozesse zur Produktion und Reproduktion von Strukturen führen. Auf diese Weise gewinnt die Organisation eine Vorstellung (Bild) von sich selbst, welche einerseits die besondere Differenz zu ihrer Umwelt markiert und andererseits als Folie für den Vergleich mit anderen ›virtuellen‹ Bildern (Visionen) von sich selbst dient. Darüber hinaus muß die Organisation in der Lage sein, adäquate *Fremdbeschreibungen* anzufertigen, das heißt, sie muß interne Bilder entwerfen, welche die Systeme in der Außenwelt repräsentieren. Anhand dieser Bilder können beispielsweise Banken ihr Wissen über ihre Umwelt (z.B. Gesellschaft, Bankensystem, Finanzmärkte, Bankenaufsicht) einer kontinuierlichen Prüfung unterziehen und ihre Tätigkeit an erkannten Anforderungen orientieren.

Vor dem Hintergrund der einleitend geschilderten Problematik des Risikomanagements sowie auf der Grundlage der hier entwickelten Differenzierung von Formen der Selbststeuerung wird erkennbar, daß eine erfolgreiche Delegation von Kontrollaufgaben an Banken, die Fähigkeit zu einer *reflektierten Selbststeuerung* erfordert, welche über klassische Rationalitätsvorstellungen hinausführt. Sie beruht auf dem Wiedereintritt der Differenz von Organisation und Umwelt in die Entscheidungen der Organisation und setzt voraus, daß die Organisation ihre Einwirkungen auf die Umwelt *an den Rückwirkungen auf sie selbst* kontrolliert (Luhmann 1984, S. 642). Gerade der deutsche Bankensektor liefert für dieses Phänomen ein hervorragendes Beispiel. So stellt der Bundesverband deutscher Banken e.V. einen Einlagensicherungsfonds bereit, dessen Aufgabe und Zweck darin besteht, »bei drohenden oder bestehenden finanziellen Schwierigkeiten von Banken, insbesondere bei drohender Zahlungseinstellung, im Interesse der Einleger Hilfe zu leisten und *Beeinträchtigungen des Vertrauens in die privaten Kreditinstitute zu verhüten*« (BdB 1996, S. 5, Herv. T.S.). Hier zeigt sich eine Strategie, welche auf der *bewußten* Einbeziehung einer relevanten Umwelt beruht und mögliche Rückwirkungen der eigenen Entscheidungen, sich selbst in Rechnung stellt. Unter diesem Aspekt soll nun im folgenden das Risikomanagement der Banken untersucht werden. Dazu wird zunächst das grundlegende Prinzip des Risikomanagements herausgearbeitet. Anschließend wird geprüft, welcher Form der Selbststeuerung das Risikomanagement der Banken entspricht und inwieweit es sich für die Übernahme regulatorischer Aufgaben eignet.

5 Risikomanagement der Banken

Wie Baecker (1991, S. 118) hervorhebt, machen Banken ihr Geschäft nicht mit Risiken, die sie vermeiden, sondern mit Risiken, die sie übernehmen. Indem sie auf diese Weise Märkte für Risikoübernahme schaffen und die unterschiedlichsten Instrumente der Risikotransformation (z.B. Rentenpapiere, Aktien, Derivate) zur Verfügung stellen, ermöglichen sie eine effiziente Risikoallokation innerhalb der Wirtschaft. Banken absorbieren externe Risiken (z.B. Währungsschwankungen) und erlauben damit anderen Wirtschaftsteilnehmern (z.B. Unternehmen) unter Ungewißheit zu entscheiden. Sie ermöglichen somit eine insgesamt höhere Risikobereitschaft der Akteure. Ebenso wie Versicherungen, verdichten Banken die Funktion des Wirtschaftssystems, indem sie die Wahrscheinlichkeit einer gelingenden Verknüpfung zwischen einer zukunftsstabilen Vorsorge mit je gegenwärtigen Verteilungen erhöhen. Die spezifische Aufgabe der Banken besteht darin, die Wirtschaft mit jederzeitiger Zahlungsfähigkeit auszustatten (Luhmann 1991, S. 193). Sie leisten dies, weil sie ihrerseits über Verfahren verfügen, mit deren Hilfe sie sich in eine Position setzen, aus der heraus sie den Umgang mit den vielfältigsten Risiken ihres Geschäfts ›handeln‹ und ihre Risikoexponiertheit begrenzen können.

Das klassische Management dieser Risiken vollzieht sich im wesentlichen in vier Schritten: »erstens versucht man, Risiken zu vermeiden, indem man bestimmte vermeidbare Entscheidungen nicht trifft, die mit diesen Risiken belastet sind. Zweitens versucht man Risiken zu vermindern, indem man den Schaden, der möglicherweise eintritt, durch vorsorgende Maßnahmen in Grenzen hält. Drittens versucht man Risiken auf andere zu überwälzen, das heißt die Konsequenzen eigener Entscheidungen bei anderen anfallen zu lassen: das ist vor allem bei finanziellen Risiken möglich, gegen die man sich versichern kann oder die man vertraglich auf andere abwälzt. Und viertens schließlich kann man die Risiken selber tragen: entweder passiv durch eine entsprechende Risikobereitschaft oder aktiv durch Bereitstellung von Reserven und Ressourcen, die im Falle einer Realisierung des Risikos dieses zu tragen erlauben« (Baecker 1991, S. 142). Entsprechende Verfahren beruhen hierbei im Sinne klassischer Rationalitätskonzepte auf der Unterscheidung von *Risiko* und *Sicherheit* und gehen davon aus, daß Schäden zwar vermieden werden müssen, daß aber der Verzicht auf Risiken eine unangemessene Einschränkung der Handlungsmöglichkeiten mit sich bringen würde. Deshalb müssen Mittel (z.B. Risikomanagement) eingesetzt werden, um bestimmte Zwecke (z.B. unternehmerischen Erfolg) zu sichern (Luhmann 1991, S. 22). Aus dieser Perspektive erscheint die Grundidee des Risikomanagements als Strategie der bewußten Festlegung des optimalen Verhältnisses von Risikobereitschaft und Ertragserwartung sowie dessen aktiven Steuerung und Beherrschung (Rudolph 1995, S. 23). Damit verknüpft ist die Annahme, daß man sich durch angemessene Vorkehrungen auf der ›sicheren Seite‹ plazieren kann, sich Risiko folglich in Sicherheit transformieren läßt. In diesem Sinne soll z.B. beim ›Hedging‹ (Risiko*absicherung*) das Marktrisiko einer Kassaposition durch eine Gegenposition am Terminmarkt ausgeglichen werden. Ziel ist es, der Kassaposition eine in Art, Betrag und Fälligkeit entgegengerichtete Position gegenüberzustellen, so daß sich die Risiken der aus beiden Positionen gebildeten Gesamtposition vollständig bzw. möglichst gut kompensieren (ebd., S. 15).

Dahinter steht eine Strategie, die sich mit dem von Franz-Xaver Kaufmann (1973, S. 156ff.) geprägten Begriff der »Vernichtung der Zeitlichkeit der Zukunft« beschreiben läßt. Aus Kaufmanns Sicht stellt sich der gesellschaftliche Sinn des Wortes *Sicherheit* dar, als »der weitverbreitete Wunsch als auch die generell akzeptierte Norm, Zukunft müsse sichergestellt, verfügbar sein, damit man ihrer gewiß und deshalb beruhigt sein könne«. Die Idee der Sicherheit beruht demnach auf dem Streben nach »Vernichtung der Zeitlichkeit der Zukunft« und somit nach ihrer »Umarbeitung in fortdauernde Gegenwart oder garantierte zukünftige Gegenwart« (ebd., S. 160). Indem sich diese Transformation als gesteuerter Prozeß - als Eingreifen in die Welt - darstellt, verweist der Begriff der Gegenwart dabei gleichzeitig auf den Begriff der Vergangenheit, denn das gegenwärtige Handeln beruht auf der Erwartung, daß sich das, was sich einmal als wirksam erwiesen hat, sich auch in Zukunft als wirksam erweisen wird. Die zugrundeliegende Vorstellung ist die eines Kontinuums von Vergangenheit und Zukunft. Und genau darauf zielt das Risikomanagement: Es stellt ein *Mittel* zur »Vernichtung der Zeitlichkeit der Zukunft« dar. Durch den Einsatz mathematisch-statistischer Modelle und daraus abgeleiteter Prognosen versuchen Banken, die Kluft zwischen einer sicheren (da irreversiblen) Vergangenheit und einer kontingenten Zukunft zu überwinden. Die Problematik des Risikomanagements besteht darin, daß die Verknüpfung von Vergangenheit und Zukunft allerdings stets nur approximativ gelingen kann und folglich Risiken zwar transformiert und handhabbar, keinesfalls jedoch in Sicherheit umgewandelt werden können.

Im folgenden empfiehlt es sich daher, das Risikomanagement nicht unter dem Aspekt der Sicherheit zu begreifen, sondern als eine Form der operativen Nutzung der *Differenz* von Risiko und Sicherheit. So wird deutlich, daß das Risikomanagement dazu dient, ›sichere‹ Entscheidungen auch vor dem Horizont ›unsicherer‹ Folgen zu treffen, ohne daß die Differenz von Vergangenheit und Zukunft - die basale Unsicherheit jeglichen Entscheidens - überwunden wird. Der Bank gelingt es jedoch, die eigenen Entscheidungen rational zu begründen und sich in eine Position zu bringen, aus der heraus sie sich bei eventuell auftretenden negativen Folgen darauf berufen kann, in ausreichender Weise mit ihren Risiken umgegangen zu sein. Erkennbar wird dies, wenn man die Funktion des Risikomanagements in einer zeitlichen, sachlichen und sozialen Dimension betrachtet. So generiert das Risikomanagement in zeitlicher Hinsicht *Erwartungssicherheit* durch Formalisierung, in sachlicher Hinsicht liefert es durch mathematisch-statistische Modelle *sichere Kausalitäten* und in sozialer Hinsicht gewährt es interne und externe *Akzeptanzsicherung* riskanten Vorgehens.

Sucht man nun nach einem umfassenderen Risikobegriff, welcher über die dargestelle zweckrationale Sichtweise hinausführt und den Blick frei gibt auf eine Internalisierung möglicher negativer Folgen bankinterner Entscheidungen, so bietet es sich an, zwischen einer *bankinternen* und einer *bankaufsichtlichen* Perspektive auf die Risiken des Bankgeschäfts zu unterscheiden (Fischer 1994, S. 637). Hinsichtlich der bankinternen Perspektive empfiehlt es sich zusätzlich, die Wahrnehmungen der *Händler* sowie der *Handelsmanager* getrennt zu betrachten. Händler sind in ihrem Alltagsgeschäft mit der Möglichkeit befaßt, im Rahmen von normalen Ausschlägen um einen Trend, Verluste zu erleiden. Im Rahmen ihrer Tätigkeit können sie unmöglich bei jedem Einzelgeschäft den GAU, das heißt eine mögliche Systemkrise, mitdenken. Handelsmanager haben demgegenüber eine zweifache Rolle: Sie müssen an die Solvenz des Instituts auch im Krisenfall denken und entsprechend der Kapitalbasis Limite setzen. Parallel dazu müssen sie knappe Ressourcen für den Geschäftsalltag zuteilen. Das kann nicht krisenorientiert sein, sondern muß sich am Wahrscheinlichkeitsrahmen eines überschaubaren Vergangenheitszeitraums orientieren, das heißt an der Varianz der Ereignisse links und rechts vom Trend, an Verlustrisiko und Ertragschance zugleich. Demzufolge richtet sich das Augenmerk der Bank im wesentlichen auf eine optimale Risiko-Ertrags-Gestaltung. Die Bankenaufsicht dagegen denkt primär an die Möglichkeit einer Systemkrise. Ihre Aufgabe ist es, die Solvenz des gesamten Finanzsystems zu gewährleisten. Sie sieht, was Händler und Handelsmanager nicht sehen: beispielsweise, daß die Bank zwar durch den Einsatz von Derivaten bestimmte Marktrisiken ›hedgen‹ kann, daß sie damit aber gleichzeitig neue Risiken eingeht, die z.B. das Resultat einer größeren Intransparenz und Interdependenz der Geschäfte sind. Während es somit den Händlern und Handelsmanagern in den Banken kaum gelingt, über ihren eigenen Tellerrand zu blicken, übernimmt die Bankenaufsicht eine Perspektive, aus der insbesondere auch die Externalitäten des Risikomanagements der Banken in den Blick geraten.

Die Anforderungen an einen *reflektierten* Umgang der Banken mit den Risiken ihres Geschäfts werden deutlich, wenn man in Anlehnung an Luhmann (1991, S. 30ff.) die Unterscheidung von *Risiko*

und *Gefahr* eingeführt. Die Begriffe Risiko und Gefahr beziehen sich
in unterschiedlicher Weise auf zukünftige Ereignisse, die aufgrund
ihres zukünftigen Charakters ungewiß bleiben. Beide setzen die
Möglichkeit von Schäden voraus, über deren Eintritt im gegenwärtigen Zeitpunkt, also im Zeitpunkt des Risikos bzw. der Gefahr,
Unsicherheit besteht. Letztere kann, da der Schadenseintritt von
künftigen Ereignissen abhängen wird, nicht ausgeschlossen werden.
Auf dieser gemeinsamen Grundlage unterscheiden sich Risiken und
Gefahren durch den Attributionsvorgang. Wird ein etwaiger
Schaden auf die eigene Entscheidung zugerechnet, handelt es sich
um ein Risiko. Wird der etwaige Schaden dagegen als extern
veranlaßt betrachtet, also auf die Umwelt zugerechnet, dann
handelt es sich um eine Gefahr. Anhand der Unterscheidung von
Risiko und Gefahr wird erkennbar, daß das Risikomanagement der
Banken die Seite des Risikos markiert und die paradoxe Selbstreferenz des Risikos (es ist ebenso riskant, zu entscheiden, wie nicht
zu entscheiden) aufgelöst wird durch die Externalisierung der
Gefahrendimension, für die dann unter regulatorischen Gesichtspunkten die Bankenaufsicht zuständig ist.

Wie wir gesehen haben, handeln Banken mit den Risiken von
Zahlungsversprechen. Die *Zweck*rationalität des Risikomanagements liegt in der Ermöglichung sicherer Entscheidungen unter der
Bedingung von Ungewißheit. Die möglichen Folgen dieser Rationalität bleiben (zumindest im Tagesgeschäft) ausgeblendet. Nicht
nur für das Finanzsystem resultiert aus dieser Strategie die Gefahr
einer Systemkrise. Hier wird der eingangs angesprochene Hinweis
deutlich, daß Risiko-Steuerungsmodelle nicht als Ruhekissen
betrachtet werden dürfen und daß Risikomanagement eine umfassende Managementaufgabe ist. Im Hinblick auf das Problem der
Selbststeuerung geht es folglich darum, die Gefahrendimension zu
de-externalisieren, das heißt um die Notwendigkeit, daß sich die
einzelne Bank in die Lage versetzt, die Differenz von Risiko und
Gefahr zu erkennen und ihre Entscheidungen an der Einheit dieser
Differenz auszurichten. Eine erweiterte Rationalität auf der Grund-

lage einer *reflektierten Selbststeuerung*, man könnte auch sagen eine ›Rationalität zweiter Ordnung‹, ist dann gegeben, wenn die einzelne Bank in ihren Entscheidungen berücksichtigt, daß diese zu einer Systemkrise beitragen können und die Folgen ihrer Entscheidungen möglicherweise negative Rückwirkungen auf ihren eigenen Bestand haben können.

Daß viele Banken diese Form der Rationalität noch nicht erreicht bzw. in ihrer Organisation institutionalisiert haben, zeigt sich beispielhaft an der japanischen Banken- und Finanzkrise im Herbst 1997. Die in diesem Zusammenhang stehenden Konkurse der Hokkaido Takushoku Bank und des Wertpapierhauses Yamaichi waren im wesentlichen auf Spekulationen mit Immobilien sowie unzureichende Verfahren im Umgang mit Kreditrisiken (faule Kredite) zurückzuführen. Zu diesem Zeitpunkt wiesen Analysten darauf hin, daß die Liquiditätsprobleme japanischer Banken möglicherweise mit einer Beschränkung der Kreditvergabe einhergehen könnten und daß in der Konsequenz mit einer Reihe von Unternehmenszusammenbrüchen sowie insgesamt mit einer Verschlechterung des Konjunkturklimas gerechnet werden müsse. Erwartet wurde, daß bei einem hieraus resultierenden Rückgang des Nikkei-Index die stillen Reserven einer Reihe von Banken aufgezehrt und weitere Bankenzusammenbrüche die Folge sein würden (FAZ v. 20.11.97). An diesem Beispiel erkennt man deutlich, wie sich die externalisierten Effekte der Banken systemisch verstärken und letztlich auf sie selbst zurückwirken. Glaubt man K.H. Bang, dem Verantwortlichen für Handel und Verkauf bei der ING Barings Securities in Seoul, dann ist davon auszugehen, daß sich diese Einsicht allerdings bei den Entscheidungsträgern in den Banken bisher kaum durchgesetzt hat. Wie überrascht die beteiligten Institute von der einsetzenden Krise in Japan waren, unterstreicht seine Stellungnahme zum Konkurs des Wertpapierhauses Yamaichi: »The closure was shocking to everyone. It broke the notion that banks and securities firms are invincible« (The Wall Street Journal Europe v. 25.11.97, S. 1). Faßt man die vorangegangenen Betrachtungen zusammen, so gelangt man zu der Einschätzung, daß das Risikomanagement der Banken derzeit offensichtlich nicht über die Form einer *reflexiven* Selbststeuerung hinausreicht. Im folgenden Abschnitt wollen wir uns daher der Frage zuwenden, inwieweit eine Integration des Risikomanagements in ein umfassenderes Wissensmanagement, zu einem reflektierteren Umgang mit den Risiken des Bankgeschäfts beitragen kann.

6 Integration von Risiko- und Wissensmanagement?

Bisher wurde deutlich, daß Banken sich mittels Risikomanagement auf eine Weise mit Sicherheit des Entscheidens *und* Unsicherheit der Folgen beliefern, daß aus diesem Dilemma ein *Steigerungsverhältnis* von Risikoaversion *und* Risikoproduktion resultiert, welches letztlich zu weitreichenden ökonomischen und sozialen Konsequenzen führen kann. Zu prüfen ist nun, wie die Banken mit dieser Problematik umgehen. Stimmt es tatsächlich, daß Banken sich für unverwundbar halten? Oder haben sie innerhalb ihrer Organisation bereits Vorkehrungen getroffen, welche die Wahrnehmung *von* und die Ausrichtung *an* der Differenz von Risiko und Gefahr fördern? Und welche Funktion könnte in dieser Hinsicht dem Wissensmanagement zukommen? Der Ansatz einer Beantwortung dieser Fragen findet seinen Ankerpunkt im Phänomen organisationalen Wandels und richtet sein Interesse auf die Ausgestaltung ›lernfähiger‹ Organisationen. Mit Blick auf die Banken gelangt Klaus P. Japp (1992, S. 20) zu der Einschätzung, daß diese »es sich gar nicht leisten (könnten), Fälle von post-decisional surprise als Anlaß für mehr Vorsicht, langsameres Entscheiden also zu nehmen. (...) Zuviele Nutzen von riskanten Entscheidungen könnten verloren gehen«. Aus seiner Sicht tendieren Organisationen vielmehr dazu, negative Entscheidungsfolgen auf ausgewählte Personen zuzurechnen und diese gewissermaßen als Unsicherheitsabsorber zu instrumentalisieren. Strukturelle Konsequenzen für die laufende Entscheidungsproduktion werden so vermieden, das heißt Lernen verhindert.

Genau an dieser Stelle muß eine detaillierte Analyse ansetzen. Zweifellos haben viele Kommentatoren beispielsweise den Konkurs der Barings Bank im wesentlichen auf den ›verantwortlichen‹ Händler, das heißt die Person Nick Leesson zugerechnet. Andererseits wurden gerade als Konsequenz dieses Ereignisses von den internationalen Institutionen der Bankenaufsicht (z.B. Basler Ausschuß für Bankenaufsicht, Technical Committee of the International Organization of Securities Commissions) sowie privater Gremien (z.B. Group of Thirty, Futures Industry Association) weitreichende Empfehlungen herausgegeben, welche die Banken insbesondere auf die Notwendigkeit *struktureller* Konsequenzen in Form verbesserter interner Kontrollmechanismen aufmerksam gemacht haben (Dial 1995). In diesem Zusammenhang sind die Banken allerdings mit der Problematik konfrontiert, einerseits auch weiterhin am Mechanismus ihrer risikoaversen Strategie des Risikomanagements festzuhalten, andererseits jedoch gleichzeitig institutionelle Vorkehrungen zu treffen, mit deren Hilfe sich das Problem des *Steigerungsverhältnisses* von Risikoaversion *und* Risikoproduktion intern beobachten und handhaben läßt.

Problemaufschließend sind in diesem Zusammenhang Ansätze der Organisationstheorie, welche auf ein angemessenes Verhältnis von *Vertrauen* und *Mißtrauen* (Luhmann 1989) bzw. auf die »Wichtigkeit des Zweifels« (Weick 1985) hinweisen. Im Kern geht es um die Einsicht, daß Organisationen ihre ›Passung‹ an die Umwelt nur dann erhalten, wenn sie über Vorrichtungen verfügen, die es ihnen erlauben, ihren Entscheidungen nicht nur zu vertrauen (z.B. mittels Risikomanagement), sondern diese auch zu *bezweifeln*. Während Vertrauen einen Mechanismus der Reduktion sozialer Komplexität darstellt, der Unsicherheit absorbiert und Handlungsmöglichkeiten erschließt, dient Mißtrauen - ganz im Sinne des ›methodischen Zweifels‹ - dem Aufbau von Komplexität durch Überprüfung etablierter Wissensbestände und daraus abgeleiteter

Entscheidungen. Greift man die eingangs zitierte Metapher auf, wonach Risiko-Steuerungsmodelle keine ›Ruhekissen‹ sind, so steht Mißtrauen für die erforderliche ›Wachsamkeit‹ hinsichtlich entsprechender Verfahren.

Die Problematik des Umgangs mit dem sich aus der Dichotomie von Vertrauen und Mißtrauen ergebenden Spannungsverhältnisses läßt sich anhand der Theorie von Karl E. Weick (1985) verdeutlichen. In ihrer Grundannahme stellt sie zunächst eine Absage an Überlegungen dar, die unterstellen, daß es in der Umwelt von Organisationen ›objektive‹ Phänomene gibt, auf die ›sichere‹ Selektionen bezogen werden können und sich der organisationale Umgang mit Risiken auf eine reine Adaption an ›gegebene‹ Umweltbedingungen beschränkt. Ähnlich wie Luhmann betont Weick, daß Organisationen ihre relevanten Umwelten in einem voraussetzungsvollen Prozeß selbst konstruieren und die Umwelt somit eher als Output denn als Input anzusehen ist. Hierzu benötigen Organisationen erstens detaillierte und umfassende ›Informationen‹ sowie zweitens Wissen, welches das ›Erkennen‹ relevanter interner wie externer Umwelten überhaupt erst ermöglicht. Folglich hängt der Bestand einer Organisation zentral von der Fähigkeit ab, kognitive Strukturen aufzubauen und ›Interpretationswissen‹ zu generieren. So vollzieht sich beispielsweise das Risikomanagement der Banken auf der Grundlage eines solchen Interpretationswissens. Die eingangs angesprochenen Risikomodelle dienen dementsprechend, indem sie Verlustpotentiale monetär quantifizieren, der Bereitstellung stabiler Interpretationen und damit der Sicherung der Anschlußfähigkeit von Entscheidungen. Sie tragen zudem der Anforderung Rechnung, daß die Banken nach *außen* (z.B. Bankenaufsicht, Kunden, Geschäftspartner) den Eindruck erwecken müssen, daß sie wissen, was sie tun und daß man ihnen vertrauen kann.

Einerseits liefern vorhandene Interpretationsbestände die notwendige Voraussetzung für den Bestand einer Organisation, anderseits können sie jedoch die Anpassung an veränderte Umweltkon-

stellationen be- und verhindern. Dies ist der Fall, wenn manifeste
Vorstellungen trotz mangelnder Orientierungsfunktion nicht
aufgegeben werden und auch keinen externen Interpretations-
angeboten zugänglich sind. Auf diese Weise blockieren vorhandene
Wissensbestände weiterführende Lernprozesse. Genau hier liegt
die ›Gefahr‹ des Risikomanagements. Der Fall Barings zeigt beispielhaft, mit welcher *Ignoranz* Banken auf Veränderungen in der
Umwelt reagieren können und welche negativen Folgen aus dem
übermäßigen Vertrauen in vorhandene Wissensbestände (hier:
Umgang mit Derivaten) sowie dem Fehlen angemessener Kontrollsysteme resultieren können. So betonte Peter Baring, der Vorsitzen-
de der Bank, noch wenige Monate vor dem Konkurs in einem
Zeitungsinterview: »Derivatives need to be well controlled and
understood, but we believe we do that here« (zit. nach Mar-
shall/Prusak/Shpilberg 1996, S. 86). Diese vermeintliche Sicherheit
führte dazu, daß eine Reihe von Empfehlungen der Group of
Thirty zum Umgang mit den Risiken derivativer Instrumente
unbeachtet blieben und man es so versäumte, das eigene Wissen zu
hinterfragen sowie ›passenderes‹ Wissen zu generieren.

Hier ist offensichtlich, daß Organisationen ihren Erfahrungen teilweise mißtrauen müssen. Nur so sind sie imstande, ihre Anpassungsfähigkeit aufrechtzuerhalten und ihren Bestand zu sichern.
Das Kernproblem des Organisierens sieht Weick (1985, S. 336)
folglich in der Erzeugung eines brauchbaren Verhältnisses von
Vertrauen und Mißtrauen. Damit ist gleichzeitig die Anforderung
an das Wissensmanagement der Banken formuliert. Denkbar wäre,
daß sich das Risikomanagement in ein umfassendes Wissensmanagement integrieren läßt, welches sich auf einen *supervisorischen*
Umgang mit Gewißheiten bzw. Routinen richtet und Anpassungs-
prozesse initiiert. Hierzu könnte die Institutionalisierung von
Mechanismen dienen, welche einerseits die Reflexionskompetenzen
der Organisation fördern und neue Interpretationen ermöglichen
sowie andererseits dafür sorgen, daß der Zweifel in Grenzen
gehalten und somit die Handlungsfähigkeit der Organisation nicht

gefährdet wird. Es geht demnach nicht lediglich um umfassendere Kontrollmaßnahmen, sondern um einen *reflektierten Umgang mit Wissen*.

Einen entsprechenden Maßnahmenkatalog haben Marshall, Prusak und Shpilberg (1996, S. 99) aufgestellt. Aus ihrer Sicht sollte das Wissensmanagement dazu dienen, der Bank bewußt zu machen, über welche Wissensbestände sie verfügt und welches Wissen sie in Zukunft benötigen wird. Es sollte gewährleistet sein, daß vorhandenes Wissen periodisch getestet und auf seine Angemessenheit hin bewertet wird. Zudem muß die Generierung neuen Wissens angeregt sowie dieses Wissen in der Organisation zugänglich gemacht werden. Schließlich sollten sich Maßnahmen auch auf die Bewahrung zuverlässigen Wissens richten. Als ein Konzept, welches die Umsetzung dieser Forderungen berücksichtigt, läßt sich das von Ikujiro Nonaka und Hirotaka Takeushi (1995) entwickelte Modell der »Wissensspirale« verwenden (siehe Kapitel 3.3 in diesem Band).

7 Ausblick

Es ist nun eine empirische Frage, inwieweit sich innerhalb von Banken und mit Blick auf das Risikomanagement konkrete Ansätze eines Wissensmanagements finden lassen, welche sich in der beschriebenen Weise auf das Spannungsverhältnis von Vertrauen und Mißtrauen richten und die Organisation ›alert‹ und lernfähig halten. Wie bereits eingangs erwähnt, gelangt Baecker (1991, S. 20) zu der Auffassung, daß sich die Risikoverarbeitung in Banken ebenso raffiniert wie unreflektiert vollzieht. Möglicherweise eignet sich allerdings die aktuelle Diskussion um den Einsatz *interner Modelle* zur Ermittlung des bankaufsichtlich vorzuhaltenden Eigenkapitals dazu, eine Neuorientierung des Risikomanagements anzuregen und über Möglichkeiten des Wissensmanagements nachzudenken. So planen Ende 1997 etwa 30 deutsche Banken die Verwendung eigener Modelle, deren Zulassung lediglich von der

Qualitative Anforderungen an interne Modelle

Organisatorische Mindestvoraussetzungen

a) Ausreichende Zahl von Mitarbeitern (auch außerhalb des Handels), die mit dem Modell umgehen können.

b) Unabhängige Risikokontrollabteilung, die für die Gestaltung und Implementierung des Risikomanagementsystems verantwortlich ist, täglich die Ergebnisse des Risikomodells erstellt, analysiert und an die Geschäftsleitung berichtet sowie Handelslimite überwacht.

c) Regelmäßige Rückvergleiche der vom Modell errechneten Risikopotentiale mit dem aufgrund der tatsächlichen Preisentwicklung sich ergebenden Gewinn und Verlust aus den Risikopositionen (sog. back-testing).

d) Aktive Beteiligung der Geschäftsleitung an der Risikokontrolle.

e) Enge Integration des Risikomodells in das tägliche Risikomanagement der Bank, modellgerechte Vorgabe von Handelslimiten.

f) Routinemäßiges Durchspielen von Krisenszenarien.

g) Schriftliche interne Anweisungen über Grundsätze, Kontrollen und Verfahren beim Einsatz des Risikomodells, deren Einhaltung sicherzustellen ist. Gute Dokumentation des Risikomodells.

h) Regelmäßige, umfassende Prüfung des Risikomodells durch die interne Revision. Die Beachtung der aufsichtlichen Vorgaben ist zusätzlich durch externe Rechnungsprüfer und/oder Aufsichtsbehörden zu prüfen.

Quelle: Erstellt nach Jakob (1996, S. 151).

Erfüllung bestimmter quantitativer und qualitativer Kriterien abhängig gemacht wird. Insbesondere eine nähere Betrachtung der qualitativen Anforderungen (siehe Tabelle) läßt erkennen, daß die Bankenaufsicht offenbar bemüht ist, organisatorische Maßnahmen zu initiieren, mit deren Hilfe die ›Mißtrauenskompetenz‹ der Banken erhöht wird.

Es ist anzunehmen, daß in all den aufgeführten Bereichen Bedarf an Interpretationen dessen entsteht, was als erforderlich anzusehen ist. So muß beispielsweise festgelegt werden, *welche* »internen Anweisungen über Grundsätze, Kontrollen und Verfahren« verfaßt werden oder *wie* eine »aktive Beteiligung der Geschäftsleitung« auszusehen hat. Die Banken sind folglich gezwungen, sich über ihre Risiken sowie ihren Umgang mit diesen Risiken Gedanken zu machen. Legt man eine Ende 1994 durchgeführte Untersuchung der *Group of Thirty* bei 125 Finanzunternehmen und 149 Endnut-zern von Derivaten zugrunde, so zeigen sich insbesondere be-züglich der Organisation des Derivategeschäfts erhebliche Verbesserungsmöglichkeiten. Bemerkenswert ist vor allem, daß nur 38% der Finanzunternehmen sogenannte Stress-Simulationen durchführten, mit deren Hilfe sich theoretisch mögliche Verluste in extremen Situationen ermitteln lassen. Lediglich 45% der Finanzunternehmen hatten Abstimmungsverfahren entwickelt, um Unterschiede in den vom Handel und den in der Abwicklung errechneten Risikopositionen aufzuklären. Unabhängige Risiko-Kontrollstellen zur Konsolidierung der globalen oder regionalen Marktrisikoposition existierten nur bei 61% der Finanzunterneh-men (Fabritius 1995, S. 281).

Weitere Ansatzpunkte dafür, wie das Verhältnis von Mißtrauen und Vertrauen innerhalb von Banken thematisiert und zur Grund-lage von Lernprozessen gemacht werden kann, liefern die An-forderungen, die das Bundesaufsichtsamt für das Kreditwesen (BAKred) im Dezember 1997 in einem Merkblatt zu den »Unterla-gen für die Prüfung der Eignung eines eigenen Risikomodells« formuliert hat (BAKred 1997). So sind dem »Antrag auf Bestätigung der Eignung eines institutseigenen Risikomodells« Unterlagen beizufügen, in denen das Institut die nach eigener Einschätzung vorhandenen »Stärken und Schwächen« der eingesetzten Bewertungsmodelle anzugeben hat. Dazu zählt die Bewertung der EDV-technischen Implementierung und des darauf aufgebauten Management-Informations-Systems. Zudem müssen die Unterlagen zeigen, daß das antragstellende Institut über eine geeignete Aufbau- und Ablauforganisation verfügt. So ist die Aufbauorganisation unter Angabe der Namen der Funktionsträger für sämtliche mit dem Handelsbereich befaßten Stellen des Instituts, insbesondere in der Geschäftsleitung, dem Handel, der Abwicklung, dem Risikocontrolling, der EDV-/Organisationsabteilung und der Innenrevision darzustellen. Daneben ist die Aufgabenteilung zwischen den mit dem Handelsbereich befaßten Stellen anzugeben sowie eine Übersicht zu fertigen, die Auskunft gibt über die Personen, die in den relevanten Stellen mit Bezug auf den Handelsbereich tätig sind, einschließlich der Angaben zur fachlichen Qualifikation und zur Berufserfahrung.

Erkennbar ist, daß diese Anforderungen darauf zielen, die Banken für mögliche Defizite ihrer eingesetzten Modelle zu sensibilisieren. Die vom Bundesaufsichtsamt für das Kreditwesen geforderten Unterlagen veranlassen die Banken dazu, vorhandenes Wissen hinsichtlich des Umgangs mit den Risiken des Bankgeschäfts zu explizieren und dem Mißtrauen auszusetzen. Dahinter steht eine Strategie, die versucht, den ›Doppelblick‹ der Bankenaufsicht, das heißt die Wahrnehmung der oben beschriebenen Differenz von Risiko und Gefahr, in die Banken hineinzuverlagern und entsprechende Lernprozesse anzustoßen. Inwieweit die Banken sich diese Perspektive im Rahmen eines Wissensmanagements zu eigen machen und zu einer reflektierteren Form der Selbststeuerung finden, ist derzeit eine offene Frage, deren Beantwortung ausschließlich auf der Grundlage umfassender Beobachtungen innerhalb von Banken möglich ist.

Immerhin ist erkennbar, daß die Banken selbst ein Interesse daran entwickeln, ihre internen Prozesse kritisch zu evaluieren und das Management von Wissen und Risiken den Bedingungen globaler Interdependenz anzupassen.

4.6 Soziale Hilfe im Wandel: Wohlfahrtsverbände im Reorganisationsprozeß

Thomas Hermsen und Dirk Gnewekow

1 Trotz Solidarität und Wertbindung: Wissen als Medium der Selbststeuerung
2 Organisierte Wissensarbeit und Nonprofitmanagement
3 Das Management des Sozialen: Chancen und Widersprüche der Wissensorganisation von Hilfe

Zusammenfassung:
Durch die wirtschaftlichen und sozialen Veränderungen der letzten Jahre werden neuerdings auch die Wohlfahrtsverbände als bedeutendste Repräsentanten des intermediären Sektors in Deutschland verstärkten Restrukturierungszwängen ausgesetzt. Das politische System reklamiert mehr Transparenz und Effizienz in der Verwendung der öffentlichen Finanzmittel; das Wirtschaftssystem beklagt die unzureichende Marktöffnung und Produktorientierung im Bereich sozialer Dienstleistungsproduktion; das Religionssystem verweist auf Degenerationserscheinungen im Selbstverständnis, und von seiten der Klientel wird der Anspruch erhoben, eigenständig anhand konkret definierter Qualitätsstandards über die Inanspruchnahme von Leistungen entscheiden zu können. Vor dem Hintergrund des Primats funktionaler Differenzierung moderner Gesellschaften lautet dann die These des Beitrages, daß Wohlfahrtsverbände als Organisationen, die mit sozialer Hilfe befaßt sind, zunehmend von Solidarität auf Wissen als Steuerungsmedium zur Kommunikation von Hilfe umschalten. Wissen reguliert nicht nur kognitive Erwartungshaltungen von Akteuren. Als Medium der Steuerung dient Wissen auch zur Sicherung eines Materialitätskontinuums für System-Umweltbeziehungen. Vor dem Hintergrund der Finanzknappheit öffentlicher Haushalte wird Wissen auch für den Nonprofitsektor zu einer an Bedeutung gewinnenden Ressource, konfrontiert die Organisationen allerdings auch mit Widersprüchen und Paradoxien, die sowohl gesellschaftstheoretisch als auch organisationssoziologisch von Interesse sind.

1 Trotz Solidarität und Wertbindung: Wissen als Medium der Selbststeuerung

Nachdem die betriebswirtschaftliche Literatur die gemeinnützig ausgerichteten Organisationen als Forschungsgegenstand entdeckt und Unternehmensberatungen den Nonprofitsektor und die staatsnahen Wohlfahrtsverbände als lohnendes Marktsegment erkannt haben, bleibt es nicht aus, daß auch jene Organisationen mit Konzepten überschüttet werden, die mehr Lernfähigkeit, Flexibilität, Effizienz und kompetenteren Umgang mit der Ressource Wissen in Organisationen versprechen (Badelt 1997). Vor dem Hintergrund der zunehmenden Legitimationsprobleme gegenüber der Öffentlichkeit und des Abbaus finanzieller Transferzahlungen von seiten des politischen und religiösen Systems wird unterstellt, daß die Übernahme klassischer betriebswirtschaftlicher Konzepte hinreichend sei, um den Bestand und das Aufgabenprofil der freien Wohlfahrtspflege auch in Zukunft zu sichern. Die Reorganisation und Implementation bisher weitestgehend ungenutzt gebliebener Formen des Wissens in gemeinnützig operierenden Organisationen (betriebswirtschaftliches Wissen, Führungswissen, Expertenwissen und Systemwissen) wird hier als Bezugsgröße und als neue Operationsbedingung und notwendige Steuerungsressource auf der Organisationsebene eingeführt, um eine Steigerung der Anschlußfähigkeit gegenüber mehreren relevanten Anforderungen von seiten der Umwelt des Systems sicherstellen zu können.

Versucht man, sich der Problemstellung von Wissen als Medium der Steuerung und Nonprofitmanagement aus systemtheoretischer Sicht zu stellen, so lautet die These: Nonprofitorganisationen können sich den Folgewirkungen funktionaler Differenzierung als Primärmerkmal moderner Gesellschaften nicht entziehen. Als intermediäre Organisationen sind sie nicht nur in hohem Maße von Umwelterwartungen abhängig, sondern bedürfen systemeigener Kriterien zur Entscheidungsfindung, die den gesellschaftlichen

Ausdifferenzierungsmustern nicht zuwiderlaufen. Auch für jene Organisationen gilt, daß *Solidarität* als dritte Koordinationsform jenseits der Pole Staat und Markt bzw. *Demokratie* und *Hierarchie* nicht mehr so recht ›greift‹.

Willke bezeichnet diese, in der Literatur immer noch anzutreffende Theorieentscheidung für eine Etablierung moderner Formen von Solidargemeinschaften als eine ›bemerkenswert schlechte Wahl‹. Mit Solidarität würde eine vormoderne, gemeinschaftliche Form der Koordination von Primärgruppen aus der Versenkung geholt und in den Kontext ausdifferenzierter Gesellschaften gepreßt. Wohl gäbe es in verbliebenen Winkeln der Lebenswelt noch jene herzerfrischende Irrationalität altruistischer, sorgender, beschützender und bisweilen aufopfernder Handlungsmuster, die einer rationalistischen und ökonomischen Sichtweise unbegreiflich bleiben müssen. Insgesamt läge aber ein Ebenenfehler vor, da aus systemtheoretischer Perspektive formale Organisationen in ihre unterschiedlichen Funktionssysteme als ›Muttersysteme‹ eingebettet seien und als korporative Akteure nicht einfach miteinander reden könnten, ›als wären sie per Du‹ (Willke 1995, S. 88 ff.). In der Praxis hat dieser gesellschaftsstrukturelle Wandel für die Verbände zu einer Umstellung vom wertrational motivierten Gesinnungsverein zum der jeweiligen Systemrationalität verpflichteten Zweckverein zur Folge. Im Prozeß der Modernisierung seit Beginn der 20er Jahre bedeutete dies auf operativer Ebene eine Umstellung vom Steuerungsmedium Solidarität auf die modernen Kontrollmedien Geld, Macht und professionelles Wissen (Horch 1992; Pankoke 1995).

Neben den traditionellen Medien Geld und Macht stellt die Steuerungstheorie allerdings auch weiterhin den Modus der *Verhandlung* als dritte grundlegende Koordinationsform in den Vordergrund. Hierbei handelt es sich um einen Analysemodus im Bereich der freien Wohlfahrtspflege, der insbesondere in den stärker politikwissenschaftlich ausgerichteten Arbeiten zum Neokorporatismus und zur allgemeinen Verbändeforschung seinen

Niederschlag gefunden hat. Als intermediäre Organisationen fällt den Wohlfahrtsverbänden in dieser Perspektive die Aufgabe zu, durch Repräsentanz unterschiedlicher Logiken in sich selbst Ausgleichsfunktionen gegenüber ihren institutionellen und technischen Umwelten zu übernehmen oder durch Interventionen das Entstehen und die Wirksamkeit von Verhandlungssystemen zu fördern. Die Annahme dieser Beitrages ist, daß Organisationen diese Leistungen dauerhaft nur erbringen können, wenn sie sich darauf einlassen, die zur Verhandlung stehenden Unterschiede auch in den eigenen Prozessen und Fähigkeiten zu spiegeln, um damit überhaupt kundig und anschlußfähig für verschiedene Logiken und das heißt auch, unterschiedliche Wissenspräferenzen der jeweiligen Funktionssysteme wie Religion, Wirtschaft, Politik und Massenmedien zu werden (Zauner 1997, S. 114 f.).

Obwohl wir am Gedanken der Intermediarität festhalten wollen, konzentrieren wir uns im folgenden stärker auf Prozesse organisationalen Wandels und weniger auf die Analyse verbandspolitischer Akteurkonstellationen. Unstrittig ist, daß das Kennzeichen helfender Organisationen im Bereich der freien Wohlfahrtspflege gerade darin besteht, durch sensibles ›Jonglieren‹ zwischen sehr heterogenen Umwelterwartungen, erforderliche und gewünschte Leistungsbeziehungen zwischen den jeweils interagierenden Organisationen, ihren ehrenamtlich aktiven und hauptberuflich tätigen Mitgliedern sowie ihrer Klientel zu stabilisieren, strategisch zu bündeln und neu zu gestalten. Helfende Organisationen sind daher in einem kaum zu unterschätzenden Ausmaße von Veränderungen ihrer gesellschaftlichen Umwelt abhängig und damit auch vom Grad jeweils vorherrschender gesellschaftlicher Differenzierung. Als Repräsentanten des intermediären Sektors haben sie die Funktion, zwischen Markt und Staat bzw. zwischen privater und öffentlicher Sphäre zu vermitteln, d.h. Verbände als Institutionen dienen der Politik zur strukturellen Kopplung mit anderen Funktionssystemen in der modernen Gesellschaft. Ein Verband dient den auf diese Weise strukturell gekoppelten Funktionssystemen als Identifikationspunkt, als Erwartungsadressat von Äußerungen, die sowohl innerhalb des Politiksystems als auch innerhalb der anderen Funktionssysteme unterschiedlich operationalisiert werden (Brodocz 1996). Verbände als formale Organisationen fungieren als wechselseitige Erwartungsadressaten *für* die strukturell gekoppelten Funktionssysteme mit der Folge, daß sie von seiten der Funktionssysteme nur dann als Erwartungsadressaten fungieren können, wenn sie sich darauf beschränken, die Helfer bzw. die Hilfsorganisationen und nicht etwa die Hilfsbedürftigen zu organisieren. Auf das System der freien Wohlfahrtspflege bezogen wird damit zum Ausdruck gebracht, daß im Verhältnis von Politik und sozialer Hilfe die Wohlfahrtsverbände zwischen sozialer Basis und staatlicher Politik vermitteln (Backhaus-Maul 1991, S. 29). Für das Politiksystem dagegen stehen die Wohlfahrtsverbände als diejenigen da, deren Mitteilungen nicht nur als Bedarf an kollektiv bindenden Entscheidungen gelesen werden können, sondern auch als Indikator für die Auswirkungen der aktuellen Daseinsvorsorge für das Verhältnis von Regierung und Opposition. Hieran hat auch der Wandel der Sozialhilfepolitik vom Prinzip der ›Subsidiarität zum outcontracting‹ in Form einer zunehmenden Deprivilegierung der Wohlfahrtsverbände zugunsten der gewerblichen und selbstorganisierten Träger nichts geändert (Brodocz 1996, S. 370).

Diese Überlegungen verweisen auf den Umstand, daß historische Formen des Helfens entscheidend vom jeweiligen Entwicklungsstand der Gesellschaft geprägt sind. Hilfe muß, um als Hilfe identifiziert und erwartet zu werden, als solche kommuniziert werden (können). Sie vollzieht sich *in* der Gesellschaft *mit* der Gesellschaft. Spezifische Formen des Helfens stehen in unmittelbarer Abhängigkeit zu den jeweiligen Graden erreichter gesellschaftlicher Differenzierung. Luhmann hat in diesem Zusammenhang gezeigt, daß mit dem Übergang zur Moderne nicht nur ein gesellschaftsstruktureller Wandel vollzogen wird, der hinter dem Rücken der Akteure erfolgt, sondern als Folge jenes strukturellen Wandels auch ein Umbau des institutionellen Gefüges von Hilfe/Nichthilfe stattfindet (Luhmann 1986). Dieser Wandel läßt sich als ein Prozeß kennzeichnen, der von einer solidarisch/normativ geprägten Form organisierter Nächstenliebe übergeht zur Ausbildung formaler Organisationen, die sich explizit auf Hilfe spezialisieren.

Kennzeichnend für alle helfenden Organisationen ist mit Beginn der Moderne, daß sich ihre Formen des Helfens (erwartbare Hilfe) nicht mehr auf Willensentscheide von individuellen barmherzigen Samaritern beziehen lassen und sich auch nicht mehr normativen, für alle verbindlichen Leitdifferenzen verdanken. Die Wohlfahrtsverbände, wie auch alle anderen helfenden Organisationen, konstituieren sich als Sozialsysteme mit weitestgehend geschlossenen Kommunikationszusammenhängen innerhalb einer Gesellschaft, die insofern als modern zu bezeichnen ist, da sie ihren Reproduktionszusammenhang primär über die Ausbildung selbstreferentiell geschlossener Funktionssysteme konstituiert.

Aus sozialpolitischer Sicht läßt dies den Schluß zu, daß als Folge der Globalisierung der Funktionssysteme sich eine Schwächung der Integrationsfähigkeit des National- und Wohlfahrtsstaates abzeichnet und sich gerade vor dem Hintergrund der Schließung des Kommunikationszusammenhanges von Hilfe/Nichthilfe auf der Organisationsebene ein neues Gleichgewicht von Stabilisierung und Destabilisierung sozialstaatlicher Integrationsfähigkeit einstellt. Der in der Literatur meist sehr unreflektiert gebrauchte Begriff der Globalisierung verweist in diesem Zusammenhang auf den Umstand, daß die auf der Ebene der Weltgesellschaft durchgesetzte funktionale Differenzierung der Teilsysteme die Strukturen vorzeichnet, welche die Bedingungen für regionale Konditionierungen vorgeben.

Es stellt sich die Frage, wie unter der Prämisse der Selbststeuerung von sozialen Systemen *wirkungsvolle* Kommunikation im Bereich des Operationszusammenhanges von Nonprofitorganisationen und explizit von Wohlfahrtsverbänden in modernen Gesellschaften zustande kommt. Wirkungsvoll beschreibt hier den empirischen Tatbestand, daß eine kommunizierte Botschaft als relevant erachtet wird und die Organisation in ihren weiteren Operationen und Entscheidungen daran anknüpft. Womit muß die Banalität des Miteinander-Redens angereichert werden, um die Wahrscheinlichkeit erfolgreicher Kommunikation zu erhöhen? Die Frage ist bedeutungsvoll, weil erst durch ein Mindestmaß an Erwartbarkeit des Folgehandelns Organisation möglich wird. Lenkungsmaßnahmen, Führungsinstrumente und Entscheidungsprogramme müssen sich auf die in einer Organisation wirksamen Steuerungsmedien abstützen lassen, um erfolgreich zu sein. Einen ersten Orientierungspunkt liefert die Tatsache, daß Nonprofitorganisationen im allgemeinen auf hochgradig wertbezogene Ziele hin ausgerichtet sind. Steuern sich Nonprofitorganisationen also über ihre Werte? Charakteristisches Steuerungsmedium für das politischadministrative Funktionssystem ist Macht und Recht, für den Bereich der Wirtschaft Geld. Eignet sich Liebe als Beschreibungsmerkmal eines nonprofitspezifischen Steuerungsmediums, wie es z.B. in der Analyse der Wohlfahrtsverbände anklingt? (Grunow 1995, S. 259) »Liebe nicht in ihrer Form als ›amor‹, wohl aber als ›caritas‹ und - begrifflich etwas weiter abgestützt - als ›Solidarität‹? Wohl eher nein« (Zauner 1997, S. 116). Für helfende Organisationen geht es nicht mehr um *caritas* oder um Armenpflege im Sinne der Tradition und auch nicht mehr um Normalitätsstandards eines Erwerbslebens als Lohnarbeiter und eines Privatlebens als Kleinfamilie, sondern um Bemühungen um *strukturelle* Veränderungen, d.h. um *Hilfe zur Selbsthilfe* (Luhmann 1997, S. 633 f.; Pankoke 1981).

Aus diesen Überlegungen zieht Zauner den Schluß, daß in modernen Gesellschaften nur Wissen als ein dem Organisationstypus Nonprofitorganisation angemessenes Medium der Selbststeuerung eingeführt werden kann. Wissen dient nach Auffassung des Autors als neues Medium der Information und Sinngebung in helfenden Organisationen. Seine Plausibilität als vorrangiges Steuerungsmedium in Nonprofitorganisationen ist nicht zuletzt einem doppelt gefaßten Begriff von Wissen zu verdanken: »Wissen gilt zum einen als Träger brauchbarer Beobachtungen, also relevanter Information, zum anderen aber auch als *Medium der Sinnstiftung*. Der herausragende Stellenwert dieser zweiten Bedeutung von Wissen wird (...) bei Amitai Etzioni (1968, S. 136) offenkundig, wenn es heißt: ›First, (knowledge) provides a relation to reality by containing information about the non-social environment, other actors, and the actor himself. Second, knowledge, in conjunction with religion and ideology, provides ›meaning‹, an important bond that ties actions and actors to one another and effects social commitments‹. In diesem Sinne liefert Wissen - wie Geld im Wirtschaftssystem - ein Medium, das (hier qualitativ, dort quantitativ) ausreichenden Formenreichtum bereitstellt, um kommunikations- und verhaltenssteuernde Anreize für höchst unterschiedliche Zwecke zu setzen« (Zauner 1997, S. 116).

Eine systemtheoretische Betrachtungsweise von Nonprofit-organisationen in modernen Gesellschaften führt vor diesem Hintergrund zu der Forderung, daß Nonprofitorganisationen als wissensgesteuerte Organisationen mit Engagement und Selbstbewußtsein Anschluß an das Wissensmanagement suchen sollten. Als wesentlicher Erfolgsfaktor, so der Autor, gelte heute die Fähigkeit, Wissen zu gewinnen, zu verknüpfen, zu entwickeln und zu nutzen.

Dieser Auffassung stimmen wir von der Grundtendenz zu. Gleichzeitig teilen wir aber nicht den in den Äußerungen generell implizierten, optimistischen Grundtenor, der u.a. mit der Verwendung der Begrifflichkeiten von Information und Sinnstiftung intendiert wird. Zauner verbindet seine Ausführungen mit der kritisch nicht weiter reflektierten Erwartung, daß man mit Hilfe von Wissen nicht in die Probleme hinein, sondern aus den Problemen herauskommt. Wir plädieren statt dessen erst einmal für einen von normativen Implikationen losgelösten Umgang mit dem identifizierten Sachverhalt und möchten im folgenden auf einige Dilemmata des Wandels sozialer Hilfe aus organisationssoziologischer und gesellschaftstheoretischer Sicht hinweisen.

Aus organisationssoziologischer Sicht ist es nicht neu, daß für jegliches Entscheiden und Handeln Wissen benötigt wird. Nicht der Gebrauch von Wissen im allgemeinen ist das Problem, sondern die *Identifizierung und Kommunikation als Wissen* (Wissen setzt die Selektion von Information/Nichtinformation voraus); der *selektive Zugriff auf spezifische Wissensformen unter Negation anderer Formen* zur Steuerung von (kognitiven) Erwartungsstrukturen sowie die *Verräumlichung von Wissen*, d.h. die Bereitstellung des Wissens für die Gesamtorganisation zum Zwecke der Verknüpfung von Entscheidungen mit vorherigen und weiteren Entscheidungen. Vermutlich, so Baecker, steckt daher die eigentliche Revolution des Wissensmanagements nicht in dem dank Rechnerverarbeitung und -speicherung explosionsartig gewachsenen Umfang des Wissens, sondern darin, daß das auf Bildschirmen aufbereitete Wissen nicht mehr so einfach abgelehnt werden kann wie das in den Memoranden abgelegte Wissen (Akten, Dokumente). »Es soll zwar noch Manager geben, die sich dem Computerbildschirm verweigern. Aber es ist abzusehen, daß dies langfristig keine erfolgreiche Option sein wird. Außerdem tun Software-Entwickler alles, um die Benutzeroberflächen so freundlich zu gestalten, daß für relevant gehaltene Inhalte des Wissens zunehmend unauffällig in intuitiv eingeübte Formen der Wissensverarbeitung gebracht werden. Die vielbeschworene Visualisierung des Wissens ist vor allem eine Verräumlichung, eine Topologisierung des Wissens. Der Computer läßt uns das Wissen nicht mehr argumentativ begreifen wie das Memorandum. Sondern er führt uns vor Augen und schmuggelt es derart in unser Gedächtnis, daß wir es, noch ehe wir bemerken, was geschehen ist, für unser eigenes Wissen halten. Mit anderen Worten, wir scheinen Formen entwickelt zu haben, die *das Wissen gegen Ablehnung resistent machen*« (Baecker 1997, S. 1 f.).

Analytisch wird die Frage nach der Organisation von Wissen dann interessant, wenn man herausarbeiten kann, welche (neuen/alten) Wissensformen eingesetzt oder ignoriert werden, um die Annahme- und/oder Ablehnungswahrscheinlichkeit für kommunikative Anschlußoperationen und damit für Entscheidungen, die wiederum Entscheidungen präjudifizieren, zu steuern. Wenn man davon ausgeht, daß über das Wissen selbst im Sinne von objektiv richtig, vollständig etc. nicht entschieden werden kann, sondern Wissen für Entscheidungen verwendet wird, dann besteht z.B. das Problem des Wissensmanagements in Organisationen nicht mehr in der quantitativen Bewältigung von Datenerfassung, Datensammlung und Datenverwaltung, sondern darin, daß die Entscheidungen selbst das Wissen produzieren, das von Entscheidungen verwendet werden kann.

Wissen ist nicht nur nichts von außen Instruierendes oder selbst Instruiertes, es ist negationsfähig angelegte Selbstinstruktion des an Kommunikationen beteiligten Bewußtseins. Wissen ist deshalb keine innere Konstruktionsleistung des sich selbst und seine Umwelt beobachtenden psychischen Systems, sondern gelangt nur dann zur Verfügung des psychischen Systems, wenn es kommunikativ erzeugt wurde und sich kommunikativ bewährt hat. Wissen ist ein kommunikativer Sachverhalt (Krause 1996, S. 183).

Um wirksam zu werden, muß Wissen also kommuniziert werden und wie es wirksam wird, hängt davon ab, wie es in der Kommunikation, sowohl in bezug auf organisierte Wissensarbeit im allgemeinen als auch in bezug auf Wissensmanagement im besonderen ausgewertet und in den strukturellen Aufbau der Organisation implementiert wird. Dieser Auswertungs- und Implementationsprozeß wird systemintern als Prozeß der Optimierung von Geschäftsstrukturen über formale Regelysteme auf der Ebene der Entscheidungen sowie über Hierarchien, hierauf beruhenden Berufsrollen, Stellen, Formen der Arbeitsteilung und den sich darauf stützenden Zuständigkeitsregeln als Technologien (Kopplung von Elementen) innerhalb eines Sozialsystems gesteuert. Die Funktion von Expertenbesteht dann darin, das System exklusiv mit (neuem) Wissen über die Umwelt des Systems zu versorgen.

Aber wie sieht es mit der Funktion einer weiteren Gruppierung, den Professionen aus, die entscheidend gerade das Profil von Nonprofitorganisationen prägen?

Wenn man die Literatur zur Rolle der Professionen in modernen Gesellschaften zu Rate zieht, ist festzuhalten, daß es sich um ein vernachlässigtes Segment in der Organisationssoziologie handelt. Stichweh kommt sogar zu dem eher bescheidenen Schluß, daß über den Stellenwert von Professionen in der modernen Gesellschaft keine eindeutigen Aussagen (mehr) möglich sind. Konsens besteht lediglich darüber, daß sich die Funktion von Professionen in der modernen Gesellschaft mit der Umstellung von Ständen auf funktionale Differenzierung verändert hat (Stichweh 1997 a).

Vor dem Hintergrund der europäischen Gesellschafts- und Wissenschaftsgeschichte repräsentierten Professionen bestimmte - vor anderen ausgezeichnete - akademische Berufe, die nicht nur mit einem Korpus gelehrten Wissens befaßt sind, sondern im Übergang zur Moderne auch eine soziale Gruppierung repräsentierten, die an die Stelle der Stände auf funktionale Tätigkeitsschwerpunkte hin ausgerichtet waren. »Insofern waren die Professionen der Zahl und der Rangordnung nach mit den höheren Fakultäten der spätmittelalterlichen und frühmodernen europäischen Universität identisch (Theologie, Recht, Medizin)« (Stichweh 1992, S. 36). Ihre privilegierte Stellung stützte sich insbesondere auf den Umstand, daß Professionen eine unübersehbare Zuständigkeit für Sachthematiken reklamieren können, die die Person in seinen wichtigen Außenbeziehungen reflektiert. In der Theologie geht es um das Verhältnis des Menschen zu Gott, im Recht um das Verhältnis zu anderen Menschen und in der Medizin um das Verhältnis zu seinem Körper. Vor diesem Hintergrund repräsentieren Professionen auch für die moderne Gesellschaft immer noch eine *organisierte*, allerdings aussterbende Gruppierung, die *hochgradig spezialisiertes* und *systematisiertes*, nur im Laufe *langer Ausbildung erwerbbares technisches und/oder institutionelles Wissen* relativ *autonom* und *kollektivitätsorientiert* anwendet. Vermutlich ist gerade diese

implizit mitgedachte Kollektivitätsorientierung unter gleichzeitiger
Anbindung an die Lebenswelten von Personen einer der Gründe,
daß gerade in Nonprofitorganisationen die Profession eine immer
noch Legitimation bildende Funktion hat (Goode 1972).

Die Fähigkeit einer Profession besteht darin, die von ihr zu
bearbeitenden Probleme nicht in der (funktionalen) Diffusität zu
belassen, in der sie lebensweltlich vorliegen, sondern sie vielmehr
von dem jeweiligen Kern professioneller Wissensbestände her zu
redefinieren und sie erst in dieser rekonstruierten Form handlungs-
mäßig einer Lösung zuzuführen. »Das aber heißt, daß Professionen
in Hinsicht auf ihre (Handlungs-)Probleme dieselben Reduktionen
vollziehen, die für Funktionssysteme im Verhältnis zu ihren
Möglichkeiten sinnhaften Erlebens und Handelns gelten, und das
legt die Vermutung nahe, daß nur dort von einer erfolgreichen
Professionalisierung die Rede sein kann, wo funktionssystemanalo-
ge - oder besser vielleicht: funktionssysteminterne - Reduktionen
erfolgreich durch eine Profession verwaltet werden« (Stichweh
1992, S. 39; ders. 1994, S. 278 ff.).

Die moderne Gesellschaft zeichnet sich nun dadurch aus, daß eine
ganze Reihe von Funktionssystemen und in ihnen operierenden
Institutionen und Organisationen von der Relation zwischen
Profession und Klientenbeziehung absehen können. Insofern
verwundert es auch nicht, daß gerade in Nonprofitorganisationen,
die sich traditionellerweise für die Bearbeitung von Problemen der
Strukturänderung und des Strukturaufbaus innerhalb des Gesellschaftssystems sowie der Identitätserhaltung von Personen für
zuständig erklärt haben, Professionen als soziale Gruppierung
dominieren. Vor dem Hintergrund der hier angestellten Überlegungen dürfte damit allerdings auch deutlich geworden sein, daß das
Verhältnis von Profession, Professionswissen, Organisationswissen
und Interaktionsbezug von besonderer Qualität ist. Professionen
sind immer mit kulturellen Sachthematiken befaßt, von denen ihre
Klientel strukturell und/oder situativ durch eine erhebliche Distanz
getrennt ist. Die Profession übernimmt vermittelnde Funktion,

d.h. sie vertritt den Klienten in bestimmten Außenkontakten, macht Deutungsangebote, um die Lage für den Klienten durchschaubarer zu machen (Stichweh 1992, S. 44).

Ergänzend ist festzuhalten, daß durch die Einbindung der Professionellen in einen Organisationszusammenhang die intermediäre Stellung des Professionellen doppelt brisant wird. Gerade in Nonprofitorganisationen, die auf Professionen angewiesen sind, kann es zu Rationalitätskonflikten zwischen der Systemrationalität intermediärer Organisationen und der durch den Repräsentationsstatus intermediär geprägten Professionsrationalität kommen. Während intermediäre Organisationen als soziale Systeme in der Generierung von Wissen an Systemerhalt und Anschlußoperationen auf der Grundlage von kommunizierbaren Entscheidungen interessiert sind und sich hierbei prinzipiell nur an Technologien, d.h. der Kopplung von Elementen orientieren können, geht es Professionen um (sinnhafte) Vermittlungsleistungen von Wissen, die auf Strukturänderung, Strukturaufbau und Identitätserhaltung von Personen gerichtet sind. Überspitzt formuliert, könnte man sagen, daß das Verständnis von Hilfe/Nichthilfe zwischen Profession und Organisation dysfunktional sein kann, da auf der Seite der Organisation die *Kommunikation von Hilfe* das Problem ist und nicht etwa der *Vollzug von Hilfe* unter Berücksichtigung der Dreistelligkeit der Beziehung zwischen Professionellem, Sachthematik und Klient (people processing technologies). Dies ist dann auch der Grund dafür, daß in der derzeitigen Diskussion zur Reorganisation der Wohlfahrtsverbände fast ausschließlich über den Stellenwert von betriebswirtschaftlichem Wissen und Expertenwissen diskutiert wird. Die Frage nach der Evaluation Sozialer Arbeit bleibt ein Thema der Fachhochschulen, findet aber bisher kaum strukturellen Niederschlag in den helfenden Organisationen.

Organisationswissen und Professionswissen fallen also auseinander, und es gehört gerade zum Kennzeichen der Moderne, daß Professionswissen kaum noch eine generell bindende Wirkung mehr auf Entscheidungsprozesse, d.h. auf die Steuerung von

Organisationsrationalität, entfalten kann. Zwar bleibt auch das Organisationswissen beobachterabhängig, aber als Organisationswissen ist es allgegenwärtig und berufs- bzw. professionsständisch entkoppelt. Betriebswirtschaftliches Wissen wäre dann insofern Organisationswissen und eben nicht mehr personales Wissen, als es sich auf den technologischen Kern der Organisation bezieht und strukturell in vielfacher Art und Weise innerhalb der Organisation verräumlicht repräsentiert ist und damit auch Entscheidungen präjudifiziert. Expertenwissen als Wissen über die Umwelt des Systems gehört dann zu Organisationswissen, wenn es als Expertise Eingang findet in die Programmstruktur von Organisationen und auch hier kollektiv bindend für alle weiteren Entscheidungen wird. Professionswissen wird dann zu Organisationswissen, wenn es als Qualitätsmanagement Eingang in die Regelstruktur des Systems findet und auch hier Vorentscheidungen über die Art und Weise von Hilfe/Nichthilfe innerhalb des Strukturzusammenhanges der Organisation als soziales System fixiert. Es geht nicht mehr nur um Professionalisierung, d.h. vorrangig um Qualifizierung von Wissen, das an Personen gebunden bleibt (Fortbildung), sondern um Evaluation personengebundenen professionellen Helferwissens (implizites zu explizites Wissen) in Organisationswissen. Allen Wissensformen ist gemeinsam, daß sie kollektiv bindende Wirkungen durch Entscheidungen auf alle folgenden Entscheidungen ausüben. Aus organisationssoziologischer Sicht kommt es dann darauf an herauszuarbeiten, mit welchen Problemen Organisationen je nach Umweltbezug in diesem Zusammenhang zu ringen haben und welche paradoxen und widersprüchlichen Effekte hierbei erkennbar werden.

Unabhängig von der Frage also, ob man der Sozialen Arbeit nun einen Professionsstatus zuspricht oder nicht, dürfte damit auch deutlich geworden sein, daß es zwischen der *Kommunikation von Hilfe durch Organisationen und des Vollzugs von Hilfe im Sinne der Orientierung an Hilfebedürftigkeit (Exklusionen)* zu relativ unabhängig voneinander vonstatten gehenden Entwicklungsdynamiken kommt. Diese gesellschaftsstrukturell bedingte Veränderung ist die Ursache dafür, daß Professionen in einem bisher kaum gekannten Ausmaße durch andere Berufsgruppen in ihrer ›eigenen‹ formalen Organisation Kriterien der Rechnungsprüfung, Evaluation, Qualitätskontrolle etc. ausgesetzt werden und diesen Rationalitätsanforderungen auf sehr unterschiedliche Weise begegnen können.

Im Falle der organisierten Krankenbehandlung orientiert sich die Effektivierung und Effizienzsteigerung von Technologien zunächst und vor allem an der Funktion der Heilung von Kranken (Systemcode krank/gesund), nicht aber an der der Kapitalbildung. Unter diesem Funktionsgesichtspunkt spielen Kostenfragen bei einer Verbesserung und Perfektionierung der medizinischen Technologie keine Rolle. Aufgrund der Geldabhängigkeit der Krankenhäuser können Kosten für sie dennoch zu einem relevanten Problem der Rationalisierung werden, weil sie die Erwartungen der Kostendämpfung nicht ignorieren können. Um effektvoll wirken zu können, bleiben wirtschaftliche Rationalisierungsstrategien auf die technische Rationalität eines Organisationskerns und die Beherrschbarkeit unsicherer Umwelteinflüsse angewiesen. Gleichzeitig bleibt die Organisation allerdings funktional an das Gesundheitssystem gebunden und gestattet es daher auch nicht, die Kerntechnologie vollständig von der Orientierung an Individualität bzw. den Körper des Patienten als Objekt der Technologie abzukoppeln.

An diese Überlegungen knüpfen in ähnlicher Weise auch die Ausführungen von Dirk Baecker an, der in Anlehnung an Stichwehs Beitrag davon ausgeht, daß im Nonprofitsektor bestimmte Strukturen modern rekonstruierter Professionalität gerade deshalb entbehrlich geworden sind, weil sich ein Funktionssystem sozialer Hilfe auszudifferenzieren beginnt (Baecker 1994). Es bleibt zwar unstrittig, daß auch weiterhin personengebundene Hilfe im unmittelbaren Interaktionsvollzug erbracht wird, aber das Verhältnis der Kommunikation von Hilfe und des Vollzugs von Hilfe verändert sich in einer Gesellschaft, die sich primär über eine Funktionsautonomie der sozialen Systeme konstituiert. Das Problem der Sozialen Arbeit besteht dann darin, daß im Gegensatz zu den klassischen Disziplinen wie in der Medizin, der Theologie oder der Jurisprudenz kein eigenständiges, auf ein konkretes Funktionssystem bezogenes Wissensrepertoire existiert. Dies hat zur Folge, daß die Soziale Arbeit den Rationalitätsanforderungen durch die Organisation nur wenig entgegenhalten halten kann und insofern die Mitarbeiter ständig neuen Anforderungen von seiten der Organisation ausgesetzt werden.

Dies zeigt, daß die Organisation gegenüber den Professionen einen Ebenenwechsel vollzieht mit der für Professionen ›bitteren‹ Konsequenz, daß die Person als Individuum in seinen wichtigen Außenbeziehungen für die Organisation entbehrlich wird und damit auch auf Professionalität in der Klientenbeziehung verzichtet werden kann. Auf der Ebene der Organisationssysteme erfolgt die Kommunikation von Hilfe verstärkt über legitimativ abgestützte Berufsrollen, Stellen und Leistungsbeziehungen von Organisationen (Technologie- und Informationstransfers, Expertensysteme etc.) untereinander und weniger über den erfolgreichen Vollzug von Hilfe. Damit ist gemeint, daß auf der Ebene des Systems Organisation ein Prozeß fortschreitender operativer Schließung des Kommunikationszusammenhanges bei gleichzeitiger Verräumlichung der Kommunikationsbeziehungen zu konstatieren ist. Der ›Vorteil‹ besteht dann darin, daß die Kommunikation von Wissen als Organisationswissen, welches man für weitere Entscheidungen benötigt und/oder welches man ignorieren kann, gewissen systemeigenen Stoppregeln unterliegt, unabhängig von Überforderung in bezug auf Zumutungen der Hilfebedürftigkeit wird (Bsp. Entwicklungshilfe), sich dabei gleichzeitig auf Weltgesellschaft beziehen kann und weitestgehend unabhängig von der Dreistelligkeit der Beziehung Professionellem - Klient - Sachthematik vollzogen werden kann. Nicht Inklusionsvermittlung ist dann die Maxime des organisationalen Handelns, sondern ein sich auf Organisationsebene vollziehender Vollzug der Differenz von Inklusion und

Exklusion. Aus diesem Grunde liegt es auch nahe, die Frage nach der Repräsentativität und Selektivität (Stichwort: Exklusion *durch* Organisationen) im Rahmen der Verbändeforschung immer wieder neu zu stellen.

2 Organisierte Wissensarbeit und Nonprofitmanagement

Die Ausgangsfrage lautet, wer managt eigentlich Organisationswissen in Profit- und Nonprofitorganisationen? Die Antwort wurde bereits angedeutet: Während das Management gewinnorientierter Unternehmen als Folge seiner unmittelbaren Anbindung ans Wirtschaftssystem an den Code Zahlung/Nicht-Zahlung und damit an das Medium Geld gebunden ist, bringt der Begriff der Intermediarität zum Ausdruck, daß eine solche alles bestimmende Primärorientierung für Nonprofitorganisationen nicht besteht und auch nicht bestehen kann. Dies hat strukturell zur Folge, daß das Wissen über etwas (Sachdimension), das Wissen der einen über ein Nichtwissen der anderen (Sozialdimension) als auch das Wissen über den Korrekturbedarf von Wissen (Zeitdimension) in der Organisation nicht ›freischwebend‹ verortet werden kann. Die Organisation von Wissen in Nonprofitorganisationen ist an soziale Positionen und Rollen gebunden und wird daher primär von Professionen, Berufsgruppen und sonstigen Experten gemanagt.

Profit- und Nonprofitorganisationen müssen damit leben, daß es keine gesellschaftlich relevante Position mehr gibt, die in der Lage ist und in der Lage sein will, anzugeben, was als richtiges Wissen für die Gesellschaft gilt. Wirtschaftsorganisationen und nicht-gewinnorientierte Organisationen müssen akzeptieren, daß es zu einer Umstellung von sachlichen Anhaltspunkten als Orientierungsmaßstab zugunsten einer Orientierung an temporalen Bedingungen gekommen ist. Man akzeptiert Wissen in der modernen Gesellschaft, weil man weiß, daß es nahezu instantan austauschbar ist (Baecker 1997 a, S. 14). Während erwerbswirtschaftliche Unternehmen die Möglichkeit haben, hierauf mit Wissensmanagement zu reagieren, d.h. Wissen der Gesamtorganisation unabhängig von formalen hierarchischen Strukturen zur Entscheidungsfindung aber auch zur Bindung an alle folgenden Entscheidungen zur Verfügung zu stellen und damit Wissen de facto als Organisationswissen zu kommunizieren, bleibt Nonprofitorganisationen und explizit den Verbänden der freien Wohlfahrtspflege dieser Weg weitestgehend versperrt.

Wissensmanagement verdankt sich als Bedingung der Möglichkeit desselben ausschließlich einer selbstreferentiellen Schließung systemeigener Operationen und markiert in der Organisation einerseits die Trennung von Entscheidungssystem und dem Funktionssystem der Wirtschaft, aber auch die Trennung zu den anderen Funktionssystemen und der Gesellschaft insgesamt. Eine solche Differenzziehung wäre für Nonprofitorganisationen jedoch unpraktikabel, da sie bzgl. ihres Refinanzierungsbedarfes als auch bzgl. ihres Selbstverständnisses und damit ihrer Entscheidungen multireferentiell operieren, d.h. letztlich an der Erhaltung der strukturellen Kopplungsbeziehungen interessiert sind und insofern Konzessionen machen müssen. Aus diesem Grunde wird die Organisation von Wissen primär über Professionen und Berufsgruppen, d.h. also über personales Wissen gesteuert. Die Orientierung an Professionswissen bietet den nicht-gewinnorientierten Organisationen die Chance, nicht nur eine Ebenentrennung, sondern auch eine Ebenenverbindung in ausgewählten und variierbaren Hinsichten herzustellen (Nokielski/Pankoke 1996, S. 160 ff.).

Die These steht nicht im Widerspruch zu den weiter oben gemachten Ausführungen zum Verhältnis von Organisation und Profession. Das Gegenteil ist der Fall. Gerade weil Professionen sich durch eine spezifische Beziehung zur Person in ihren Außenbeziehungen auszeichnen und insofern mit der Bearbeitung der Folgeprobleme funktionaler Differenzierung, d.h. also explizit ›Sozialer Probleme‹ mehr oder weniger betraut sind, bleiben sie für den Kontakt der Organisation mit der Peripherie relevant und gestatten es gleichzeitig, auf unterschiedliche Umwelterwartungen und Wissenszumutungen durch Rationalisierung des technologischen Kerns zu reagieren.

Zusammenfassend lassen sich somit zwei gesellschaftsstrukturell bedingte Entwicklungsdynamiken identifizieren, die für die Bedeutung von Wissen im Nonprofitsektor sprechen: Auf der einen Seite sind Professionen nicht mehr in der Lage, exklusive Kernkompetenzen für die Repräsentation spezifischer Wissensbestände zu reklamieren und damit handlungsleitend auf (kognitive) Erwartungsstrukturen anderer Berufsgruppen innerhalb des Organisationsverbundes einzuwirken; auf der anderen Seite läßt sich die Kommunikation von Hilfe sowohl trägerpolitisch (zwischen Nationalstaat und Organisation, Organisation zu Organisation) als auch intraorganisatorisch nicht mehr über Solidarität organisieren. Gerade weil Organisationen, d.h. öffentliche Verwaltungen ebenso wie Wohlfahrtsverbände, Wirtschaftsunternehmen und international operierenden Nonprofitorganisationen ganz und gar auf Kommunikation verwiesen sind, gewinnt das Medium Wissen an Relevanz. Die Stärke des Mediums Wissen besteht dann gerade darin, daß es eine Struktur repräsentiert, »mit deren Hilfe ein soziales System enttäuschungsbereite Erwartungen an seine Umwelten adressiert. Es ist eine ›komplexe Prüfoperation‹, die bei allen Kommunikationen die Möglichkeit mitlaufen läßt, daß man sich an ›kognitiven‹ Erwartungen orientiert, die bereits nicht mehr aufrechterhalten werden können und daher gegen neue Erwartungen ausgewechselt werden müssen. Darum ist Wissen so anstrengend. Es stellt auf Enttäuschungen ab. (...) Wissen ›ist‹ daher letztlich nichts anderes als die Summe aller bestätigten und weiterhin gehegten Erwartungen, mit denen ein soziales System seine eigenen Operationen und damit seine Bedingungen der Ausdifferenzierung und Wiedereinbettung begleitet« (Baecker 1997, S. 16, 14 f.). Die Attraktivität von organisierter Wissensarbeit und explizit der spezifischeren Variante des Wissensmanagements besteht dann auch nicht darin, daß Wissen in erster Linie Gewißheit bietet,

sondern das Aufregende und Revolutionäre besteht darin, daß der
Bezug auf Wissen als Steuerungsmedium in der Ausgestaltung von
Wissensarbeit und Wissensmanagement darauf abzielt, die Wieder-
einführung der Ungewißheit in die Mechanismen ihrer Absorption
zu implementieren und damit Eingang findet in den Struktur-
zusammenhang des Systems Organisation (Baecker 1994 a, S. 26).

Die Theorie des Neoinstitutionalismus geht daher auch davon aus,
daß Prozesse gesellschaftlicher Institutionalisierung maßgeblich den
Hintergrund für organisationsinterne Institutionalisierungen im
Nonprofitsektor bilden mit der Folge, daß gesellschaftlich vor-
konstruierte Wissenselemente und Wissenspräferenzen, manifestiert in den jeweilig vorherrschenden Technologien, Statuszu-
weisungen von Professionen und Berufsgruppen, aber auch hierfür
spezifisch ausgebildeten Organisationstypen (Bsp. Expertisen von
Unternehmensberatungen für den Nonprofitsektor) übernommen
bzw. bereitgestellt werden. Die institutionelle Umwelt einer
Organisation stellt insofern mit ihren ›objektivierten Wissensbeständen‹ wie Rationalitätsmythen, Rechts- und Geldwertsyste-
men eine wichtige Quelle organisationsinterner Wissensstrukturen
dar (Vollmer 1996, S. 318). Folge dieser Annäherungstrategie ist,
daß helfende Organisationen Inkonsistenzen, die sich aus institutionellen Widersprüchen und konfligierenden institutionellen Logiken
ergeben, durch Eigenleistungen im Aufbau ihrer internen Wissen-
strukturen kompensieren müssen. »Sie müssen einerseits institu-
tionalisiertes Wissen aus der Organisationsumwelt (Rationalisie-
rungsannahmen, Technologien etc.) für sich nutzbar machen,
andererseits auf ihre institutionelle Umwelt mit eigenen Wissensstrukturen reagieren, anhand derer sie den Durchblick angesichts
widersprüchlicher institutioneller Logiken in ihrer Umwelt
bewahren« (Vollmer 1996, S. 318).

Wenn für die Erhaltung des Systembestandes Solidarität als
konsensfähiges Bezugsmedium nicht mehr hinreichend ist, von
seiten der Klientel Hilfe zur Wahlhandlung zwischen alternativen
Anbietern wird und auch die primäre Orientierung an Transferzah-

lungen des nationalstaatlich ausgerichteten politischen Systems nicht mehr ausreicht, bedarf es nicht nur eines anders gelagerten Bezugsmediums, an dem sich Entscheidungen sowohl systemintern als auch systemextern orientieren können, sondern das Medium selbst muß geeignet sein, Exklusivität zu markieren. Dies scheint einer der Gründe dafür zu sein, daß helfende Organisationen nicht unmittelbar von Wissensmanagement sprechen und sich auch nicht auf Geld als Primärmedium beziehen. Statt dessen ist die Rede vom Sozialmanagement, das namentlich als umfassender und gängiger Oberbegriff für sämtliche wissensbasierten Managementkonzepte im weitläufigen Aufgabengebiet sozialer Hilfe, personenbezogener Dienstleistungsarbeit und damit auch der Qualitätsmanagement- konzepte von Sozialer Arbeit fungiert und primär eine fachlich effektive und wirtschaftlich effiziente Steuerung von Sozialorganisa- tionen intendiert (Kühn 1995, S. 38; Oppl 1992, S. 1830).

Das auf Professionen und Berufsgruppen zurechenbare Wissen bietet gerade den Spitzenverbänden, die sich über die Ausübung eines ausgesprochen heterogenen Aufgabenprofils (Gesundheits- hilfe, Jugendhilfe, Familienhilfe, Altenhilfe, Behindertenhilfe, sonstige Einrichtungen der offenen Hilfen) definieren, die Möglich- keit, einzelne Segmente der Organisation in fast allen Hinsichten voneinander unabhängig und in einigen wenigen, ausgezeichneten Hinsichten voneinander abhängig zu machen (Bsp. betriebswirt- schaftliches Wissen). Organisationen, die überwiegend in institutio- nellen Umwelten agieren, können so Inkonsistenzen in bezug auf Effizienzerfordernisse und Effektivitätsanforderungen (betriebs- wirtschaftliches Wissen - Expertenwissen) strukturell über Formen flexibler Integration von Professionsprofilen (Arzt, Jurist, Theolo- ge) und heterogener Berufsgruppen (Betriebswirt, Controller, Krankenschwester, Sozialarbeiter), d.h. über personal zurechenbare Stellen innerhalb der Formalorganisation reorganisieren und bei gleichzeitiger Beibehaltung der Aktivitäten der Organisation Inkonsistenzen in der Erwartungsstruktur kompensieren (Mey- er/Rowan 1977).

In nicht-gewinnorientierten Organisationen kann es Wissensmanagement in nur sehr begrenztem Rahmen geben. Da sich die Verbände der freien Wohlfahrtspflege den Wissenszumutungen der Umwelt nicht entziehen können, haben sie lediglich die Möglichkeit, sich den Wissenszumutungen der technischen und institutionellen Umwelten eher symbolisch zu stellen und systemintern Formen der Systemrationalisierung zu praktizieren. Aus diesem Grunde können sie Wissen auch nicht managen; aber sie können es den jeweiligen Umwelterwartungen entsprechend ›verwalten‹ und der Organisation zur Verfügung stellen. Um die mit dem Begriff des ›verwalten‹ verbundene Negativkonnotation zu vermeiden, sei ausdrücklich festgehalten, daß hier mit ›verwalten‹ im Gegensatz zu ›managen‹ nur gemeint ist, daß Nonprofitorganisationen nicht wie erwerbswirtschaftliche Unternehmen eine rein auf organisationsspezifische Entscheidungen beruhende Differenz von wissensrelevant und wissensunrelevant ziehen können. Professionen, Berufsgruppen und Expertenkontakte sichern Stabilität und bilden die Voraussetzung für Stabilisierungs-, Schließungs- *und* Wachstumsdynamiken. Sie produzieren also Flexibilitätschancen und Hemmnisrisiken zugleich. Auf der einen Seite signalisieren sie der Gesellschaft Allzuständigkeit für quer zu den Funktionssystemen liegende ›Soziale Probleme‹, auf der anderen Seite wirken sie als Hemmnis, wenn es um die kommunikative Schließung des operationalen Kommunikationszusammenhanges der Organisation geht. Es kommt zu Selektivitäts-, Autoritäts-, Arbeitsteilungs- und Professionskonflikten. Dies ist insbesondere dann der Fall, wenn innerhalb der Wohlfahrtsverbände das hauptamtliche Personal immer weniger von der Identifikation mit dem Träger geprägt ist und statt dessen Karriereambitionen, Statusfragen und Eingruppierungskonflikte an Priorität gewinnen (Merchel 1995). Hierbei handelt es sich um Problemkonstellationen, die, bezogen auf den Umgang mit Organisationswissen, in dieser Form für erwerbswirtschaftliche Unternehmen als Folge der thematisierten strukturellen Unterschiede (inzwischen) unbekannt sind, weil sie bereits eine klare Differenz zwischen Organisation und Wirtschaft für sich selbst durch sich selbst gezogen haben.

Für Nonprofitorganisationen kann die Orientierung an Professionen in hochdifferenzierten Gesellschaften gerade dann zu Problemen führen, wenn die Ressourcenabhängigkeit von einem Funktionssystem auf mehrere Systeme umgestellt wird, weil in der modernen Gesellschaft eine exklusive Zuständigkeit eines Funktionssystems als Folge seiner Entkopplung vom Nationalstaat (Politik) nicht mehr durchgehalten werden kann. Drucker macht daher auch den Vorschlag, daß in Nonprofitorganisationen auch die Möglichkeit bereitgestellt werden muß, sich aus Aufgabenstellungen und Arbeitsbereichen, Programmen und Investitionen auf eine organisierte Art und Weise zurückziehen zu können (Drucker 1990). »In gewinnorientierten Organisationen ›entscheidet‹ der Markt über falsche Entscheidungen. Das Management rechnet mit dieser Entscheidung, greift ihr vor und sucht nach der Möglichkeit, Prämissen für richtige Entscheidungen zu treffen. In nicht-gewinnorientierten Organisationen entscheidet hingegen niemand über Mißerfolge, sondern die Organisationen verlieren irgendwann die für sie spezifische Differenz zur Gesellschaft, verschwinden mehr oder weniger lautlos, und es entstehen andere Organisationen, die sich ähnlichen Aufgaben mit leicht variierten Programmen widmen« (Baecker 1997 a, S. 15). Das System der institutionalisierten Subsidiarität steht damit der Anpassung an gesellschaftsstrukturelle Entwicklungsdynamiken in gewisser Weise entgegen, da es die Organisationen im Bereich der freien Wohlfahrtspflege an Spezifika des Nationalstaates bindet.

Vor dem Hintergrund der Schwächung wohlfahrtsstaatlicher Steuerungsmechanismen wird es für die Wohlfahrtsverbände in Zukunft darauf ankommen, das Problem der Selektivität, Autorität und der Arbeitsteilung konsequent in die Organisation zu überführen. Am Beispiel der Entwicklung des Nonprofitsektors in den USA kann man beobachten, daß als Folge der anders gelagerten geschichtlichen Einbindung in Staat, Kirche und Gesellschaft es im

wesentlichen bei den Organisationen selbst liegt, diese Anpassungs-
prozesse zu vollziehen. Die Folge ist dort, daß es zu hochgradigen
Spezialisierungen und Ausdifferenzierungen kommt und die
jeweiligen Beziehungsstrukturen zu Organisationen der Wirtschaft,
der Politik, der Massenmedien und der Kirchen unmittelbar über
den Organisationsverbund und nicht etwa über das Recht oder die
Politik hergestellt werden. Smith und Lipsky sprechen in diesem
Zusammenhang von ›contracting regimes‹ und Kramer von ›contract culture‹.

Im Bereich der freien Wohlfahrtspflege und explizit bei den
Wohlfahrtsverbänden werden diese gesellschaftsstrukturell bedingten Entwicklungsdynamiken wohl eher verzögert und auch
nur regional bzw. sektoral spürbar werden. Die Frage der Gefähr-
dung des Systembestandes als Spitzenverband wird sich in dieser
Form nicht stellen, wohl aber auf der Ebene der einzelnen Orts-
verbände, der jeweiligen Tätigkeitsfelder und hier explizit der
personenbezogenen Dienstleistungen. Manderscheid benennt hier
drei Dimensionen des Wandels, die bereits jetzt erkennbar werden:
»*Fachliche Spezialisierungen* lösen das spitzenverbandliche Grund-
prinzip des Leistungsangebots für alle Felder der Wohlfahrtspflege
ab. *Regionalisierungen* lösen das ursprünglich auf Wertepluralität
und -konkurrenz beruhende Tätigsein freier Wohlfahrtspflege auf
und führen in den Stadtteilen zu Angebotsmonopolen. Ein vorrangig nach Kostenkriterien strukturierter *Wohlfahrtsmix* löst das
Prinzip der Nachrangigkeit öffentlicher Wohlfahrtspflege gegenüber der freien ab und eröffnet neue Zugangschancen für privat-
gewerbliche Anbieter« (Manderscheid 1995, S. 240).

Daraus folgt aber auch, daß ähnlich wie im Bereich der Wirtschaft,
wo sich längst ein implizites Wissen über die Differenz von Organisation und Wirtschaft vollzogen hat, auch im Nonprofitsektor
allmählich ein ähnliches Wissen um die Differenz der Organisation
zu ihren Bezugssystemen ausbilden wird. Auf längere Sicht käme
es dann zu einer Ausbildung eines eigenständig operierenden, sich
auf der Ebene der Organisationen ausdifferenzierenden Funktions-

systems sozialer Hilfe, das sich am Code Hilfe/Nichthilfe mit allen seinen sich daraus ergebenden Folgen für die Gesellschaft, die jeweiligen Funktionssysteme (Politik, Wirtschaft, Massenmedien, Religion) und damit auch der nationalstaatlich geprägten Ausgestaltung von Wohlfahrt ergeben.

Empirisch käme es nun für den Bereich der freien Wohlfahrtspflege darauf an, auf der Ebene des Managements nach Anhaltspunkten zu suchen, welche funktionalen Äquivalente des Gewinnkritieriums herangezogen werden, und zum Beispiel nach Hinweisen zu suchen, wie die selektive Gliederung von Zielen und Unterzielen kommunikativ in Entscheidungen abgestützt werden kann, wenn das Medium Liebe und Solidarität nicht mehr ›greift‹.

Soziale Hilfe ist somit nicht nur dadurch gekennzeichnet, daß es zu einem Übergang von der Professionsorientierung zu einer Funktionssystemorientierung auf der Ebene von Organisationen kommt. Es sind nicht nur die professionellen Rücksichten, die gegenüber den organisatorischen in den Hintergrund treten, sondern vor allem treten normativ gestützte sachliche Rücksichten vor dem Hintergrund der jeweiligen Rationalisierungskonzepte einzelner Organisationen, die mit sozialer Hilfe befaßt sind, hinter situativen Rücksichten zurück. Die neuen Rücksichten brauchen nicht nur eine Problemorientierung (Exklusion), sondern auch ein Kriterium für die Produktion und Reproduktion ihrer Kommunikationen als soziale Hilfe. Hierzu liefert dann systemintern eine spezifische Form der organisierten Wissensarbeit und Wissensbasierung die Grundlage. Es stattet die Organisationen mit der Möglichkeit aus, Hilfe weitestgehend unabhängig von Problemorientierungen zu kommunizieren. Vermutlich liegt auch gerade in diesem Dilemma der Grund für den konjunkturellen Aufschwung der Leitbilddebatten im Bereich helfender Organisationen. Wenn man sich nicht mehr sicher sein kann, daß Organisationsrationalität und Problemorientierung in sich durch sich selbst kompatibel sind, so bedarf es symbolischer Orientierungshilfen, die kollektive Bindung suggerieren, aber individuelles Entscheiden auf der Handlungsebene (Akteur) und situatives Entscheiden auf Organisationsebene erlauben. Leitbilder repäsentieren dann die formalisierte Auflösung der Paradoxie.

Diese These wird durch die von Heinze und Strünck gemachten empirischen Beobachtungen bzgl. der erkennbaren Entwicklungsdynamiken innerhalb des Kontraktmanagements eher gestützt als widerlegt. Die Autoren kommen zu dem Schluß, daß das Kontraktmanagement nicht zu einer Förderung des Ausbaus wohlfahrtspluralistischer Strukturen beiträgt. »Die Auswirkungen des Kontraktmanagements scheinen (..) widersprüchlich: Auf der einen Seite erhöht sich der Ökonomisierungsdruck auf die Einzelorganisationen, ohne jedoch Raum für andere Organisationen und Träger zu schaffen. Auf der anderen Seite führt der Ökonomisierungsdruck auf die *Einzelorganisationen der Wohlfahrtsverbände* nicht zu einer marktlichen Regulierung des *Systems der Wohlfahrtsverbände*« (Heinze/Strünck 1996, S. 318).

In diesem sich allmählich vollziehenden Reorganisationsprozeß kommt den Wohlfahrtsverbänden ihre parastaatliche Stellung in gewisser Weise zugute. Die mit der Verlagerung auf die Zeitdimension von sozialer Hilfe für eine gewisse Übergangsphase zu erwartenden innerverbandlichen Konfliktlagen können über die Verweisstruktur des Rechts und des Mediums Geld in gewisser Weise legitimativ für die Markierung von Differenzen genutzt werden, ohne dabei de facto als Gesamtverband marktlichen Regulierungsmechanismen ausgesetzt zu werden. Da soziale Probleme quer zu funktionaler Differenzierung liegen und es bisher noch kein eigenständig auf soziale Probleme hin ausgerichtetes Funktionssystem in der Weltgesellschaft gibt, wird die Verbändelandschaft weitestgehend stabil bleiben. Der Unterschied besteht darin, daß der Vollzug sozialer Hilfe nun stärker in die jeweilige Systemautonomie der einzelnen Träger hineinverlagert wird und damit nicht nur das Verhältnis von Zweckrationalität und Wertrationalität der Organisation weiter auseinanderfallen, sondern auch das Medium Wissen als primäre Leitorientierung für Entscheidungshandeln an Bedeutung gewinnt.

Damit wird auch die Frage aufgeworfen, welche sozialpolitischen Konsequenzen mit diesem gesellschaftsstrukturell bedingten, sich auf Organisationsebene vollziehenden Umbau der Formen sozialer Hilfe verbunden sind. Wir gehen davon aus, daß mit der Europäisierung wohlfahrtsstaatlichen Engagements die Grenzen zwischen Hilfe und Nichthilfe schärfer gezogen werden und die nationalstaatlichen Kompensationsmöglichkeiten aus steuerungstheoretischer Sicht abnehmen werden. Diese These steht nicht im Widerspruch zu den optimistischen Einschätzungen von Pankoke, Strünck u.a. in bezug auf neue Flexibilisierungschancen im Welfare-Mix. Wir plädieren nur dafür, sich nicht einseitig auf die Beobachtung von Hilfe, sondern auch auf die Beobachtung von Nichthilfe zu konzentrieren. Es ist gerade die mit der Reorganisation einhergehende neue Flexibilität, Stabilität, Internationalität und Privatisierung, die eine qualitativ neuartige Dimension der Differenzziehung von Hilfe/Nichthilfe jenseits nationalstaatlicher Grenzen markiert und damit auch zur Frage einer Theorie der Weltgesellschaft wird (Grunow 1995; Horch 1995).

3 Das Management des Sozialen: Chancen und Widersprüche der Wissensorganisation von Hilfe

Die bisherigen Ausführungen haben deutlich machen können, daß ein an Systemtheorie orientierter Systematisierungsversuch des Problems der Wissensorganisation immer das spezifische Beziehungsgefüge von Organisation als soziales System, der Kommunikation von Wissen und der Orientierung an Umwelten des Systems zu reflektieren hat. Erst vor diesem Hintergrund ist es überhaupt sinnvoll, spezifische Wissensformen und Verfahren der Wissensgenerierung, der Wissensspeicherung, der Wissensnutzung und der Wissensdiffusion zu unterscheiden und mit anderen Verfahren in anderen Organisationen zu vergleichen. Aus diesem Grunde liegt

es auch nahe, Wirtschaftsorganisationen und gemeinnützig operie-
rende Organisationen nicht in ›einen Topf zu werfen‹ und davon
auszugehen, daß eine Übertragung der sich im Wirtschaftssystem
grundsätzlich bewährten Formen der organisierten Wissensarbeit
auch maßgeblich sind für den Erfolg von Nonprofitorganisationen.

So hat die spezifische Ausrichtung der Wohlfahrtsverbände auf
die Änderung von Persönlichkeitsprofilen und Identitäten, die in
je spezifischen sozialen Milieus und heterogenen Lebenswelten
eingebunden sind, diese Organisationen früh mit der Frage konfrontiert, wie das Verhältnis von Laienarbeit, Professionswissen,
Systemwissen und Expertenwissen organisierbar ist. Neben Prozessen der Individualisierung und Säkularisierung auf gesellschaftsstruktureller Ebene hat dann gerade die Schwächung des sozial-
staatlichen Gefüges und damit die enge Orientierung der Organisationsstruktur an geldbasierten Transaktionen dazu beigetragen, daß
man darüber nachzudenken begann, wie traditionell personengebundene Tätigkeiten reorganisiert werden können. Wenn sowohl
das politische als auch das religiöse System nicht mehr darüber
entscheidet, welche Hilfe für wen, wann, in welchem Umfang, mit
welchen Mitteln durch wen erbracht werden soll und sich Organisationen in modernen Gesellschaften nur noch als Kommunikationssysteme konstituieren können, die zudem noch ein steigendes
Maß an Kompetenz in ihren Produkten und Dienstleistungen
verlangen, verliert das Medium Solidarität an Anschlußfähigkeit.

Vor diesem Hintergrund hat daher in den letzten Jahren die
Diskussion um die Reorganisation und Implementation von
managementorientierten Geschäftsprozessen im Nonprofitsektor
den Alltag von Praktikern, Beratungsunternehmen und Kongressen
bestimmt. Aus analytischer Sicht liegt das Problem der gesamten
Diskussion um die Einführung von wissensbasierten Management-
konzepten in den Bereich der freien Wohlfahrtspflege und damit
auch der personengebundenen Dienstleistungsarbeit primär in dem
Umstand begründet, daß der irreführende Oberbegriff des Sozialmanagements den Eindruck eines inhaltlich homogenen Modells

der (Re)Organisation von Wissen hinterläßt, das sowohl in bezug auf seine einzelnen Elemente als auch hinsichtlich seiner Zielvorstellungen theoretische Schlüssigkeit suggeriert (Wöhrle 1993, S. 26). Erst der Versuch einer präziseren Analyse offenbart nicht nur die Heterogenität der überaus zahlreichen managerialen Konzeptansätze, sondern auch deren Widersprüchlichkeit (Öhlschläger 1995, S. 203 ff.; Schwarz 1993, S. 48ff.). Sozialmanagement hat eher den Charakter einer Suchformel in bezug auf die Frage, welches Organisationswissen in welcher Form strukturell und prozessual von Bedeutung ist (Nokielski 1992, S. 43). Insofern verbirgt sich hinter dieser wohlklingenden Formel ein ungeklärter Arbeitsbegriff, dem der eigentliche Bezugsgegenstand fehlt (Klahre 1994, S. 38). Gerade weil es an einer organisationssoziologischen Betrachtungsweise mangelt, liegt weder eine fachlich eindeutige Definition des Begriffs selbst vor, noch ist ein klar strukturiertes und fundiertes Theoriegebäude zu erkennen.

Wir entscheiden uns hier für eine Betrachtungsweise, die die Debatte zum Sozialmanagement anbindet an Fragen des (Wissens)Managements in Organisationen, die zunehmend von einer an sozialen Problemen (Exklusion) orientierten Entscheidungsstruktur umstellen auf Medien, die ihnen systemintern ein Kriterium für die Produktion und Reproduktion ihrer Kommunikationen als soziale Hilfe ermöglichen. Wissensbasierte Kommunikation stattet die Organisationen mit der Fähigkeit aus, mit allen Funktionssystemen in Leistungsbeziehungen zu treten und nicht nur mit Personen oder mit dem politischen System (Stichwort Socialsponsoring und Fundraising). Der Slogan des Sozialmanagements verweist demnach in seinen diversen Ausprägungen auf eine Reorganisation und strukturelle Implementation neuer Wissensformen und Reflexionsmöglichkeiten in den organisationalen Entscheidungsprozeß helfender Organisationen. Es handelt sich um eine vielschichtige Anpassungsstrategie zur Bearbeitung mannigfaltiger Steuerungsprobleme und -defizite von Organisationen im Bereich personenbezogener sozialer Dienstleistungsarbeit.

Im folgenden wollen wir drei Formen der Generierung von Wissen unterscheiden, die auf unterschiedliche Art und Weise den Reorganisationsprozeß im Bereich der freien Wohlfahrtspflege prägen. Im Bereich des technologischen Kerns der Organisation werden Nonprofitorganisationen zur Zeit mit der Faszination des *betriebswirtschaftlich ausgerichteten Managements* von Organisationswissen konfrontiert. Es geht hier im wesentlichen um die Adaption und Anwendung von bewährten Instrumentarien des Wirtschaftssystems zur Effizienzsteigerung von Wirtschaftsorganisationen auf die Wohlfahrtsverbände als Dienstleistungsunternehmen. Darüber hinaus geht es in der Diskussion zum *Qualitätsmanagement in der Sozialen Arbeit* um Formen der Prozeßoptimierung, die sich explizit auf die Evaluation des Vollzuges personenbezogener Dienstleistungsarbeit zur Kommunikation sozialer Hilfe in den Organisationszusammenhang der Organisation beziehen. Diese Evaluierungsbestrebungen zielen darauf ab, die Qualifizierung und klientenorientierte Methodisierung Sozialer Arbeit durch die Bearbeitung mangelhafter Technologien und fehlender Präferenzordnungen in Sozialorganisationen zu verbessern. Darüber hinaus wird auch eine strukturelle Implementation und Etablierung von Professions- und Expertenwissen in die Organisation angestrebt. Nicht die Optimierung von Geschäftsprozessen ist hier das Ziel, sondern es geht erst einmal um die Etablierung von Mustern, die sich zu Regelstrukturen für die Ausbildung von Geschäftsprozessen verdichten lassen. Darüber hinaus gilt es noch Formen der Wissensarbeit zu unterscheiden, die sich als *Systemwissen* auf die Reorganisation des Gesamtverbandes beziehen. Beispielhaft seien hier Bestrebungen zu nennen, die auf eine stärkere Zentralisierung der weitestgehend unabhängigen Organisationseinheiten abzielen. So werden neuerdings erste Versuche zum Aufbau eines Intranetzes im Bereich der sozialen Hilfe diskutiert.

Mit betriebswirtschaftlichem Wissen in Nonprofitorganisationen verbindet sich explizit die Erwartung, problemadäquate Organisationsstrukturen und -prozesse für soziale Dienste etablieren zu

können, die sowohl den Grad der Zielerreichung als auch den
Ressourceneinsatz vorhandener Organisationen unter Berücksichtigung von Wirtschaftlichkeitskriterien sowie des Vorsatzes der
schonenden Mittelverwendung optimal gestalten (Reinbold 1996,
S. 542 f.; Schwarz 1997, S. 58).

Immer häufiger sind deshalb insbesondere bei wohlfahrtsverbandlichen Einrichtungen Umstrukturierungsbemühungen zu beobachten, die eine stärkere Orientierung an betriebswirtschaftlichen Wissensbeständen zur Folge haben, so daß dem Wissen der
Ökonomen in den betroffenen Diensten zukünftig ein erhöhter
Stellenwert zukommt (Beck et al. 1994, S. 108 ff.; Nähr-
lich/Zimmer 1997, S. 16 ff.). Allerdings ist zu berücksichtigen, daß
die gegenwärtig stattfindenden Wandlungsprozesse wohlfahrts-
verbandlich organisierter sozialer Dienstleistungsarbeit weniger als
einrichtungsumfassende Reorganisationsmaßnahmen in Erscheinung treten, deren praktische Umsetzung systematisch aufbereitet
und theorieorientiert aus den Modellentwürfen eines Managements
des Sozialen abgeleitet wird. Dieser problematische - weil grundlegenden Restrukturierungsprozessen durchaus abträgliche - Sachverhalt ist nahezu zwangsläufig dem bereits erwähnten Umstand
geschuldet, daß ein fundiertes Steuerungsmodell des Sozialmanagements, das sich explizit auf Planungs- und Entscheidungsprobleme
von Sozialorganisationen konzentriert und dabei den Besonderheiten sozialer Hilfe in Kontrast zu Wirtschaftsunternehmen dezidiert
Rechnung trägt, erst in äußerst bescheidenen Ansätzen vorliegt.
Die rudimentäre Ausgestaltung bisheriger Sozialmanagements-
konzepte geht sogar soweit, daß Wohlfahrtsverbände, die eine
effizientere und effektivere Steuerung ihrer zahlreichen und fachlich heterogenen Einrichtungen beabsichtigen, lediglich auf die
Option zurückgreifen können, einzelne Elemente und Techniken
aus der betriebswirtschaftlichen Managementlehre ohne die notwendige Anpassung an die strukturellen Prämissen von Nonprofitorganisationen quasi deckungsgleich zu übertragen. Obwohl die
Anzahl weitgehend abgeschlossener und evaluierter Praxisbeispiele

gering ist, können im Rahmen aktueller Reorganisationsversuche
wohlfahrtsverbandlicher Dienste und Träger primär folgende
Maßnahmen der Reorganisation betriebswirtschaftlichen Wissens
identifiziert werden: Zahlreiche Wohlfahrtsverbände bemühen sich
derzeit intensiv um die Einrichtung von Budgetierungs- und
Zielkostenrechnungsverfahren, die in der Regel sowohl von der
Implementation eines funktionsfähigen Controllings als auch der
Installation eines effektiven Rechnungswesens begleitet werden
(Ristok 1996, S. 241). Dabei sollen insbesondere durch
Budgetierungs- und Controllingsysteme sowohl Transparenz als
auch Steuerung der Kosten, Leistungen, Erlöse, Einnahmen,
Ausgaben und Ressourcen eines Wohlfahrtsverbandes nachhaltig
verbessert werden, damit die für Planungen, Entscheidungen und
Kontrollen maßgeblichen Informationen zeitgerecht und in der
notwendigen Exaktheit zur Verfügung stehen.

Diese Maßnahmen sind dabei vornehmlich der Tatsache geschuldet, daß ein nicht unerheblicher Teil wohlfahrtsverbandlicher
Sozialorganisationen über äußerst defizitäre Buchführungs- und
Bilanzierungsmethoden verfügt, so daß zahlreiche soziale Dienste
in freier Trägerschaft schlichtweg nicht explizieren können, woher
die Gelder zur Finanzierung ihrer Einrichtung kommen und - vor
allen Dingen - wohin sie überhaupt gehen. Nach wie vor ist es
deshalb keine Seltenheit, daß Organisationen der freien Wohlfahrtspflege keine exakte oder auch nur annäherungsweise Vorstellung
davon haben, welche prinzipiellen Kosten ihre Tätigkeiten verursachen und nach welchen Kostenarten sich diese Ausgaben
aufschlüsseln. Infolgedessen ist selbst die fast schon banal erschei-
nende Einsetzung der doppelten kaufmännischen Buchführung im
Sinne der Abgabenordnung (AO) für manchen Wohlfahrtsverband
als innovativer Quantensprung zu beurteilen, da sich die finanzielle
Steuerung der freien Wohlfahrtspflege in weiten Bereichen immer
noch durch halbwegs chaotische Zustände auszeichnet. Besondere
dringlich ist deshalb in vielen Wohlfahrtsverbänden die Einsetzung
eines der komplizierten Finanzstruktur wohlfahrtsverbandlicher

Einrichtungen angemessenen Rechnungswesens, das als unabdingbare Voraussetzung für weiterführende Budgetierungs- und Controllingverfahren anzusehen ist (Diedering 1996, S. 65 ff.). Das
Rechnungswesen soll insgesamt sowohl der internen (Geschäftsführung, Vorstand, Arbeitnehmer, Aufsichtsorgane, Vereinsmit-
glieder, ehrenamtliche Helfer) als auch der externen Rechnungs-
legung (Öffentlichkeitswirkung gegenüber Spendern, Steuerzah-
lern, Aufsichtsbehörden, Gläubigern, Zuschußgebern, Finanzamt
etc.) dienen und umfaßt dabei die Buchhaltung (Finanzbuchhaltung
und Betriebsbuchhaltung, differenziert nach Kostenartenrechnung,
Kostenstellenrechnung, Kostenträger-Zeitrechnung und der kurz-
fristigen Erfolgsrechnung), die Kostenträger-Stückrechnung und
die Betriebsstatistik, die als Grundlage einer zeitraumbezogenen
Planungsrechnung (Budgetierung) fungieren.

Diese primäre Funktion des Controllings erhält in der freien
Wohlfahrtspflege nicht zufällig gerade zum jetzigen Zeitpunkt
erhebliches Gewicht, sondern ist vielmehr auf die durchgängige
Tendenz zurückzuführen, daß das Gros der Finanzierungsträger
im sozialpolitischen System gegenwärtig einen weitreichenden
Wechsel in der bisher praktizierten Steuerungsmethodik vollzieht.
Dabei wird im Rahmen einer Modifikation der Steuerungsmethode
vom Selbstkostendeckungsprinzip auf das Budgetierungsprinzip
umgeschaltet, das sich durch prospektive Leistungsentgelte, respek-
tive Budgets und eine grundlegende Plafondierung auszeichnet. Das
finanzielle Risiko sozialer Dienstleistungsarbeit wird somit vom
Financier der Dienste auf die Leistungserbringer verlagert, die
folglich ihre vorgegebenen Budgets nach betriebswirtschaftlichen
Kriterien optimal gestalten müssen.

Genau an diesem Punkt entstehen für wohlfahrtsverbandliche
Controllingverfahren bisher ungelöste Probleme, da Organisationen der freien Wohlfahrtspflege im Gegensatz zu Organisationen
des Marktes sowohl Primär- als auch Sekundärziele verfolgen.
Dabei ist explizit zu berücksichtigen, daß die betriebswirtschaftlichen Zielsetzungen, auf die die Controllingsysteme bislang primär

zugeschnitten sind, in helfenden Organisationen lediglich ein
Sekundärziel darstellen, mit der Folge, daß sich der Austritt aus
Bereichen sozialer Hilfe innerhalb der Organisation auch nur
schwer als Notwendigkeit darstellen läßt. Es entstehen zumindest
Legitimationsprobleme, wenn man sich aus diesen Gründen aus
traditionellen Feldern sozialer Hilfe zurückzieht. Wohlfahrtsverbände beziehen sich entsprechend ihrer Unternehmensverfas-
sung generell auf eine mehr oder weniger wertorientierte Form der
Bearbeitung sozialer Probleme und nicht etwa auf Profitmaximie-
rung. Diese Primärziele von wohlfahrtsverbandlichen Organisationen bestehen prinzipiell nicht in der erwerbswirtschaftlichen
Optimierung eines Finanzergebnisses als ›Lohn‹ für unternehmeri-
sches Risiko, sondern in der bedarfswirtschaftlich definierten Sinn-
und Nutzenstiftung für eine bestimmte Klientel auf der Grundlage
von Wertvorstellungen, die vor allem in Satzungen und Organisa-
tionsleitbildern festgehalten werden. Somit sind die betriebswirtschaftlichen Ziele von Wohlfahrtsverbänden lediglich als Sekundärziele zu interpretieren, die sich den Primärzielen zwar unter-
zuordnen haben, aber dennoch zur Erfüllung der Primärziele einer
adäquaten Planung und Steuerung bedürfen.

Letztlich verweist das für Wohlfahrtsverbände ungeklärte Verhältnis von operativem und strategischem Controlling auch auf das
Problem einer ungeklärten Wissensorganisation im Bereich sozialer
Hilfe: Während das operative Controlling eine primäre Aufgaben
der betriebswirtschaftlichen Profession darstellt, fällt das strategische Controlling vornehmlich in das Tätigkeitsfeld der sozialarbeiterischen, therapeutischen, ärztlichen und pädagogischen
Professionen. Hier bedarf es zwischen den verschiedenen professionellen Gruppierungen und ihren Wissensvorräten nachhaltiger
Aushandlungsprozesse, die allerdings um so schwerer zu führen
sind, je stärker funktionseigene Wissenbestände durch eine berufli-
che Gruppierung repräsentiert sind. Organisationen werden hier
unmittelbar mit gesellschaftstrukturell bedingten Integrations-
problemen konfrontiert und stehen vor der paradoxen Situation,

als Entscheidungssystem inkompatible Rationalitätslogiken, für die es gute Gründe gibt, in Systemrationalität zu überführen. Dies scheint einer der Gründe dafür zu sein, daß sich nicht nur die jeweiligen Professionen gegenwärtig noch allzu stark an ihren originären Handlungslogiken orientieren und sich deshalb fast zwangsläufig in ihren Steuerungsabsichten mehr behindern denn unterstützen, sondern auch die Organsation gezwungen ist, Leitbilddebatten und Formen symbolischer Politik in fast ermüdender Art und Weise zu praktizieren. Eine für die wohlfahrtsverbandliche Identität notwendige explizierte Wissenssynthese, die allerdings auch einen ›hierarchiefreien Diskurs‹ unter den verschiedenen beteiligten Professionen zur Voraussetzung hätte, ist auch aus diesem Grunde nicht in Sicht. Vielmehr scheint momentan die Soziale Arbeit der Wohlfahrtsverbände vermehrt unreflektiert dem Primat der Verbetrieblichung zum Opfer zu fallen.

Neben den Problemen einer verbesserten finanziellen und fachlichen Steuerung der bisherigen organisatorischen Ausgestaltung werden derzeit in Wohlfahrtsverbänden immer häufiger auch drängende Fragen des Personalmanagements, der Personalgewinnung und der Personalentwicklung diskutiert, denen von managerialer Seite bis vor kurzer Zeit kaum Beachtung geschenkt wurde. Dies geschieht insbesondere vor dem Hintergrund permanent anhaltender Rekrutierungsnotstände und einer erheblichen Fluktuationsrate des wohlfahrtsverbandlichen Personals (vornehmlich im Alten- und Jugendhilfesektor), das sich darüber hinaus durch einen überproportional ausgeprägten Krankenstand (Burn-out-Syndrom) auszeichnet. Da diese Indikatoren durchaus auf eine allzu exzessive Nutzung der Ressource Personal sowie eine mangelhafte Personalorganisation hindeuten, durch die unweigerlich auch die Qualität der sozialen Dienstleistungsarbeit Einbußen erleidet, genießt in Führungskreisen der freien Wohlfahrtspflege die längst überfällige Implementation eines wohlfahrtsverbandlichen Personalmanagements, das diesen Namen auch verdient, neben der dringend überfälligen Verbesserung der organisationalen Kostentransparenz inzwischen absolute Priorität.

Der Unterschied zu traditionellen Personalentwicklungskonzepten besteht nun darin, daß es hier nicht darum geht, eine weitere
Professionalisierungswelle auf der Ebene personengebundenen
Wissens zu initiieren, sondern es geht um eine, den neuen Geschäftsprozessen entsprechende Besetzung von Personal zur Handhabung
der neuen Regelstrukturen. Explizites Wissen der Organisation
wird zu implizitem Wissen des Stelleninhabers, bzw. das Organisationswissen prägt den Sektionsprozeß für die Auswahl der Kandidaten. Wer sich die Stellenausschreibungen für leitendes Personal
in den Wohlfahrtsverbänden ansieht, muß erkennen, daß hier die
Organisation Wissensanforderungen an die Bewerber richtet, die
sich nicht nur auf Professions- und Berufswissen beziehen, sondern
auch auf Qualitätsprofile, die von den Ausbildungseinrichtungen
(noch) gar nicht angeboten werden.

Interessant hieran ist, daß die Organisationen, die mit sozialer
Hilfe befaßt sind, den jeweiligen Ausbildungsträgern signalisiert
haben, über welche Wissenspotentiale die Organisationen verfügen
wollen und welche Anforderungsprofile vorausgesetzt werden.

Durch die Strategie der Personalrekrutierung und der verbandsintern angebotenen Fortbildung erschließen sich die Verbände die
Möglichkeit, über das implizit miteingebrachte Personenwissen
(Fachwissen und Milieuwissen) neues, ursprünglich systemfremdes
Organisationswissen zu generieren und in den organisationalen
Gesamtzusammenhang einzubringen. So werden z.B. durch den
Caritasverband der Erzdiözese Freiburg e.V. zur Zeit Referate für
Querschnittsaufgaben gegründet, in denen Betriebswirte als Referenten für die Bereiche Krankenhäuser, Einrichtungen der stationären Altenhilfe und Sozialstationen tätig sind. Ihre Aufgabe besteht
darin, als Experten intern MitarbeiterInnen der Abteilung
›Gesundheits- und Altenhilfe‹ zu schulen sowie auf die jeweilige
Einrichtung zugeschnittene Expertisen anzufertigen, um den
Verantwortlichen der Einrichtungen ein betriebswirtschaftlich

ausgerichtetes Konzept für ihre jeweiligen Erfordernisse vorzuschlagen bzw. die entsprechenden EDV-mäßigen Voraussetzungen zu schaffen. Auf diese Art und Weise werden unter Berücksichtigung der spezifischen Vereinsstrukturen der Wohlfahrtsverbände sukzessive die Voraussetzungen geschaffen, um nicht nur
intelligente Strukturen in den Operationszusammenhang der
jeweiligen Organisation zu etablieren, sondern gleichzeitig dabei
auch die Autonomie, die regionale Einbindung, die sonstigen
Spezifika der Organisation und deren Aufgabenprofil adäquat zu
berücksichtigen. Ein Wohlfahrtsverband setzt sich eben aus sehr
heterogenen Einrichtungen im Bereich der Jugend-, Alten-,
Behinderten-, Gesundheits- und Familienhilfe zusammen mit der
Folge, daß von vornherein von allgemeingültigen Patentlösungen
Abstand genommen worden ist. Dies ist eine bemerkenswerte,
ebenfalls bereits wissensbasierte Leistung, an der sich manche
Wirtschaftsorganisationen, die dem Boom des ›lean managements‹
verfallen sind und nun die schmerzhaften Konsequenzen eines
erheblichen Verlustes an Mitarbeitermotivation und Fluktuation
der Beschäftigten bei gleichzeitig unter dem Strich relativ geringen
Rationalisierungseffekten zu tragen haben, orientieren könnten.
   Die Wohlfahrtsverbände haben diesbezüglich wesentlich besonne-
ner reagiert. Von vornherein stand fest, daß es sich bei der Implementation um einen schwierigen und langwierigen Prozeß
handeln würde. Statt auf Patentlösungen setzte man auf einrich-
tungsspezifisch zugeschnittene Detaillösungen und konsequente
Qualifizierung der Mitarbeiter. Hier kam den Verbänden nicht nur
ihre intermediäre Stellung zwischen Markt und Staat zugute,
sondern auch der Umstand, daß man bereits seit Jahrzehnten nicht
nur über umfangreiches Fachwissen verfügte, sondern auch umfangreiches Milieuwissen angesammelt hatte. Genau hierauf legt
aber gerade der Klient als Kunde besonderen Wert. Er will keine
Einheitsware, sondern ein auf seine persönlichen Bedürfnisse
zugeschnittenes Konzept der sozialen Hilfe, wobei die unter-
stützende Laienhilfe durchaus eine nachgefragte Form der fachli-

chen Qualifikation darstellt. Im Bereich sozialer Hilfe stellt Zeit
neben Fachlichkeit ein wichtiges Gut dar. Der Klient als Kunde
legt also ausdrücklich Wert darauf, daß Zweckrationalität und
Wertrationalität in einem ausgewogenen Verhältnis zueinander
stehen.

Darüber hinaus sollen durch die Neupositionierung der wohlfahrtsverbandlichen Personalorganisation auch innovative Techniken der Personalentwicklung Einzug in die freie Wohlfahrtspflege
halten, die dort bislang eher ein ›Mauerblümchendasein‹ fristeten.
Die neuen Aufgabenfelder im Bereich Personalwesen beziehen sich
auf die Bereiche der Personalbeschaffung (progressive Nachfolgepla-
nung, professionelle Personalwerbung, Personalberatereinsatz), der
Personalauswahl (z.B. Assessment Center), der Personaleinführung
(Patensysteme, Coaching-Konzepte) und vor allen Dingen auch der
Personalförderung (z.B. Projektarbeit, Supervision, Qualitätszirkel,
Fort- und Weiterbildung). Die Funktion eines Personalmanage-
ments in Wohlfahrtsverbänden unterscheidet sich somit letztlich
nicht mehr von derjenigen in Wirtschaftsorganisationen. Es geht
nicht mehr um Mütterlichkeit, Barmherzigkeit, Samaritertum und
Professionalisierung in Orientierung an sozialen Problemen und
Klienten, sondern um das immer wieder zu regenerierende Verhältnis von Personenwissen und Organisationswissen.

In diesem Kontext ist von besonderer Bedeutung, daß durch den
Übergang vom eingetragenen Verein zur GmbH die Position der
Geschäftsführung nachhaltig ins Zentrum der organisationalen
Steuerung rückt, so daß die professionellen Mitarbeiter tendenziell
von den bisher überwiegend vorherrschenden und zunehmend
antiquiert wirkenden ehrenamtlichen Steuerungsstrukturen eman-
zipiert werden. Der Prozeß der momentan weit verbreiteten
›GmbH-isierung‹ ist somit als Abkehr von der ›Laienherrschaft‹
in den zahlreichen Zweckbetrieben der Wohlfahrtsverbände zu
verstehen, die mit wachsender Größe und Komplexität vorhandener Sozialorganisationen zunehmend dysfunktional wird. Die
Trennung zwischen lebensweltgebundenem, an sozialen Problemen

von Individuen über Erfahrungswissen und geschäftsprozeßgesteuertem Organisationswissen wird somit enger gezogen. Auch hier gilt also die Regel, daß Kontingenzbewältigung Systemdifferenzierung verlangt mit der Folge, daß die Kommunikation von Hilfe nun nicht mehr über die Beobachtung von Problemen (Exklusionen) und damit über Professionswissen regulierbar ist, sondern über Organisationswissen. Dies ist insbesondere auch daran zu erkennen, daß die Diskussion der Restrukturierung von Wohlfahrtsverbänden und die Frage des wirkungsvollen Vollzugs von Hilfe immer unabhängiger voneinander geführt wird. Auf der einen Seite steht die Diskussion der Optimierung von Geschäftsprozessen, und auf der anderen Seite stehen die ausufernden Debatten zum neuen bürgerschaftlichen Engagement, die das frühmoderne Pathos einer milieugebundenen Gemeinschaftlichkeit reaktivieren sollen, aber explizit darauf verweisen, daß dies eine Form von Hilfe ist, deren Qualität gerade darin besteht, daß ihr keine formalisierten Regelstrukturen und keine explizierbaren Wissensformen zu Grunde liegen. Es geht nicht um die Kommunikation von Hilfe, sondern um situativ praktizierte, auf reiner Interaktion zwischen Anwesenden beruhenden Formen des Hilfevollzuges. Das Merkmal dieser Variante ist dann, daß es sich hierbei um Hilfe handelt, die höchst individuell erbracht wird, man aus ihr keine Ansprüche ableiten kann und sie im Falle der Unterlassung für die Gesellschaft und erst recht für Organisationen, die mit sozialer Hilfe betraut sind, folgenlos bleibt. Ging es in einer ersten Welle unter dem Stichwort ›Neue Subsidiarität‹ eher um die Öffnung gegenüber alternativen Gruppen und Selbsthilfegruppen sowie um die Entwicklung partizipatorischer Formen der Bedürfnisorientierung (Orientierung an Exklusionen), so geht es jetzt vor allem um operative Schließung, d.h. um den Versuch, anhand eigener Kriterien über Hilfe/Nichthilfe zu entscheiden.

In zaghaften Ansätzen sind darüber hinaus die ersten Gehversuche von Wohlfahrtsverbänden im Bereich des Sozialmarketings zu beobachten, das die generelle Verknüpfung sozialer Dienstleistun gen mit den essentiellen Merkmalen einer Marktorientierung darstellt (Gehrmann/Müller 1996, 110 ff.). Obwohl auch das Konzept des Sozialmarketings auf kein elaboriertes und systematisiertes Wissensfundament zurückgreifen kann und bisher kein inhaltlicher Konsens darüber besteht, welche Prämissen Marketingstrategien im Sozialbereich zur erfolgreichen Anwendung notwendigerweise erfüllen müssen, bemühen sich inzwischen diverse soziale Dienste mehr oder weniger erfolgreich um die Erforschung des gegenwärtig neu entstehenden Sozialmarktes. Dabei verfolgen sie einerseits das Ziel, ihre ureigenen Produkte marktgerecht gegen die stetig anwachsende Konkurrenz privater Anbieter sozialer Dienstleistungen in das erst sukzessive aufkeimende Marktsegment einzubringen (Wettbewerbsanalyse, Positionierung), während sie andererseits nachhaltig ihre bis dato nur geringfügig ausgeprägte Kundenorientierung intensivieren, um die bisherige, mitunter wenig bedarfsgerechte Dienstleistungsproduktion verstärkt an potentiellen Kundenbedürfnissen und Kundenwünschen auszurichten (Zielgruppenanalyse, Monitoring, Dialogmarketing). Die primäre Funktion des Sozialmarketings besteht demnach darin, organisationale Geschäftsprozesse eines sozialen Dienstleistungsanbieters in freier Trägerschaft derart auszurichten, daß die besonderen Bedürfnisse und Vorstellungen von potentiellen und bestehenden Zielmärkten erfaßt und reflektiert werden, um daraufhin die vom Zielmarkt erwünschten Dienste und Produkte wirksamer und effizienter als die Konkurrenz bereitstellen zu können (Ristok 1996 a, S. 234 ff.). Ziel der Organisation ist es, sich mit Wissen über die Umwelt des Systems zu versorgen - eine Aufgabe, die zunehmend an Experten delegiert wird, die den Nonprofitsektor mit entsprechenden Expertisen versorgen.

In gewisser Weise bestehen sogar diverse Parallelen zwischen Unternehmensberatungen und den Aufgaben personenbezogener Dienstleistungen. In beiden Fällen geht es im Kern darum, die Operationsweise von psychischen und sozialen Systemen (Familie, soziale Netzwerke, Arbeitsbeziehungen, Liebesbeziehungen etc.)

zu beeinflussen. Auch hier verhalten sich die sozialen und psychischen Systeme merkwürdig resistent gegenüber Interventionskonzepten. Dies hatte für den Berufsstand der Sozialarbeiter zur Folge, daß es in methodischer Hinsicht immer wieder zur Generierung und Anwendung von neuen Konzeptionen und Instrumenten kommt, die diversen Moden und Konjunkturen unterliegen. Folge dieser Entwicklung war auch, daß sich bisher keine eigenständige wissenschaftliche Disziplin für das Studium der Sozialarbeit ausbilden konnte. Unternehmensberater tragen in gewisser Weise dieselbe Last mit der Konsequenz, daß sich in diesem Sektor noch nicht einmal ein eigenständiges Berufsprofil ausgebildet hat. Gleichzeitig befinden sich Unternehmensberater allerdings in einer gesellschaftsstrukturell geprägten privilegierten Position. Sie können sich als formale Organisation innerhalb des Funktionssystems der Wirtschaft als Unternehmung konstituieren und sind nicht, wie das Berufsprofil der Sozialarbeit, auf eine generelle Bearbeitung sozialer Probleme festgelegt. Hinzu kommt, daß es der Sozialarbeit innerhalb ihres Organisationszusammenhanges noch nicht hinreichend gelungen ist, ihr Professions- und Erfahrungswissen als Organisationswissen für weitere Entscheidungen in die Regelstrukturen des Organisationszusammenhanges einzubinden, bzw. es als Profession nicht autonom konstituieren können. Trotz der branchenspezifischen Unterschiede gehört es zu den Gemeinsamkeiten beider Gruppierungen, daß in sachlicher und zeitlicher Hinsicht sowohl die beraterischen als auch die sozialarbeiterischen Expertisen in dem Sinne kontextsensitiv sind, als ihre Relevanzen und Wirksamkeiten von den Spezifika der Personen und sozialen Systeme abhängen, die in den Beratungs- bzw. Hilfeprozeß eintreten. Für beide Berufsgruppen gilt, daß sie über soziale Kompetenzen verfügen müssen, um der konkreten Situation entsprechend über die kontextsensitive Verwendung von Wissen entscheiden zu können. Daraus folgt, in Anlehnung an Ausführungen von Willke in diesem Band, daß in der Sozialdimension beraterische und sozialarbeiterische Expertisen kaum Chancen

haben, allgemeine Anerkennung zu finden und sich zu konsensfähigen Regelsystemen zu verdichten. So konkurrierten bisher
unterschiedliche Schulen, Ansätze und Paradigmen in den jeweiligen Verbänden um Anerkennung und öffentliche Subventionie-
rung. Während nun Unternehmensberatungen daran interessiert
sind, Beobachtern wenigstens einen gesellschaftlich anerkannten
Orientierungsrahmen wie z.B. Reputation als Ersatzcode zur
Verfügung zu stellen, deren Vorteil ja gerade darin besteht, daß sie
unmittelbar über den Namen und das Logo der Firma alle Mitglieder miteinschließt, bleibt Sozialarbeitern dieser Weg versperrt.
Die Chancen und Risiken für organisierte Wissensarbeit in der
Sozialarbeit müssen mühsam über den Dienstweg transportiert
werden. Um diesen Weg konstruktiv einschlagen zu können,
werden Teams, Arbeitsgruppen, soziale Netzwerke und organisa-
tionsübergreifende Kommunikationsforen gebildet. Der Vorteil
besteht darin, daß diese Gruppierungen organisationsintern über
eigenständige, aber von der Organisation legitimierte, d.h. formalisierte Strukturen verfügen. Dies ist die Voraussetzung, um implizites Wissen in explizites Wissen dauerhaft und für alle weiteren
Einrichtungen bindend konstituieren zu können. Dies ist der Kern
einer transindividuellen, organisationalen Wissensbasierung und
Voraussetzung für noch so bescheidene Formen von Wissensmanagement.

Ähnlich wie im Bereich der Unternehmensberatungen nehmen
alle von uns untersuchten Verbände sich Zeit für Fortbildung,
Supervision und Reflexion und mit klarem Schwerpunkt darauf,
die individuellen Kompetenzen ihrer Mitglieder zu stärken. So
ergibt sich für den externen Beobachter ein Bild, wonach Berater
zwar professionelle Arbeit verrichten, aber diese kaum zu organisierter Wissensarbeit fortentwickeln, weil sich ihre Unternehmen
noch in einem geringen Maße auf Wissensbasierung und Wissensmanagement einstellen. Sozialarbeiter reagieren vielmehr wie
klassische Professionelle, etwa Ärzte oder Wissenschaftler, die auf
gestiegene Anforderungen an Expertise mit steigenden individuel-

len Bemühungen um Lernen, Fort- und Weiterbildung reagieren. Während dies bei Ärzten und Wissenschaftlern vorläufig noch ausreicht, weil deren Leistung vorrangig an individueller Performance gemessen wird, kommen Sozialarbeiter mit dieser Strategie als Folge ihrer Semiprofessionalität in Schwierigkeiten. Dies scheint einer der Gründe zu sein, weshalb gerade Organisationen, die mit sozialer Hilfe betraut sind, mit erheblich größeren Zumutungen und Streßbelastungen im Bereich der Qualitätsmanagementdiskussion konfrontiert werden. Demgegenüber haben Organisationen des Gesundheitssystems (Krankenhäuser, REHA-Kliniken) den Vorteil, sich stärker als Unternehmung, mit allen bekannten positiven und negativen Folgeeffekten, konstituieren zu können.

Neben den bisher aufgezeigten Strategien führen die Wohlfahrtsverbände allerdings auch intensiviert Maßnahmen durch, die sich weniger auf das operative und das strategische Management beziehen, sondern das Steuerungswissen ihrer jeweiligen Organisation im Blick haben. So gehen immer mehr wohlfahrtsverbandliche Einrichtungen dazu über, Leitbilddiskussionen und Zielfindungsprozesse zu initiieren, um auf diesem Wege Fragen und Probleme einer Corporate Identity bzw. eines Corporate Designs zu klären (Jäger 1996, S. 35 ff.). Hintergrund für die intensivierte Suche nach einem klar konturierten Organisationsleitbild ist in erster Linie der seit geraumer Zeit beklagte Profilverlust der Wohlfahrtsverbände, der grundsätzlich auf die enge Einbindung der freien Träger der Wohlfahrtspflege in das System sozialer Sicherung (Neokorporatismus) sowie die zunehmende Professionalisierung Sozialer Arbeit zurückzuführen ist und in letzter Konsequenz sowohl eine Angleichung der einzelnen Verbände untereinander als auch eine Angleichung öffentlicher und verbandlicher Wohlfahrtspflege evoziert hat, so daß das Helfen in der Sozialen Arbeit seine spezifische normative Ausrichtung verloren hat. Namentlich der Rückgang ehrenamtlicher Tätigkeit bei gleichzeitig ansteigendem Bezug der Mitarbeiter auf ein professionelles Selbstverständnis führten zu einem allmählichen, aber massiven Schwund des jeweiligen

wohlfahrtsverbandlichen Propriums. Folglich ist es nur konsequent, daß im Zuge der gegenwärtigen Bemühungen einer betriebswirtschaftlichen und managerialen Effektivierung auch die Leit-
bilddebatte Einzug in alle Wohlfahrtsverbände gefunden hat.

Vor dem Hintergrund der hier gemachten Ausführungen dürfte
deutlich geworden sein, daß gerade die Wohlfahrtsverbände, die
sowohl in der soziologischen Forschung als auch in der öffentlichen
Wahrnehmung kaum zur Kenntnis genommen werden, nicht nur
in bezug auf die Implementation neuer Wissensformen einen
gravierenden Restrukturierungsprozeß durchleben, sondern sich
auch äußerst flexibel in der Ausbildung neuer Organisationsformen
und Geschäftsprozeßstrukturen zeigen und insofern durchaus als
lernende Organisationen mit Innovationscharakter zu bezeichnen
sind.

4.7 Wissensarbeit in Unternehmenskooperationen: Das Beispiel der Halbleiterindustrie

Carsten P. Krück

Zusammenfassung:
Wissensbasierung ist eine der wesentlichen Eigenschaften modernen Wirtschaftens. Heute und in Zukunft wird es darauf ankommen, daß Unternehmen nicht nur Produktionsprozesse und Kapitalflüsse, sondern auch Wissensflüsse zu organisieren wissen. Kooperation sollte in diesem Prozeß eine vorrangige Rolle spielen, weil sich damit weit entfernte Leistungen in der Umwelt eines Systems mobilisieren und - bei gelingender Zusammenarbeit - weitgehend organisch in den eigenen Wissensfluß einspeisen lassen. Das wird am Beispiel der Halbleiterindustrie besonders deutlich, weil sie in hohem Maße darauf angewiesen ist, Applikationswissen mit anderen Formen des Prozeßwissens zu integrieren.

Kooperation ist jedoch kein Geheimrezept für Unternehmenserfolg, und sie ist nicht einfacher zu bewerkstelligen als andere Managementoptionen. Im Gegenteil, sie ist eine anspruchsvollere und flüchtigere Form der Koordination, weil sie, wie die soziologische Betrachtung verdeutlicht, im Kern nur auf einer Situationsdefinition beruht, die ein virtuelles, emergentes System zwischen den Beteiligten stiftet. Ein Unternehmen muß in Wissensarbeit investieren, um sich bewußt für oder gegen diese Option zu entscheiden. Und es muß Infrastrukturen und Suprastrukturen der Wissensarbeit kreieren, um das Potential von Kooperationen auszuschöpfen. Das Kapitel gibt Anregungen und Beispiele für solche Strukturen der Zusammenarbeit.

1   Systemwissen – die Kernkompetenz von Halbleiterunternehmen

High-Tech-Unternehmen sind in besonderem und wachsendem Maße wissensbasiert. Die Halbleiterindustrie ist anerkanntermaßen ein Spitzenreiter in dieser Entwicklung. Daher ist es nur folgerichtig, daß sie als einer der ersten Industriezweige damit begann, flächendeckend Kooperationen einzusetzen, um die Wissensbasierung von Unternehmen z.B. durch gemeinsame Forschung und Entwicklung (F&E) zu stärken. Die Halbleiterindustrie stellt heute eine der kooperationsintensivsten Branchen der Industrie dar. Im Jahre 1993 unterhielt sie weltweit ca. 700 Allianzen, und pro Jahr kommen 90 bis 100 weitere hinzu (Hilpert et al. 1994, S. 33). Wichtige Faktoren der *Wissensarbeit in Unternehmenskooperationen* lassen sich anhand dieses Beispiels exemplarisch darstellen.

Die Stellung eines Halbleiter-Unternehmens im Weltmarkt bemißt sich an der Qualität des *Prozeßwissens*, über das es verfügt. Ein Unternehmen, das dieses Prozeßwissen effizient entwickelt und mehrt, kann auch in einem eng besetzten, auf einer reifen Technologie basierenden Markt wie dem der Halbleiter noch schnell wachsen.

Unter Prozeßwissen sind in der Halbleiterindustrie vier Arten des Wissens zu verstehen. Zum einen handelt es sich um das *Entwurfswissen*. Die Geometrie eines integrierten Schaltkreises (kurz »Chip« genannt) zu entwerfen, der möglichst miniaturisiert ist, leicht zu fertigen ist, wenig Strom verbraucht etc., ist eine Wissenschaft für sich, die den Einsatz komplexer Software (Electronic Design Automation, EDA, genannt) erfordert.

Der zweite wichtige Wissenspool ist das *Fertigungswissen*, das Wissen über die effiziente Herstellung von integrierten Schaltkreisen. Ihre Produktion ist technisch derart diffizil, der Weltmarkt andererseits derart eng besetzt, daß auch kleine Vorsprünge bei der Zuverlässigkeit und Ausbeute der Fertigung zu lebenswichtigen Vorteilen führen.

Die dritte wichtige Wissensform ist das *Applikationswissen*. Damit ist die fundierte Kenntnis eines Anwendungsbereiches für integrierte Schaltkreise gemeint. Ein Halbleiterunternehmen kann nur einen guten Chip schneidern, wenn es detailliertes Know-how über den Anwendungsbereich besitzt, in den sich der Chip einfügen soll (Stephanblome 1993). Dieses Wissen setzt sich nicht nur aus technischem, sondern auch und vor allem aus informellem, implizitem, praktischem Wissen über die Funktion dieser Systeme, ihren Verwendungskontext, ihre systemische wie soziale Einbettung in weitreichende Verwendungszusammenhänge zusammen. Um beispielsweise den Chip für das »intelligente Fahrwerk« eines Oberklassewagens zu bauen, muß man nicht nur etwas über Fahrzeugantriebe und Kurvendynamik wissen, sondern auch über das Fahrverhalten von Fahrern (Elchtest!).

Ein weiteres praktisches Beispiel ist die Bildverarbeitung. Die Informations- und Kommunikationstechnik erzeugt immer mehr visuelle Informationen, verbreitet sie über Kabel- und Satellitennetze und speist sie in eine Vielzahl von Systemen für spezifische Konsumentenbedürfnisse ein (herkömmliches Fernsehen, digitales TV, Breitwand-TV, Internet, Computer, CD, DVD, DTP, Simulation, Spiele etc.). Damit wird es auch für Halbleiterunternehmen zu einer absoluten Kernkompetenz, Einblick darin zu haben, wie man Bilder effizient scannt, auflöst, komprimiert, speichert, überträgt, dekomprimiert, in fremde Standards umsetzt, aufbereitet, in Hardware einspeist usw. Dieses Wissen ist gebunden in den Köpfen von Experten der Unterhaltungselektronik, oft kleiner innovativer Start-up-Firmen, aber auch in den Schwesterabteilungen vieler Halbleiterunternehmen, die in der Telekommunikation oder Unterhaltungselektronik tätig sind. Es kommt darauf an, dieses Wissen zu lösen, anzuzapfen.

Fachleute schätzen, daß es heute und in naher Zukunft für die Halbleiterindustrie nur eine Handvoll *Schlüsselapplikationen* gibt, die so halbleiterintensiv und wachstumsträchtig sind, daß sie einem Unternehmen Gewinne und Wettbewerbsvorteile versprechen

können. Im wesentlichen handelt es sich um die (sich überschnei-
denden) Bereiche der Bild-, Ton- und Sprachverarbeitung im
Multimediabereich, der Telekommunikation (besonders der
Mobiltelephone), der Computertechnik (besonders für tragbare und
Multimedia-PC), der Automobilelektronik sowie der Chipkarten
(*Smart Cards*) (GME 1995, S. 11-28). Entscheidend ist, daß ein
derart positioniertes Unternehmen zumindest für eine Weile
unanfechtbar ist, weil sich sein Applikationswissen von Konkurrenten nicht ohne weiteres reproduzieren oder durch Preis-
kämpfe entwerten läßt. Dies gilt um so mehr als der Markt für
Standardprodukte der Halbleitertechnik (Speicherchips und Mikroprozessoren) zwar sehr profitabel, aber eng besetzt und erheblichen
Nachfrage- und Preisschwankungen unterworfen ist. Wettbewerbsvorteile und Positionsgewinne sind also am ehesten von »*anwen-
dungsspezifischen*« integrierten Schaltkreisen (sog. ASICs) zu erwarten. (Das Beispiel Intel, das mit seinem Fast-Monopol bei PC-
Mikroprozessoren exorbitante Gewinne erzielt, darf als historisch
bedingte Ausnahme von der Regel gelten - weshalb das Unternehmen 1996 seine Strategie dahingehend umdefinierte, die Chip-
Plattform für »hochgezüchtete Multimedia-Kommunikations-
maschinen« zu entwickeln (FAZ, 4. Juni 1996.)

Nur über Applikationswissen zu verfügen, reicht dafür allerdings
nicht. Entscheidend ist vielmehr eine vierte Form des Prozeßwissens, das Wissen um die *Integration* dieser Prozesse. Man könnte
dies als *Systemwissen* bezeichnen. Was in der Entwicklungsabteilung
eines Halbleiterunternehmens zusammenfließen muß, ist:

(1) einen zugkräftigen, halbleiterintensiven Anwendungsbereich
gut zu kennen und daraus genaue Anforderungen an die Funktionsweise eines integrierten Schaltkreises abzuleiten;

(2) für den Anwendungsbereich einen optimalen Funktionsplan
zuzuschneidern, der die Kniffe der Praxis abbildet;

(3) den Funktionsplan mit Hilfe leistungsfähiger EDA-Werkzeuge
in einen optimalen (d.h. möglichst schnellen, raum- und strom-
sparenden) Chipentwurf zu übertragen;

(4) und diesen Entwurf dann schnell und zuverlässig in hohen Stückzahlen zu fertigen, damit sich ein attraktiver Preis ergibt.

Wenn ein Unternehmen hierin Erfolg hat, dann besitzt es einen Vorsprung vor seinen Konkurrenten und eine relativ stabile Marktstellung. Halbleiterunternehmen, die ›nur‹ Standardprodukte fertigen oder die es nicht schaffen, ihr Applikationswissen in Systemwissen umzumünzen, werden dagegen einen schweren Stand haben (Clarke 1997).

Das Systemwissen ist die eigentliche *Kernkompetenz* eines Halbleiterunternehmens (Malerba 1992). Der Kern eines Halbleiterunternehmens ist heute nicht mehr allein seine Fertigung; es gibt sog. *fabless*-Hersteller, die keine eigenen Fabriken besitzen, sondern Chips nur entwerfen und sie von anderen Unternehmen fertigen lassen. Der Kern eines Halbleiterherstellers ist aber auch nicht mehr allein der Chipentwurf; typischerweise werden seit einigen Jahren viele der hochgradig spezialisierten (d.h. computerisierten und mathematisierten) Entwurfsaktivitäten immer mehr an eigenständige EDA-Firmen delegiert. Ein Halbleiterunternehmen ist auch nicht auf der sicheren Seite, wenn es versucht, das Applikationswissen einfach einzukaufen, indem es sich zum »integrierten Technologiekonzern« umformt. Kernkompetenzen greifen weit über die Unternehmensgrenzen hinaus. Kein Unternehmen verfügt über sie alle *in-house,* und es wäre auch vergebens, sie hinter den Firmenmauern versammeln und einsperren zu wollen (Gold 1997). In einem wichtigen Anwendungsbereich wie z.B. der Telekommunikation selbst tätig zu sein, kann einem Unternehmen helfen - aber nur wenn es das Applikationswissen in Systemwissen *umzumünzen* weiß.

In der Halbleiterindustrie werden diese und ähnliche Erkenntnisse häufig genug thematisiert unter Stichworten wie »Systems-on-Silicon«, »Intellectual Property«, »Vorwärtsintegration« oder »Systemkompetenz« (Billerbeck 1996). Sie meinen Ähnliches, aber sie sind noch zu technisch und damit beschränkt gefaßt. Deshalb ist es sinnvoll, ein umfassenderes Konzept zugrunde zu legen, das klar macht, daß man nicht allein von *hardware* und *property* sprechen darf. Das angemessene Leitkonzept ist vielmehr *Wissensarbeit* - die systematische Suche nach, jedoch vor allem: das *Einbinden, Koppeln und Zusammenfügen verstreuter Wissensressourcen*, seien sie nun innerhalb oder außerhalb des Unternehmens greifbar.

2   Kooperation als Strategie des Wissensimports und der Wissensanreicherung

Der Zugriff auf Prozeßwissen, insbesondere auf das Applikationswissen, kann auf verschiedene Weise geschehen. Meist wird es durch Personen importiert, d.h. Techniker und Manager werden eingekauft, die Erfahrungen aus einem Anwendungsgebiet mitbringen. Diversifizierte Großunternehmen bringen Vertreter verschiedener eigener Unternehmensfelder zusammen (z.B. aus der Unterhaltungselektronik und der Mikroelektronik), um Informationsaustausch zu betreiben, oder lassen Nachwuchspersonal zwischen verschiedenen Abteilungen rotieren. Unternehmen pflegen enge Kontakte zu ihren Kunden und Zulieferern, stehen im Dialog bei der Entwicklung von Produkten und lernen dabei etwas über das Anwendungsgebiet. Fortschrittliche Unternehmen haben längst begonnen, besonders Kundenkontakte als Wissensquelle zu pflegen und systematisch auszuwerten.

Häufig wird Applikationswissen durch Unternehmensakquisition eingekauft. Die Elektronik insgesamt ist eine der kauffreudigsten Bereiche der Industrie (Hammes 1995, S. 78), und in der Mikroelektronik wurden gerade jüngst einige gewichtige Fusionen getätigt (z.B. National Semiconductor und Cyrix sowie Intel und Chips & Technologies, um nur die beiden größten zu nennen). Wissensaufkauf ist jedoch eine problematische Strategie. Ein ganzes Unternehmen zu erwerben ist teuer, und der Preis steigt, wenn alle Wettbewerber auf der Suche nach den gleichen Schlüsseltechniken sind. Das erworbene Wissen kann abwandern, indem wichtige Mitarbeiter das Unternehmen verlassen; die Kreativität des gekauften Unternehmens kann erlahmen, wenn die Mitarbeiter das Gefühl haben, einem anonymen neuen Herrn ausgeliefert zu sein; oder es kann mißlingen, die verschiedenen Wissensbestände anschlußfähig zu machen und einzubinden.

Verglichen damit kann *Kooperation* eine attraktive Strategie sein, weil sie den Kontext, in den das Wissen eingebettet ist, intakt läßt. Kooperation wurde mit Beginn der 80er Jahre in der Halbleiterindustrie eine weitverbreitete Erscheinung, zunächst allerdings eher in der Hoffnung, materielle Ressourcen (Geld und Zeit) zu sparen. Daß die Erschließung von *Wissensressourcen* den wichtigsten Gewinn einer Kooperation darstellt, wurde erst später thematisiert (Badaracco 1991).

Kooperation ist im Prinzip eine attraktive Strategieoption, weil man Zugang zu aktuellem Wissen bekommt, ohne langwierige, teure Investitionen tätigen zu müssen. Andererseits ist Kooperation aber auch sehr riskant, weil man anderen einen Einblick in das eigene Systemwissen gewährt, im Extremfall einem Konkurrenten. Damit würden genau jene Kernkompetenzen gefährdet, deren Mehrung man eigentlich anstrebt. Überdies ist gelingende Kooperation eine anspruchsvolle Strategiewahl, was schärfer in den Blick gerät, wenn man sie soziologisch betrachtet.

Soziologisch gesehen besteht Kooperation darin, daß zwischen den beteiligten Organisationen ein *virtuelles Subsystem* gebildet wird. Organisationen sind aus der Sicht der soziologischen Systemtheorie im Prinzip *geschlossene* Systeme (d.h. *keine* offenen, informationsverarbeitenden Systeme, wie dies in den Wirtschaftswissenschaften meist impliziert wird). Unternehmen sind gerade deshalb effiziente Orte ökonomischer Transaktionen, weil sie sich nur an einem sehr eng gesteckten Wahrnehmungsraster und Set von Präferenzen ausrichten. Solche geschlossenen Systeme steuern sich über *Beschreibungen*, die sie von sich selbst und ihrer Umwelt verfertigen, ohne zu dieser direkten Kontakt zu haben (Martens 1997).

Gelingende Kooperation hängt nun davon ab, daß eine Organisation die Perspektive einer anderen Organisation in ihre eigene Weltsicht *einspiegelt*. Dies gelingt, indem sie eine *komplexere Beschreibung* von sich und ihrer Umwelt verfertigt und als Landkarte für Handlungen nimmt (Tacke 1996). Genauer besehen ist ein Dreischnitt von aufeinander aufbauenden und sukzessiv schwieriger werdenden Beschreibungen vonnöten:

(1) Das Unternehmen muß eine *Selbstbeschreibung* verfertigen. Es muß eine vergleichsweise genaue Vorstellung davon gewinnen, was seine eigene Identität ausmacht, wohin es will, welche Ziele es erreichen möchte. Bereits dies ist nicht ganz einfach. Es erfordert eine *Reflexivität*, die in vielen Unternehmen eine knappe Ressource darstellt.

(2) Das Unternehmen muß von seinem potentiellen Kooperationspartner ein Bild, eine *Fremdbeschreibung* verfertigen, d.h. eine Vorstellung davon, wer der Partner ist und welche Ziele er verfolgt.

(3) Das Unternehmen muß die *Außenperspektive* einnehmen und sich fragen, welchen Eindruck es auf seine Umwelt macht. Es muß sich selbst gewissermaßen mit den Augen des Partners betrachten und bedenken, wie seine Handlungen von ihm gedeutet werden könnten.

Wenn dieser Beschreibungsprozeß gelingt, etabliert sich Kooperation als *emergentes und virtuelles Subsystem* zwischen *den Organisationen*. Emergent, d.h. eigenständig und mit neuen Qualitäten gegenüber seinen Ursprungsorganisationen versehen, ist ein solches Gebilde, weil eine Handlung von den Beteiligten gleichzeitig *zwei* Systemen zugerechnet wird: dem Unternehmen und der Kooperation als *eigenständiger* Instanz (Teubner 1992). Die Mitarbeiter gehören nicht mehr nur noch der Firma XYZ an, sondern auch dem Kooperationsprojekt. Ihre Loyalität ist gespalten. Sie müssen sich jetzt doppelt entscheiden: für ihre eigenen Ziele und für (oder gegen) die Kooperation. Zum Wohl der Kooperation muß man eventuell auf Schritte verzichten, die für sich genommen verlockend wären (z.B. die sofortige Einlösung einer sich bietenden

Profitchance). Einen interessanten Beleg für diese emergente Qualität fanden wir in unseren Interviews. In stabilen Kooperationen wird das *Scheitern oder der Mißbrauch* einer Kooperation *extern zugerechnet*, d.h. den äußeren Umständen oder der eigenen Saumseligkeit, *nicht* jedoch der Kooperation oder dem Partner angelastet (Krück 1996, S. 179-182). »Virtuell« ist das System, weil es nur auf wissensbasierter Kommunikation beruht, auf einer Situationsbeschreibung, man könnte sagen: auf einer gemeinsam geteilten Illusion, die ständig aktualisiert werden muß. Empirische Untersuchungen haben gezeigt, daß diese Illusion durch Kooperationsverträge gestützt, aber nicht abgesichert werden kann, vielmehr durch überregulierte Verträge erstickt wird (Eisele 1995, S. 166-169).

Es handelt sich somit um einen anspruchsvollen, evolutionär unwahrscheinlichen Reflexionsmodus. Die ›schizophrene‹ Weltsicht der Kooperation muß ständig aufgefrischt werden, denn in Kooperationen stabilisiert und verfestigt sich Kommunikation nicht im dem Maße wie in Organisationen (die durch formale Mitgliedschaft, Rollen, Gesetze, *sunk costs* u.ä. zu Strukturen der Koordination gerinnen). Kooperation muß daher permanent *aktualisiert* und *gegen Bedrohungen von außen* (durch die Umwelt der Unternehmen) *und von innen* (durch die Organisation selber) *verteidigt* werden. Wenn dies nicht gelingt, so wird sie zerbrechen und wieder zurückfallen in einen ihrer natürlichen ›Aggregatzustände‹, die mit einfacheren und stabileren Selbstbeschreibungen funktionieren können. Daher scheitern viele Kooperationen und werden aufgelöst (Marktlösung) oder führen zu einer Fusion der Ex-Partner (hierarchische Auflösung).

Die Qualität von Kooperation als einem emergenten und virtuellen Subsystem macht die Vorteile und das Risiko dieser Strategieform aus. Mit Kooperation lassen sich in der Umwelt eines Systems *Leistungen mobilisieren*, die sonst verschlossen blieben. Dazu gehört besonders, daß man die *Expertise der Mitarbeiter*, ihr praktisches, informelles Know-how zum Leben erweckt und in einen gemeinsamen kreativen Prozeß einspeist (genau dieses Know-how bleibt

einem Unternehmensaufkauf ja häufig verschlossen). Umgekehrt
wird dem Partner aber auch ein unverstellter Einblick in Kernkompetenzen gewährt, der, würde er ausgenutzt, verheerend
wirken könnte. Angesichts dieses Risikos kann Kooperation nur
gelingen und auf Kernkompetenzen ausgedehnt werden, wenn der
gesamte Beschreibungsprozeß von einer *Erwartungshaltung* unterlegt wird, die man *Vertrauen* nennt (Luhmann 1989).

3   Hürden der Kooperation

Vertrauen wird in der Soziologie definiert als eine *generalisierte
Erwartungshaltung* dahingehend, daß ein Interaktionspartner sich
situationsübergreifend kooperativ verhalten wird, nicht opportunistisch. Die Funktionsweise von Vertrauen besteht darin, daß es
fehlende Informationen ersetzt und zu einer Erweiterung des
Spielraums der Handelnden führt, weil sie Optionen realisieren
können, die durch streng egoistisch-rationales Verhalten nicht zu
erreichen wären. Man spricht hier von *generalisierter Reziprozität*,
d.h. man erwartet für eine Leistung eine Art Gegenleistung, aber
diese muß nicht sofort geleistet werden, und sie wird nicht ver-
messen und aufgewogen. Das unterscheidet Vertrauen vom Tausch:
dort erwartet man den exakten Gegenwert für eine Leistung, und
das auf der Stelle.

Vertrauen dagegen gewährt dem Interaktionspartner einen
Vorschuß auf die Zukunft. Der Vertrauende kann warten. Streng
egoistisch-rationales Verhalten dagegen ist auf die Gegenwart
festgenagelt. Weil man dem Anderen fast alles zutraut, kann man
nur von Moment zu Moment (»Wie Du mir, so ich Dir«) Leistungen austauschen, und nur Leistungen, die mehr oder weniger
meßbar äquivalent sind. Dieses Verhalten ist sicherer, aber auch
weniger leistungsfähig als vertrauensbasiertes Verhalten. Vertrauen
kann überdies die Transaktionskosten und den Zeitbedarf einer
sozialen Interaktion senken. Die Voraussetzungen, Umstände und

Kosten einer Zusammenarbeit müssen nicht immer wieder durchgespielt werden.

Vertrauen ist im doppelten Sinne *pfadabhängig und kumulativ.*
Wenn es sich stabilisiert, ist es *belastbar,* d.h. widersprüchliche
Informationen lösen nicht gleich eine Bestrafungsaktion oder den
Abbruch der Beziehungen aus. Vertrauen ist darüber hinaus bis zu
einem gewissen Maße *enttäuschungsfest.* Es reagiert z.B. auf kleinere
Vertrauensverstöße mit informellen Sanktionen (mit Stirnrunzeln,
mit Klimaverschlechterung), kann sie jedoch hinnehmen, wenn das
Gegenüber sie als nachvollziehbaren Ausrutscher rechtfertigen
kann. Egoistisch-rationales Verhalten würde mit Kontaktabbruch
antworten.

Vertrauen ist aber auch im umgekehrten Sinne kumulativ, weil
es unmittelbar mit seinem Gegenteil verknüpft ist, dem *Mißtrauen.*
Vertrauen kann, wie es im allgemeinen Sprachgebrauch bezeichnenderweise heißt, *umschlagen* in Mißtrauen, d.h. die Betrachterper-
spektive kann schnell gewechselt, das System auf Schadensbegren-
zung und Abwehr umgestellt werden. Dieser *Kippmechanismus* ist
sehr wirksam. Jemand, der Vertrauen mißbraucht hat, wird ge-
meinhin stärker sanktioniert als jemand, dem man gleichgültig
gegenübersteht oder dem man ohnehin noch nie getraut hat. In
vielen sozialen Kontexten ist es einem ›Verräter‹ geradezu unmöglich, wieder in die Gemeinschaft der Vertrauenden aufgenom-
men zu werden, ein Prozeß, der auch in der Halbleiterindustrie
vorzufinden ist. In einer schriftlichen Befragung von Halbleiter-
und Halbleiter-Zulieferunternehmen (Krück/Piel 1998) wurde
beispielsweise der »Ruf eines Unternehmens« in der Branche (das
Unternehmen ist als verläßlich oder als unsicherer Kantonist
bekannt) als zweitwichtigster Faktor für den Aufbau und Erhalt
von Vertrauen benannt. Mehr als 90% der Halbleiterhersteller und
-zulieferer stuften ihn als »sehr« oder »äußerst wichtig« ein (s. Abb.
4.7.1).

Vertrauen wird in empirischen Untersuchungen durchgängig als
die wichtigste Ressource für Unternehmenskooperationen genannt

(Fontanari 1995). Sie wird um so wichtiger, je anspruchsvoller eine Kooperation ist, je mehr Kernkompetenzen betroffen sind. Die Bildung von Vertrauen zu unterfüttern, zu beschleunigen und belastbarer zu gestalten, drängt sich somit als dringliches Managementproblem auf, wenn man das Potential von Kooperationen ausschöpfen will. Wie wird Vertrauen in der Halbleiterindustrie gebildet?

Die genannte Unternehmensbefragung bestätigte einen allgemeinen Befund in der Literatur: Die Bildung von Vertrauen ist stark von persönlichen, ›privaten‹, informellen Faktoren abhängig. Persönliche Kontakte, Bekanntschaften und Vorgeschichten zwischen Topmanagern und Projektleitern werden meist als der wichtigste Faktor für den Aufbau von Vertrauen genannt. Abb. 4.7.1 gibt einige vertrauensbildende Faktoren in der Halbleiterindustrie wieder. Wenn sich diese persönliche Bindung während der Vertragsverhandlungen nicht knüpfen läßt, dann sind Kooperationen so gut wie gescheitert. Auch die Kumulativität von Vertrauen bildet sich in vielen Studien ab, d.h. Kooperationen werden mit der Zeit einfacher, wenn die Betreiber vorher schon Kontakte hatten (Gulati 1995, S. 94).

Der privat-informelle Charakter von Vertrauen scheint nun bedenklich, weil die Organisation damit letztlich das Schicksal wichtiger Wissenskanäle einzelnen Personen überläßt (Lorange/Roos 1992, S. 349). Wenn eine Vertrauensperson das Unternehmen verläßt, muß zunächst einmal auch die Kooperation fast wieder bei Null beginnen. Oder wenn die Leiter eines Vorhabens unüberbrückbare Aversionen hegen, »die Chemie nicht stimmt«, dann läßt es sich nicht durchführen, auch wenn es von den Organisationen als sinnvoll angesehen wird (Interviewmaterial).

Schlimmer noch: Der kumulative Charakter von *Mißtrauen* hat in der Halbleiterindustrie zwischen manchen Unternehmen regelrecht zu verbrannter Erde geführt. Unternehmen haben ihre Beziehungen auf Dauer eingefroren, weil persönliches Mißtrauen sich zu systemischem Mißtrauen auswuchs. Das notorische Beispiel

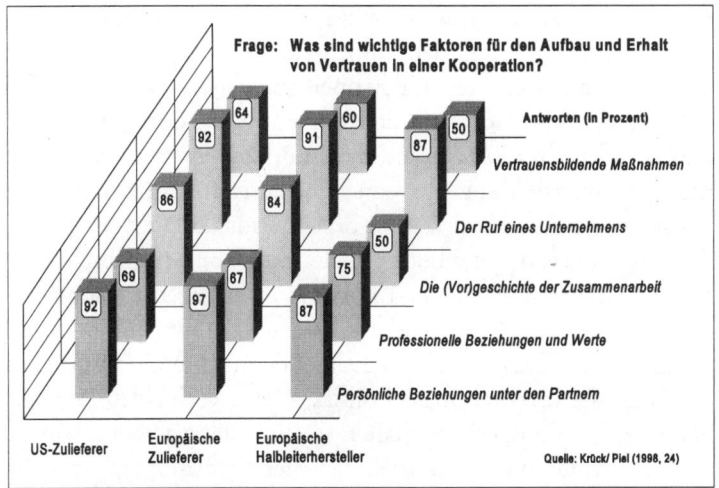

Abb. 4.7.1: Faktoren der Vertrauensbildung in Kooperationen der Halbleiter- und Halbleiterzulieferindustrie

ist das Verhältnis zwischen den Halbleitersektionen von Siemens und Philips. Nachdem ihre Zusammenarbeit im Rahmen der Programme MEGA und JESSI von wechselseitigen Mißverständnissen und Affronts geschüttelt wurde (Krück 1995, S. 240, 246; Lutz 1993, S. 130), sind beide Unternehmensbereiche einander herzlich unsympathisch und unterhalten nur noch wenige Kontakte auf Armeslänge (während beider Zusammenarbeit mit dem dritten großen europäischen Wettbewerber, SGS-Thomson, durchaus lebhaft ist). Unsere Interviews deuteten an, daß diese Antipathie in die Firmentraditionen übergegangen ist, obwohl der Anlaß über zehn Jahre zurückliegt und sich nicht mehr recht rekonstruieren läßt. Das bedeutet, daß zwei europäische Unternehmen, die beide unter erheblichem Druck durch Konkurrenten aus Übersee stehen, einander Hilfe verweigern, obwohl sie eigentlich kompatibel wären.

Hier treffen wir die dunkle Seite von personalisiertem Vertrauen an, die auf einen *Engpaß in der Wissensarbeit* selbst derart hochentwickelter Unternehmen hindeutet. Die Unternehmen haben gelernt, Verantwortung an Personen zu *delegieren*, um ihnen die Bildung von Vertrauen für die Kooperation zu ermöglichen. Sie haben aber noch *nicht* gelernt, diesen Prozeß *weiterzuführen* und die Vertrauensbildung auf einer kollektiven, organisationalen Ebene zu verankern, um inter-organisationales Vertrauen oder *Systemvertrauen* heranzubilden (Dodgson 1993). Erst dann könnte man von einem intelligenten Kooperationsmanagement sprechen.

Systemvertrauen ist eine der schwersten Übungen des gesellschaftlichen Zusammenlebens. Daß es dennoch nicht unmöglich ist, zeigt die internationale Politik. Wenn verfeindete Staaten, Stämme, Religionsgemeinschaften etc. ihr Mißtrauen überwinden können, dann sollte Unternehmen dies auch möglich sein. Im wesentlichen besteht der Grundstein darin, Verfahren einzuführen, mit denen Mißtrauen und Dissens explizit gemacht, Vertrauen getestet und Stoppregeln für die Zusammenarbeit festgezurrt werden. Die gewonnenen Erfahrungen sollten in Verfahrensregeln festgeschrieben werden. Dazu gleich mehr.

Angesichts der Hürden für Kooperation und des unvollkommenen Instrumentariums, sie zu überwinden, überrascht es wenig, daß Kooperationen offenbar insgesamt nicht so fruchtbar ausfallen, wie man das erwarten könnte.

Generell ist aus der Literatur bekannt, daß viele Unternehmenskooperationen scheitern oder unter ihren Möglichkeiten bleiben. Eine Vielzahl von (allerdings methodisch nicht voll befriedigenden) Studien deutet an, daß 50-70% aller Allianzen scheitern, obwohl diese Zahl in den neunziger Jahren gesunken zu sein scheint (für eine Übersicht s. Lutz 1993, S. 9-10.)

Anhand unserer Fragebogenauswertung läßt sich desweiteren zeigen, daß Halbleiterunternehmen und Halbleiterzulieferer davor zurückscheuen, Kernaktivitäten oder Bereiche, in denen sie Marktführer sind, einer Kooperation zu öffnen. Der Tab. 1 kann man grob gesagt entnehmen, daß die Unternehmen die Zusammenarbeit an der *Peripherie* bevorzugen, d.h. wenn es sich um ein weniger wichtiges Geschäftsfeld, eine Nische oder ein Problemkind handelt. Limitierend wirkt ferner, daß in vielen Unternehmen »beim Prozeß der Kooperationsgestaltung die intuitiven ›Bauchentscheidungen‹ im Vordergrund stehen« (Fontanari 1995, S. 144).

Frage:	Angenommen, Ihr Unternehmen möchte in einem wichtigen neuen Geschäftsbereich expandieren. Zur Verfügung stehen Ihnen die Optionen: Selbermachen, Unternehmenskauf, Lizenznahme und Kooperation. Unter welchen Umständen würden Sie kooperieren? (Nennung in Prozent, gerundet)		
	US-HL-Zulieferer	Europ. HL-Zulieferer	Europ. HL-Hersteller
Kooperationsbereitschaft in Abhängigkeit von der Wichtigkeit des Bereichs			
Kernaktivität des Unternehmens	2	23	20
Mögliche zukünftige Kernaktivität	14	39	20
Eine von mehreren wichtigen	45	45	25
Eine interessante Nische	58	54	40
Ein Problemkind	62	59	67
Kooperationsbereitschaft in Abhängigkeit v. der Marktstellung des Unternehmens			
Marktführer	7	24	0
Top Five	30	35	40
Nachzügler	46	67	0

Tab. 1: Die Kooperationsbereitschaft von Halbleiter- und Halbleiter-Zulieferunternehmen in Abhängigkeit von dem betroffenen Geschäftsbereich (Quelle: Krück/Piel 1998, S. 12)

Beispielsweise gaben 56% der von Fontanari interviewten Unternehmen an, für Kooperationen keine Konzepte entwickelt zu haben, sondern auf Intuition zu vertrauen (ebd.). Die Dienste professioneller Kontaktvermittler, die die Kooperationsanbahnung verläßlicher gestalten können, werden von der Industrie selten in Anspruch genommen (Kaufmann 1993, S. 70-72). Schließlich erbrachte unsere Befragung, daß vertrauensbildende Maßnahmen in Halbleiterkooperationen im Schnitt nur von 50-60% der befragten Unternehmen angewandt werden (s. Abb. 4.7.1).

Wenn Kooperationen derart stark auf informellen, affektiven Faktoren aufbauen, dann sind sie nicht nur zerbrechlich, es ist auch nicht gewährt, daß das gewonnene Wissen seinen Weg in die Kernkompetenzen des Unternehmens findet. *Wissensarbeit für Kooperationen* ist somit das Gebot der Stunde. Es geht insbesondere darum, daß die Organisation zu Strukturen der Wissensarbeit findet, nämlich zum einen zu einer *Infrastruktur*, die das Lernen kanalisiert und auf Dauer stellt, zum anderen zu einer *Suprastruktur*, die hilft, die Umwelt der Organisation erwartbar zu machen und für die Wissensarbeit zu mobilisieren (siehe Kapitel 5.2 und 5.3). Mit Infrastruktur ist gemeint, daß ein Unternehmen sich selbst kooperations- und strategiefähig gestalten muß, um zu anspruchsvollen Kooperationen fähig zu sein und sie optimal ausnutzen zu können.

Lange Zeit war die Schaffung solcher Voraussetzungen nur von Personen abhängig. Meist wird den betroffenen F&E- bzw. Projekt-Managern die Aufgabe übertragen, Kooperationen auszuhandeln und Vertrauen aufzubauen. Die Abwicklung und Auswertung der Kooperation bleibt den einzelnen betroffenen Abteilungen überlassen, ohne daß systematisch dafür gesorgt wird, daß der ganze Unternehmensbereich etwas davon hat. Die meiste organisatorische Arbeit wird in die Aushandlung der Kooperationsverträge und deren juristische Absicherung investiert. Die Bedeutung dieses Aushandlungsprozesses ist nicht zu unterschätzen, denn er dient der Bildung von Vertrauen unter den Kooperationspartnern. Nach der Unterschrift unter den Vertrag wird die Kooperation jedoch häufig nicht mehr systematisch begleitet. In dem Unternehmen häuft sich dann Wissen an, dessen Weiterverwendung von der Weitsicht einzelner Wissensprospektoren abhängt, von der Organisation als Ganzes aber nicht mehr wahrgenommen wird.

In den letzten Jahren sind in fast allen von uns befragten Unternehmen eigene Stellen für Kooperationen eingerichtet worden, meist als Unterabteilungen der Strategischen Planung. In diesen

Abb. 4.7.2: Wissensmanagement in Kooperationen

ließen sich einige interessante Ansätze zur strategischen Rahmung von Kooperationen feststellen. Insgesamt jedoch scheinen sie weiterhin Stückwerk zu bleiben, solange es nicht ins Zentrum der Aufmerksamkeit rückt, daß persönliche Kooperationsexpertise in *Organisationswissen übersetzt* und an die *Kernkompetenzen* des Unternehmens *gekoppelt* werden muß, um zu fruchten. Halbleiterunternehmen sollten daher mehr Wert darauf legen, durch *organisierte Wissensarbeit* eine *systemische Expertise für Kooperationen* aufzubauen.

Die Abb. 4.7.2 deutet an, welche Lernschritte hier durchlaufen werden müssen und listet mögliche Maßnahmen auf. Welche Potentiale sich durch Kooperationen realisieren lassen deuten zumindest drei Beispiele aus der Halbleiterindustrie an, die über herkömmliche Strategien der Zusammenarbeit hinausweisen, weil sie ehrgeiziger angelegt sind und planvoll Wissenszuwachs und Wissensimport ins Zentrum der Aufmerksamkeit stellen.

Als Beispiel läßt sich erstens der französisch-italienische Halb-leiterhersteller SGS-Thomson (ST) nennen: Seit seiner Entstehung im Jahre 1987 waren Kooperationen ein integraler Bestandteil der Unternehmensstrategie. ST entwarf einen langfristigen Kooperationsplan und entwickelte »ein weltweites Netzwerk strategischer Allianzen« (www.stm.com). In der Broschüre, mit sich der das Unternehmen vor seiner Börseneinführung potentiellen Investoren vorstellte (also in einem kommerziell überaus wichtigen Dokument) heißt es:

»SGS-Thomson believes that strategic alliances are *critical to success* in the semiconductor industry and has entered into strategic alliances with customers, other semiconductor manufacturers and a major supplier of design software. (...) Customer alliances *provide the company with valuable systems and applications know-how* (...)« (Morgan Stanley & Co./SGS-Thomson Microelectronics 1994, S. 5; Hervorh. hinzugefügt).

ST hat überdies in der Nähe von Paris eine »SGS-Thomson University« eingerichtet, um eine »Verbindung zwischen Unternehmensstrategie und Lernen« einzurichten und »um das Wissen einzufangen, das sich schon im Unternehmen befindet« (so der Programmleiter J.-P. Dauvin, zit. nach Bellinger 1996, Übers.). Das Systemwissen des Unternehmens zu poolen, ist das explizite Ziel dieser »virtuellen Universität« (ebd.).

»The technical courses at ST University are also tailored to fit ST's emphasis on systems-on-a-chip. Engineers are updated on the best way to integrate several technologies on a single chip. Not only that, but their courses target specific applications that can be immediately applied to ST's principal markets in communications, PCs and industrial electronics« (Bellinger 1996).

Wir haben hier also das Beispiel eines Unternehmens, das gezielte Anstrengungen unternimmt, Kooperationen in seiner Firmenstrategie zu verankern und sie anschlußfähig an andere Unternehmensbereiche zu machen. Kooperationen dürften einen wichtigen Anteil daran besitzen, daß ST seine Position im Halbleiter-Weltmarkt von Platz 16 (im Jahre 1987) auf Platz 10 (1996) verbessern konnte (Lineback 1997) und von Branchenkennern gute Noten erhält. Wobei man nicht verschweigen sollte, daß der Aufschwung durch einige Finanzspitzen der französischen und italienischen Regierung beschleunigt wurde (schätzungsweise 3 Milliarden DM seit 1992, s. Krück 1995, S. 50).

Als zweites Beispiel für neue Horizonte der Kooperation kann man die enge und langfristig angelegte Zusammenarbeit zwischen ST und Philips sowie zwischen Siemens, IBM und Toshiba anführen. In beiden Allianzen sind die Partner das Risiko eingegangen, für ein *gemeinsames Laboratorium* Forscherteams abzustellen, die kontinuierlich miteinander arbeiten, und dies in beiden Fällen bereits seit fast zehn Jahren. Die Zusammenarbeit von Philips und ST ist vielleicht besonders interessant, weil die Firmen nicht nur zusammen forschen, sondern auch marktnahe Studien zum Chip-Design und zu Fertigungstechnologien betreiben (Business Wire, 25. September 1997).

IBM, Toshiba und Siemens begannen 1992, gemeinsam den 256-Megabit-DRAM-Chip zu entwickeln (von Zitzewitz/Graml 1995). Diese Zusammenarbeit besteht bis heute und wurde an mehreren Fronten weiterentwickelt (sie wurde auf den 64-Megabit-Chip und später auf den 1-Gigabit-Chip ausgedehnt, zudem bauten IBM und Toshiba eine gemeinsame Fertigung). Sie ist bemerkenswert, weil sie Grundsteine für Technologien legt, der alle drei einen Gutteil ihrer Umsätze verdanken (Siemens z.B. erwirtschaftete 1993/94 mit Speicherchips 36% seines Halbleiterumsatzes [Interview]).

Ein drittes Beispiel dafür, daß Kooperationen eine neue Qualität annehmen können, scheint mir dann gegeben, wenn ein Unternehmen bewußt auf die Option einer Kapitalbeteiligung oder eines Unternehmenskaufs verzichtet und sich statt dessen gezielt für eine Kooperation entscheidet. Der Siemens-Halbleiterbereich beispielsweise optierte im Falle der US-Firma 8x8 (ehemals Integrated Information Technology, IIT) dafür, mit dem Kleinunternehmen eine recht weitreichende und gleichberechtigte Kooperation in einem Bereich einzugehen (dem Entwurf von Platinen und Chips für ein Videokonferenzsystem), der eine Kernkompetenz darstellt und daher für gewöhnlich nicht vor Außenseitern entblößt wird (Siemens-Zeitschrift, 2/95, S. 22). Dies ist ungewöhnlich für ein Großunternehmen, dem es ein Leichtes gewesen wäre, 8x8 aufzukaufen. Als Begründung für die ›neue Bescheidenheit‹ wurde bei Siemens angegeben, daß solche Unternehmen einem kreativen Sumpf ähnelten, der durch Aufkauf eher ausgetrocknet denn fruchtbar gemacht werde. Kooperation sei hier die riskantere aber auch chancenreichere Strategie (Interviewmaterial). Ähnliche Arrangements sind auch bei ST und Philips anzutreffen.

Der Verzicht auf Kontrolle und die bewußte Wissensorientierung bei der Strategiewahl in allen drei Beispielen dürften auf ein gesteigertes Reflexionsniveau hindeuten. Systematisches Wissensmanagement kann helfen, damit diese Einzelfälle Schule machen können.

4 Ausblick

Wissensbasierung ist eine der wesentlichen Eigenschaften modernen Wirtschaftens. Heute und in Zukunft wird es darauf ankommen, daß Unternehmen nicht nur Produktionsprozesse und Kapitalflüsse, sondern auch *Wissensflüsse* zu organisieren wissen. Knowhow zu gewinnen, anschlußfähig zu machen und auf eine dauerhafte, organisationale Basis zu stellen, ist eine Herausforderung, die viele erkannt, aber noch wenige gezielt in Angriff genommen haben.

Kooperation sollte in diesem Prozeß eine vorrangige Rolle spielen, weil sich damit weit entfernte Leistungen in der Umwelt eines Systems mobilisieren und - bei gelingender Zusammenarbeit - weitgehend organisch in den eigenen Wissensfluß einspeisen lassen. Das wird am Beispiel der Halbleiterindustrie besonders deutlich, weil sie in hohem Maße darauf angewiesen ist, Applikationswissen mit anderen Formen des Prozeßwissens zu *integrieren*. Jene Chips, auf denen sich heute z.B. die Rechenfunktionen eines Computers unterbringen lassen, der noch vor wenigen Jahren die Abmessungen eines Kleinwagens besessen hätte - sie beruhen im Kern ›nur‹ auf einem solchen Prozeß der Wissensintegration.

Allerdings ist Kooperation kein Geheimrezept für Unternehmenserfolg (wie man in den achtziger Jahren hoffte). Kooperation ist zwar effizienter, jedoch *nicht* einfacher als andere Managementoptionen. Im Gegenteil, sie ist eine anspruchsvollere und flüchtigere Form der Koordination, weil sie, wie die soziologische Betrachtung verdeutlichte, im Kern nur auf einer Situationsdefinition beruht, die ein virtuelles, emergentes System zwischen den Beteiligten stiftet. Ein Unternehmen sollte Wissensarbeit investieren, um sich bewußt für oder gegen diese Option zu entscheiden - und noch mehr, um sie aufrecht zu erhalten und fruchtbar zu machen.

Die Menschen in vielen Unternehmen haben die Kunst der Kooperation immer besser zu beherrschen gelernt; das deutet zumindest die enorme Zahl von Kooperationen an. Jetzt jedoch kommt es darauf an, diese Erfahrungen zu bewahren, aus ihnen zu lernen und sie in den *Kanon der Organisation* einfließen zu lassen. Für das Organisationslernen müssen Infrastrukturen und Suprastrukturen der Wissensarbeit errichtet werden. Einige Anregungen für solche Strukturen der Zusammenarbeit hoffe ich gegeben zu haben.

Das Potential von Kooperationen ist noch nicht ausgeschöpft. Kooperationen können mutiger ausgreifen, und sie können tiefer in der Unternehmensstrategie verankert werden; das belegen Beispiele aus der Halbleiterindustrie. Die Prominenz dieser Fälle zeigt aber gleichfalls, daß sie immer noch die Ausnahme von der Regel darstellen.

4.8 Fallstudie Intranets
Jochen Köhler

Zusammenfassung:

Derzeit vollziehen sich zwei Entwicklungen, die sich wechselseitig verstärken und für Organisationen aller Art in hohem Maße relevant sind (seien dies Unternehmen, Verbände oder Parteien). Die eine Entwicklung ist die Globalisierung von Märkten, die andere ist die wachsende Bedeutung und rasant steigende Leistungsfähigkeit von Informations- und Kommunikationstechnologien. Organisationen, allen voran natürlich Unternehmen, sehen sich heute in sehr viel größerem Maße als bisher Konkurrenz ausgesetzt, die aus anderen Staaten, Regionen oder gar Erdteilen stammt. Um dieser Konkurrenz zu begegnen und Kosten zu sparen, werden Produktionen in Niedriglohnländer ausgelagert. Es stellt sich die Frage, welche Formen von Arbeit und Produktion in den Ländern der Triade verbleiben. Um der veränderten Situation zu begegnen, sind Organisationen gezwungen, kontinuierlich zu lernen und zudem ihre organisationsinternen und -externen Kommunikationsstrukturen zu optimieren.

1   Einleitung

Wenn in den vorangegangenen Fallstudien Wissensarbeit und
Wissensmanagement überwiegend branchenspezifisch betrachtet
wurde, soll es hier um die Rolle von Infrastruktur-Technologien
für die Etablierung von Wissensarbeit gehen. Inwieweit verändert,
unterstützt und erweitert moderne Informations- und Kommunikationstechnologie (I&K) organisationale Formen des Lernens und
Wissens, welche Möglichkeiten und welche Risiken ergeben sich
durch ihre Etablierung?

Um verstehen und bewerten zu können, inwieweit der Einsatz
von moderner Infrastruktur - im folgenden am Beispiel von Intra-
net-Architekturen - ein Unternehmen und seinen Umgang mit
Wissen beeinflussen kann, müssen zunächst einmal Gründe
aufgeführt werden, die zu der gestiegenen Relevanz von
I&K-Technologie geführt haben und offensichtlich in Zukunft in
noch viel stärkerem Maße führen werden. Der Faktor, der wie kein
zweiter mit der Entwicklung von I&K-Technologie korreliert, ist
der in den letzten Dekaden einsetzende Trend zu Globalisierung.
Globalisierende Märkte zwingen Unternehmen in hohem Maße
zu rationalisieren und gleichzeitig die Qualität ihrer Produkte zu
steigern. Wer gestern noch regionaler Alleinanbieter war, muß
heute mit Konkurrenz aus anderen Regionen, Staaten oder gar
Kontinenten rechnen. Gleichzeitig wird für die Kunden der Markt
immer transparenter, jedenfalls soweit sie mit der angebotenen
I&K-Technologie umgehen können. Wenn z.B. ein französischer
Konsument einen Computer erstehen möchte, ist er nicht darauf
beschränkt, Angebote der ortsansässigen Händler einzuholen. Er
kann sich z.B. über das Internet weltweit Angebote machen lassen,
diese vergleichen und sich das günstigste heraussuchen. Wenn ein
deutscher Student das Buch eines amerikanischen Verlages beziehen
möchte, kann er es via Internet z.B. bei einem britischen Händler
zu dessen regulärem Verkaufspreis bestellen und muß seinem
deutschen Buchhändler keine hohen Bestellgebühren bezahlen.

Daß sich Wissensarbeit, die von neuen Technologien ge- und unterstützt wird, nicht auf neue Formen des Bestellwesens beschränkt, liegt auf der Hand. Um so etwas wie eine Katalogbestellung mit anderen Mitteln einzuführen, muß man nicht die gesamte Organisationsstruktur einer Unternehmung, eines Vereins oder einer Partei reformieren. Es ist aber gleichwohl wichtig für das Verständnis um die Notwendigkeit von Wissensarbeit und –management sich zu verdeutlichen, wie es überhaupt dazu kommen konnte, daß regionale, nationale und sogar lokale Märkte plötzlich zu globalen Märkten werden. Welche Rolle spielte und spielt I&K Technologie dabei? Es werden also Ursachen und Wirkungen von Globalisierung aufzuzeigen sein.

Schließlich soll versucht werden, die eingangs gestellte Frage zu beantworten, inwieweit I&K-Technologie mit Wissensmanagement zusammenhängt. Auf welche Weise können Daten- und Kommunikationsnetze organisationales Lernen fördern und Organisationsstrukturen dergestalt verändern, daß man von so etwas wie organisationaler Wissensarbeit sprechen kann? Welche Möglichkeiten ergeben sich für organisationale Wissensarbeit durch den Einsatz von I&K Technik, welche Risiken sind auszumachen?

Es sollen daher an dieser Stelle genuin neue Formen der Kommunikation betrachtet werden. Dabei wird das Hauptaugenmerk auf dem Aspekt organisationaler Lernfähigkeit und der Etablierung eines wissenszentrierten Managements im Blickpunkt liegen. Zwei Formen von Kommunikation, die durch Informations- und Kommunikationstechnologie rasante Veränderungen erfahren haben, sollen im Vordergrund stehen: die interne und die externe Kommunikation einer Organisation - sei diese ein Unternehmen, ein Verband oder ein Verein. Natürlich haben Organisationen auch vor der Erfindung des Computers oder gar des Internets intern und extern kommuniziert, aber diese Kommunikationen haben durch die Etablierung moderner I&K-Technologie eine neue Qualität erhalten und zu massiven Veränderungen in Unternehmensstrukturen geführt.

2   Die Bedeutung von Lernen und Wissen

In Zeiten, da die Emigration industrieller Produktion zunehmend bedrohlich eben nicht nur für nationale Wirtschaftsstandorte wird, sondern auch für Unternehmen, wundert es nicht, daß nach neuen ›exklusiven‹ Ressourcen und Produktionsfaktoren gefahndet wird. Lösungsvorschläge, um aus der wirtschaftlichen Misere herauszukommen, werden unterschiedlich etikettiert: Lean Production, Lean Management, Business-Reengineering oder Workflow-Management. Sie alle weisen in die gleiche Richtung. Bereits in den vierziger Jahren wurde die Bedeutung von ›Wissen‹ für die ökonomische Entwicklung diskutiert (v. Hayek 1949) Allerdings wurde erst in jüngerer Zeit damit begonnen ›Wissen‹ als Produktionsfaktor und strategische Unternehmensressource zu begreifen (Willke 1995 ; Sydow und v. Well 1996 ; Nonaka 1992).

Es zeichnet sich zunehmend ab, daß diese Kernkompetenzen in den Ländern der Triade Europa, USA und Japan (und zunehmend auch der anderen wirtschaftlich aufstrebenden Staaten Südostasiens) in erster Linie Know-How oder Expertise sind. Mit anderen Worten, es ist Wissen und hier zunächst personal gebundenes Expertenwissen, das Unternehmen der Triade von anderen unterscheidet. Allerdings ist personal gebundenes Wissen nicht ganz unkritisch und die Gründe dafür liegen auf der Hand. Unternehmen, die wissensintensive Produkte, Organisationen, die hochspezialisierte Dienstleistungen anbieten, sind in hohem Maße auf gut ausgebildetes Personal, auf Experten angewiesen. Um indes nicht in allzu große Abhängigkeit von Einzelnen zu geraten, werden wissensintensive Organisationen stets bestrebt sein, das Expertenwissen ihrer Mitarbeiter von diesen zu lösen und auf welche Art und Weise auch immer, dessen Generierung und Speicherung personenunabhängig zu gestalten. Schafft es ein Unternehmen nicht, personales Wissen einigermaßen erfolgreich in organisationales Wissen zu transformieren, kann seine Existenz beim Weggang eines seiner Mitarbeiter in Frage stehen (Sydow und van Well 1996).

Die Frage ist nur, wie Wissen personenunabhängig gewonnen und gespeichert werden kann. Welche Voraussetzungen sind nötig, um Unternehmen mit neuem und relevantem Wissen zu versorgen, also neue und der aktuellen Marktsituation angemessene Kommunikationsstrukturen innerhalb eines Unternehmens zu schaffen? Vor allem anderen ist es notwendig, Strategien zu entwickeln, die den immer kürzeren Wissenszyklen Rechnung tragen. Wissen veraltet heute erheblich schneller als noch vor hundert, fünfzig oder auch zwanzig Jahren. Die immer häufiger notwendig werdende Wissensrevision bringt auch völlig neue Anforderungen an das Bildungssystem - insbesondere an Schulen - mit sich.

Wirtschaftsunternehmen selbst werden in Zukunft in viel stärkerem Maße als bisher dafür Sorge zu tragen haben, daß ihre Mitarbeiter des Lernens mächtig sind, d.h., daß sich die Mitarbeiter in einem fortwährenden Prozeß der Wissensrevision befinden, um sowohl den Informationsinput für das Unternehmen zu erhöhen, als auch dessen Informationsverarbeitungskapazitäten zu steigern. Kontinuierliches Lernen ist es, was die heutige und morgige Arbeitswelt von der gestrigen unterscheidet. Auch ein Maurer, Bäcker, Schaffner oder Industriearbeiter mußte und muß eine Ausbildung absolvieren, muß einen Beruf lernen. Jedoch kommt irgendwann der Zeitpunkt, an dem in den klassischen Berufsfeldern nicht mehr viel dazu gelernt werden muß, an dem man seine Ausbildung abgeschlossen hat. Die sich rasant verändernden heutigen Märkte machen indes eine ständige Anpassung, fortwährendes kontinuierliches Lernen erforderlich. Das ist der wesentliche Unterschied.

Hält man sich die oben genannten Umstände vor Augen, wird schnell deutlich, daß der Wandel in der Arbeitswelt nur zu einem geringen Teil ein technisches Problem ist. Wenn es im folgenden um die Bedeutung geht, die I&K-Technologie bei der Etablierung von Wissensarbeit hat, sollte man stets vor Augen haben, daß die Wandlung der Wirtschafts- und Unternehmensstrukturen - und

vor allen Dingen die Lernanforderungen an Mitarbeiter - ungleich
größere Herausforderungen stellt und sicher auch länger dauern
wird (Österle 1996b). Dennoch spielt die zunehmende Technisierung von Kommunikation eine entscheidende Rolle in der gegenwärtigen Entwicklung. Das Vorhandensein von leistungsfähigen
technischen Kommunikationsmitteln ermöglicht erst die Globalisierung von Märkten. Erst diese Globalisierung zwingt Unternehmen und andere Organisationen über die eigene Leistungsfähigkeit,
über die eigenen Stärken und Schwächen nachzudenken. Es gibt
jedoch, abgesehen von den technischen, auch noch andere Ursachen für Globalisierung, von denen die Rede sein wird.

3   Globalisierung

Unter Globalisierung soll die weltweite Verknüpfung ökonomischer Aktivitäten verstanden werden (Friedrichs 1997). Es ist
unbestreitbar, daß sich in den letzen Dekaden, vor allem seit den
achtziger Jahren, ein starker Trend zu Globalisierung der Wirtschaft abzeichnet. Die Motive von Unternehmen, Produktionen
auszulagern, mit anderen Unternehmen zu kooperieren oder ganze
Produktionsbereiche abzugeben sind vielfältig:

Ein Motiv sind die unterschiedlichen Rechtssysteme in verschiedenen Staaten. Geschicktes Variieren von Standorten bietet
Vorteile, die ein national gebundener Produktionsstandort nicht
bieten kann. Gesetze, welche die Forschung und Entwicklung von
Gentechnologien einschränken, den Vertrieb von Kryptografie-
verfahren für Software unter Strafe stellen oder Arbeitszeiten
regeln, werden von Unternehmen, die sich mit einem globalen
Wettbewerb konfrontiert sehen, als inakzeptable Einschränkungen
betrachtet und können durch Standortwechsel oder Kooperation
mit ausländischen Unternehmen ebenso wirksam wie problemlos
umgangen werden. Auch wird der Produktionsfaktor Arbeit in
westlichen Industrienationen als zu teuer empfunden. Produktio-

nen werden in die sogenannten ›Niedriglohnländer‹ verlagert oder
aufgegeben.

Expandierende Märkte und weltweiter Vertrieb von Produkten
lassen ein weltweites Service- und Dienstleistungsnetz als notwendig erscheinen. Auch wird in manchen Branchen eine Steigerung
der Verkaufszahlen in dem Staat erwartet, in den eine Produktion
ausgelagert wurde. Neben anderen wirtschaftlichen Erwägungen
ist dies sicher ein Gesichtspunkt, den diverse japanische Automobilhersteller bei ihrer Entscheidung berücksichtigten, als sie Produk-
tionsstandorte nach Europa oder in die USA verlegt haben (gleiches
gilt für die BMW-Produktion in den USA).

Kürzere Produktentwicklungszyklen erhöhen den Druck, Produkte schneller und zu höheren Stückzahlen absetzen zu müssen.
Dies ist vielfach nur durch eine Ausweitung der Absatzmärkte
möglich. Es gibt sogar Produktgruppen, die derart schnelle Produktzyklen haben, daß ein transkontinentaler Transport (insbesondere per Schiff) zu lange dauern würde. So mußte z.B. die
Firma Intel ihre CPUs bis zum Bau einer europäischen Niederlassung jeweils einfliegen, da der Preisverfall in dem Zeitraum, den
ein Schiffstransport benötigt, zu Verlusten geführt hätte.

Einige Unternehmen entwickeln parallel in verschiedenen Zeitzonen und sparen dadurch enorme Kosten. So entwickelt z.B. Ford
seine neuen Autotypen in drei Entwicklungszentren. Jeweils in
Europa, in Asien und den USA werden Ergebnisse und Daten
produziert, die dann am Abend der jeweiligen Zeitzone mittels des
betriebseigenen Datennetzes in die jeweils nächste Zeitzone transferiert werden (Hauser 1996).

Um dezentral zu operieren und vor allem Produkte einer so
immens hohen Komplexität wie z.B. der eines Prozessors dezentral
entwickeln und produzieren zu können, bedarf es bestimmter
Voraussetzungen: Die verschiedenen Niederlassungen eines Unternehmens müssen in der Lage sein, miteinander zu kommunizieren.
Um Produkte mit der gebotenen Schnelligkeit entwickeln und
produzieren zu können, benötigt man hochelaborierte Kommuni-

kationsmittel und die stehen noch nicht allzu lange zur Verfügung: Echtzeit-Kommunikationssysteme, On- und Offlinedatenbanken, Groupware-, vernetzte CAD- und Videokonferenzsysteme. Vernetzung von Unternehmensteilen, die in aller Welt angesiedelt sein können, ist notwendig, wenn dezentrale Produktion ermöglicht werden soll.

»Die Datenintegration erlaubt es, innerbetriebliche Prozesse zu integrieren und darüber beachtliche Verbesserungen zu realisieren. Die Telekommunikation ermöglicht mehr und mehr eine Kommunikation zwischen Unternehmen wie zwischen unternehmensinternen Abteilungen. Sie erschließt damit noch weit größere Potentiale als die innerbetriebliche Datenintegration. Die Zusammenarbeit zwischen Unternehmen wird alle Formen der Kommunikation (Multimedia) benutzen und den gesamten Customer Ressource Life Cycle betreffen« (Österle 1996b).

Globalisierung der Wirtschaft wurde überhaupt erst möglich durch das Vorhandensein von moderner, wissensbasierter Kommunikations- und Computertechnologie, von dezentralen und heterarchischen Computernetzwerken wie z.B. dem Internet. Es gibt natürlich auch Schattenseiten. Gründe, die aus Unternehmensperspektive für Globalisierung sprechen, sprechen gleichzeitig auch dagegen:

Lagert ein Unternehmen seine Produktion in ein Niedriglohnland aus, kann es geschehen, daß es künftig mit Umsatzeinbußen im Stammland zu kämpfen hat. Tatsächlich sind nicht alle Unternehmen in der Lage, mit Blick auf die Kundschaft alle Produktionsstätten auszulagern. Beispielsweise trifft ein guter Teil der Kunden der deutschen Automobilhersteller die Kaufentscheidung für ein bestimmtes Produkt, *weil es in Deutschland produziert wurde*.

In den oben erwähnten Niedriglohnländern entstehen neben den ausgelagerten Produktionsstätten europäischer, amerikanischer und zunehmend auch japanischer Firmen neue, einheimische Unternehmen. So weisen beispielsweise Indien und Rußland heute florierende Softwareindustrien auf, die auf ausgesprochen billige Arbeitskräfte zurückgreifen können. Die Unternehmen entwickeln derzeit noch vorwiegend für amerikanische Softwarefirmen, zunehmend werden von ihnen jedoch auch eigene Produkte vertrieben.

Wohin das führen kann, zeigt ein Blick in die jüngere Geschichte: In den siebziger Jahren sind bereits nahezu alle amerikanischen und europäischen Foto- und Unterhaltungselektronik-Produzenten von japanischen verdrängt worden - damals konnten japanische Unternehmen noch als ausgesprochene Billighersteller gelten. In den achtziger und beginnenden neunziger Jahren wiederholte sich die Entwicklung unter anderem im Bereich der Fahrradtechnik - allerdings mit einem bedeutenden Unterschied. Die Bereiche in der Fahrradproduktion, die ein gewisses Maß an High Tech und damit auch an Wissen erfordern (die Produktion von Gangschaltungen, Federgabeln, Fullsuspension-Komponenten) sind bei den Herstellern der Triade (USA, Europa, Japan) verblieben. Aber auch diese Enklave ist bedroht.

Festzuhalten bleibt, daß Globalisierung und Technisierung, insbesondere im Bereich der I&K-Technologie, in einem engen Zusammenhang stehen. Das eine ist ohne das andere nicht denkbar. Steigt die Leistungsfähigkeit der technischen Lösungen, werden Unternehmen in stärkerem Maße versuchen, über Dezentralisierung und Ausgliederung Kosteneinsparungen zu realisieren. Dezentralisieren Unternehmen ihre Leistungserbringung, wächst der Druck auf die I&K-Industrie, die benötigten technischen Lösungen vor der jeweiligen Konkurrenz liefern zu können.

Im folgenden soll nun eine spezielle Technologie im Vordergrund stehen: das Internet, bzw. die sogenannten Intranets. Bevor jedoch näher darauf eingegangen wird, welche Möglichkeiten Intranets bei der Etablierung von Informations- bzw. Wissensmanagement in Unternehmen bieten können, scheint es angebracht, zunächst zu erläutern was das ›Internet‹ ist, bzw. was ›Intranets‹ überhaupt sind. Dabei wird es nötig sein, etwas über die Unterschiede in der Struktur herkömmlicher Netze gegenüber dem Internet - und damit auch gegenüber sogenannten Intranets - zu sagen. Die Bedeutung dieser Unterschiede wird später evident.

4   Internet / Intranet

Das Internet ist ein Netzwerk, welches weltweit zahlreiche Computer miteinander verknüpft. Alle an das Internet angeschlossenen Computer können über diese Verknüpfung miteinander kommunizieren. Dabei kann es sich um unterschiedlichste Rechnerplattformen handeln, etwa Unix-, Windows-, Apple-, OS/2- oder NEXT-Computer. Um eine Verknüpfung solch unterschiedlicher Systeme zu erreichen, ist ein einheitliches - standardisiertes - Kommunikationsprotokoll vonnöten. Dieses Kommunikationsprotokoll ist vergleichbar mit einer Sprache, die von allen angeschlossenen Computern beherrscht werden muß. Jedes Netzwerk von Computern benötigt ein solches Kommunikationsprotokoll. Im Falle des Internet heißt das Protokoll »TCP/IP« (Transmission Control Protocol / Internet Protocol). TCP ist dabei für den Auf- und Abbau von Verbindungen zwischen allen Computern im Internet zuständig. Es steuert den Datenfluß im Netz und sorgt für eine vollständige Datenübertragung. IP dagegen übernimmt die Organisation und Adressierung der Daten, sorgt also dafür, daß Datenpakete die an einen bestimmten Rechner ›geliefert‹ werden sollen, diesen auch erreichen. Ein weiterer wichtiger Standard des Internet ist die Dokumentbeschreibungssprache HTML (Hypertext Markup Language). Diese Sprache wird als Dateiformat für Dokumente benutzt, die über das Internet ausgetauscht werden können. Für jede der oben genannten Rechnerplattformen sind Programme verfügbar, zumeist kostenlos, die den jeweiligen Rechner mit der Fähigkeit ausstatten, Kommunikation in Form des TCP/IP-Protokolls zu realisieren. Diese Programme nennt man Browser. Die beiden bekanntesten Browser für Windows-Computer sind der Communicator von der Firma Netscape und der Internet-Explorer der Firma Microsoft.

Über das Internet werden bestimmte Dienste zur Verfügung gestellt. Einer der Dienste bedient sich des gerade dargestellten HTML-Formats, um Texte, Bilder und zunehmend auch andere multimediale Inhalte darstellen zu können (Töne, Filme, Animationen etc.). Über diesen Dienst können z.B. auch Datenbanken zur Verfügung gestellt werden (um eine für Organisatonen wichtige Anwendung herauszugreifen). Jeder Nutzer des Internet kann (möglicherweise mit Hilfe eines Paßwortes) auf die Datenbestände einer Datenbank zugreifen.

Ein weiterer wichtiger Dienst ist die elektronische Post »E-Mail«. Per E-Mail können zunächst unformatierte Texte als Nachrichten verschickt werden. In letzter Zeit ist der E-Mail-Standard jedoch erweitert worden, so daß nun auch beliebige Dateien an eine Mail angehängt werden können, seien dies Bilder, Konstruktionspläne, Datenbanken, Tondateien oder Filme.

Als dritter Dienst sei hier noch die Newsgroup erwähnt. Newsgroups sind Diskussionsforen zu verschiedensten Themen. Sie funktionieren im Prinzip genau wie E-Mail, allerdings findet hier die Kommunikation nicht nur zwischen zwei Beteiligten statt (dem Sender und dem Empfänger der Mail), sondern ein Sender schickt eine Mail an einen News-Server, einen Rechner, der diese Mail dann allen Interessierten zur Verfügung stellt.

Beispiele für zentral verwaltete Netzwerke sind die langsam aussterbenden sogenannten Mainframe-Netze, Client-Server-Architekturen und das Telefonnetz. Die sozusagen ›klassische‹ Form eines Unternehmensnetzwerkes war eine Mainframe- Architektur. Dabei wurde von Terminals - reinen Dateneingabestationen - auf einen Großrechner zugegriffen, der die anstehenden Aufträge abarbeitete. Terminals bestehen dabei im Grunde genommen nur aus einem Monitor, einer Tastatur und einem Bauteil, welches die Kommunikation mit dem Großrechner - dem Mainframe - durchführt. Sie arbeiten also ohne eigenen Prozessor, ohne bzw. mit nur sehr wenig eigenem Arbeitsspeicher und ohne eigene Festplatte.

Ein anderer Typus eines zentral verwalteten Netzwerks ist die in vielen Unternehmen realisierte ›Client-Server-Architektur‹. Das Netzwerk wird von einem besonders Leistungsfähigen Computer - dem sogenannten Server - überwacht, der auch bestimmte, meist rechenaufwendige Dienste zur Verfügung stellt. An den Server sind Rechner angeschlossen (sogenannte Clients), die vollwertige Computer sind. Der Vorteil dieser Technologie liegt darin, daß jeder Client vollständig benutzerdefiniert konfiguriert werden kann und auch dann weitgehend arbeitsfähig bleibt, wenn der Server ausfällt.

Ein weiteres Beispiel ist das Telefonnetz. Telekommunikations-anbieter haben Zentren, Unterzentren und Unterunterzentren, in denen jeweils untergeordnete Einheiten zusammengeschaltet sind, bis hinunter zu den einzelnen Telefonen, Faxgeräten usw. Auf diese Weise entsteht ein hierarchisch organisiertes Geflecht von verknüpften Einheiten.

Allen Modellen ist gemeinsam, daß jeder Kommunikations-vorgang von einem Terminal bzw. Client zu einem anderen immer über das jeweilige Netzzentrum, also den Mainframe, den Server oder über eine Vermittlungsstelle der Telekom laufen muß. Eben dieser Umstand macht aber Netze dieser Architekturen extrem anfällig für Störungen. Genauer gesagt wirken sich Störungen bei hierarchisch organisierten Netzen immer auf die gesamte unter der gestörten Einheit liegenden Ebene aus (Abb. 4.8.1a).

Eine solche Architektur wäre für das Internet als einem wirklich globalem Netz fatal. Bei der Störung eines Knotenpunktes würden alle direkt angeschlossenen Rechner betroffen sein. Aufgrund historischer Entwicklungen, auf die hier nicht näher eingegangen-werden kann, ist die Struktur des Internet jedoch grundlegend anders.

Das Internet hat keine zentrale Spitze, alle dem Internet an-geschlossenen Rechner sind auf vielfältige Weise miteinander verknüpft. Soll ein Datenpaket von Rechner A zu Rechner E transportiert werden, so wird dieses Datenpaket von Rechner zu

Rechner weitergereicht, bis es schließlich den Rechner E erreicht
(Abb. 4.8.1b). Ist einer der Rechner auf dieser Route ausgefallen (in
Abb. 4.8.1b wäre das der Rechner in der Mitte), wird das Datenpaket automatisch auf eine andere Route umgeleitet und erreicht auf
diese Weise trotzdem sein Ziel. So war es z.b. während des jugo-
slawischen Bürgerkrieges möglich, über das Internet mit dem
eingeschlossenen Sarajevo zu kommunizieren, als Telefonverbin-
dungen aufgrund zerstörter Leitungen kaum noch funktionierten.

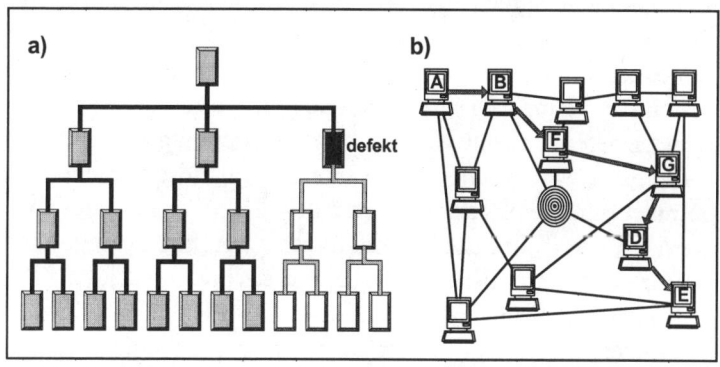

Abb. 4.8.1: Defekte in hierarchischen und heterarchischen Netzwerken

Ein Vorzug des Internet besteht somit darin, daß sich Informationen ihren Weg zum Ziel selbst suchen, ohne auf im voraus bestimmte Verbindungswege angewiesen zu sein. Bei Ausfall oder
Überlastung einer Datenleitung wird automatisch eine andere
genommen. So kann z.B. eine E-Mail von Hannover nach Bielefeld
den Weg über Los Angeles und/oder Rom nehmen.

Mit Intranet werden lokale Netzwerke in Firmen bezeichnet, die
zur Kommunikation die Standards des Internets, also TCP/IP und
als Übertragungsprotokoll HTTP verwenden. Ein Intranet hat
somit gegenüber herkömmlichen Netzwerken den Vorteil, daß
Übergänge in das Internet sehr leicht möglich sind, da die gleichen
Standards benutzt werden. So können etwa Lieferanten oder
Kunden ganz oder teilweise am firmeneigenen Netz partizipieren.

Und genau diese Anwendungsmöglichkeit ist revolutionär neu. Bisher war es eben nicht möglich, Externe an das Unternehmensnetz anzuschließen, weil jede Firma im hauseigenen Netz mit anderen Standards operierte. Hinzu kam, daß es keine oder kaum kommerzielle Anbieter gab, die ein Firmennetz an das Internet angeschlossen hätten. Auch die Übertragungsraten des Internet waren bei weitem zu gering, um komfortabel Firmendaten austauschen zu können (die Betonung liegt dabei auf ›komfortabel‹). Universitäten nutzen das Internet schon seit vielen Jahren, allerdings war dazu bis vor wenigen Jahren ein Konglomerat unterschiedlichster Programme vonnöten. Unter diesen Umständen wären für die meisten Organisationen die Kosten bei weitem zu hoch gewesen, um eine vergleichbare Verknüpfung zu realisieren.

Bei einer Anbindung an das Internet wird das firmeneigene Intranet durch Paßwörter vor fremdem Zugriff geschützt. Dazu werden an den Schnittstellen vom Intranet zum Internet sogenannte ›Firewalls‹ installiert. Firewalls sind Rechner, welche die Zugriffsrechte für firmenexterne Anfragen durch Paßwortkontrollen und andere Mechanismen überprüfen und gegebenenfalls verweigern.

Über die Schnittstelle Internet/Intranet können z.B. Lieferanten mit Spezifikationen von Standards versorgt oder Vertreter über aktuelle Tarife und Risikoabschätzungen informiert werden. Die Kommunikation über das Intranet/Internet funktioniert dabei sehr viel schneller als dies auf den herkömmlichen Kanälen - etwa der Briefpost - möglich wäre. Hinzu kommt, daß Dateien (beispielsweise Konstruktionspläne in Form von CAD-Dateien) gleich mitgeschickt werden können und sich der jeweilige Lieferant quasi ohne Zeitverzögerung an die Arbeit machen kann. So verpflichtet beispielsweise BMW alle Zulieferer, sich über das Internet an das firmeneigene Intranet anzuschließen, um Spezifikationen und firmenspezifische Standards einsehen zu können.

Auch Unternehmen, die bereits dezentral arbeiten, ziehen Vorteile aus der neuen Technik. Ebenso wie Lieferanten und Kunden über das Internet Zugriff auf das Firmennetz haben können, ist es natürlich auch möglich, daß entfernte Niederlassungen, Telearbeiter oder Vertreter Zugriff auf die Datenbestände des Unternehmens erhalten.

Die neue Technik läßt sich in ihren Auswirkungen nicht mit anderen technischen Innovationen vergleichen. Wenn oben behauptet wurde, daß Internet und Intranets revolutionär neu wären, so kann das durchaus wörtlich verstanden werden. Ihr Einsatz verändert mit der betriebsinternen und –externen Kommunikation auch Geschäftsprozesse und ganze Organisationsstrukturen. Das geschieht in einer Weise und Radikalität, wie dies vorher beim Übergang von manufaktureller zu industrieller Produktion zu beobachten war. Computernetzwerke auf Intranet-Basis ermöglichen nämlich nicht nur dezentrales Produzieren, sie werden zunehmend auch Bestandteil organisationalen Lernens und somit ein unverzichtbares Element für Wissensmanagementstrategien.

In europäischen Unternehmen wird die ›Wissensbeschaffung‹ traditionell an organisationale Untereinheiten delegiert: die Forschungs- und Entwicklungsabteilung, das Marketing sowie Marktforschungs- oder Planungsabteilungen. Natürlich steigt das Wissen eines Unternehmens, wenn die Marktforschung einen Bedarf eines bestimmten Produktes ermittelt und die F&E- Abteilung die für die Produktion notwendigen neuen Verfahren entwickelt. Wenn allerdings Wissen und damit verbunden die Lernfähigkeit einer Organisation zunehmend zur wichtigsten Ressource im Produktionsprozeß avanciert, reicht dieses Verfahren allein nicht mehr aus. Es muß vielmehr ein kontinuierlicher Lernprozeß in Gang gesetzt werden, an dem die ganze Organisation beteiligt ist und von dem die ganze Organisation profitiert. Nonaka (1992) schlägt hierzu die Etablierung einer ›Wissensspirale‹ vor, die nach und nach das gesamte Unternehmen erfaßt (siehe Kapitel 3.3).

5   Geschäftsprozesse

Das Vorhandensein von I&K-Technologien und ein hoher Grad
an z.B. technischem Wissen oder Wissen um die Risikostaffelung
bei z.B. einer Autoversicherung allein reicht nicht aus, um am
Markt erfolgreich zu operieren. Wie bereits angedeutet, müssen alle
Unternehmensteile in einen Lernprozeß integriert werden, der die
Wissensstruktur des gesamten Unternehmens beeinflußt, und eben
nicht nur die Wissensstruktur einer Untereinheit, wie der
F&E-Abteilung oder des Teams im Unternehmen, welches die
statistische Risikobewertung bei Versicherungen durchführt. Um
eine gesamtorganisationale *Struktur*veränderung zu erreichen, muß
man sich - so erstaunlich das klingt - zunächst einmal davon lösen,
bei Betrachtung des Unternehmens immer nur die Unternehmens-
struktur im Blickfeld zu haben.

Traditionell werden Unternehmen in ihrer vertikalen Struktur
betrachtet. Eine solche Betrachtungsweise zielt in erster Linie auf
eine Differenzierung von aufgabenbezogenen Untereinheiten ab.
Es lassen sich wunderbar z.B. die F&E Abteilung, das Marketing,
die Absatzabteilung und die Verwaltung identifizieren und hinsichtlich ihrer hierarchischen Verknüpfungen mit anderen Unternehmensteilen studieren.

Ziel dieser Betrachtungsweise ist es, Verantwortlichkeiten darzustellen und Dienstwege beschreiben zu können. Nachteilig ist,
daß solche Modelle wohl die Funktionsweise einer Unternehmung
darstellen, jedoch nichts darüber aussagen, wie gut oder schlecht
sie ihre Aufgabe - die Bedürfnisbefriedigung ihrer Kundschaft -
erfüllt. Eine aufgabenorientierte Betrachtungsweise kann nur eine
Betrachtungsweise von Geschäftsprozessen sein. Sie müßte darstellen, wie ein Unternehmen eine Kundenanfrage bearbeitet, wie
schnell es das Bedürfnis des Kunden befriedigen kann.

Um diese Ziele zu erreichen, schlagen Osterloh und Frost (1996)
die Identifikation von sogenannten Kernprozessen vor (auch

Hammer und Champy 1994). Kernprozesse sind dabei diejenigen Prozesse in einem Unternehmen, die:

1) Einen wahrnehmbaren Kundennutzen stiften.

2) Unternehmensspezifisch sind, d.h. nur von dem jeweiligen Unternehmen ausgeführt werden (können).

3) Nicht imitierbar sind, d.h. die Prozeßeigenheiten dürfen von möglichen Konkurrenten nicht zu leicht nachzumachen sein.

4) Nicht substituierbar sind, d.h. sie dürfen nicht zu leicht durch andere Problemlösungsstrategien ersetzbar sein (Osterloh und Frost 1996, S. 34).

Alle anderen Prozesse sind als Supportprozesse zu betrachten und sollten nach Möglichkeit ausgelagert werden. Betrachtet man nun ein Unternehmen hinsichtlich seiner Geschäftsprozesse, wird schnell deutlich, wo sich Effizienzsteigerungen realisieren lassen. I&K-Technologie und produktbezogene Expertise spielen im Wirtschaftssystem zunehmend eine wichtige Rolle. Gleichwohl darf bei allem technischen und sonstigen Sachverstand und bei allem Enthusiasmus für neue Technologien nicht vergessen werden, daß die Aufgabe eines Unternehmens in erster Linie in der Bedürfnisbefriedigung besteht. Für die Neugestaltung von Geschäftsprozessen ist die Etablierung von I&K-Technologie wohl eine notwendige, indes keine hinreichende Voraussetzung. Ob es einem Unternehmen gelingt, seine Kunden zu befriedigen, hängt ganz entscheidend davon ab, inwieweit es seine Geschäftsprozesse optimieren kann. Um im globalen Wettbewerb bestehen zu können, ist eine Steigerung produktbezogenen Wissens ebenso erforderlich, wie die Identifikation, die Gestaltung und Optimierung von Kernprozessen unter Einsatz moderner I&K-Technologie. Auch das ist eine Form organisationalen Wissens.

In Zukunft wird sich ein Unternehmen nicht mehr entscheiden müssen, ob es zentral oder dezentral produzieren will, es wird - sofern es sein organisationales Wissen zuläßt - die Vorteile beider Verfahren nutzen können (Hammer und Champy 1994). Ein Versicherungsvertreter kann nach Erstellung eines Kundenprofils durch die Nutzung von Datenbanken sofort einen individualisierten Versicherungsvertrag erstellen - wenn die Wissensstruktur des Unternehmens solches ermöglicht. I&K-Technologie beschleunigt also nicht nur herkömmliche, sie ermöglicht völlig neue Geschäftsprozesse und damit Wissensstrukturen. Nachfolgend sollen einige Beispiele vorgestellt werden, wie sich das gewandelte Unternehmensverständnis und die veränderte Bedeutung von Geschäftsprozessen und organisationalem Wissen auf unternehmerische Strategien auswirken.

6   Reaktionen von Organisationen

Wenn man deutsche Unternehmen, Verbände und Organisationen betrachtet, wird deutlich, daß in der Regel ausschließlich auf die Einführung von Intranettechnologie gesetzt wird. Von einer Kombination verschiedener Maßnahmen kann nur sehr selten die Rede sein. Organisationen, die Veränderungen bei den personalen Kommunikations- und Abstimmungsprozessen und gleichzeitiger Aufstockung der technischen Kommunikations- und Datenbearbeitungskapazitäten zu erreichen suchen, sind eher selten. Nachfolgend werden einige Beispiele vorgestellt, die zeigen, wie die Etablierung von I&K-Technologie Kommunikationsstrukturen und die Leistungserbringung einer Organisation nachhaltig verändern und prägen kann.

Zunächst ein Beispiel aus der Hard- und Softwareindustrie, einer Branche, der wohl am ehesten zuzutrauen ist, erfolgreich Kommunikationstechnologie einzuführen und auch zu nutzen. Die IBM hat unternehmensinterne Newsgroups eingeführt, über die die Techniker und Programmierer des Unternehmens miteinander kommunizieren können. Auf diesem Wege können Fragen gestellt, Tips und Hilfestellungen ausgetauscht und weitergegeben werden. Da Informatiker und Computer-Techniker ohnehin daran gewöhnt sind, via E-Mail und Newsgroup miteinander zu kommunizieren, funktioniert das System sehr gut. Die am häufigsten auftauchenden

Fragen können mitsamt Lösung in Listen - sogenannten FAQs (frequently asked questions) - gesammelt werden und stehen als Glossar allen interessierten Mitarbeitern zur Verfügung. Individuelles Spezialwissen kann auf diese Weise in organisationales Wissen überführt werden. Im Beispiel kommen verschiedene Faktoren zusammen:

1) Es existiert so etwas wie eine ›Kultur der Hilfsbereitschaft‹, d.h. das Arbeitsklima ist nicht von Konkurrenzkämpfen und dem dadurch entstehenden Mißtrauen geprägt.

2) Die technischen Möglichkeiten werden von den Mitarbeitern erkannt und angenommen.

3) Es existiert ein wie auch immer geartetes Redaktionsteam, das relevante Informationen sammelt, bündelt und so ablegt, daß es bei Bedarf schnell wiedergefunden werden kann.

Zentral dabei ist, daß das gesteigerte Wissen der Unternehmensbelegschaft nicht nutzlos versickert, sondern produktiv genutzt werden soll. Offensichtlich sehen nicht nur Unternehmen Handlungsbedarf. So ist z.B. der Bundesvorstand der SPD gerade dabei, ein Intranet einzurichten, mit dessen Hilfe die jeweiligen Bezirke untereinander und mit dem Vorstand verknüpft werden. Die Netzinstallation findet ausgesprochen kurzfristig in einem präzisen und fest vorgegebenen Zeitrahmen statt. Mittelfristig ist geplant, die Unterbezirke und langfristig auch die Ortsvereine einzubinden. Der Kontakt zu Parteiexternen wird über eine Schnittstelle zum Internet realisiert. Hier informiert die Partei über ihre Politik und Ziele und bietet Raum für Kritik.

Den Bezirken ist diese Form der Vernetzung quasi aufgezwungen worden, da der Bundesvorstand befürchtete, daß bei einer Beteiligung der Bezirksebene an den Entscheidungsprozessen die Einführung der neuen Technologie zu lange dauern würde. Auch hofft man auf diese Weise Tatsachen zu schaffen, die nicht von Entscheidungsträgern auf der Bezirksebene bereits in der Entstehungsphase torpediert und verhindert werden können (etliche der Parteimitglieder haben Berührungsängste und stehen jeder Form von Computertechnik skeptisch gegenüber).

Grundsätzlich weist die SPD eine relativ heterarchische Struktur auf, die Bezirke und andere Untereinheiten entscheiden weitgehend autonom über ihre Belange. Daraus resultierte, daß sich in den achtziger Jahren eine ausgesprochen heterogene Datenverarbeitungsstruktur entwickelte. Die Folge waren unterschiedliche Systeme, die mit unterschiedlicher Bedienfreundlichkeit auf unterschiedliches Know-How seitens der Benutzer trafen. Die Schwierigkeiten, mit einer solchen Vielfalt der Systeme als Gesamtpartei erfolgreich zu operieren, wurden bald deutlich. Jahrelang versuchten verschiedene Kommissionen, Lösungsmöglichkeiten zu erarbeiten. Zwei Punkte wurden als besonders dringlich angesehen: 1) die Zentralisierung der Mitgliederverwaltung und 2) die Verbesserung des Informationsaustauschs, insbesondere in Wahlkampfphasen.

Die Schwierigkeit in der Mitgliederverwaltung bestand hauptsächlich darin, daß jeder Ortsverein seine Mitgliederdaten selbst verwaltete. Diese Datensätze wurden dann auf Unterbezirksebene zusammengefaßt, dann an die Bezirksebene weitergereicht um schließlich, dreifach gefiltert, bei der Bundesebene anzukommen. Die Folge waren große Differenzen zwischen den ursprünglichen und den schlußendlichen Datensätzen. Der Informationsaustausch war schlecht, weil es z.B. über die DV nicht möglich war, für einen Wahlkampf zentral erstellte Flugblattexte und –layouts an die Bezirke und Unterbezirke zu verteilen.

Anfang 1997 beschloß der Bundesvorstand, in einem neuen Anlauf eine Reorganisation und Homogenisierung der innerparteilichen DV-Landschaft voranzutreiben. In einer nur zweimonatigen Konzeptionsphase wurden Richtlinien bezüglich des Leistungsumfanges sowie der Hard- und Softwareausstattung des neuen Systems festgelegt. Man entschied sich, zunächst 325 Geschäftsstellen mit leistungsfähigen Windows NT-PCs auszustatten. Um auch für zukünftige Entwicklungen offen zu bleiben, wählte man

für die Mitgliederverwaltung ›SAP R/3‹ und für den Informationsaustausch das Mail-System ›Microsoft Exchange‹. Zudem wurde
auf jedem der Rechner ein Internetzugang installiert.

Offensichtlich war der Leidensdruck auch bei den Geschäftsstellen
groß genug, daß es wider Erwarten keine großen Akzeptanz-
probleme gab. Gleichzeitig wurde intensiv an einem Auftritt im
Internet gearbeitet. Ein eigenes Redaktionsteam betreut die Web-
seiten, auf denen sich Informationen zu verschiedenen parteirele-
vanten Themen finden lassen.

Letzterer Punkt weist auf eine weitere wichtige Leistung von
technischen Kommunikationssystemen hin. Bei der Schaffung
zweckdienlicher Kommunikationsstrukturen ist nicht nur die
organisationsinterne Vernetzung relevant, sondern auch die organi-
sationsexterne Kommunikation mit den Lieferanten, Wählern,
Mitgliedern und der Kundschaft. Erfolgreiches und schnelles
Operieren am Markt erfordert natürlich auch eine genaue Kenntnis
- genaues Wissen - sowohl der Wünsche und Bedürfnisse der
potentiellen Abnehmer der eigenen Produkte, als auch der Angebote und Möglichkeiten der Zulieferer. Hinzu kommt die - aus der
Tatsache, daß Produkte immer kürzeren Entwicklungszyklen
unterliegen resultierende - Notwendigkeit, Informationen über das
eigene Produkt möglichst schnell an potentielle Kunden zu über-
mitteln.

Bei aller Bedeutung, die moderne Kommunikationstechnologie
für die Etablierung von Wissensstrukturen in einem Unternehmen
hat, nehmen auch noch andere Voraussetzungen Raum ein. Auch
der Modus der Unternehmenssteuerung ist hochgradig relevant für
den Erfolg oder Mißerfolg der angepeilten Veränderungen:

»Setzt man die personifizierte Verbindung von Aufgabe, Kompetenz und Verantwortung für die Führung voraus, scheidet bei
verteilten Prozessen, alleine aufgrund der Tatsache der räumlichen
Trennung von Führungsverantwortung und Aufgabenausführung,
hierarchische Führung für Fragen der Effizienz aus. Horizontale

Führung ist als Koordinations- und Entwicklungsprozess zwischen Bereichen zu verstehen. Dazu werden Koordinationsgremien wie Prozessausschüsse, Prozeß- oder Qualitätszirkel eingerichtet« (Dolmetsch, 1996, S. 4).

So konnte in der letzten Dekade ein Trend zur Abkehr von unternehmensinternen Hierarchien zugunsten eher als ›heterarchisch‹ zu bezeichnenden Organisationsformen im Sinne von Peters oder von v. Foerster (Peters 1988; v. Foerster 1993; Malik und Probst 1981; Malik 1989) beobachtet werden.

Dieser Trend kann am Beispiel der Spedition ›Schmalz und Schön‹ verdeutlicht werden. Schmalz und Schön wurde 1959 gegründet. Die gesamte Unternehmensgruppe beschäftigt derzeit ca. 250 Mitarbeiter und bewirtschaftet über 60.000 qm Lagerfläche. Im März 1994 wurde die Spedition vom TÜV Rheinland nach DIN EN ISO 9002 zertifiziert.

Die ersten Schritte in Richtung internationale Spedition wurden 1979 eingeleitet. Man erkannte, daß die Chancen eines Spediteurunternehmens nicht alleine auf der Straße liegen. Um Marktanteile dauerhaft zu sichern, weitete Schmalz und Schön sein Angebotsspektrum auch auf Nachbardisziplinen aus. Hierzu zählen zunächst Aufgaben der Versand- und Lagerlogistik, vornehmlich der Kommissionierung, Konfektionierung und Verpackung. Anfänglich rein zentrale oder dezentrale Übernahmen der Versandsteuerung legten den Grundstein für allumfassende Konzepte zur Übernahme ganzer Produktionsbereiche. Es folgte die Durchführung von Outsourcing-Projekten im Bereich der Versandsteuerung. Daraufhin sollten weitere Geschäftsfelder erschlossen werden. Bei der Spedition war man sich durchaus bewußt, daß eine Ausweitung der Geschäftsfelder einer Konzentration auf Kernkompetenzen zuwiderlaufen würde. Um unnötigen organisationalen Ballast zu vermeiden, gründete man daher mehrere Tochterunternehmen. Gleichzeitig wurden Hierarchien abgeflacht und im Verwaltungsbereich Kompetenzen von der Hierarchiespitze zu den Bereichsleitern verschoben.

Heute deckt die Unternehmensgruppe die Gebiete See- und Luftfracht, Terminfracht, Eil- und Kurierdienste, Verpackungs- und Schwergutlogistik sowie Messelogistik ab. Auch spezielle Bereiche der automatisierten Konfektionierung und Verpackung werden über ein Tochterunternehmen erschlossen. Um nahtlos mit seinen Kunden kommunizieren zu können, setzt die Schmalz und Schön Gruppe die jeweiligen Kommunikationssysteme und -protokolle seiner Kunden ein. Das führt dazu, daß sich das Unternehmen mit zahlreichen Netzwerktypen beschäftigen und auskennen muß. Interessanterweise reduziert Schmalz und Schön also sein Angebotsspektrum offensichtlich nicht auf einige wenige Kernbereiche, sondern betrachtet sich als Dienstleister, der im Logistikbereich nahezu alle Aufgaben abdeckt, die die Kunden des Unternehmens im Rahmen von Outsourcingmaßnahmen abgegeben haben. Unternehmensintern wird bei der Spedition in einem Mix aus persönlichen Gesprächen und E-Mail kommuniziert. Kritische Gespräche (z.B. Ermahnungen) werden persönlich geführt, Bekanntmachungen (z.B. Termine von Meetings) werden über E-Mail weitergegeben.

Wurde bei Schmalz und Schön von vornherein darauf geachtet, das Unternehmen einigermaßen dezentral zu organisieren, müssen andere, länger bestehende Organisationen tiefgreifende Umstrukturierungsmaßnahmen in Kauf nehmen. Ziel ist es, ein Unternehmensnetzwerk zu bilden, welches den beteiligten Unternehmen relativ große Spielräume bei der Gestaltung ihrer ureigenen Belange überläßt. Gleichzeitig soll jedoch erreicht werden, daß alle beteiligten Unternehmen zur Erreichung einer Aufgabe zusammenarbeiten. Unternehmensnetzwerke bestehen also aus mehreren, eng miteinander verkoppelten und mehr oder weniger abhängigen Unternehmen.

»Unternehmungsnetzwerke sind eine Organisationsform ökonomischer Aktivitäten, die die Koordinationspotentiale von Markt
und Hierarchie (Organisation) in intelligenter Weise miteinander
verknüpft und die sich infolge durch komplex-reziproke, eher
kooperative denn kompetitive und relativ stabile Beziehungen
zwischen mehr als zwei rechtlich selbständigen, wirtschaftlich
jedoch mehr oder weniger abhängigen Unternehmungen auszeichnet« (Sydow und van Well 1996, S. 197, Hervorhebungen im Text).
Wie oben bereits angedeutet sind nicht alle Unternehmensnetzwerke von vornherein als Netzwerke konzipiert gewesen. In
einigen Fällen wurden Unternehmensteile aus dem Mutterunter-
nehmen als rechtlich selbstständige Unternehmen entlassen und
arbeiten nun als Zulieferer des früheren Hauptunternehmens.

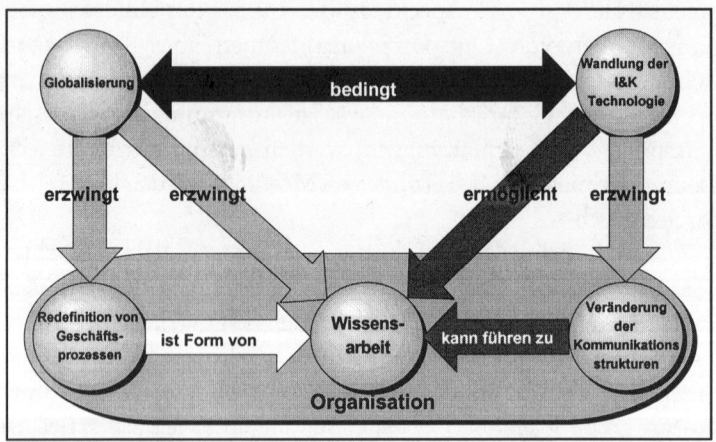

Abb. 4.8.2: Ursachen und Wirkungen aktueller Entwicklungen und ihr
Einfluß auf Unternehmen

7   Fazit

Abschließend und zusammenfassend lassen sich die Ursachen, Wirkungen und Abhängigkeiten zwischen Globalisierung, der Wandlung von I&K-Technologie und den jeweiligen Auswirkungen auf Organisationen vielleicht am besten graphisch darstellen (Abb. 4.8.2). Die vorangestellten Beispiele scheinen darauf hinzudeuten, daß für erfolgreiches Agieren am Markt eine Kombination von Maßnamen erforderlich ist: zum einen Veränderungen der I&K-Technologie, zum anderen die Etablierung einer Kultur des kontinuierlichen Lernens.

Dabei sind die technischen Anforderungen im Prinzip leicht erfüllbar und stellen kein Problem dar (jedenfalls wenn man in soziologischer Ignoranz außer acht läßt, daß die Beschaffung der technischen Systeme aufgrund der kurzen Produktzyklen erhebliche und vor allem kontinuierliche Investitionen erfordert). Immerhin stehen geeignete Systeme zur Verfügung. Allerdings muß man festhalten, daß zumindest in Deutschland die wenigsten Unternehmen ein Intranet installieren, um so etwas wie Wissensmanagement zu betreiben, es wird indes allerorten über einen Umstieg auf technisch leistungsfähigere Systeme nachgedacht. Die meisten Organisationen, die Intranets installieren, tun dies, weil ohnehin eine Renovierung der Datenverarbeitung ansteht und Intranets derzeit als System der Wahl angesehen und von Softwarehäusern propagiert werden. Doch auch wenn Knowledge-Management in der Selbstbeschreibung von Organisationen nicht oder kaum vorkommt, etabliert ein Intranet in jedem Falle neue, potentiell leistungsfähigere Kommunikationsstrukturen, welche Auswirkungen diese auch immer haben mögen.

Der allenfalls lose Zusammenhang, der von Organisationen zwischen technischer Infrastruktur und Wissensarbeit gesehen wird, geht mit der geringen Reflexion des Themas in wissenschaftlichen Publikationen einher. Interessanterweise findet die

Bedeutung, die I&K-Technologie für das Wissensmanagement und die Wissensarbeit eines Unternehmens haben kann, kaum Beachtung. Entsprechende Untersuchungen unterteilen sich bislang fein säuberlich in Studien, die auf die technische Ausstattung von Unternehmen abstellen und Forschungen, die sich mit Wissensarbeit und Wissensmanagement beschäftigen. Die wechselseitigen Beziehungen zwischen beiden Aspekten werden in der Regel nur im Nebensatz erwähnt, oder finden überhaupt keine Beachtung.

Auch bleibt festzuhalten, daß für viele Branchen bislang Studien fehlen. Es ist klar, daß technische Lösungen in Unternehmen der Hard- und Softwareindustrie am erfolgreichsten eingesetzt werden können. Es leuchtet ein, daß Unternehmen, die sich professionell Gedanken über neue Organisationsstrukturen machen (wie z.B. Unternehmensberatungen), besonders experimentier- und innovationsfreudiger bei der Optimierung ihrer organisationsinternen Kommunikationsstrukturen sind. Allerdings bleiben andere Branchen weitgehend unterbelichtet.

5 Wissensgesellschaft

Die Wissensgesellschaft existiert noch nicht, aber sie wirft ihre Schatten voraus. Mit dem »Sieg« der Gesellschaftsform der kapitalistischen Demokratie über den Sozialismus, dem Aufbau leistungsfähiger globaler digitaler Datennetze und der Verdichtung globaler Kontexte für lokales Handeln verliert der moderne *Nationalstaat* schrittweise Elemente seiner Bedeutung. Mit der Höherstufung von Produkten und Dienstleistungen zu wissensbasierten, professionellen Gütern verlieren die herkömmlichen Produktionsfaktoren (Land, Arbeit, Kapital) gegenüber der implizierten oder eingebauten Expertise dramatisch an Bedeutung und damit mutiert die moderne *kapitalistische Ökonomie* schrittweise zu einer post-kapitalistischen, wissensbasierten Produktionsform. »When Microsoft's market value overtook that of General Motors in January 1992, *The New York Times* was moved to comment that its only factory asset was the imagination of its workers. What this means is that the traditional sources of comparative advantage – technology, labour, land and money – count for less when set against the ›new‹ factors of computer-driven scientific innovation, the transferable skills of ›knowledge workers‹, and core management competences« (Axford 1995, S. 114). Beide Elemente zusammen, die schwindende Rolle des Nationalstaates und die neue Rolle des Produktkionsfaktors Expertise, verändern das Gesicht der modernen Arbeits- und Wohlfahrtsgesellschaften grundlegend. Die für entwickelte Gesellschaften relevante Form der Arbeit wird *Wissensarbeit*, während herkömmliche Formen der »einfachen« Arbeit von Maschinen übernommen werden oder in die noch verbliebenen Billiglohnländer abwandern. Der »Wohlfahrtsstaat« zerbricht an seiner Überforderung durch Sozialleistungen und Subventionen, die in einer sich globalisierenden Wirtschaft nicht mehr nationalstaatlich organisierbar und kontrollierbar sind.

All dies passiert gegenwärtig vor unseren Augen. Nicht nur die Politik, sondern auch die Sozialwissenschaften nehmen dies allerdings kaum wahr, weil sie in eine andere Richtung schauen: in die Richtung der Verteidigung der Errungenschaften des 19. Jahrhunderts, der Verteidigung von Kohle und Stahl, von Kapitalismus und Nationalstaat.

Moderne Organisationen und Gesellschaften befinden sich im Umbruch zu wissensbasierten Systemen. Neben die traditionellen Infrastrukturen der Macht und des Geldes tritt mit zunehmendem Gewicht Wissen als Operationsbedingung und als notwendige Steuerungsressource. Wissen im allgemeinen und Expertise als systematisiertes und organisiertes Wissen im besonderen verändern soziale Ordnung kontinuierlich, seit die Verwendung von Wissen nicht mehr altes, unvordenkliches Wissen betont, sondern *neues* Wissen. Die Umkehrung der Zeitorientierung von der Vergangenheit auf die Zukunft, welche die Neuzeit kennzeichnet, erfaßt auch das Medium des Wissens. Sie bewirkt, daß die kollektive Wirkung des Wissens sich nicht mehr in der Tradierung der bestehenden »alten« Ordnung erschöpft, sondern sich in Richtung Steuerung transformiert, also in Richtung einer gezielten Veränderung naturwüchsiger Verläufe auf politisch gesetzte Zwecke. Die revolutionäre Idee der *Machbarkeit* sozialer Verhältnisse gründet schon bei Machiavelli nicht mehr nur auf dem gezielten Einsatz von Macht, sondern auch von Wissen. Giambattista Vico vertrat zu Beginn des 18. Jahrhunderts die Idee einer Säkularisierung der Geschichte und wagte die Behauptung, daß die historische Welt vom Menschen gemacht sei. Unter dem Eindruck der Französischen Revolution und ihrer Auswüchse vertrat schließlich Saint-Simon die Idee, daß die Revolutionierung der Gesellschaft weder den Metaphysikern noch den Juristen überlassen werden könne, sondern daß eine wirkliche Reorganisation der Gesellschaft nur unter der Führung von Industriellen und Wissenschaftlern gelingen könne. Seitdem schreitet neben der Industrialisierung auch die Verwissenschaftlichung der Gesellschaft voran.

Von einer Wissensgesellschaft oder einer wissensbasierten Gesellschaft läßt sich sprechen, wenn zum einen die Strukturen und Prozesse der materiellen und symbolischen Reproduktion einer Gesellschaft so von wissensabhängigen Operationen durchdrungen sind, daß Informationsverarbeitung, symbolische Analyse und Expertensysteme gegenüber anderen Faktoren der Reproduktion vorrangig werden. Eine entscheidende zusätzliche Voraussetzung der Wissensgesellschaft ist, daß Wissen und Expertise einem Prozeß der *kontinuierlichen Revision* unterworfen sind und damit Innovationen zum alltäglichen Bestandteil der Wissensarbeit werden. In diesem Moment unterscheidet sich die Wissensarbeit neuen Stils von der Wissensarbeit der Handwerker, Experten, Professionellen, Künstler, Magier oder weisen Frauen früherer Epochen. Sie bauten ihr Wissen in einem langwierigen und lange währenden Prozeß auf, aber dieses Wissen galt ein Leben lang und verlosch mit dem Leben oder wurde an ausgewählte einzelne Schüler weitergegeben. Heute hat professionelles Wissen eine grob geschätzte »Halbwertzeit« von drei bis fünf Jahren, in vielen Hochtechnologiebereichen und hochprofessionellen Dienstleistungsbereichen (wie Management, Beratung oder Finanzanalyse) eine deutlich kürzere. Während sich noch für den späten Husserl die Wissenschaft von der Lebenswelt als etwas Künstliches absondert, durchdringen in der Wissensgesellschaft die Regelsysteme der kontinuierlich revidierten Expertise und Wissensbasierung jeden Winkel der Lebenswelt in genau derselben Weise, wie heute bereits die normativen Regeln der Rechtssysteme dies tun.

Die Idee der Wissensgesellschaft ist nicht neu. Zwei der besten früheren Texte dazu stammen von Amitai Etzioni und Daniel Bell. Etzioni hat im Rahmen seines Modells der »Aktiven Gesellschaft« noch heute eindrucksvolle Kapitel zur Rolle des Wissens und zum Verhältnis von Politik und Wissen geschrieben (Etzioni

1971). Daniel Bell projektiert in seiner »Postindustriellen Gesellschaft« eine durchdringende und dominante Rolle von wissensbasierten Dienstleistungen, Symbolanalyse und Forschung (Bell
1976). Erstaunlicherweise »ruht« das Thema Wissensgesellschaft
nach diesen frühen Entwürfen für zwei Jahrzehnte weitgehend,
während sich die Sozialwissenschaften den Voraussetzungen und
Folgen des triadischen Wettbewerbs der Ökonomien und der
Regime zuwenden.

Die gegenwärtige Renaissance des Themas der Wissensgesellschaft kommt bezeichnenderweise nicht von der Soziologie oder
der Politikwissenschaft, sondern von der Managementtheorie. Der
zentrale Text ist Peter Druckers »Postkapitalistische Gesellschaft«
(1994), flankiert von Robert Reichs Idee der Wissensarbeit durch
»symbolic analysts« (1991), James Quinns Grundlagentext über
»Intelligente Organisation« (1992) und Thomas Stewards Analyse
der Wissensökonomie und des »intellektuellen Kapitals« (1997).

Die Idee der Wissensgesellschaft als mögliche Form nachindu-
strieller und nachkapitalistischer Gesellschaft hat nichts zu tun
mit dem abwegigen Modell einer Wissen*schafts*gesellschaft. Jedenfalls für den Fall moderner Gesellschaften kann nicht ein Funktionssystem, sei es Politik, Ökonomie oder Wissenschaft, für das
Ganze stehen, ohne die Gesellschaft insgesamt zu deformieren.
Zugleich sollte klar sein, daß auch in einer Wissensgesellschaft
nicht *alle* Kommunikationen von Kriterien des Wissens geprägt
sind. Damit ist gesagt, daß von einer Wissensgesellschaft nur
gesprochen werden sollte, wenn qualitativ neue Formen der
Wissensbasierung und Symbolisierung alle wesentlichen Bereiche
einer Gesellschaft durchdringen. Solche neuen Formen sind nicht
ohne weiteres auszumachen, denn schließlich haben auch frühere
Gesellschaftsformen auf Wissensbasierung und Symbolisierung
von Sinnzusammenhängen zurückgegriffen. Was hat sich geändert
und wie läßt sich dies beobachten?

Ein hilfreicher Anknüpfungspunkt für die Beantwortung dieser
Fragen ist der Fall einer historisch früheren, vergleichbaren

Veränderung der Grundlagen von Gesellschaft, der Übergang von der Agrargesellschaft zur Industriegesellschaft. Vom Neolithikum bis zum späten Mittelalter - und für viele Gesellschaften der Welt bis heute - ist die Agragesellschaft die »Normalform« von Gesellschaft. Die Landwirtschaft prägt alle Institutionen, Regelsysteme, Wissensbestände und Kommunikationen. Der Übergang von der Agrargesellschaft des Mittelalters zu den frühen Manufakturen und dann zur frühen Industriegesellschaft war augenfällig und schwer zu übersehen. Es entstanden neue Formen von Gebäuden, Siedlungen, Verkehrsverbindungen. Die Höfe machten an vielen Orten den Handwerksbetrieben und dann den Fabrikhallen Platz und das Getöse der neuen Maschinen war nicht zu überhören. So einfach ist es heute nicht mehr. Die satellitengestützten globalen Datennetze und globalen Positionierungssysteme (GPS) kann man nicht einfach sehen. Die transozeanischen Glasfaserkabel, die heute alle Kontinente verbinden und die unvorstellbare Bandbreiten zur Verfügung stellen, kann man nicht mit Händen greifen. Die global verteilten Datenbanken des Internets sind nicht mehr lokalisierbar, die Kommunikationsströme der unzähligen proprietären Netze mit globaler Reichweite sind geräusch- und geruchlos, sie bestehen nur noch aus unsichtbaren elektronischen Bits. Die »embedded intelligence« unzähliger Produkte und Dienstleistungen versteckt sich hinter einer harmlosen Oberfläche und einer CD-ROM ist nicht anzusehen, ob es sich um digitalen Ramsch handelt oder um hochkarätige digitalisierte Expertise. Nur die Computer, Bildschirme, Modems, Netzwerkrouter oder Satellitenschüsseln, die sich ausbreiten wie selbstreplizierende und selbstrekombinante Tentakel einer globalen Krake, vermitteln uns einen sinnhaften Eindruck davon, daß irgendetwas vor sich geht, was wir vielleicht noch nicht ganz verstehen.

So mag es scheinen, als ob unsere Arbeitsplätze und Haushalte, unsere Schulen und Universitäten, unsere Krankenhäuser und Amtsstuben, unsere Unternehmen und Massenmedien, unsere

Städte und politischen Institutionen zum Ende dieses Jahrhunderts noch so aussähen wie vor zwanzig oder vierzig Jahren, jedenfalls oberflächlich. Wir müssen aber damit rechnen, daß sich in den weniger sichtbaren Suprastrukturen und Infrastrukturen erhebliches geändert hat. Wenn die Folgen dieser Veränderungen dann auf der Oberfläche aufscheinen, ist häufig die Überraschung groß.

5.1   Arbeit in der Wissensgesellschaft

Die Transformation der Agrargesellschaft zur Industriegesellschaft läßt sich besonders deutlich an der Veränderung der Arbeit ablesen. War bis ins 19. Jahrhundert hinein über 50% der arbeitenden Bevölkerung in der Landwirtschaft beschäftigt, so hat sich heute dieser Anteil in den Industriegesellschaften auf 3-6% verringert. 1870 war der Anteil von Agrarprodukten am Bruttoinlandsprodukt der USA knapp 40%, 1920 war er auf 14% gefallen, heute beträgt er 1,4% (Steward 1997, S. 8f.). Ein sehr geringer Anteil der Bevölkerung kann mit Hilfe moderner Technologien alle anderen ernähren. Ganz ähnlich verhält es sich mit der Arbeit in der

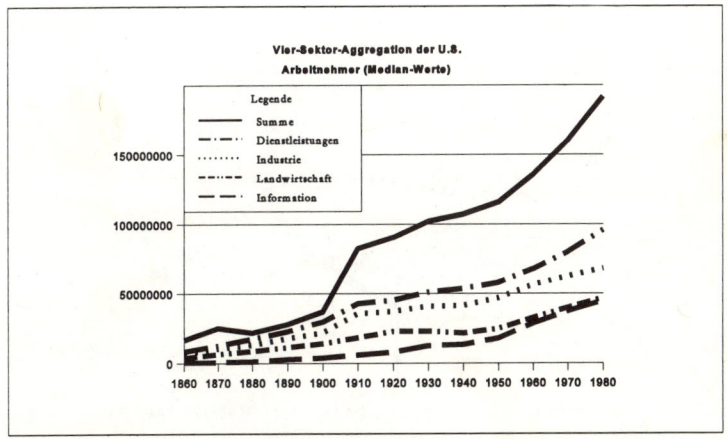

Abb. 5.1: Anteile von Typen der Arbeit
(Quelle: Porat 1977: 188ff.)

industriellen Produktion. In der Mitte dieses Jahrhunderts war dies in den Industriegesellschaften der vorherrschende Typus der Arbeit mit einem Anteil von etwa 40%. Wiederum aufgrund moderner Technologien und zusätzlich aufgrund einer Verlagerung von Produkten hin zu Dienstleistungen fällt gegenwärtig dieser Anteil auf rund 20%. Was machen all die anderen? Sie produzieren nicht »anfaßbare« Produkte, sondern sie verrichten Dienstleistungen, arbeiten mit Informationen, Symbolen und Wissen - und ein durchaus beachtlicher Anteil von arbeitswilligen Menschen findet in diesen neuen Verhältnissen nicht mehr genügend Arbeit, weil die herkömmliche Arbeit ausgeht und die neue Form, Wissensarbeit, sehr voraussetzungsvoll ist.

Wichtig ist, daß diese Transformation nicht nur von der Seite der Produktion aus getragen ist, sondern auch von der Seite des Konsums. Die durchschnittlichen Ausgaben für die einzelnen Konsumkategorien haben sich in den letzten hundert Jahren tiefgreifend geändert (Bernholz 1997) (s. Abbildung 5.1).

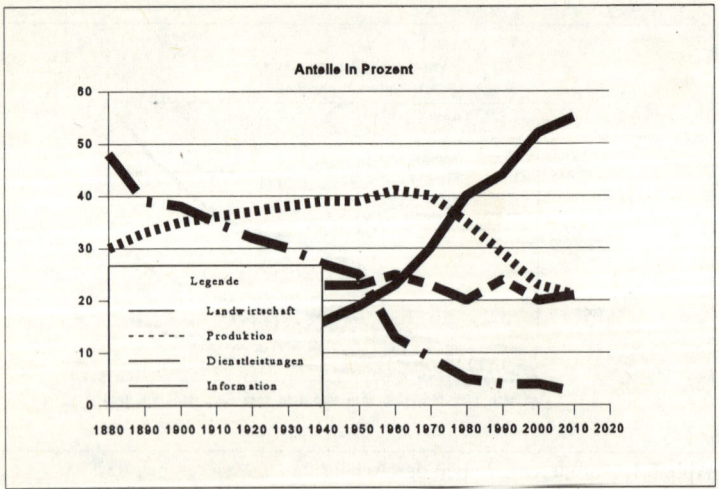

Abb. 5.2: Entwicklung der Sektoren in den OECD-Ländern
(Quelle: Berger 1996)

In einer Studie zur Informationswirtschaft untersuchte Marc Porat (1977) die konkrete Tätigkeit von Menschen am Arbeitsplatz. Er fand eine bemerkenswerte Zunahme von Arbeiten, die von der Produktion und Verteilung von Informationen geprägt sind (siehe Abbildung 5.1). In den OECD-Ländern fällt der Anteil von Landwirtschaft und industrieller Produktion, während der Anteil von Dienstleistungen steigt (Berger 1996) (siehe die Zusammenfassung der Daten in Abbildung 5.2). Ohne Zweifel läßt sich die Emergenz der Wissensgesellschaft mit solchen Statistiken und Prognosen nicht beweisen. Ist man durch diese und andere Indikatoren aber erst einmal auf die *Möglichkeit* einer (noch subkutan sich vollziehenden) Transformation aufmerksam geworden, dann drängen sich Parallelen zu anderen Systemkontexten auf.

Auf der Grundlage unterschiedlicher Quellen und einer genaueren Unterscheidung der einzelnen Tätigkeiten und Berufsgruppen kommt Manuel Castells (1996, S. 282ff.) auch für die Gegenwart zu einer Fortsetzung der Trends, die Marc Porat beschrieben hat (siehe Abbildungen 5.3 und 5.4).

Robert Reich spricht von der neuen Klasse der »symbolic analysts«, die als Wissensarbeiter den eigentlichen Mehrwert von Produkten und Dienstleistungen schaffen und so für den »Wohlstand der Nationen« verantwortlich werden (Reich 1991, S. 171ff.). Nimmt man an, daß jedenfalls Akademiker in der Regel Symbolanalytiker sind, dann zeigt allein die Zunahme des Anteils der Akademiker an der arbeitenden Bevölkerung die wachsende Rolle der Analyse von Symbolen: In der (alten) BRD lag der Akademikeranteil 1960 bei 2,9 %, 1970 bei 5,7% und 1993 bereits bei 11,5% (Quelle: FAZ Nr. 81 v. 5.4.1995, S. 15).

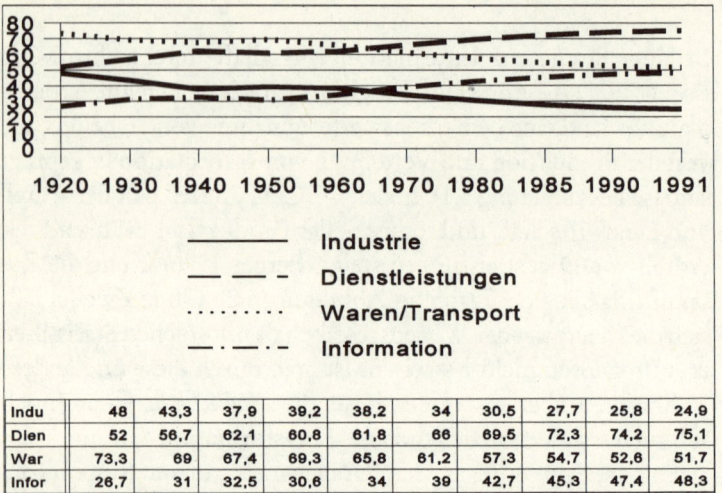

Indu	48	43,3	37,9	39,2	38,2	34	30,5	27,7	25,8	24,9
Dien	52	56,7	62,1	60,8	61,8	66	69,5	72,3	74,2	75,1
War	73,3	69	67,4	69,3	65,8	61,2	57,3	54,7	52,6	51,7
Infor	26,7	31	32,5	30,6	34	39	42,7	45,3	47,4	48,3

Abb. 5.3: Entwicklung der Sektoren in den USA (die Zahlen addieren sich zu mehr als 100%, weil sich die Kategorien überschneiden: Industrie = Bergbau, Bau und Güterproduktion; Waren, Transport = Industrie » Transport und Handel; Information = Kommunikation, Finanzen, Versicherungen, Immobilien, öffentliche Dienstleistungen. Quelle: Castells 1996, S. 296)

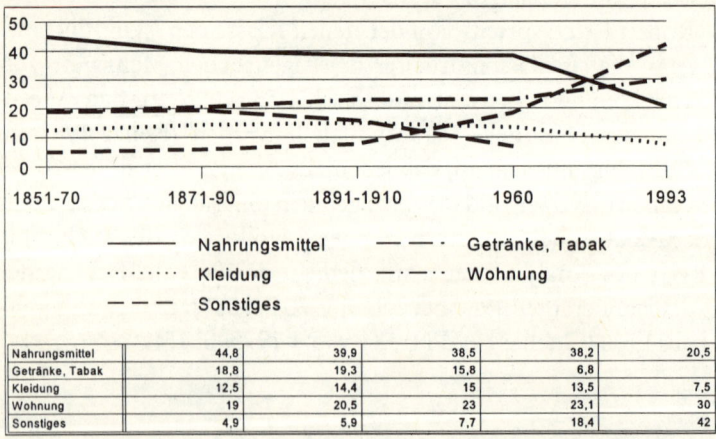

Nahrungsmittel	44,8	39,9	38,5	38,2	20,5
Getränke, Tabak	18,8	19,3	15,8	6,8	
Kleidung	12,5	14,4	15	13,5	7,5
Wohnung	19	20,5	23	23,1	30
Sonstiges	4,9	5,9	7,7	18,4	42

Abb. 5.4: Anteile der Produktkategorien an den Konsumausgaben in Deutschland. Angaben in %. Sonstiges umfaßt z B. Autos, Radios, TVs, Kühlschränke (Quelle: Bernholz 1997)

Allerdings ist Arbeit in der Wissensgesellschaft nicht nur Wissensarbeit. Was geschieht in den Segmenten des Arbeitsmarktes, die nicht als Wissensarbeit qualifizieren? Dieser hochrangige und kostspielige Schutz der Arbeitnehmer in entwickelten Wohlfahrtsgesellschaften verkehrt sich gegenwärtig gegenüber Billig-Lohn- und Billig-Schutz-Ländern in Standort- und Wettbewerbsnachteile, weil die Wohlfahrtsgesellschaften in der Falle einer *halbierten Globalisierung* stecken: Sie sind nach wie vor nationalstaatlich organisierte, territorial delimitierte Gesellschaften, die sich bezüglich ihrer zentralen sozialen Sicherungs- und Versicherungssysteme als kollektiv abgegrenzte Solidargemeinschaften definieren. Gleichzeitig unterliegen sie den massierten und sich verdichtenden Zwängen der globalen Märkte, an deren Entstehung sie sich durch Liberalisierung der Waren-, Geld- und Finanzmärkte aktiv beteiligt haben (Greider 1997, S. 250ff.). Dieses Dilemma läßt sich nicht aussitzen, weil die Wohlfahrtsgesellschaften weder die brachiale Dynamik der Globalisierung zurückdrehen, noch aber sich ihrer Verantwortung als historisch gewachsene Solidargemeinschaften kurzerhand entziehen können.

Unter dem Druck von Wissensbasierung und Globalisierung spaltet sich der Arbeitsmarkt in drei Hauptsegmente der Qualifikation auf, die sehr unterschiedlichen Regeln unterliegen. Das unterste Segment der rund 20% nicht oder gering qualifizierter und qualifizierbarer Arbeitnehmer ist hoffnungslos. Es wird mit deutlicherer Ausbildung der Wissensgesellschaft immer weniger in der Lage sein, sich durch Arbeit selbst zu erhalten und mithin die Armutsgrenze unterschreiten und/oder dauerhaft auf zusätzliche Transfereinkommen angewiesen sein. Die für dieses Segment zur Verfügung stehende Arbeit wird dauerhaft von Auslagerung und Automatisierung bedroht sein und damit nur unzureichende Preise für Arbeit erzielen können (Lichtblau 1997). Ein großes mittleres Segment von rund der Hälfte aller Arbeitnehmer mit Qualifikationen in der Spannbreite von Facharbeitern bis zu »durchschnittlichen« Fachhochschulabgängern, vom mittleren

Management bis zu »durchschnittlichen« Hochschulabsolventen bildet auch weiterhin den Kern des herkömmlichen Arbeitsmarktes. Heute ist abzusehen, daß dieses Segment des Arbeitsmarktes zwei strategischen politischen Optionen ausgesetzt ist. Entweder wird er weiterhin in der Logik des Wohlfahrtstaatsmodells stark reguliert und mit kollektiven Sicherungssystemen flankiert oder er wird, ähnlich wie die Geld- und Finanzmärkte, nach dem Modell der Marktwirtschaft liberalisiert und der Globalisierungsdynamik ausgesetzt. Über das Schicksal beider Optionen entscheiden vielschichtige Abwägungskalküle zwischen sozialer Sicherheit, Lohnniveau, internationaler Wettbewerbsfähigkeit, Innovationsfähigkeit, Weiterqualifikationsbereitschaft, Regulierungsregime, Management- und Organisationskompetenzen etc. Auf diesem Feld, so ist anzunehmen, entscheidet sich aufgrund der Masse der involvierten Wähler das *politische* Schicksal der Wohlfahrtsgesellschaften.

Einer ganz anderen Logik gehorcht das obere Segment der Wissensarbeit, das bereits in Kapitel 2 behandelt worden ist. Es umfaßt gegenwärtig in den entwickelten Gesellschaften vielleicht 20% des Arbeitsmarktes und wächst langsam (Peter Drucker schätzt dieses Segment bereits heute auch etwa 40% ein, aber das erscheint überzogen). In der Diktion von Robert Reich umfaßt es die Kategorien der Problemlöser, der Problemidentifizierer und der strategischen Vermittler: »Included in this category are the problem-solving, -identifying, and brokering of many people who call themselves research scientists, design engineers, software engineers, civil engineers, biotechnology engineers, sound engineers, public relations executives, investment bankers, lawyers, real estate developers , and even a few creative accountants. Also included is much of the work done by management consultants, financial consultants, tax consultants, energy consultants, agricultural consultants, management information specialists, organization development specialists, strategic planners, corporate headhunters, and systems analysts. Also: advertising executives and marketing strategists, art directors, architects, cinematographers, film editors, production designers, publishers, writers and editors, journalists, musicians, television and film producers, and even university professors« (Reich 1991, S. 177f.). In diesem Segment ist eine überraschende Umkehrung des Verhältnisses von Kapital und Arbeit zu beobachten. Während auf allen herkömmlichen Arbeitsmärkten sich das Kapital zu seinen Bedingungen Arbeit sucht, suchen im Bereich von Wissensarbeit hochqualifizierte Wissensarbeiter Kapital zur Realisierung ihrer Ideen und Projekte. Die Wissensarbeiter verfügen exklusiv über die »Produktionsmittel«, genauer: sie verfügen über den entscheidenden Produktionsfaktor, nämlich hochprofessionalisierte Expertise als intellektuelles Kapital (Edvinsson und Malone 1997; Steward 1997).

Wissensarbeit braucht nicht nur keine politische Regulierung als Schutz gegen Ausbeutung, sie ist schlechterdings nicht sinnvoll regulierbar, weil sie sich leicht und nachhaltig jeder Regulierung entziehen kann. Auf dem Feld der Wissensarbeit entscheidet sich, so ist anzunehmen, aufgrund der involvierten Innovationsfähigkeit das *wirtschaftliche* Schicksal der Wohlstandsgesellschaften. Nur wenn sie auf diesem Feld mitspielen und mithalten können, verfügen sie über das Innovationspotential, welches den Übergang zur Wissensgesellschaft ebnet. Und nur wenn sie den Übergang zur Wissensgesellschaft rechtzeitig schaffen, haben sie eine Chance, in der ersten Liga – für die sie sich prädestiniert halten – weiterhin mitzuspielen.

Zu beobachten ist bereits heute, daß in diesem Hauptsegment des Arbeitsmarktes eine neue Differenz wirksam wird, die Differenz zwischen personen- und ortsgebundenen Gütern einerseits und digitalisierbaren Gütern andererseits. Der personen- und ortsgebundene Bereich schrumpft, der digitalisierbare Bereich wächst langsam aber unaufhaltsam, abhängig von neuen Technologien, Netzkapazitäten, Transferkosten und Management- und Organisationsinnovationen. Digitalisierbar – und damit global dislozierbar – sind viele und tendenziell alle Routinetätigkeiten der Verwaltung, Abrechnung, Buchhaltung und Dokumentation von Organisationen, die von Ein-Personen-Firmen über Arztpraxen und Anwaltskanzleien bis zu transnationalen Konzernen reichen. Versicherungen, Fluggesellschaften, Banken, Telefongesellschaften, Handelsunternehmen, Sportartikelhersteller, Franchisingunternehmen, Stadtverwaltungen und Myriaden anderer Organisationen können diese Tätigkeiten an Orte und Subunternehmen auslagern, die optimale Kosten-Nutzen-Relationen versprechen, und sie tun es scharenweise. Ohne dies hier im einzelnen ausschmücken zu müssen, ist damit unabweisbar, daß ein beträchtlicher und wachsender Anteil von Arbeit in Produktion und Dienstleistungen digital disponibel und transportabel geworden ist *und sich damit nationaler Regulierung effektiv entziehen kann.*

Weiterhin ist bereits heute zu sehen, daß auch im klassischen Segment des Arbeitsmarktes die klassische Form der Beschäftigung in kontinuierlichen Vollzeit-Arbeitsverträgen zu wanken beginnt (Kearney-Report 1997). Alternativen dazu sind diskontinuierliche Anstellungen für bestimmte Projekte, unterschiedliche Formen von Teilzeitarbeit, die Umstellung von Leistungsverträgen auf Werkverträge (also Bezahlung nicht nach bloßer Zeit der Tätigkeit, sondern nach dem Resultat der Tätigkeit), die fallweise Anstellung von »Selbständigen« anstelle der Einstellung von Mitarbeitern und die Entlassung von Mitarbeitern in unterschiedliche Formen der Selbständigkeit (von Telearbeit über elektronische Heimarbeit und Teilzeit-Selbständigkeit bis zur vollen Selbständigkeit), um sie dann im Prinzip dieselbe Tätigkeit als Selbständige ausüben zu lassen. Diese Alternativen sind nicht mehr bloße Fiktion und Utopie, sondern in den USA und zum Teil in Holland bereits ernstzunehmende Realität. Der Rest der Welt wird folgen. Die herkömmlichen staatlichen Regulierungsregime für den Arbeitsmarkt geraten damit in ein schwieriges Dilemma. Mit jeder Regulierung, welche die komparativen Kosten der Arbeit erhöht (und über diese Trivialform der Regulierung kommt praktisch keine der heutigen Formen hinaus), verstärkt die Politik die Anreize für eine Flucht aus diesem Regulierungsregime *und macht alternative Formen von Arbeitsverträgen attraktiver für Arbeitgeber.*

Verbunden mit dieser Entwicklung ist eine bereits heute spürbare Schwächung der klassischen Zwangssolidargemeinschaften. Mit jedem in die Selbständigkeit »outgesourcten« Mitarbeiter entledigt sich eine Firma auch substantieller Beiträge zu allen Arten von sozialen Versicherungs- und Sicherungssystemen. Der oder die Selbständige hat nun selbst für Krankenversicherung, Arbeitslosenversicherung, Pflegeversicherung und die Absicherung einer Rente zu sorgen. Dies erschüttert die Grundlagen des Zwangsversicherungsmodells und spielt einer Privatisierung der Sicherungssysteme, mithin einem Umbau von der sozialen Sicherung zur individuellen Absicherung in die Hände. Auch hier kommt ein Teufelskreis in Gang. Je stärker gerade Besserverdienende in private Formen der Absicherung flüchten und je mehr der neuen Selbständigen dorthin gedrängt werden, desto prekärer wird die Lage der »sozialen« Sicherungssysteme, denen für die größten Bedarfe die geringsten Beiträge bleiben. Dies könnte dazu führen, daß relativ schnell gar keine Alternative bleibt, als den Hauptteil der überkommenen sozialen Sicherungssysteme, vor allem derjenigen für Krankheit, Arbeitslosigkeit, Pflege und Alter, in Systeme der privaten Vorsorge zu überführen und den Bereich sozialer Absicherung auf ein bestimmtes Niveau der Grundsicherung zu beschränken. Dies klingt nach hundert Jahren Sozialstaat für heute kontinentaleuropäische Ohren inakzeptabel. Aber den Rest der Welt wird solche Nostalgie vermutlich wenig beeindrucken, und er wird seine komparativen Vorteile im globalen Wettbewerb der Ökonomien und der Regulierungsregime nutzen.

5.2   Infrastrukturen der Wissensgesellschaft

Außer in der Veränderung der relativen Anteile von Typen der Arbeit zeigt sich der Übergang von der Industriegesellschaft zur Wissensgesellschaft vor allem in Veränderungen ihrer Infrastrukturen und ihrer Suprastrukturen. Diese Veränderungen sind, wie schon erwähnt, nur indirekt zu beobachten, sie können nicht »gesehen«, sondern nur erschlossen werden. Neue Infrastrukturen der Telekommunikation oder des Verkehrs zum Beispiel zeigen sich nicht mehr wie Telegraphenmasten oder Straßen. Sie entziehen sich als hoch fliegende Satelliten oder unterirdische Glasfaserkabel oder GPS-Einrichtungen der Verkehrstelematik dem Auge. Ihre qualitativen Neuartigkeiten liegen in einer »eingebauten Intelligenz« (»embedded intelligence«) verborgen, welche sich vor allem in Logikchips und Software materialisiert. So vollziehen sich einschneidende Veränderungen eher subkutan und es wird schwieriger abzuschätzen, welche Konsequenzen diese Veränderungen haben werden.

Im Bereich der *öffentlichen Infrastrukturen* ist die Richtung der Veränderung gut erkennbar. Im 19. Jahrhundert beginnt der Aufbau technischer Infrastruktursysteme der Individual-Telekommunikation über öffentliche Netze. »Die Netze der Individualkommunikation (Telegraph, Telefon, Telex, Telefax) wurden weltweit als öffentliche Unternehmen mit Versorgungspflicht organisiert. ... Gemeinsam war ihnen eine standardisierte Technik, die wirtschaftlich mit den Attributen eines natürlichen Monopols verbunden war« (Mestmäcker 1993, S. 132). Genau darin erweist sich ihre gesellschaftskonstituierende Funktion. Technische Infrastruktursysteme der Kommunikation, einschließlich ihrer nationalen Normen, Standards und »künstlichen« Begrenzungen, *schaffen* eine national definierte und territorial delimitierte Form der Gesellschaft in funktional äquivalenter Weise wie nationale Rechtssyteme, Versicherungssysteme, Schulsysteme, Währungssysteme, Bankensysteme oder Verkehrssysteme, weil sie mit ihrer Schaffung für die Möglichkeiten gesellschaftlicher Kommunikation konstitutiv werden.

Neben die (traditionellen) Infrastrukturen der ersten Ordnung (vor allem: Straßen, Schiene, Energie- und Telefonnetze) treten gegenwärtig Infrastrukturen der 2. Ordnung. Sie sind wissensbasiert und erlauben einen umfassenden, schnellen und preiswerten globalen Transport von Informationen, Kommunikationen, Personen, Gütern und Energie – also vor allem intelligente *Datennetze* (»Datensuperhighways«), intelligente *Verkehrsleitsysteme* (Telematik), die multi-modalen Verkehr nicht nur ermöglichen, sondern wissensgestützt managen, und intelligente Systeme der *Gewinnung und Verteilung von Energie* (siehe die Fallstudien in Willke 1997b, Kap. 2.2). Von »intelligenten« Infrastrukturen läßt sich sprechen, wenn insoweit deren Operationsweise auf eingebauter Intelligenz beruht. Gegenüber bloßen Informationen meint *Wissen* die Einbettung von Informationen in ein Muster von Erfahrungen und Erwartungen (Präferenzregeln), so daß die Informationen in einer von diesen Präferenzregeln geprägten Weise produktiv genutzt werden können. In aller Regel werden diese Erfahrungen und Erwartungen in einer kollektiven Praxis gebildet und gründen deshalb in hohem Maße auf impliziten Fähigkeiten der Kommunikation. Wird ein solches Wissen seinerseits in ein Muster von Entscheidungsregeln eingebunden und in diesem Kontext produktiv verwendet, so läßt sich von *Intelligenz* sprechen. Intelligenz oder Expertise (beide Begriffe verwenden hier synonym verwendet) entsteht dann, wenn Wissen in Handlungskontexte einfließt und Handlungskontexte einem selektiven, problemlösungs-orientierten Design unterworfen sind. Die eingebettete Intelligenz von DSP-Chips, Videorecordern oder

Softwareprogrammen ist deshalb darin zu sehen, daß sie wissens-
sensitive Handlungskontexte wie etwa Komponieren, Filmen oder
graphisches Gestalten in selektive Bahnen lenken, die höhere
Grade von Professionalität oder Produktivität erlauben (Cook
1991; Laffey 1991).

Eine geradezu sich überstürzende Aktivität entwickeln gegenwärtig alle hochentwickelten Gesellschaften und viele privaten
Firmen und Konsortien bei dem Ausbau herkömmlicher Telekommunikationsinfrastrukturen zu Hochleistungsdatennetzen
mit eingebauter Vermittlungs-, Schaltungs- und Koordinations-
intelligenz. Durch die Zusammenschaltung dieser Netze entwik-
kelt sich auf der einen Seite das *Internet* als prinzipiell allgemein
zugängliches Netz von Netzen mit globaler Reichweite, und eine
Vielzahl proprietärer globaler Netze, die alle nur erdenklichen
Dienste anbieten, von einfacher E-mail bis zu komplexen Finanztransaktionen (AOL, Compuserve, MCI, MSN etc.). Laufend
kommen gegenwärtig neue globale kabel- oder satellitengestützte
Telekommunikationsnetze hinzu, etwa die Satellitensysteme
Teledesic von Microsoft und McCaw (letztere inzwischen von
AT&T aufgekauft) mit 849 Satelliten und Iridium von Motorola
mit 66 Satelliten oder ein neues Glasfasernetz der CTR Group aus
New Jersey mit 262 Knotenpunkten in 175 Ländern mit einer
Netzlänge von 275.000 km (Projekt Oxygen, siehe www.oxy-
gen.org). Auf der Basis des GMS-Standards rückt eine globale
mobile Erreichbarkeit per Funktelefon in greifbare Nähe - in
Deutschland z.B. die D1, D2 und E-Netze. Auf der anderen Seite
diffundieren die dort verwendeten Technologien und Software
als *Intranets* in Organisationen und Konzerne, werden mit proprietären oder generischen Systemen der Gruppenarbeit (group
ware), des Arbeitsprozeßmanagements (work flow management)
und der Datenanalyse (data mining) angereichert und bereiten
dort den Boden für wissensbasierte Arbeit, wissensbasiertes
Management und Wissensmanagement. (Konkret heißt »wissensbasiert« z.B., daß allein die Informationen zur Energieversorgung

der neuen Raumstation der Nasa sieben Millionen Seiten umfassen. Diese können heute allerdings auf sechzig CD-Roms oder drei DVDs gespeichert werden). Diese Entwicklungen um die Kernprozesse der Globalisierung, Digitalisierung und Vernetzung sind zweifellos der infrastrukturelle Kern der Heraufkunft der Wissensgesellschaft.

Eine wesentliche Leistung dieser *Infrastruktur aus Netzwerken von Netzwerken* (Datennetzen) besteht darin, territorial ungebundene translokale Kommunikationen und Kooperationen zu erleichtern. Informationen und Expertise sollen schnell und kostengünstig gefunden, ausgetauscht und verwendet werden können. In einer informations- und wissensabhängigen Gesellschaft hat diese Leistung ganz offensichtlich grundlegende Auswirkungen auf eine ganze Reihe von Faktoren der Produktivität, Innovativität und mithin auf die Leistungs- und Wettbewerbsfähigkeit von Personen und Organisationen.

Der Aufbau einer wissensbasierten Infrastruktur der 2. Generation (»intelligente Infrastruktur«) entwickelt sich gegenwärtig zum Motor der Transformation der Industriegesellschaft zur »postkapitalistischen Gesellschaft« im Kontext eines globalen technologisch-ökonomischen Wettbewerbs zwischen Personen, Organisationen und Nationen. So wie die öffentliche Infrastruktur an Energie- und Versorgungsleitungen, Straßen und Schienen, Telefon- und Telegraphenleitungen das Potential der Manufakturen und Fabriken der Ersten und Zweiten industriellen Revolution erst zur Entfaltung brachte, so scheint es die öffentliche und private Infrastruktur an Hochleistungs-Kommunikationsnetzen zu sein, welche das Potential der Dritten industriellen Revolution erst zur Realität werden läßt: »That the new society will be both a non-socialist and a post-capitalist society is practically certain. And it is certain also that its primary resource will be knowledge« (Drucker 1994, S. 4).

Vermittelt durch die öffentlichen Infrastrukturen und ihre technischen Artefakte verändert sich auch das, was man *soziale*

Infrastrukturen nennen könnte. Betroffen sind hier vor allem sozial geteilte Bedeutungen und Verständisse von Raum und Zeit. In seiner groß angelegten Theorie des Informationszeitalters hat Manuel Castells hierzu wichtige Überlegungen beigetragen (1996, S. 410ff.). Er betrachtet Raum als die gesellschaftlich etablierte materiale Basis von Praktiken der Gleichzeitigkeit (»material support of time-sharing social practices«). Da sich unter dem Einfluß neuer Infrastrukturen und Kommunikationstechnologien das ändert, was an Gleichzeitigkeit möglich ist, d.h. welche Formen der Kommunikation, des Handelns und Erlebens in *real-time* als sozial geteilte Praxis möglich ist und tatsächlich auch realisiert wird, verändern sich die Konzeptionen von Raum und Zeit entsprechend. Das herkömmliche Verständnis begreift Raum als etwas Festes und Dinghaftes: ein Platz, ein Dorf, eine Kirche, ein Schlachtfeld, ein Markt. Hier treffen sich reale Personen und kommunizieren in körperlich gebundener Sprache. Je stärker sich diese Kommunikation unter Anwesenden auflöst in Kommunikationen unter Abwesenden, deren »Stimme« durch institutionalisierte Regelsysteme und technische Repräsentationen virtualisiert ist, desto stärker kommt der Raum in Bewegung und rekonfiguriert sich als Ort des (gleichzeitigen) Zusammentreffens von Kommunikationsströmen, deren örtliche Gebundenheit irrelevant geworden und durch Zurechnung zu fluiden Netzwerken ersetzt worden ist. In diesem Sinn ist es plausibel, wenn Castells Raum als Bewegung (»flows«) definiert und postuliert: »I propose the idea that there is a new spatial form characteristic of social practices that dominate and shape the network society: the space of flows« (1996, S. 412).

Den eindruckvollsten Anschauungsunterricht für diese Veränderung bieten moderne Unternehmen. Heute sind Unternehmen, und nicht nur multinationale Konzerne sind häufig auch schon mittelständische Firmen, global agierende »verteilte« Systeme, deren »Standort« schwer zu bestimmen ist. Ihr Standort richtet sich danach, welche Art von Transaktion gerade ansteht.

Sie suchen sich ihre Standorte für Produktion, Forschung und Entwicklung, Logistik, Design, Rechtsberatung, Steuern, Marketing, Management etc. nach Kostengesichtspunkten zusammen und im Zuge dieser Verflüssigung schaffen sie anstelle eines realen Standortes ein reales Netzwerk verteilter Aktivitäten, welches sich nicht mehr auf einen konkreten Ort zurückführen läßt.

Radikaler noch als die Unternehmen trifft die Auflösung eines räumlich erfahrbaren Ortes die Märkte. Sicherlich gibt es noch den Gemüsemarkt des Stadtviertels als realen Ort für Kommunikationen und Transaktionen. Aber schon der Händler auf diesem Markt bestellt bei seinem Großhändler immer häufiger elektronisch und die Lieferanten des Großhändlers sind immer häufiger nur noch Adressen im globalen Internet. Auch in nächster Zukunft wird es noch einige verbliebene reale Bankfilialen geben, die man als Ort betreten kann. Aber sie werden sich ausnehmen wie ein Tante-Emma-Laden gegenüber der Homepage eines Großversandhandels.

Andere Bereiche wie Familie und Arbeit geraten ebenfalls in den Mahlstrom der Verflüssigung räumlicher Bindungen. Wo ist der Ort einer Familie, wenn die Eltern in unterschiedlichen Städten arbeiten, die Kinder unterschiedliche Ganztagsschulen besuchen, die Kommunikation mit Freunden über Telefon und Reisen läuft und sich diese Konfiguration alle paar Jahre ändert? Wo arbeitet eine Person, welche die Hälfte ihrer Arbeitszeit auf Reisen und Meetings verbringt, einen weiteren Teil in ihrem Heimbüro und bei Kunden, und die ab und zu auch in der Firma vorbeisieht? Es liegt auf der Hand, daß diese Veränderungen der sozialen Infrastruktur die lokal und räumlich organisierten Institutionen der sich ausbildenden Wissensgesellschaft vor ernste Probleme stellt. Nur wenn es gelingt, wofür gegenwärtig nicht viel spricht, auch die Suprastrukturen von Gesellschaft auf die Zwänge und Folgen der Verflüssigung von Raum und Örtlichkeit einzustellen, wird die Transformation der Infrastrukturen moderner Gesellschaften nicht die verheerenden Konsequenzen haben, welche dieselben

Gesellschaften bereits im Übergang von Agrargesellschaften zu Industriegesellschaften durchgemacht haben.

5.3   Suprastrukturen der Wissensgesellschaft

Es wäre in der Tat merkwürdig, wenn die tiefgreifenden Ver-
änderungen, welche den Umbau der Industriegesellschaft in eine
Wissensgesellschaft markieren, nicht auch den »Überbau«, die
Suprastrukturen der betroffenen Gesellschaften, erfassen würden.
Suprastrukturen nenne ich die institutionellen Verfestigungen,
Regelsysteme, Steuerungsregime, kulturellen Orientierungen und
kollektiven Identitäten sozialer Systeme. Tatsächlich gibt es eine
Fülle an Hinweisen dafür, daß die Regelsysteme und Regulierungsregime der Industriegesellschaft unter massiven Druck
geraten. Der Kernprozeß der Transformation, der sowohl private
Organisationen wie öffentliche Körperschaften, sowohl nationalstaatlich organisierte Gesellschaften wie das internationale System
betrifft, läßt sich einer sehr allgemeinen Weise so beschreiben, daß
die klassische hierarchische System- und Steuerungsarchitektur
allmählich aber nachhaltig von einer alternativen Form der
Systemsteuerung ersetzt wird. Hierarchien flachen ab und werden
schrittweise zu Heterarchien umgebaut, d.h. zu gleichgeordneten,
flexiblen und interdependenten Arrangements von weitgehend
selbständigen Einheiten. Die hochgetriebene Arbeitsteilung,
funktionale Differenzierung und Spezialisierung im Kontext
verschachtelter Bürokratien und Konzernverwaltungen weicht
einer eher ganzheitlichen und integrierten Aufgabenbewältigung
durch Projektteams, temporäre Arbeitsgruppen, autonome
Geschäftseinheiten oder lose gekoppelte Netze von Experten.
   Damit zusammenhängend verliert Macht als das traditionelle
Steuerungsmedium hierarchischer Organisation seinen Vorrang.
Selbst das Steuerungsmedium Geld büßt in vielen Problemkon-

stellationen seine Wirksamkeit ein oder wird gar - ebenso wie
Macht - kontraproduktiv, nämlich dort, wo Problemlösungen von
neuen Ideen, Konzeptionen und Sichtweisen abhängen und wo
der Prozeß der Problembearbeitung nur gelingt, wenn dosierte
Regelverstöße, Dissens, Heterogenität und Widerspruch im
Kontext einer Organisationskultur eine Chance haben, die von
Kooperation, Vertrauen und Fehlertoleranz geprägt ist. Eine
solche Organisationskultur läßt sich nicht befehlen und nicht
kaufen. Sie wächst aus der Anerkennung der Macht des Wissens
und aus der Hochschätzung von Innovationen, gleichgültig,
woher die neuen Ideen kommen. Die kostbarste und knappste
Ressource des neuen Steuerungsregimes ist Wissen und Expertise.

Besonders eindrucksvoll und folgenreich zeigt sich dieser Umbau
der Suprastrukturen der Systemsteuerung in der veränderten Rolle
der Politik auf einem ihrer klassischen Spielfelder: der Herstellung
öffentlicher Infrastrukturen als beispielhafter Fall der Herstellung
von *Kollektivgütern* (hier zeigt sich der enge Zusammenhang von
infrastrukturellen Veränderungen und Veränderungen der Suprastruktur). In den modernen Demokratien, vor allem in Europa,
war die Versorgung mit Infrastrukturen der ersten Generation
fraglos eine öffentliche Aufgabe. Straßen, Kanäle, Energieversorgung, Post- und Telefondienste wurden in Form öffentlicher
Monopole geschaffen und betrieben. Dies galt selbst noch für das
System der Interstate Highways in den USA, die ansonsten früh
damit begonnen haben, diese Monopole zu entstaatlichen und zu
deregulieren. Ganz anders ist heute die Situation beim Aufbau der
Infrastrukturen der zweiten Generation, der »intelligenten«
Infrastrukturen. Noch ist das Feld unübersichtlich. Regionale,
nationale, supranationale und globale Infrastruktursysteme
konkurrieren und kooperieren in unterschiedlichen Gemengela-
gen. Öffentliche und private Systeme, Betreiber, Anbieter, Stan-
dardsetzer und Regulatoren konkurrieren und kooperieren in
wechselnden Besetzungen. Klar scheint zu sein, daß es die Kompetenzen der Politik überfordert, diese hochkomplexen und wissens-

basierten großtechnischen Systeme auf eigene Faust und in eigener Regie zu schaffen. Sie ist auf die Kooperation anderer gesellschaftlicher Akteure angewiesen, vor allem, weil es private Firmen sind, welche über die erforderliche Expertise, die notwendigen Technologien und die globalen Vernetzungen verfügen, ohne die solche Infrastrukturen nicht geschaffen werden können.

Wozu brauchen die Privaten dann überhaupt noch die Politik? Diese Frage läßt sich nur befriedigend beantworten, wenn man eine brauchbare, theoretisch plausibel begründete Vorstellung von der gesellschaftlichen Funktion und Leistung der Politik entwickelt hat. Sieht man die Leistung der Politik darin, kollektiv *verbindliche* Entscheidungen herzustellen, dann wird deutlich, daß die Politik als System und Akteur immer dann beteiligt sein muß, wenn die erfolgreiche Einrichtung von Infrastruktursystemen davon abhängt, ob bestimmte unabdingbare kollektive Verbindlichkeiten erreicht werden - z.B. Standardisierungen, rechtliche Absicherungen, Gemeinwohlverträglichkeiten, regulierte Überlassung von Hoheitsrechten (etwa bei der Nutzung von Luftraum und Festlandsockel) oder international verbindliche hoheitliche Abstimmungen (z.B. bei der Verteilung von Radiofrequenzen und orbitalen »Stellplätzen«).

Wenn diese Art der unabdingbaren Kooperation zwischen öffentlichen und privaten Akteuren die Herstellung eines Kollektivgutes trägt, spreche ich von einem *kollateralen Gut.* Immer wenn sich begründen läßt, daß anders als in dieser Form der Kooperation zwischen korporativen Akteuren und politischen Instanzen die Erbringung dieser spezifischen Art des Gutes nicht möglich sei, geht es um ein kollaterales Gut. Wenn diese Begründung gelingt, dann läßt sich von einer neuen Qualität des hergestellten Gutes sprechen, einem Hybrid zwischen Kollektivgut und Privatgut, welches sich dadurch auszeichnet, daß es *nur* in der interdependenten Kooperation von privaten und öffentlichen Akteuren geschaffen werden kann. Wichtigster Fall eines solchen Gutes ist gegenwärtig in allen hochentwickelten Gesellschaften der Ausbau herkömmlicher Telekommunikationsinfrastrukturen zu Hochleistungsdatennetzen mit eingebauter Intelligenz: »The enormity of the nationwide undertaking to create such an infrastructure - and ultimately the national multimodal network will interoperate globally, as does the current international telephone network - will take a combined effort between government and private enterprise« (Eisenhart 1994, S. 110). Diese neuen Formen der Kooperation zwischen öffentlichen und privaten Akteuren, die gegenwärtig in Pilotprojekten sichtbar werden, haben Auswirkungen auf politisches Handeln und auf die Frage der Steuerung dieses Handelns – und sie stellen die Frage nach neuen Regimen der Systemsteuerung und damit die Frage nach der Architektur der Suprastrukturen der Wissensgesellschaft.

Noch einschneidender als bei der Herstellung von kollateralen Gütern verändert sich die Rolle der Politik - und damit das Regulierungsregime - allerdings in den Bereichen, die unter dem Einfluß der Globalisierungsdynamik aus den engen Grenzen nationalstaatlich eingebundener Beziehungen ausbrechen und sich jenseits politischer Zuständigkeiten transnationale und globale Handlungsfelder schaffen. Dies gilt vor allem für Ökonomie und Finanzmärkte, aber auch immer folgenreicher für Wissenschaft, Massenmedien, populäre Kultur, Sport, Tourismus oder Gesundheitssysteme. Alle diese Bereiche waren in der Blütezeit der national organisierten Industriegesellschaften durch nationale Regelsysteme, vor allem Gesetze mit nationaler Reichweite, von den entsprechenden Systemen anderer Gesellschaften »künstlich« getrennt und durch unterschiedliche »Jurisdiktionen« voneinander mehr oder weniger stark isoliert. Die Ökonomie sollte als *National*ökonomie wie zu Zeiten des Merkantilismus dem Wohl des Landes dienen, und noch heute suggeriert die Sprache der Politik und der Ökonomie (Porter 1990) ein Muster, als würden Nationen auf dem Weltmarkt konkurrieren, während tatsächlich nur Firmen gegeneinander spielen.

Entsprechendes gilt für alle anderen Bereiche. Bis heute sind die großen Rundfunk- und Fernsehanstalten in Deutschland öffentliche, von der Politik stark gesteuerte Einrichtungen. Warum? Glaubt eine paternalistische »Wohlfahrts«-politik, ihre Untertanen vor dem verderblichen Einfluß privater Massenmedien schützen zu müssen? Welchen Sinn hat eine solche Absicht angesichts der Verbreitung global agierender Konzerne der Massenkommunikation oder angesichts global zugänglicher Informationen aus dem Internet? Sollte man sicherheitshalber gegenüber der privaten Konkurrenz wieder einige Staatszeitungen aufleben lassen?

Etwas anders sind die Bereiche Sozialversicherungssystem und Gesundheitssystem gelagert. Ihre Strukturen sind vom Sozialstaatsgedanken des ausgehenden 19. Jahrhunderts geprägt, dessen Grundidee war, Lebensrisiken wie Invalidität, Krankheit oder Arbeitslosigkeit in Solidargemeinschaften nach dem Versicherungsprinzip zu verteilen und damit erträglicher zu machen. Die umfassende Solidargemeinschaft war diejenige der Nation, und so entstanden – in der Balancierung von Subsidiarität und Solidarität - nationale Zwangsversicherungssysteme, die sich bis heute auch auf das Gesundheitssystem auswirken. Die Leistungen der Sozialstaaten waren zu ihrer Zeit zweifellos zivilisatorische Errungenschaften. Sie tragen bis heute entscheidend dazu bei, die destruktiven Folgen eines ungebändigten Kapitalismus zu begrenzen. Aber selbst Sozialversicherungssysteme und Gesundheitssyteme können sich nicht der Dynamik der Globalisierung verschließen. Die Kernfrage ist, wer die Mitglieder der relevanten Solidargemeinschaften sind und wie sich sich bilden. Soll Alterssicherung, Rente und Krankenversicherung national organisiert sein oder auf der Basis von Betriebszugehörigkeit oder auf der Basis privater individueller Entscheidungen? Es ist schon merkwürdig, daß die Sozialministerien der Wohlfahrtstaaten Milliarden-»verluste« machen und kontinuierlich Leistungen einschränken, während die Pensionsfonds der privaten Korporationen (vor allem der USA) zu den mächtigsten globalen Investoren aufgestiegen sind.

Wie immer sich dies im einzelnen verhalten mag, klar ist, daß die traditionellen staatlichen Monopole nicht nur im Bereich der Infrastruktursysteme gefallen sind, sondern auch in vielen anderen Bereichen wanken. Private Absicherungen und Versicherungen können heute ohne Rücksicht auf nationale Grenzen auf einem globalen Markt abgeschlossen werden. Die Wahl von Ärzten und Krankenhäusern ist längst nicht mehr auf nationale Systeme beschränkt, sondern vollzieht sich auf einem zumindest prinzipiell offenen Markt (Stichwort Gesundheitstourismus). Und zusätzlich sind die Arbeitsmärkte vor allem für Wissensarbeit faktisch globalisiert, weil deren Regeln nicht mehr von nationalen Gesetzgebern gemacht werden, sondern von global agierenden Firmen, die ihre Mitarbeiter dorthin schicken, wo sie sie haben wollen oder, zunehmend, von Wissensarbeitern selbst, die so singuläre Kompetenzen haben, daß sie arbeiten können, wo sie wollen.

So gerät die Industriegesellschaft nicht nur auf Seiten der Industrie unter Veränderungsdruck, sondern auch auf Seiten der Gesellschaft. Es ist fraglich geworden, mit welcher Art von Gesellschaft wir es überhaupt zu tun haben. Wie wenig gegenwärtig selbst Soziologen wissen, wie sie Gesellschaft begreifen sollen, zeigt sich beispielhaft daran, daß die traditionelle Soziologie ganz selbstverständlich noch von der Form nationalstaatlich organisierter Gesellschaften ausgeht, während Systemtheoretiker wie Niklas Luhmann ebenso selbstverständlich von einer Weltgesellschaft in dem Sinne ausgehen, daß die gegenwärtige Form von Gesellschaft *nur* diejenige der Weltgesellschaft sein könne (Überblick über die Diskussion bei Wagner 1996). Ich möchte im folgenden ein drittes Modell zugrundelegen, das Modell lateraler Weltsysteme. Das Modell lateraler Weltsysteme postuliert eine Form organisierter Sozialsysteme zwischen der modernen, funktional differenzierten und territorial nationalstaatlich gebundenen

Gesellschaft einerseits und einer voll ausgebildeten Weltgesellschaft andererseits. Diese Form ist dadurch gekennzeichnet, daß
einige Funktionssysteme der modernen Gesellschaften, vor allem
Finanzsysteme und Ökonomien, aber auch die Systeme der
Massenkommunikation, des Sports oder der Popkultur und in
Teilen sogar des Rechts, in globalem Maßstab zusammenwachsen
und sich in diesem Prozeß der transnationalen Restrukturierung
aus ihren Muttergesellschaften herauslösen. Die soziologische
Problematik der Emergenz lateraler Weltsysteme liegt darin, daß
die bislang nationalstaatlich gefaßten Gesellschaften, vor allem
als Arbeitsgesellschaften und Wohlfahrtsgesellschaften, durch
diese Herauslösung in ihren Fundamenten erschüttert werden,
während neue Formen der Restabilisierung noch nicht erkennbar
sind. Insbesondere leistet der entstehende globale Kontext diese
Restabilisierung (noch) nicht, weil auch nicht ansatzweise Kapazitäten der globalen Selbststeuerung institutionalisiert sind. Genau
aus diesem Grund verfehlt der globale Kontext bislang auch die
Qualität einer »Gesellschaft« (Axford 1995, S. 63 ff.). Dies schließt
nicht aus, daß in einer nahen oder fernen Zukunft tatsächlich eine
Weltgesellschaft existieren wird, daß der globale Kontext also die
Fähigkeit der Selbststeuerung entwickelt. Allerdings könnte es
auch passieren, daß die »Unregierbarkeit« lateraler Weltsysteme
die nationalen Gesellschaften oder Blöcke von nationalen Gesellschaften (wie der EU oder der NAFTA) dazu bringen, die nationalen Jurisdiktionen wieder schärfer zu konturieren, um Spill-
over-Effekte der globalen Anarchie zu kontrollieren.

5.4   Wissensmanagement im globalen Kontext

Unter Gesellschaft soll hier eine *viable polit-ökonomische Einheit*
verstanden werden. Es handelt sich also bei Gesellschaft um ein
Sozialsystem mit den Fähigkeiten zur Selbststeuerung und zur
Selbstversorgung, welches dadurch *viabel* wird, daß beide dieser
Fähigkeiten in einen sozio-kulturellen Kontext der Selbstbestim-
mung eingebettet sind. In diesem Sinne knüpft diese Definition
durchaus an die aristotelische Idee der Selbstgenügsamkeit an,
verlangt aber zur ökonomischen Autarkie zusätzlich eine
politisch-kulturelle Autonomie, also die Fähigkeit zur Selbst-
organisation und auch zur Selbstreproduktion der Regeln der
Selbststeuerung. Wichtig ist hierbei die Unterscheidung von
Selbstorganisation und Selbststeuerung. Begnügt man sich mit
Selbstorganisation, so ist kaum ein Zweifel möglich, daß eine sich
selbst organisierende »Weltgesellschaft« existiert, und sei sie über
Konflikte, »cultural clashes« und Katastrophen organisiert. Verlangt man dagegen als Merkmal von Gesellschaft die »moderne«
Fähigkeit zur Selbststeuerung im Sinne reflektierter Regelsetzung,
dann fällt es schwer, eine Weltgesellschaft zu behaupten. Die
Luhmannsche Definition von Gesellschaft als Ensemble füreinander erreichbarer Kommunikationen wird damit eingeengt auf
einen Begriff von Gesellschaft als das Ensemble füreinander
konstitutiver Kommunikationen, d. h. ein Zusammenhang von
Kommunikationen, die einer Verfassung der Selbststeuerung
gehorchen.

Unbestritten ist, daß der moderne Nationalstaat nur eine,
historisch kontingente, Ausprägung möglicher Gesellschaft ist.
Davor gab es andere Formen von Gesellschaft und danach wird

es andere geben. Die Besonderheit der modernen, territorial delimitierten und national konstituierten Gesellschaft läßt sich darin sehen, daß für eine bestimmte Epoche der Geschichte die nationalen Grenzen tatsächlich den Raum viabler polit-ökonomischer Einheiten absteckten, weil die Ökonomie sich als Nationalökonomie konstituierte, und weil zugleich die Politik sich mit Hilfe des positiven Rechts als eine Form der Selbstlegitimation und Selbststeuerung nationaler politischer Einheit etablierte. In diesem Sinne sieht auch Anthony Giddens (1990, S. 55ff.) moderne Gesellschaften durch zwei konstituierende Fähigkeiten charakterisiert, die in vier »organisational clusters« ausgeprägt sind: eine spezifische Form der Reproduktion in einer kapitalistischen Ökonomie und einem Industriesystem und eine spezifische Form der Selbstverwaltung in der Form des demokratischen Nationalstaates. Fukuyama (1992) zog aus diesem Zusammentreffen und der Vollendung der Fusion im modernen Nationalstaat, der gegenwärtigen kapitalistischen Demokratie, den Schluß auf ein »Ende der Geschichte«.

Dieser Schluß ist schon deshalb verfehlt, weil zwar für den Nationalstaat der Moderne tatsächlich die Funktionssysteme für Politik und Ökonomie als Leitsysteme verstanden werden können - aber dies kann sich ändern, wie im folgenden noch zu zeigen ist. Versteht man dagegen Ökonomie abstrakter im Sinne einer Fähigkeit zur »materiellen« Selbstversorgung und Politik abstrakter im Sinne einer Fähigkeit zur regelbasierten Selbststeuerung sozialer Systeme, dann kann offen bleiben, ob und wie diese Fähigkeiten im Rahmen sich neu ausbildender Strukturen, Prozesse, Operationen und Funktionssysteme erfüllt werden. Keineswegs sind die Möglichkeiten auf die herkömmlichen Formen von Ökonomie und Politik begrenzt. So ist durchaus denkbar, daß »Politik« sich auf einer transnationalen Ebene als Fähigkeit der Selbststeuerung von Weltregionen oder gar einer globalen Konfiguration etabliert; ebenso ist denkbar, daß »Politik« sich radikal auflöst in verteilte und dezentralisierte, vertikal und funktional

subsidiär strukturierte Formen der lokalen Selbststeuerung
(Willke 1997b, Kap. 2.3). Es ist in diesem Sinne nicht ausgeschlossen, daß das Problem der Selbststeuerung sich nach und
nach aus dem Bereich der Politik verabschiedet und zu einer
funktionssystemlosen Leistung der dezentralen Koordination
jeweils relevanter Systeme und Akteure der von einem bestimmten Problem betroffenen Funktionssysteme wird. Wir hätten es
dann nicht mit einem Ende der Geschichte zu tun, sondern mit
einer *Ironie der Geschichte*, welche Politik als Nichtpolitik neu
erfindet und so trotz einer Abdankung der herkömmlichen
Politik weiterhin eine viable Gesellschaft zuläßt.

Wie immer dies sich im einzelnen entwickeln wird, einige
Momente der kommenden Transformation sind bereits heute
erkennbar. Sie betreffen eine allmähliche *Exterritorialisierung*
moderner Gesellschaften durch eine geringere Relevanz territorial
gebundener Faktoren der gesellschaftlichen Reproduktion und
eine entsprechend steigende Bedeutung frei beweglicher Faktoren,
vor allem Wissen und digitalisierte Expertise: »Overall, then, there
has been a significant deterritorialization of business activity,
evident in the massive growth of cross-border transactions and
collaborative ventures, in the creation of truly global markets in
finance and telecommunications, and through the establishment
of networks of professional epistemic communities – commodity
brokers, bankers, management trainers and scientific research
groups – who communicate through technical language, irrespecti-
ve of national origins and culture« (Axford 1995, S. 103). Unsere
Fallstudien in Kapitel 4 beschreiben einige Formen dieser Exterritorialisierung insbesondere im Bereich der Finanzmärkte, der
Banken und Börsen.

Daraus folgt, daß die territorialen Grenzen der gegenwärtigen
Gesellschaften vor allem für ökonomische und finanzielle Trans-
aktionen weniger bedeutsam werden, aber auch für viele andere
Kommunikationen, die bislang vorrangig durch einen nationalen
Kontext geformt worden sind. »The claims of the theory of

globalization centre on the relationship between social organization and territoriality« (Waters 1995, S. 8). Mit der Auflösung
territorial gebundener Arbeitsbeziehungen durch Telearbeit,
territorial gebundenen Lernens durch Telelernen, territorial
gebundenen Heilens durch Telemedizin oder territorial gebundenen Forschens durch ein globales digitales Forschungsnetz verändern sich die Regeln und Kontexte möglicher Kommunikation.
Damit ändern sich die Bedingungen der Konstituierung möglicher
Gesellschaft. Zwar ist dies keineswegs ein eindimensionaler,
gerichteter Prozeß, sondern ein komplexes Verwirrspiel von
Versuchen und Irrtümern, Mißerfolgen und Erfolgen, Fort-
schritten und Rückschritten, Expansionen und Konstriktionen.
Dennoch verändern sich dabei die Konturen moderner Gesellschaften: »The shoots of a supraterritorial and a postmodern
politics are visible« (Axford 1995, S. 132).

Das globale System hat zwar qua definitionem die Fähigkeit zur
Selbstversorgung, solange es besteht, aber es hat bislang und auf
mittlere Sicht nicht die Fähigkeit zur Selbststeuerung. Deshalb
hat es nicht die Form eines sich selbst reproduzierenden *gesellschaftlichen* Systems: Es ist keine Gesellschaft im Sinne einer
viablen polit-ökonomischen Einheit. Dennoch gewinnt der
globale Kontext vor allem über globale Opportunitäts- und
Risikostrukturen, die Globalisierung ökonomischer, ökologi-
scher, technologischer, medizinischer etc. Chancen und Risiken
eine bestimmte Realität als neue Form der *Umwelt* von Gesellschaften, Organisationen und Personen. Die Besonderheit dieser
Umwelt ist vor allem darin begründet, daß sie ökonomisch und
technologisch eher einer Opportunitätslogik gehorcht, für ihre
Systeme also Möglichkeiten, Optionen und Chancen bereitstellt.
Sie gehorcht ökologisch und massenmedial aber eher einer Risiko-
logik, gewinnt also Realität für global verteilte Systeme und
Akteure in dem Maße, wie diese bereit sind, Warnungen und
Risiken auf globale Kontexte zuzurechnen *und* zugleich diese
Risiken als unmittelbar relevant für die eigene Operationsweise

zu betrachten. Für den neuen globalen Kontext ist daher das Schlagwort von der »Risikogesellschaft« ebenso irreführend wie es das Schlagwort von einer »Chancengesellschaft« wäre. Erst beide Momente in ihrer Dialektik werden der Komplexität und Widersprüchlichkeit der neuen Verhältnisse gerecht.

Der Unterschied ist derjenige zwischen Argonauten und Kosmonauten. Die Argonauten der Südsee ebenso wie die Konquistatoren der werdenden Kolonialmächte betrachten den Globus als zu erobernde Ressource. Die Kosmonauten und Astronauten der Gegenwart dagegen sehen aus ihren Raumschiffen einen Planeten, der extrem verletzlich erscheint, den Risiken natürlicher und technologischer Risiken nahezu schutzlos ausgeliefert. In dem Maße wie Personen, Organisationen und Gesellschaften Ungleichgewichte und Endlichkeiten der Natur – Bevölkerungswachstum, Artensterben, Knappheit von Wasser, Mineralöl und Lebensmittel, Ozonloch, Klimakatastrophe etc. – als globalen Zusammenhang begreifen, wird der globale Kontext zu einer relevanten Umwelt psychischer und sozialer Systeme. Vergleichbares gilt für technologische und biologische Risiken. Erst dann und erst damit gewinnen globale Kontexte eine Massivität struktureller Koppelung zu Gesellschaftssystemen (und ihren Organisationen und Personen), welche es sinnvoll macht, von einer kognitiv *internen* oder thematisch *interiorisierten Umwelt* zu sprechen.

Der globale Kontext läßt sich als innere Umwelt psychischer und sozialer Systeme verstehen, wenn er faktisch zum Bestandteil der Lebenswelt dieser Systeme geworden ist, d.h., wenn er tatsächlich einen konstanten Bezugspunkt ihrer Operationsweise darstellt. Mit dieser Fassung des Weltbegriffs als globaler Kontext, interiorisierte Umwelt und Lebenswelt läßt sich ein Bezug zum phänomenlogischen Verständnis der Welt als Horizont von Hintergrundsrelevanzen herstellen. Empirisch gewendet heißt dies, daß ein globaler Kontext nur in dem Maße zur interiorisierten Umwelt von Gesellschaften wird, als sie in ihren Institutionen und Regelsystemen tatsächlich einen »normalen« und »alltäglichen« Bezug auf globale Kontexte, insbesondere globale Risiken, nehmen und nicht nur in Krisen gezwungenermaßen reagieren. Genau darin entspricht der Begriff der interiorisierten Umwelt auch der Idee Piagets, moralischen Realismus und die Heteronomie eines externen Zwanges zu unterscheiden von einer Moral der Autonomie, die erst dann gegeben ist, wenn nicht mehr externer Zwang das Handeln regiert, sondern die Verinnerlichung der Regeln des Handelns. Barrie Axford spricht von der Ausbildung einer »kognitiven globalen Ordnung« durch eine Reihe von globalisierenden Kräften, vor allem die entgrenzende Wirkung von Kommunikationstechnologien und modernen Medien und folgert: »While this is some way short of a global political system and a long way short of a global moral order or a world society, such consciousness is serving to redefine the experiences and the perceptions of more and more actors« (Axford 1995, S. 27).

Auch wenn man heute noch nicht von einer Weltgesellschaft sprechen sollte, so meint dies also nicht, daß die Möglichkeit weltweiter Anknüpfung, Vernetzung und Reaktanz von Kommunikationen geleugnet werden soll. Ganz im Gegenteil. Wie oben beschrieben, erlauben gerade die Infrastruktursysteme der 2. Generation solche Kommunikationen im Übermaß. Ob es um die Kommunikationskampagne von Greenpeace im Fall der Brent Spar geht, oder um die Nutzung des Internet zur Abwehr des reaktionären Moskauer Putsches von 1991 oder um global verteilte Prozesse des »concurrent engineering« in großen Konzernen über alle Zeitzonen hinweg – kommunikative *Erreichbarkeit* ist nicht das Problem. Das Problem ist die *Verbindlichkeit* von Kommunikationen in einem doppelten Sinne: Zum einen geht es konzeptionell und empirisch um die Stärke der Verknüpfung von Kommunikationen. Wo liegen die Sollbruchstellen von Kommunikationsketten? Wie ausgeprägt sind die Möglichkeiten der Indifferenz gegenüber Kommunikationsangeboten, der

Negierung, Ablehnung und Löschung? Welche Festigkeit haben global intendierte und global genutzte Kommunikationen gegenüber »local contents« und »local concerns«, vor allem gegenüber den nach wie vor sehr wirksamen nationalen Verfassungen von Kommunikationsstrukturen und Kommunikationsmustern?

Zum anderen geht es konzeptionell und empirisch darum, welche normalisierten und routinisierten Mechanismen etabliert sind, um Kommunikationsketten gegen unerwünschte Veränderungen normativ zu stabilisieren oder um sie für erwünschte Veränderungen kognitiv zu labilisieren, also lernfähig zu halten. Das eine Problem verdichtet sich beispielhaft im Problem weltregionaler oder globaler Standards; das andere Problem wird gegenwärtig vor allem unter den Stichworten der lernfähigen Organisation und des Wissensmanagements diskutiert.

Daß Kommunikationen heute weltweit füreinander erreichbar sind (und wohl nicht erst heute!), besagt mithin wenig; und es besagt schon gar nicht, daß eine Verdichtung und Selbstkonstituierung erreicht ist, die es sinnvoll machen würde, von einer Weltgesellschaft zu reden. Robert Keohane (1995) betont zurecht die Institution der (nationalstaatlichen) Souveränität, die immer noch als Grundlage transnationaler und weltweiter Vernetzung und Kommunikation gilt. Dennoch unterscheiden sich ohne Zweifel die Möglichkeiten globaler Kommunikationen und globaler Transaktionen von denen des 15. oder des 19. Jahrhunderts.

Weitgehend geteilt wird die Beobachtung, daß sich gegenwärtig neue hybride, »gemischte«, *globale Steuerungsregime* herausbilden. Das Steuerungsregime setzt sich aus zwei widersprüchlichen Komponenten zusammen. Zum einen die nach wie vor wirksame nationalstaatliche Komponente (Economist 1995a), die zunehmend unter den Druck der Auflösung von Territiorialität gerät (Guéhenno 1995) und zum anderen eine regionale und/oder globale Komponente, welche vor allem der Logik einer globalisierten Ökonomie und einer globalen Vernetzung folgt (Kanter 1996; Nonaka und Takeuchi 1995).

In das evolvierende Steuerungsregime bringt die nationalstaatliche Komponente die Idee essentieller Kollektivgüter – vor allem Rechtssicherheit und Eigentumsrechte – und essentieller demokratischer Grundregeln – vor allem Monopolverbot und Minderheitenschutz – ein. Daraus folgen bestimmte Vorgaben und Restriktionen realisierbarer Steuerungsregime (Willke 1995b). Die regionale/globale Komponente bringt als dynamischstes Element eine Logik globaler ökonomischer Transaktionen ein; daneben eine in der Triade bereits längere Zeit wirksame Logik der weltregionalen Verdichtung wissenschaftlich/technologisch/ökonomischer Interaktionen und eine Logik subnationaler, lokal vernetzter Aktionen. Arrangiert werden diese unterschiedlichen Komponenten durch eine seit dem Zusammenbruch des Sozialismus stärker werdende Dynamik, auf transnationaler oder gar globaler Ebene, viable (»sustainable«) polit-ökonomische Einheiten aufzubauen, die im Spannungsfeld von Lokalität und Globalität eine neue Form von Gesellschaft konstituieren, die jenseits des Nationalstaates selbstreproduktive ökonomische Transaktionen und selbstlegitimierende politische Selbststeuerung leisten kann (siehe als schematische Zusammenfassung der genannten Elemente die folgende Abbildung 5.5). Gegenwärtig lassen sich Anzeichen dafür ausmachen, daß die neue Form der Gesellschaft diejenige der *Wissensgesellschaft* ist.

Bemerkenswert ist, daß sowohl bei den Verteidigern des Nationalstaates wie bei seinen Kritikern weitgehend Übereinstimmung darin besteht, daß die Rolle des Staates – und damit die Rolle territorial gebundener Politik – einer fundamentalen Transformation unterliegt. Die vereinte Dynamik von Globalisierung, Liberalisierung und Digitalisierung degradieren den Staat vom Monopolisten oder Quasi-Monopolisten zum Mitspieler im einen Fall, zum Zaungast im anderen. Aber dies ist die Sicht von außen.

Die Politik selbst hat von dieser Transformation noch wenig wahrgenommen. Tapfer verabschiedet sie weiterhin Programme und Projekte, faßt Resolutionen, verfaßt Berichte, Regeln und Absichtserklärungen und leidet mit allen anderen Akteuren an der eklatanten Irrelevanz und Folgenlosigkeit ihres Tuns. Seit einem Dutzend Jahre ähneln sich die Wirtschaftsberichte, Forschungsberichte, Verkehrsberichte, Subventionsberichte oder Neujahrsansprachen der Bundesregierung wie geklonte Produkte. Niemand erwartet im Ernst, daß durch politisches Handeln und Entscheiden eines der größeren gesellschaftlichen Probleme einer Lösung näher käme. Die politischen Systeme betreiben *business as usual*, das Publikum reagiert mit Desinteresse oder Zynismus und alle könnten sich auf eine stabile Unordnung einrichten, wäre da nicht die hintergründige Drohung, daß die fundamentale Nutzlosigkeit herkömmlicher Politik offenbar werden könnte.

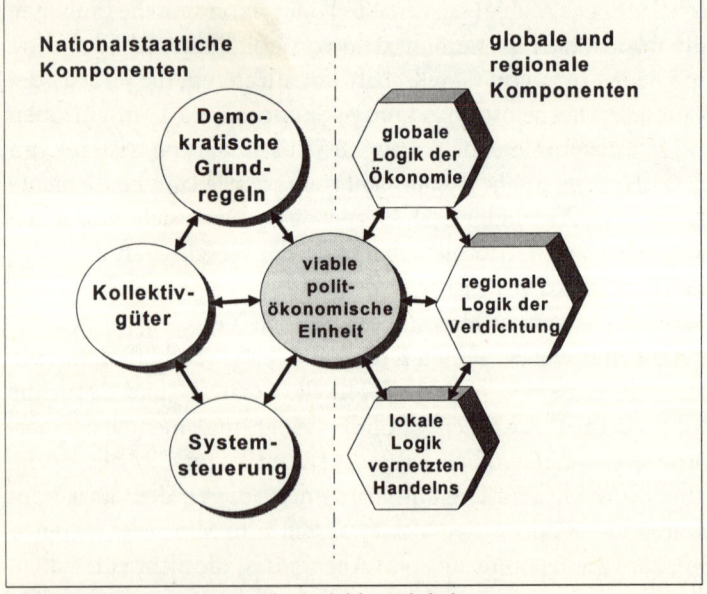

Abb. 5.5: Komponenten einer viablen Einheit

Unter dem Titel »The politics of secession« verhandelt Robert
Reich dieses Merkmal der Wissensgesellschaft als einen Prozeß,
in dem die Wissensarbeiter sich aus dem Solidaritätsgefüge der
alten Gesellschaft ausklinken, weil sie mit deren öffentlichen
Leistungen und Infrastrukturen nicht zufrieden sind. Nicht nur
in den USA und Großbritannien schickt die Oberschicht ihre
Kinder auf private Schulen und private Universitäten, läßt sich
von privaten Wachdiensten sichern, als Privatpatienten und in
privaten Kliniken behandeln, treibt in privaten Clubs Sport und
igelt sich in privaten Wohnparks mit privaten Straßen und
privaten Freizeitparks ein. Auf der Gegenseite verweigert dieselbe
Oberschicht in einem faktisch degressiven Steuersystem ihren
Beitrag zu den öffentlichen Haushalten und investiert statt dessen
in private Investitionsobjekte. »Loyalty to place – to one's city
or region or nation – used to correspond more naturally with
economic self-interest. Individual citizens supported education,
roads, and other civic improvements, even when the individual
was likely to enjoy but a fraction of what was paid out in the
short term... The question is whether the habits of citizenship are
sufficiently strong to withstand the centrifugal forces of the new
global economy« (Reich 1991, S. 303f.). Und die Antwort tendiert
zu *nein*.

Diese Logik gilt nicht nur für Personen, sondern radikaler noch
für Organisationen: »In fact, because the benefit of numerous
collective services (security, infrastructure, justice) is not linked
to the payment of taxes, many enterprises will be able to limit
their fiscal burden, while establishing themselves in states that
offer the best collective benefits« (Guéhenno 1995, S. 11). Ein
Ausweg aus diesem Dilemma könnte sein, die Idee des Staates und
das Postulat einer einheitlichen Politik aufzugeben zugunsten
eines differenzierten und diversifizierten Steuerungsregimes,
welches die Politik in ihrer herkömmlichen Form nicht mehr
benötigt. Es ist gegenwärtig eher zweifelhaft, ob ein solches

Steuerungsregime akzeptabel und viabel sein kann. Beobachtbar ist allerdings in einigen Bereichen eine Bewegung zur Etablierung zumindest einiger Momente eines solchen Steuerungsregimes.

Das folgenreichste Beispiel ist gegenwärtig wohl der Fall des globalen *Finanzsystems*, verstanden als weltweite Vernetzung und (teilweise) Selbststeuerung der Finanzmärkte (Geldmärkte, Anleihenmärkte, Aktienmärkte und Devisenmärkte; als Märkte bleibt das System der Finanzmärkte Teil der Ökonomie, läßt sich aber zunehmend organisatorisch und operativ als ausdifferenzierter Bereich trennen). Spezialisierte, aber nicht notwendigerweise öffentliche Infrastrukturen unterstützen den Austausch von Daten, Information und Expertise bei globalen Finanzdienstleistungen durch elaborierte Entscheidungsprogramme, vernetzte Datenbanken, automatisierte Transaktionsprogramme, aufrufbare oder automatisch einsetzende Analysewerkzeuge etc., so daß Entscheidungen und Transaktionen in einer Geschwindigkeit und in Umfängen ablaufen können, die inzwischen unvorstellbar geworden sind (Marshall, Prusak und Shpilberg 1996). Die »Gegenstände«, auf welche sich Transaktionen dieser »virtuellen Ökonomie« beziehen, sind Staatsanleihen, Aktien-, Fonds- und Versicherungspapiere, Optionsscheine, »junk bonds«, Verträge auf zukünftige Rechte (futures) und ein bunter Strauß weiterer »derivativer« Finanzinstrumente - so gibt es gegenwärtig rund neunzig unterschiedliche Zinsderivate (Rettberg 1997) - einschließlich der unkontrollierbar fluktuierenden Milliarden (man schätzt heute ein Volumen von etwa zwei Tausend Milliarden!) an Eurodollars.

Wenn für die wichtigsten Organisationen und Akteure des deutschen Finanz- und Bankensystems die Beziehungen zu global verteilten Börsen, Anlegern, Fonds und Emittenten wichtiger werden als die Beziehungen zur nationalen Geldpolitik, zur Bundesbank, zu inländischen Emittenten oder Fonds – und dies auch für die anderen Finanzsysteme etwa der OECD-Staaten gilt (Sassen 1994, S. 9ff., 50f.) – , dann müßte man die Emergenz eines lateralen Weltsystems für Finanzen konstatieren (Goodman und Pauly 1993). Wenn für die wichtigsten Organisationen und Akteure der deutschen Wirtschaft die wirtschaftlichen Beziehungen zu anderen Akteuren in der Triade (oder gar im globalen System) wichtiger werden als die Beziehungen zu deutschen Unternehmen, zur deutschen Politik, zum deutschen Bildungssystem oder zur deutschen Wissenschaft – und dies auch für andere nationale Ökonomien des globalen »Zentrums« (siehe zu dessen Komposition und Entwicklung in den Jahren 1965 bis 1980 Smith und White 1992) –, dann hätten wir den Fall der Ausbildung eines lateralen Weltsystems der Ökonomie.

Dieses funktional spezifizierte Weltsystem bündelt ökonomische Transaktionen nicht mehr nach nationalen, regionalen oder lokalen Präferenzen und Restriktionen, sondern es zwingt sich selbst, seinen Horizont relevanter Ereignisse (Chancen und Risiken) weltweit auszudehnen. In einigen kritischen Hinsichten sind die Auswirkungen dieser Umorientierung auch in den ökonomisch entwickeltesten Ländern der OECD deutlich zu spüren. So fallen Investitions- und Standortentscheidungen großer Konzerne nach Kriterien der Erreichbarkeit weltweiter Ressourcen und Märkte und der Präsenz auf Hauptmärkten, die vor Ort und mit lokaler Einbindung (»local content«) versorgt werden. Insbesondere hochwertige Güter wie Hochtechnologieprodukte und professionelle Dienstleistungen sind dadurch ausgezeichnet, daß sowohl die reinen Produktionskosten wie auch die Transportkosten gegenüber den Gesamtkosten so gering sind, daß sie am global günstigsten Ort produziert werden *können* - und aufgrund der globalen Konkurrenz zunehmend auch produziert werden *müssen*. Demgegenüber sind die Kosten der Forschung & Entwicklung, der eingebauten Intelligenz, die Kosten von Design, Marketing und Patentierung, also die Kosten der wissensbasierten Anteile der Güter, entscheidend für die Gesamtkosten. Aber auch diese wissenbasierten Leistungen sind heute in aller Regel nicht mehr örtlich gebunden, sondern mit Hilfe moderner

Kommunikationstechnologien global verfügbar. So wird heute ohne weiteres Aufheben für ein in Taiwan hergestelltes Hochtechnologieprodukt F&E-Leistung in Kalifornien, Design in Stuttgart, Marketing in New York, Patentschutz in London und Finanzierungsberatung in Hong Kong eingekauft. In einer anderen Sprache, aber in ähnlicher Absicht, spricht Malcolm Waters davon, daß gegenüber dem materiellen Anteil von Gütern deren »kultureller« Anteil vorrangig wird: »We can expect the economy and the polity to be globalized to the extent that they are culturalized, that is, to the extent that the exchanges that take place within them are accomplished symbolically« (Waters 1995, S. 9).

Die Frage ist, wie die Emergenz lateraler Weltsysteme sich auf die überkommenen Systeme nationalstaatlich begrenzter gesellschaftlicher Reproduktion und Selbststeuerung auswirken. Und die Antwort ist: verheerend. Dies liegt nicht an der Schutzlosigkeit der betroffenen Gesellschaften, sondern im Kern an der historisch kontingenten Gleichzeitigkeit zweier selbstverstärkender Dynamiken: auf der einen Seite der im Internet symbolisierte Aufbau kostengünstiger globaler Infrastrukturen für Kommunikation und Datenaustausch als informationstechnologische Komponente, und auf der anderen Seite die im Zusammenbruch des Sozialismus symbolisierte Euphorie von Deregulierung, Entstaatlichung, Enthierarchisierung und Privatisierung als gesellschaftspolitische Komponente. Dieses Zusammentreffen erzeugt eine Krise des Sozialstaates, seiner Versicherungs-, Sicherungs- und Solidarsysteme, weil alle diese Systeme an klar begrenzbare Territorien und/oder Betroffene gebunden sind und nun sich im Zuge der Globalisierung genau diese Grenzen und Begrenzbarkeiten auflösen. Diese Labilisierung der Arbeits- und Wohlfahrtsgesellschaften durch eine graduelle Herauslösung von Funktionssystemen, die sich im globalen Kontext als laterale Weltsysteme restrukturieren, ist, gelinde gesagt, ambivalent, weil sie bislang nicht durch globale Formen der Restabilisierung aufgefangen wird. Vergleichbar spricht Giddens von einem die Modernisierung insgesamt begleitenden Prozeß des »disembedding«: »the lifting out of social relations from local contexts of interaction and their restructuring across time and space« (Giddens 1990, S. 21).

Mit zunehmender Wissensbasierung wird die Steuerung von Handlungsketten voraussetzungsvoller und von elaborierten Programmen und Technologien abhängig, die keineswegs jedem zur Verfügung stehen. Philip Cerny argumentiert, »that the most important single independent variable in understanding the structural significance of financial globalization is neither the changing political context in which globalization is taking place or the simple expansion of transnational market processes (and capital mobility) taken in isolation. What is central to understanding financial globalization is *the changing infrastructure - especially the technological infrastructure - of the economic-institutional system* within which not only financial exchanges but economic processes in general are taking place in the world today« (Cerny 1994, S. 325, Hervorhebung H.W.). Dieses Argument scheint mir außerordentlich wichtig und nicht nur für die Rolle der technologischen Infrastruktur globaler Finanztransaktionen aufschlußreich. Derart fundamentale Transformationen sind nicht nur für finanzökonomische Prozesse im Gange, sondern es ist anzunehmen, daß dies auch für Prozesse der Mobilität von Personen und Gütern gilt, für die jeweils global umspannende, technologisch fortgeschrittene und zunehmend wissensbasierte Infrastrukturen entstehen.

Diese Dynamik spielt auf *allen* territorialen Ebenen, von der Rückgewinnung lokaler Autonomie bis zur Verdichtung globaler Verflechtungen; sie spielt in *alle* Politikarenen hinein, weil sie maßgeblich von einer flächendeckenden Überlastung der öffentlichen Haushalte geprägt ist, die mit einer Revision aller Staatsausgaben auch eine Revision aller Staatsaufgaben erzwingt; und diese Veränderungsdynamik infiziert *alle* Lebensbereiche, weil sie der Logik einer dritten industriellen Revolution gehorcht, die über Wissensbasierung, Digitalisierung und Vernetzung die Produkte

der Arbeit und die Arbeit selbst ebenso transformiert wie Polanyis »Great Transformation« als Übergang von der Vormoderne zur
ersten industriellen Revolution. Sie gewinnt die Gewalt tekto-
nischer Verschiebungen durch ein ungeplantes Zusammenspiel
unterschiedlichster Faktoren. Singuläre historische Ereignisse wie
der Zusammenbruch des Sozialismus und die deutsche Wiederver-
einigung spielen ebenso eine Rolle wie das gleichzeitige Ver-
löschen des »sozialdemokratischen Jahrhunderts«. Die Finanzkrise
des Wohlfahrtsstaats ist ebenso treibender Faktor wie der selbst-
schädigende Wettbewerb der regionalen und nationalen »Standorte« im Kontext eines globalen »race for the bottom« (Economist
1995b, S. 114) von sozialen, humanen und naturalen Schutz-
rechten, einer »competition of laxity« (Cerny 1994, S. 328), welche
inzwischen auch die Steuersysteme und das korporative Steuerauf-
kommen einschließt (Hanke 1997).

  Die permanente Restrukturierung von Unternehmen unter der
wechselnden Flagge immer neuer Leitideen korporativer Identität
zerstört gewachsene Solidaritäten und Selbstverständlichkeiten
ebenso wie der Niedergang der großen Gewerkschaften und der
flächendeckenden Tarifverträge. Parallel dazu dringt die Idee der
Notwendigkeit und Möglichkeit von Veränderung sogar in die
öffentliche Verwaltungen ein und nimmt als »New public management« Gestalt an. Über all dem und vielen weiteren einzelnen
Faktoren schwebt der Geist, vielleicht das Gespenst der post-
kapitalistischen Moderne: ein exterritoriales, global operierendes
Finanzsystem, das sich als virtuelle Ökonomie von der realen
Ökonomie distanziert (Kurtzman 1993) und damit die traditionel-
len Steuerungsintentionen der politischen Systeme (und des
Bankensystems) unterläuft.

  Auch wenn die einzelnen Momente dieser Veränderungsdynamik noch inkohärent erscheinen, wenn jeder Beobachter auf
andere Facetten deutet und jeder Funktionsbereich das Bild aus
seiner eigenen Logik heraus deutet, zeichnet sich insgesamt doch
ein Muster ab, dessen Kern die Verlagerung gesellschaftlicher

Steuerungskapazität von einer hierarchisch zentral plazierten Politik zu verteilten, polyzentrisch geordneten Steuerungskompetenzen dezentral vernetzter Systeme, Organisationen und Akteure ist. Deren Zusammenspiel zielt auf einen Modus der Gesellschaftssteuerung oder des »governance regime«, das eher von der Konkurrenz als vom Gleichklang unterschiedlicher Leitideen gesellschaftlicher Entwicklung geprägt ist, wenn sich denn überhaupt derartige Leitideen im Kanon ihrer Relevanzen finden.

Es ist nicht ohne Ironie, daß nun, nachdem die systemtheoretischen Grundideen – der operativen Autonomie der Funktionssysteme, der differenzierten Rationalitäten und der Vertreibung der Politik aus dem Zentrum von Gesellschaft – für alle relevanten Ansätze der Gesellschafts- , Politik- und Systemsteuerung praktisch Allgemeingut geworden sind, mit der Wissensgesellschaft die Notwendigkeit der Revision dieser Grundannahmen heraufdämmert. Wichtig ist, daß es *nicht* um die Wissen*schafts*gesellschaft geht, als eine vom Funktionssystem Wissenschaft dominierte Gesellschaft. Diese Idee ist ebenso unbrauchbar wie der bunte Strauß all jener Vorstellungen, die irgend ein anderes Teilsystem zum Repräsentanten des Ganzen machen, sei es nun die altehrwürdige Vorstellung einer von der Ökonomie dominierten Gesellschaft (Marx) oder neuere Versionen einer von der Schule, dem Gesundheitssystem (Ivan Illich), der Technologie (Jacques Ellul), der Religion (Fundamentalismus) oder den Massenmedien (Marshal MacLuhan) dominierten Gesellschaft. Jede dieser Vorstellungen nimmt ein Teil für das Ganze und verkennt die fundamentale Interdependenz, der alle Funktionssysteme unterliegen, sobald sich das Prinzip der funktionalen Differenzierung flächendeckend durchgesetzt hat.

Was die Wissensgesellschaft demgegenüber kennzeichnet, ist, daß nicht ein Teilsystem dominant wird, sondern daß *alle* Funktionssysteme in ihrer elementaren Operationsweise an eine Wissensbasierung gebunden sind, die sich in die Konstitution der jeweiligen Elemente einnistet und darin die Qualität der Elemente von

Systemoperationen verändert. An diesem Punkt kommt es zu einer Interferenz zweier grundlegender Dynamiken der Gegenwart: der Ausweitung von Transaktionsnetzen jeglicher Art auf einen globalen Kontext und der Wissensbasierung dieser Transaktionen. Beide Umwälzungen hängen in einer schwer entwirrbaren Weise zusammen und verstärken sich wechselseitig. »Overall, the effect of globalizing forces – for example the increasing irrelevance of ›place‹ for purposes of production, the boundary-spanning and boundary-dissolving character of communications technology and media, and the movement of migrant populations across national and ›zonal‹ boundaries – is to promote a cognitive global order« (Axford 1995, S. 27). Möglicherweise läßt sich die Utopie einer Weltgesellschaft überhaupt nur ihrer Realisierung näherbringen, wenn und soweit die herkömmlichen Faktoren gesellschaftlicher Reproduktion - traditionale Kulturmuster, Land, Kapital und tayloristisch-industrielle Arbeit - stark an relativem Gewicht verlieren und von wissensbasierten und expertisegesteuerten Korrelaten überlagert werden. Dies soll nicht heißen, daß diese Faktoren bedeutungslos werden. Sie behalten ihren Einfluß in Enklaven lokaler Exzentrizität, die ihre Identität genau darin finden, daß sie auf Tradition und Territorialität setzen und damit Alternativen zur Kontingenz und Kälte der Weltgesellschaft bieten.

In den Netzen des »Globalen Systems« (Axford) und ihren konstituierenden Transaktionen dagegen geht es wissensbasiert und »cool« zu. Wem dies als Ausdruck typisch systemtheoretischer Emotionslosigkeit und Distanziertheit erscheint, der sollte noch einmal tief durchatmen. Immerhin gründen die mörderischsten Katastrophen auch dieses Jahrhunderts, von den Weltkriegen über die Barbareien der sozialistischen »Säuberungen« und den Verbrechen gegen die Menschlichkeit in Bürgerkriegen oder fundamentalistischen Religionskriegen bis zu den Schlächtereien regionaler Konflikte wie Nordirland auf maßlosen Übersteigerungen territorialer Zugehörigkeit und ideologisch verbrämter

kultureller Exklusion. Die Nestwärme sozialer Beziehungen
steigert sich im gesellschaftlichen Kontext zu häufig zur Gluthitze
chauvinistischer Borniertheiten. Den emotionalen Brutkammern
von Gruppenbindung und Heimatgefühl entschlüpfen zu häufig
Monstrositäten von apokalyptischem Ausmaß. So könnte man
zu dem Schluß kommen, daß das Projekt der Moderne in seinen
aufklärerischen Momenten noch nicht besonders fortgeschritten
ist und die »Einbeziehung des Anderen« (Habermas 1996) entfern-
ter ist als je zuvor.

Insofern könnte der Einbau von mehr Distanziertheit und
Skepsis, mehr Kontingenz und Reflexion in die Fundamente
gesellschaftlicher Architekturen nicht schaden. All dies sind, nicht
zufällig, Komponenten der Wissensbasierung systemischer Operationen. Nun erweist sich, daß die Idee der Wissensgesellschaft
über eine bloße weitere historische Zäsur hinausweist. Sie erschöpft sich nicht darin, eine andere »Gestalt« von Gesellschaft
zu projektieren, die neue Strukturen und Prozesse schafft, aber
ansonsten die *conditio humana* und die Konstanz gesellschaftlicher
Misere unberührt läßt. Eher erinnert sie in der mehr oder weniger
ausgesprochenen Hoffnung auf Vernunft, Aufklärung und Uni-
versalität an die Aufbruchsstimmung zweier historischer Epochen, in denen ebenfalls die Wissenschaft und die Politik im
Zentrum der Veränderung standen - die zur modernen Wissenschaft führende Renaissance und die zur modernen Demokratie
führenden Revolutionen des späten 18. Jahrhunderts. Der Glaube
an die Macht der Vernunft, mit dem die Renaissance der modernen Wissenschaft den Boden bereitete, speiste sich aus dem Ideal
eines säkularen Humanismus, welcher der Übermacht der religiösen Mythen die subversive Kraft der Reflexion entgegensetzte.
Ebenso vertrauten die amerikanische und die französische Revolution des 18. Jahrhunderts auf den Glauben an die Vernunft der
Macht, wenn sie denn demokratisch gebändigt und verfassungs-
staatlich gefaßt sei und so die Übermacht der Egoismen der Kraft
nationaler Solidarität weichen müßte.

Es wäre nun ebenso leicht wie überflüssig, die gescheiterten Hoffnungen dieser großen Epochen vorzuführen. Für die Gegenwart bleibt bei allen humanen Leistungen der Wissenschaft eine Skepsis gegenüber ihrem Risikopotential, und bei allen zivilisatorischen Errungenschaften der Demokratie der Verdacht, daß ihre nationalstaatliche Verfaßtheit möglicher Vernunft zuwiderläuft. Es ist nicht ausgeschlossen, daß die Wissensgesellschaft jede dieser Verwerfungen der Moderne nur noch vertieft. Wenn nicht nur das Wissenschaftssystem Wissen und die entsprechenden Risiken produziert, sondern alle jene vielfältigen Orte der Produktion von Expertise, die mit der Wissensbasierung *aller* gesellschaftlichen Operationen in Erscheinung treten, dann könnte es sein, daß aus all dem Reichtum an verteiltem Wissen eine neue Armseligkeit der Vernunft resultiert, gegenüber der die für die Gegenwart diagnostizierte Hybris harmlos erscheinen muß. Wenn die Entgrenzung der Nationalstaaten und die Universalisierung der Demokratie darauf hinauslaufen, daß der Widersinn einer Selbstüberlastung demokratischer Politik ein globales Ausmaß erreicht, dann wäre die Weltgesellschaft gescheitert, bevor sie noch eine Chance gehabt hätte, ihre Erblasten zu tilgen.

Aber es könnte auch anders kommen. Wie die Fallstudien des Kapitels 4 zeigen, schreiten Wissensbasierung und Vernetzung in Phasen und Schüben voran, bedächtig, widersprüchlich, konfliktreich und in vielen Formen und Ausprägungen. Es gibt keinen Generalplan und kein großes Design, es gibt keinen Machiavelli und keinen Robespierre, auch wenn einige Heroen der Globalisierung und der Digitalisierung ihre kurzen Auftritte auf der Bühne des Jahrhunderts hatten. Wissensarbeit ist noch längst nicht Normalform der Arbeit, gelingendes Wissensmanagement immer noch seltene Ausnahme und eine Auflösung staatlicher Eingrenzung können sich die meisten Menschen nicht einmal in ihren Träumen vorstellen. Dies bedeutet, daß die Übergänge zur organisierten Wissensarbeit und die Transformationen zu global vernetzten Kontexten sich langsamer vollziehen werden, als es aus der heutigen Sicht den Anschein hat. Es bedeutet auch, daß mehr Zeit für Reflexion, Begleitung, Erprobung und Revisionen zur Verfügung steht, als die Dramatik der ersten Veränderungen nahelegt. Und es bedeutet, daß eine Reihe zusätzlicher Faktoren und Bewegungen ins Spiel kommen kann, die wir heute noch nicht sehen können.

Auch wenn insofern mehr Gelassenheit angezeigt ist, so bleibt Wissensmanagement doch eine Herausforderung, die als Vision Eigendynamik und Gestaltungskraft entwickeln könnte, weil sie eine strategisch wichtige Schnittmenge vieler zusammenhängender Veränderungen konfiguriert. Wissensmanagement gewichtet die Relevanz von Produktivkräften neu, schafft neue Formen der Arbeit und verlagert die Machtverhältnisse zwischen Kapital und Arbeit zugunsten der Wissensarbeiter. Wissensmanagement stellt die Frage der organisationalen Wertschöpfung neu und verlangt in der Meßgröße des »intellektuellen Kapitals« eine neue Bilanz von Kosten und Nutzen organisationaler Operationen. Wissensmanagement beschleunigt die Abschmelzung hierarchischer und bürokratischer Organisationsstrukturen zugunsten heterarchischer Vernetzung und verteilter Kooperation. Sie prämiert Expertise und dämpft die Kosten einer machtbasierten Mikropolitik in der Steuerung der Organisationen. Wissensarbeit konfrontiert das Senioritätsprinzip organisationaler Bedeutung mit dem Anspruch kontinuierlicher Revision der Wissensbasis und weist so das Alter in die Schranken der Performanz. Zugleich gesteht sie lernbereiter Erfahrung und vergemeinschafteter Praxis einen überragenden Stellenwert zu und verweist die Sammlung von Daten auf den Rang automatisierbarer Routine. Wissensmanagement verschiebt, wie die Fallstudien des Kapitels 4 zeigen, die Gewichte von Fremdsteuerung und Selbststeuerung deutlich zugunsten einer neuen Balance, in der Selbstverantwortung und systemische Reflexion barocke Architekturen externer Kontrolle erübrigen. Wissensmanagement eröffnet damit Möglichkeiten eines ehrenhaften Rückzugs der Politik aus längst verlorenen

Schlachten der Regulierung. In einer eleganten und schmerzlosen
Wendung läßt sich an die Stelle eines perzipierten Machtverlustes
der Politik ein kollektiver Wissensgewinn setzen, der seine
Legitimation aus einer zumindest unterstellten Steigerung der
globalen Wettbewerbsfähigkeit sowohl der selbststeuernden
Systeme wie der Regulierungsregime erfährt. So ergänzen sich
Wissensmanagement, Deregulierung und Selbststeuerung in
überraschender Weise und lassen überdies der Politik die symbolisch wichtige Aufgabe der Kontextsteuerung dort, wo tatsächlich
essentielle Kollektivgüter auf dem Spiel stehen.

Literatur

Adam, Klaus, G. 1997. »Kreditwirtschaft im Wandel - Herausforderungen für die Landesbanken.« In: Clausen, Carsten P. (Hrsg.). Umbruch und Wandel. Herausforderungen zur Jahrhundertwende. Festschrift für Prof. Dr. Carl Zimmerer. München, Wien: Oldenbourg, 195-203.

Allison, Graham. 1971. Essence of Decision. Explaining the Cuban Missile Crisis. Boston: Little, Brown & Co.

Altvater, Elmar/Mahnkopf, Birgit. 1997. Grenzen der Globalisierung. Ökonomie, Ökologie und Politik in der Weltgesellschaft. Münster: Westfälisches Dampfboot.

Ansoff, Igor H. 1988. The New Corporate Strategy. New York/Chichester: Wiley.

Argyris, Chris. 1987. »Wenn Manager nicht offen miteinander reden.« In: Harvard Manager 2/1987, 7-10.

Argyris, Chris. 1990. Overcoming Organizational Defenses: Facilitating Organizational Learning. Boston: Allyn.

Argyris, Chris/Schön, Donald. 1996. Organizational learning II. Theory, method, and practice. Reading, Mass.: Addison-Wesley.

Assmann, Heinz-Dieter. 1994. »Das künftige deutsche Insiderrecht.« In: Die Aktiengesellschaft, 196-206; 237-258.

Assmann, Heinz-Dieter/Schneider, Uwe H. (Hrsg.). 1995. Wertpapierhandelsgesetz. Köln: Otto Schmidt.

Axford, Barrie. 1995. The global system. Economics, politics and culture. Cambridge, UK: Polity Press.

Ayres, Ian/Braithwaite, John. 1992. Responsive regulation. Transcending the deregulation debate. New York, Oxford: University Press.

Backhaus-Maul, Holger. 1991. »Wohlfahrtsverbände als soziale Dienstleistungsunternehmen?« In: Forschungsjournal Neue soziale Bewegungen, Nr. 4, Heft 3, 27-37.

Badaracco, Joseph L. 1991. Strategische Allianzen. Wie Unternehmen durch Know-how-Austausch Wettbewerbsvorteile erzielen. Wien: Ueberreuter.

Badelt, Christoph (Hrsg.). 1997. Handbuch der Nonprofit Organisation: Strukturen und Management. Stuttgart: Schäffer-Poeschel.

Baecker, Dirk. 1991. Womit handeln Banken? Eine Untersuchung zur Risikoverarbeitung in der Wirtschaft. Frankfurt a.M.: Suhrkamp.

Baecker, Dirk. 1993. Die Form des Unternehmens. Frankfurt a.M.: Suhrkamp.

Baecker, Dirk. 1994. »Soziale Hilfe als Funktionssystem der Gesellschaft.« In: Zeitschrift für Soziologie, Heft 2, 93-110.

Baecker, Dirk. 1994a. »Experiment Organisation. Durch diesen schönen Fehler mit sich selbst bekannt ...« In: Lettre international, Nr. 24, 22-26.

Baecker, Dirk. 1997. Zum Problem des Wissensmanagements in Organisationen, unveröffentlichtes Manuskript.

Baecker, Dirk. 1997a. Profit und Management, unveröffentlichtes Manuskript.

Baker, Wayne E. 1990. »Market Networks and Corporate Behavior.« In: American Journal of Sociology, Vol. 96, Nr. 3, 589-625.

Baker, Wayne E. 1996. »Building Intelligence Networks.« In: Myers, Paul S. (ed.). Knowledge Management and Organizational Design. Boston, 209-228.

Bank für Internationalen Zahlungsausgleich (BIZ). 1997. 67. Jahresbericht. 1. April 1996-31. März 1997. Basel.

Barke, Erich. 1995. »Entwurfswerkzeuge.« In: GME. 1995, 51-54.

Bateson, Gregory. 1972. Steps to an Ecology of Mind. New York: Ballantine.

Baumgartner, Peter. 1993. Der Hintergrund des Wissens. Vorarbeiten zu einer Kritik der programmierbaren Vernunft. Klagenfurt: Kärntner Druck.

Beaverstock, Jonathan V./Smith, Joanne. 1996. »Lending Jobs to Global Cities: Skilled International Labour Migration, Investment Banking and the City of London.« In: Urban Studies, Vol. 33, Nr. 8, 1377-1394.

Beck, Martin et al. 1994. »Wirtschaftsberatung für soziale Unternehmen und Einrichtungen.« In: Maelicke, Bernd. (Hrsg.). Beratung und Entwicklung sozialer Organisationen. Baden-Baden: Nomos, 107-119.

Bell, Daniel. 1976. The Coming of Post-Industrial Society. A Venture in Social Forecasting. 1. Auflg. 1973. New York: Basic Books.

Bellinger, Robert. 1996. »STM uses education to unplug ‚people bottelneck.« In: Electronic Engineering Times, 19. August 1996.

Benston, George J. 1990. The Separation of Commercial and Investment Banking. The Glass-Steagall Act Revisited and Reconsidered. London: Macmillan.

Beratergruppe Neuwaldegg (Hrsg.). 1995. Intelligente Unternehmen - Herausforderung Wissensmanagement. Wissen strategisch nutzen. Wien.

Berger, Wolfram. 1996. »Die Dynamik des Prozesses und Konsequenzen für Deutschland. Die Informationsgesellschaft jenseits technischer Machbarkeit.« In: Europäische Gespräche, 3, 19-26.

Bernholz, Peter. 1997. »Sind Globalisierung und Umstrukturierung etwas Neues?« In: Neu Züricher Zeitung, Nr. 206 vom 6./7. September 1997, 15.

Bernstein, Peter L. 1997. Wider die Götter. Die Geschichte von Risiko und Risikomanagement von der Antike bis heute. München: Gerling-Akad.Verlag.

Billerbeck, Jens. 1996. »Wiederverwendbare Standardbausteine für das Systemdesign.« In: VDI-Nachrichten, 13. September 1996.

Bloch, Ernest. 1986. Inside Investment Banking. Homewood, Illinois: Dow Jones-Irwin.

Boos, Karl-Heinz/Schulte-Mattler, Hermann. 1997. »Der neue Grundsatz I: Interne Risikomodelle.« In: Die Bank, H. 11, 684-687.

Bornschier, Volker. 1996. Zivilisierung der Weltgesellschaft trotz Hegemonie der Marktwirtschaft? URL: http://www. Unizh.ch/wsf/ziv.html.

Breuer, Rolf-E. 1996. »Investmentbanking als Zukunft der Universalbanken.« In: Bank Magazin, Nr. 10, 64-66.

Breuer, Rolf E. 1996a. »Internationale Kapitalmärkte - Strukturen und Systeme der Zukunft.« In: International Bankers Forum (Hrsg.). Die Banken auf dem Weg ins 21. Jahrhundert. Wiesbaden: Gabler, 85-104.

Brodocz, André. 1996. »Strukturelle Kopplung durch Verbände.« In: Soziale Systeme 2, Heft 2, 361-387.

Bronder, Christoph/Pritzl, Rudolf. (Hrsg.). 1992. Wegweiser für Strategische Allianzen. Meilen- und Stolpersteine bei Kooperationen,. Frankfurt a.M./ Wiesbaden: Frankfurter Allgemeine Zeitung/Gabler.

Bronder, Christoph/Pritzl, Rudolf. 1992a. »Ein konzeptioneller Ansatz zur Gestaltung und Entwicklung strategischer Allianzen.« In: ebd., 17-44.

Brown, Keith C/Harlow, W.V./Starks, Laura T. 1996: »Of Tournaments and Temptations: An Analysis of Managerial Incentives in the Mutual Fund Industry.« In: Journal of Finance, 1996, Vol. 11, No.1, 85-110.

Browning, Larry D. et al. 1995. »Building Cooperation in a Competitive Industry: SEMATECH and the Semiconductor Industry.« In: Academy of Management Journal, Vol. 38, 1, 113-151.

Bryant, Ralph. 1987. International Financial Integration. Washington, D.C.: Brookings Institution.

Bullinger, Hans-Jörg/Wörner, Kai/Prieto, Juan. 1997. Wissensmanagement heute. Daten, Fakten, Trends. Ergebnisse einer Unternehmensstudie des Fraunhofer-Instituts für Arbeitswirtschaft und Organisation in Zusammenarbeit mit dem Manager Magazin. Manuskript Stuttgart: Fraunhofer Institut Arbeitswirtschaft und Organisation.

Bundesaufsichtsamt für das Kreditwesen (BAKred). 1997. Merkblatt: Unterlagen für die Prüfung der Eignung eines eigenen Risikomodells. Internet: http://www.bakred.de.

Bundesverband deutscher Banken (BdB). 1996. Statut des Einlagensicherungsfonds. Köln.

Burghagen, Volker. 1989. »Investment-Banking im Europa der neunziger Jahre.« In: Bühler, Wilhelm/Feuchtmüller, Wolfgang/Vogel, Michael. (Hrsg.). Investment-Banking. Wien: Service, Fachverlag an der Wirtschaftsuniversität Wien, 37-49.

Caplen, Brian. 1995. »Time for a cultural revolution.« In: Euromoney, Dezember 1995, 36-41.

Carqueville, Petra. 1991. »Rollentheoretische Analyse der Berater/Klienten-Beziehung.« In: Hofmann, Michael. (Hrsg.). Theorie und Praxis der Unternehmensberatung. Bestandsaufnahme und Entwicklungsperspektiven. Heidelberg: Physica.Verlag, 247-280.

Castells, Manuel. 1996. The Information Age. Economy, Society and Culture. Volume 1: The rise of the network society. Malden/Oxford: Blackwell.

Celarier, Michelle.1997. »Mergers & Acquisitions: With friends like these...« In: Euromoney, July 1997, 61-63.

Cerny, Philip G. 1994. »The dynamics of financial globalization. Technology, market structure and policy response.« In: Policy Sciences 27, 319-342.

Chawla, Sarita/Renesch, John. (Hrsg.). 1995. Learning Organizations. Developing cultures for tomorrow's workplace. Portland/Oregon: Productivity Press.

Clarke, Peter. 1997. »European Companies Look to Leverage IP.« In: Electronic Engineering Times, 30. Juni 1997.

Coase, Ronald. 1937. »The nature of the firm.« In: Economica N.S. 4, 386-405.

Connecta. (Hrsg.). 1997. 20 Jahre Wiener Schule der Organisationsberatung. Wien.

Cook, Rick. 1991. Embedded Systems in Control. Paper read at Byte, June 1991, 153-160.

Dahrendorf, Ralf. 1997. »Weltmarkt und Sozialökonomie.« In: Merkur 51, 821-828.

Daimler-Benz AG, Forschung Technik und Gesellschaft Berlin. (Hrsg.). 1993. Delta-Report. 1993. Report 92/93. Technik und Gesellschaft. Koordination: Günter Herrman. Berlin.

Davenport, Thomas, H./Jarvenpaa, Sirkka L./Beers, Michael C. 1996. »Improving Knowledge Work Processes.« In: Sloan Management Review. Summer 1996, 53-65.

Denninger, Erhard. 1990. Der gebändigte Leviathan. Baden-Baden: Nomos.

Deutsche Bundesbank. 1997. Weltweite Organisationen und Gremien im Bereich von Währung und Wirtschaft. Frankfurt a.M.

Deutscher Bundestag. 1994. Begründung der Bundesregierung zum Gesetzesentwurf des Zweiten Finanzmarktförderungsgesetzes. Drucksache 12/6679. Zit.: BT/Drucks. 12/6679.

Deutscher Bundestag. 1994. Bericht des Finanzausschusses des Deutschen Bundestags. Beschlußempfehlung und Bericht des Finanzausschusses. Drucksache 12/7918. Zit.: BT/Drucks. 12/7918.

Dial, Joseph B. 1995. Status report on regulatory and self-regulatory responses to the Barings bankruptcy. Internet: http://www.cftc.gov/cftc/-chic95s.html.

Dickson, William/Roethlisberger, Fritz J. 1966. Counseling in an Organization. A Sequel to the Hawthorne Researches. Boston: Harvard U.P.

Diedering, Wolfgang. 1996. Analytische Budgetierung in sozialen Organisationen. Ziele, Wege und Controlling, 2. Aufl., Freiburg im Breisgau: Lambertus.

Dodgson, Mark. 1993. »Organizational Learning: A review of some literature.« In: Organization Studies 14, 3, 375-394.

Dodgson, Mark. 1993. » Learning, Trust and Technological Collaboration.« In: Human Relations 46, 1, 77-95.

Dörner, Dietrich. 1989. Die Logik des Mißlingens. Reinbek: Rowohlt.

Drucker, Peter F. 1990. Managing the Non-Profit Organization: Practices and Principles. New York: Harper Collins.

Drucker, Peter. 1994. Post-Capitalist Society (first publ. in 1993). New York: Harper Business.

Eccles, Robert G./Crane, Dwight B. 1988. Doing Deals. Investment Banks at Work. Boston, Mass.: Harvard Business School.

Economist. 1995. »The myth of the powerless state.« In: The Economist, October 7th 1995, 13-43.

Economist. 1995a. »The race for the bottom.« In: The Economist, October 7th 1995, 13-43.

Edvinsson, Leif. 1997. »Developing intellectual capital at Skandia.« In: Long Range Planning 30, 3, 366-373.

Edvinsson, Leif/Malone, Michael. 1997. Intellectual capital. Realizing your company's true value by finding its hidden brainpower. New York: Harper.

Ehren, Harald. 1997. »Glücks-Rat.« In: managermagazin, Nr. 5, 144-150.

Ehren, Harald/Nölting, Andreas. 1997. »Neue Macht.« In: managermagazin, Nr. 5, 138-142.

Eisele, Jürgen. 1995. Erfolgsfaktoren des Joint-Venture-Managements. Wiesbaden: Gabler.

Eisenhart, Douglas. 1994. Publishing in the information age. A new management framework for the digital age. Westport, London: Quorum Books.

Eller, Roland/Deutsch, Hans-Peter. 1998. Derivate und Interne Modelle. Modernes Risikomanagement. Stuttgart: Schäffer-Poeschel.

Etzioni, Amitai. 1971. The Active Society. Erstausgabe 1968. New York: Free Press.

Everling, Oliver. 1991. Credit Rating durch internationale Agenturen. Wiesbaden: Gabler.

Exner, Adolf./Königswieser, Roswita/Titscher, Stefan. 1987. »Unternehmensberatung - systemisch. Theoretische Annahmen und Interventionen im Vergleich zu anderen Ansätzen.« In: Die Betriebswirtschaft 3, 265-284.

Fabritius, Hans Georg. 1995. »Ordnungspolitischer Handlungsbedarf bei Derivaten.« In: Rudolph, Bernd (Hrsg.). Derivate Finanzinstrumente. Stuttgart: Schaeffer-Poeschel, 277-286.

Fiol, Marlene. 1994. »Consensus, diversity, and learning in organizations.« In: Organization Science 5 (3), 403-420.

Fischer, Hans-Peter. (Hrsg.). 1997. Die Kultur der schwarzen Zahlen. Das Fieldbook der Unternehmenstransformation bei Mercedes-Benz. Stuttgart: Klett-Cotta.

Fischer, Thomas. 1994. »Risikomanagement im Investment Banking.« In: Die Bank, H. 11, 636-642.

Flamm, Kenneth. 1996. Mismanaged Trade? Strategic Policy and the Semiconductor Industry. Washington, DC: Brookings Institution Press.

Foerster, Heinz v. 1981. Observing Systems. Seaside, Cal.: Intersystems Publ.

Foerster, Heinz v. 1985. Sicht und Einsicht. Braunschweig/Wiesbaden: Fr. Vieweg & Sohn.

Foerster, Heinz v. 1984. »Principles of Self-Organization - In a Socio-Managerial Context.« In: Ulrich, Hans/Probst, Gilbert J.B. (Hrsg.). Self-Organization and Management of Social Systems. Berlin: Springer, 2-24.

Foerster, Heinz v. 1992. »Entdecken oder Erfinden. Wie läßt sich Verstehen verstehen?« In: ders. (Hrsg.). Einführung in den Konstruktivismus. Zürich: Piper, 41-87.

Fontanari, Martin L. 1995. »Voraussetzungen für den Kooperationserfolg - Eine empirische Analyse.« In: Schertler, Walter. 1995. 115-187.

Forrester, Jay. 1971. World Dynamics. Cambridge, Mass.: MIT Press.

Forrester, Jay. 1982. »Global Modelling Revisited.« In: Futures 14, April 1982, 95-110.

Forrester, Viviane. 1996. L´horreur économique. Paris: Fayard.

Frankfurter Allgemeine Zeitung. 1997. Japans Finanzsystem unter Druck. Ausgabe vom 20.11.97, Nr. 270, 17.

Frankfurter Allgemeine Zeitung. 1997. Risiko-Steuerungsmodelle sind für Banken keine Ruhekissen. Ausgabe vom 25.11.97, Nr. 274, 33.

Freud, Sigmund. 1925. Geleitwort. Geleitwort zu August Aichhorns "Verwahrloste Jugend" (1925/1974).

Friedrichs, Jürgen. 1997. »Globalisierung - Begriff und grundlegende Annahmen.« In: Aus Politik und Zeitgeschichte. B 33-34, 3-11.

Fukuyama, Francis. 1992. The End of History and the Last Man. New York: Avon.

Gabler. 1988. Gablers Wirtschaftslexikon, 6 Bde. 12. Aufl. Wiesbaden: Gabler.

Garvin, David. 1994. »Nicht schöne Worte - Taten zählen.« In: Harvard Business Manager (1), 74-85.

Gehrmann, Gerd/Müller, Klaus D. 1996. Management in sozialen Organisationen. Handbuch für die Praxis Sozialer Arbeit, 2. Aufl. Bonn: Walhalla.

Gerhard, Thorsten. 1996. »Der Wandel des Marktes zwingt die Mikroelektronik zu raschem Handeln.« In: Handelsblatt, 28. November 1996.

Giddens, Anthony. 1990. The consequences of modernity. Cambridge, UK: Polity Press.

GME. 1995: Innovative Produkte durch Mikroelektronik. Die Situation der Mikroelektronik und ihrer Anwendung in Deutschland. Frankfurt a.M.: VDE/VDI-Gesellschaft Mikroelektronik (GME).

Gold, Martin. 1997. »Consumer apps require alliances, In-Stat meeting told - Partnering called key for system-on-silicon chips.« In: Electronic Engineering Times, 12. Mai 1997.

Goode, William J. 1972. »Profession und die Gesellschaft. Die Struktur ihrer Beziehungen.« In: Luckmann, Thomas/Sprondel, Walter M. (Hrsg.). Berufssoziologie. Köln: Kiepenhäuer & Witsch, 157-167.

Goodman, John/Pauly, Louis. 1993. »The obsolescence of capital controls? Economic management in an age of global markets.« In: World Politics 46, October 1993, 50-82.

Grant, Robert. 1996. »Toward a knowledge-based theory of the firm.« In: Strategic Management Journal 17, Winter Special Issue, 109-122.

Greider, William. 1997. One World - Ready or Not: The Manic Logic of Global Capitalism. New York: Simon & Schuster.

Grimm, Dieter. (Hrsg.) 1990. Wachsende Staatsaufgaben - sinkende Steuerungsfähigkeit des Rechts. Baden-Baden: Nomos.

Grimm, Dieter. 1991. Die Zukunft der Verfassung. Frankfurt a.M.: Suhrkamp.

Grunow, Dieter. 1995. »Organisierte Solidarität. Organisationsprobleme von Wohlfahrtsverbänden.« In: Rauschenbach, Thomas/Sachße, Christoph/Olk, Thomas. Von der Wertgemeinschaft zum Dienstleistungsunternehmen. Frankfurt am Main: Suhrkamp, 253-279.

Guéhenno, Jean-Marie. 1995. The end of the nation-state. Minneapolis/London: University of Minnesota Press.

Gulati, Ranjay. 1995. »Does Familiarity Breed Trust? The Implications of Repeated Ties for Contractual Choice in Alliances.« In: Academy of Management Journal, Vol. 38 (1), 85-112.

Gutt, Corinna. 1997. »Frohlocken in London über die Bonuszeit.« In: Blick durch die Wirtschaft, 8. April 1997, 7.

Guttmann, Robert. 1996. »Die Transformation des Finanzkapitals.« In: Prokla. Zeitschrift für kritische Sozialwissenschaften, 26. Jg., H. 103, Nr. 2, 165-195.

Habermas, Jürgen. 1996. Die Einbeziehung des Anderen. Frankfurt: Suhrkamp.

Hagedoorn, John. 1995. »A Note on International Market Leaders and Networks of Strategic Technology Partnering.« In: Strategic Management Journal 16, 241-250.

Hamel, Gary/Prahalad, Coimbatore, K. 1994. Competing for the future. Boston: Harvard Business School Press.

Hammer, Michael/Champy, James. 1994. Business Reengineering. Die Radikalkur für das Unternehmen. Englische Ausgabe 1993. Aus dem Englischen von Patricia Künzel. Frankfurt/New York: Campus.

Hammer, Michael/Stanton, Steven. 1995. The Reengineering Revolution. The Handbook. Hammersmith, London: HarperCollins.

Hammes, Wolfgang. 1995. »Der Zusammenhang zwischen strategischen Allianzen und Industriestrukturen.« In: Schertler, Walter. 1995, 55-114.

Hanke, Thomas. 1997. »Flucht in die Oasen.« In: Die Zeit Nr. 14 v. 28. 3. 1997, 25.

Heijden, Kees van der. 1997. Scenarios. The art of strategic conversation. Chichester u.a.: John Wiley & Sons.

Heinze, Rolf G./Strünck, Christoph. 1996. »Kontraktmanagement im Windschatten des ›Wohlfahrtsmix‹? Neue kommunale Steuerungsmodelle für das System der Wohlfahrtsverbände.« In: Evers, Adalbert/Olk, Thomas (Hrsg.). Wohlfahrtspluralismus. Vom Wohlfahrtsstaat zur Wohlfahrtsgesellschaft. Opladen: Westdeutscher Verlag, 294-322.

Heri, Erwin W. 1989. »Expansion der Finanzmärkte. Ursachen, Konsequenzen, Perspektiven.« In: Kyklos 42, 17-37.

Herrgott, Gerhard. 1997. »Intervall. Kinder- und Männerszenen von Robert Schumann.« In: Rheinberger, Hans J./Hagner, Michael/Wahring-Schmidt, Bettina. (Hrsg.). Räume des Wissens. Repräsentation, Codierung, Spur. Berlin: Akademie Verlag, 325-338.

Hilpert, Hanns Günther et al. 1994. Wirtschafts- und Technologiepolitik und ihre Auswirkung auf den internationalen Wettbewerb: Das Beispiel der Halbleiterindustrie. Berlin/ München: Duncker & Humblot.

Honold, Heidemarie. 1993. Management von Zeit- und Kapazitätsstrategien im Markt für DRAM-Speicherbauelemente. Frankfurt a.M.: Lang.

Hopt, Klaus J. 1975. Der Kapitalanlegerschutz im Recht der Banken. Gesellschafts-, bank- und börsenrechtliche Anforderungen an das Beratungs- und Verwaltungsverhalten der Kreditinstitute. München: C.H. Beck.

Hopt, Klaus J./Wymeersch, Eddy. (Hrsg.). 1991. European Insider Dealing - Law and Practice. London/Boston: Butterworths.

Hopt, Klaus J./Baum, Harald. 1997. »Börsenrechtsreform in Deutschland.« In: Hopt, Klaus J./Rudolph, Bernd/Baum, Harald (Hrsg.). Börsenreform. Eine ökonomische, rechtsvergleichende und rechtspolitische Untersuchung. Stuttgart: Schäffer-Poeschel, 287-467.

Hopt, Klaus J./Rudolph, Bernd/Baum, Harald. 1997. »Empfehlungen zur Börsenreform in Deutschland.« In: Hopt, Klaus J./Rudolph, Bernd/Baum, Harald (Hrsg.). Börsenreform. Eine ökonomische, rechtsvergleichende und rechtspolitische Untersuchung. Stuttgart: Schäffer-Poeschel, 3-14.

Horch, Heinz-Dieter. 1992. Geld, Macht und Engagement in freiwilligen Vereinigungen. Grundlagen einer Wirtschaftssoziologie von Non-Profit-Organisationen. Berlin: Duncker & Humblot.

Horch, Heinz-Dieter. 1995. »Selbstzerstörungsprozesse freiwilliger Vereinigungen.« In: Rauschenbach, Thomas/Sachße, Christoph/Olk, Thomas. (Hrsg.). Von der Wertgemeinschaft zum Dienstleistungsunternehmen. Frankfurt am Main: Suhrkamp, 280-296.

Hunt, David. 1995. »What Future For Europe's Investment Banks?« In: The McKinsey Quarterly. 1995, No. 1, 104-117.

ILOI, Internationales Institut für Lernende Organisation und Innovation. 1997. Knowledge Management. Ein empirisch gestützter Leitfaden zum Management des Produktionsfaktors Wissen. Studienbericht. Manuskript, München.

Isaacs, William. 1993. »Taking flight: Dialogue, collective thinking, and organizational learning.« In: Organizational Dynamics, 1, 24-39.

Jacob, Klaus. 1996. »Die Baseler Marktrisikoempfehlungen: Optionen und Risikomodelle.« In: Zeitschrift für das gesamte Kreditwesen, 149-151.

Jacob, Adolf, Friedrich/Klein, Sebastian. 1996. Investment Banking. Bankpolitik, Methoden und Konzepte. Wiesbaden: Gabler.

Jäger, Alfred. 1996. »Hard- und Soft-Management im sozialen Unternehmen.« In: Boskamp, Peter/Knapp, Rudolf (Hrsg.). Führung und Leitung in sozialen Organisationen. Handlungsorientierte Ansätze für neue Managementkompetenz. Neuwied/ Kriftel/Berlin: Luchterhand, 35-73.

Japp, Klaus P. 1992. »Rationalität in Organisationen.« In: FSP 'Zukunft der Arbeit an der Universität Bielefeld (Hrsg.). Arbeitsberichte und Forschungsmaterialien, Nr. 75, Rationalität und Wandel von Organisationen - J.D. Thompson revisited -. Bielefeld.

Jaques, Elliott. 1991. »In praise of hierarchy.« In: Thompson, Grahame/Jennifer, Francis/Levacic, Rosalind/Mitchell, Jeremy. (Hrsg.). Markets, hierarchies and networks. The coordination of social life, London u.a.: Sage, 108-118.

Jasanoff, Sheila. 1986. Risk Management and Political Culture. New York: Sage.

Jenkins, Iain. 1996. »In-house teams growing clout. They´re often better than investment banks at doing M&A deals - and they´re always cheaper.« In: Institutional Investor. February 1996, 34-36.

JESSI Office. o.J.: JESSI in Retrospect. The Joint European Submicron Silicon Program 1989 - 1996, München: JESSI Office.

Jorion, Philipp. 1997. Value at risk. The new benchmark for controlling market risk. Chicago et al: Irwin.

Kane, Edward J. 1981. »Impact of regulation on economic behaviour. Accelerating inflation, technological innovation, and the decreasing effectiveness of banking regulation.« In: The Journal of Finance, Vol. 36, No. 2, 355-367.

Kanter, Rosabeth Moss. 1996. Weltklasse. Im globalen Wettbewerb lokal triumphieren. Wien: Ueberreuter.

Kaplan, Robert/Norton, David. 1996. The Balanced Scorecard. Boston, Mass: Harvard Business School Press.

Kaufmann, Franz-Xaver. 1973. Sicherheit als soziologisches und sozialpolitisches Problem. Untersuchung zu einer Wertidee hochdifferenzierter Gesellschaften. 2., umgearb. Aufl. Stuttgart: Enke.

Kaufmann, Franz-Xaver. 1997. Aktuelle Herausforderungen des Sozialstaats. Frankfurt a.M.: Suhrkamp.

Kearney-Report. 1997. »1998 outlook on global business, environment and industry trends. Report by Diane Summers.« In: Financial Times, Monday December 1, 1997, 12.

Keohane, Robert. 1995. »Hobbes's Dilemma and institutional change in world politics: Sovereignty in international society.« In: Holm, Hens-H./Soerensen, Georg. (Hrsg.). Whose world order? Uneven globalization and the end of the cold war. Boulder u.a.: Westview Press, 165-186.

Kern, Horst. 1996. »Vertrauensverlust und blindes Vertrauen: Integrationsprobleme im ökonomischen Handeln.« In: SOFI-Mitteilungen Nr. 24, 1996, 7-14.

Kim, Daniel. 1993. »The link between individual and organizational learning.« In: Sloan Management Review (Fall 1993), 37-50.

Klahre, Ralf. 1994. »Sozialarbeit und Management. Aspekte bei der Suche nach einem brauchbaren Management für die Sozialarbeit.« In: Studiengruppe Sozialmanagement der Fachhochschule Niederrhein. (Hrsg.). Neue Sichten in Sicht. Fragmente eines Perspektivenwechsels in der Sozialarbeit. Aachen: Kersting, 38-49.

Knoblauch, Hubert. 1996. »Arbeit als Interaktion. Informationsgesellschaft, Post-Fordismus und Kommunikationsarbeit.« In: Soziale Welt 47, 344-362.

Knorr-Cetina, Karin. 1984. Die Fabrikation von Erkenntnis: Zur Anthropologie der Naturwissenschaft. Frankfurt: Suhrkamp.

Königswieser, U. 1996. Netzwerke in der Unternehmensberatungsbranche. Diplomarbeit der WU, Wien.

Königswieser, Roswita/Exner, Adolf/Pelikan, Jürgen M. 1994. Systemische Intervention in der Beratung. Unveröffentl. Manuskript. Wien.

Kramer, Ralph M. 1994. »Voluntary Agencies and the Contract Culture: "Dream or Nightmare?"« In: Social Service Review, 34-60.

Krasner, Stephen D. (Hrsg.). 1983. International Regimes. Ithaca : Cornell University Press.

Krause, Detlef. 1996. Luhmann-Lexikon, Stuttgart: Enke.

Krück, Carsten, 1995: Antagonistische Kooperation in der europäischen Forschung. Das Halbleiter-Forschungsprogramm JESSI, Bielefeld: Dissertation

Krück, Carsten. 1996. Kontextuelle Muster der Technologiesteuerung und korporative Politik: Das Beispiel der europäischen Halbleiterindustrie. Bielefeld: Forschungsbericht.

Krück, Carsten/Piel, Konstanze. 1998. Risk Management in the Semiconductor and Semiconductor Equipment and Materials (E&M) Industries. The Role of Alliances and Cooperation. Bielefeld: Research Report.

Krystek, Ulrich, 1997: Vertrauen als vernachlässigter Erfolgsfaktor der Internationalisierung, In: Krystek/ Zur 1997, 543-562

Krystek, Ulrich/ Zur, Eberhard. (Hrsg.). 1997. Internationalisierung. Eine Herausforderung für die Unternehmensführung. Berlin: Springer.

Krystek, Ulrich/Zur, Eberhard. 1997a. »Strategische Allianzen als Alternative zu Akquisitionen?« In: Krystek/Zur 1997, 131-149.

Kühn, Dietrich. 1995. »Neue Steuerungsmodelle der Sozialverwaltung - Chancen und Gefahren.« In: Neue Praxis, 25. Jg., Nr. 4, 340-348.

Kümpel, Siegfried. 1996. Wertpapierhandelsgesetz - Eine systematische Darstellung -. Grundlagen und Praxis des Bank- und Börsenwesens, Bd. 32. Berlin: Erich Schmidt.

Kunkel, Rolf. 1997. »Achleitner - Investmentbanker.« In: Frankfurter Allgemeines Magazin. 1997, Heft Nr. 894, 34-41.

Kurtzman, Joel. 1993. The death of money. How the electronic economy has destabilized the world's markets and created financial chaos. New York u.a.: Simon & Schuster.

Laffey, Thomas. 1991. »The Real-Time Expert.« In: BYTE, January 1991, 259-264.

Lange, Kai. 1996. »Das Einmaleins des Chip-Designs.« In: DOS-Magazin, Dezember 1996, 136-140.

LaPorte, Todd/Consolini, Paula. 1991. »Working in practice but not in theory: theoretical challenges of "High-Reliability Organizations".« In: Journal of Public Administration Research and Theory 1 (1), 19-47.

Larédo, Philippe. 1997. »Technological Programs in the European Union.« In: Henry Etzkowitz, Henry/Leydesdorff, Loet (Hrsg.). Universities and the Global Knowledge Economy. London: Pinter, 33-43.

Leipold, Helmut. 1996. »Zur Pfadabhängigkeit der institutionellen Entwicklung. Erklärungsansätze des Wandels von Ordnungen.« In: Cassel, Dieter. (Hrsg.). Entstehung und Wettbewerb von Systemen. Berlin: Duncker & Humblot, 93-115.

Lemmer, Jürgen. 1995. »Risikomanagement und Börse.« In: Deutsche Börse AG (Hrsg.). Vortrag, Forum 1995 der Deutschen Börse AG. Frankfurt a.M.

Leonard-Barton, Dorothy. 1995. Wellsprings of knowledge. Building and sustaining the sources of innovation. Boston, Mass: Harvard Business School Press.

Lewis, Jordan D. 1990. Partnerships for Profit. Structuring and Managing Strategic Alliances, New York: The Free Press.

Lichtblau, Karl. 1997. »Globalisierung und Strukturwandel.« In: Fricke, Werner. Jahrbuch für Arbeit und Technik 1997. Bonn: Dietz, 43-57.

Liebeskind, Julia. 1996. »Knowledge, strategy, and the theory of the firm.« In: Strategic Management Journal 17 (Winter Special Issue), 93-107.

Lineback, J. Robert. 1997. »Intel Stronger in Dataquest Final '96 Report« In: Techninvestor [online version], 28. März 1997.

Lorange, Peter/Roos, Johan. 1992. »Stolpersteine beim Management Strategischer Allianzen.« In: Bronder/Pritzl 1992, 343-355.

Lübkemeier, Eckhard. 1995. »KSZE (Konferenz über Sicherheit und Zusammenarbeit in Europa).« In: Woyke, Wichard. (Hsrg.). Handwörterbuch Internationale Politik. 6. aktualisierte Auflage. Opladen: Leske + Budrich, 254-263.

Luhmann, Niklas. 1964. Funktion und Folgen formaler Organisation. Berlin: Duncker & Humblot.

Luhmann, Niklas. 1971. »Die Weltgesellschaft.« In: Archiv für Rechts- und Sozialphilosophie 57, 1-35.

Luhmann, Niklas. 1984. Soziale Systeme. Grundriß einer allgemeinen Theorie. Frankfurt: Suhrkamp.

Luhmann, Niklas. 1986. »Formen des Helfens im Wandel gesellschaftlicher Bedingungen.« In: Ders.: Soziologische Aufklärung 2, 3. Auflage. Opladen: Westdeutscher Verlag, 134-149.

Luhmann, Niklas. 1988. Soziale Systeme. Grundriß einer allgemeinen Theorie. 2. Aufl. Frankfurt/M.

Luhmann, Niklas. 1988. Die Wirtschaft der Gesellschaft. Frankfurt a.M.: Suhrkamp.

Luhmann, Niklas. 1988. »Organisation.« In: Küpper, Willi/Ortmann, Günther (Hrsg.). Mikropolitik. Rationalität, Macht und Spiele in Organisationen. Opladen: Westdeutscher Verlag. 165-185.

Luhmann, Niklas. 1990. Die Wissenschaft der Gesellschaft. Frankfurt: Suhrkamp.

Luhmann, Niklas. 1991. Soziologie des Risikos. Berlin/New York: de Gruyter.

Luhmann, Niklas. 1993. Vertrauen. Ein Mechanismus der Reduktion sozialer Komplexität. 3. Aufl., Stuttgart: Enke.

Luhmann, Niklas. 1997. Die Gesellschaft der Gesellschaft, 2 Bände. Frankfurt: Suhrkamp.

Lutz, Violet. 1993. Horizontale strategische Allianzen. Ansatzpunkte zu ihrer Institutionalisierung. Hamburg: S + W Steuer- und Wirtschaftsverlag.

Mackowiak, Hans-Dieter. 1992. »Erfolgsstrategien der 90er Jahre im Halbleitergeschäft.« In: Siemens Components 30 (3), 87-90.

Malerba, Franco. 1992. »The Organization of the Innovative Process.« In: Rosenberg, Nathan et al. (Hrsg.). Technology and the Wealth of Nations. Stanford, CA: Stanford University Press, 247-278.

Manderscheid, Hejo. 1995. »Freie Wohlfahrtspflege vor Ort.« In: Rauschenbach, Thomas/Sachße, Christoph/Olk, Thomas (Hrsg.). Von der Wertgemeinschaft zum Dienstleistungsunternehmen. Frankfurt am Main: Suhrkamp, S. 228-252.

Manville, Brook/Foote, Nathaniel. 1996. Harvest your workers' knowledge. Electronic document: htttp://WWW.datamation.co...s/1996/july/07know1-.html.

March, James. 1990. (Hrsg.). Entscheidung und Organisation. Zuerst erschienen 1988. Wiesbaden: Gabler.

Marquardt, Michael/Reynolds, Angus . 1994. The global learning organization. Burr Ridge, New York: Irwin.

Marschall, Chris,/Prusak, Larry/Shpilberg, David. 1996.» Financial risk and the need for superior knowledge management.« In: California Management Review, Vol. 38, No. 3, 77-101.

Martens, Wil. 1997. »Organisation und gesellschaftliche Teilsysteme.« In: Ortmann, Günther/Sydow, Jörg/Türk, Klaus. (Hrsg.). Theorien der Organisation. Die Rückkehr der Gesellschaft. Opladen: Westdeutscher Verlag, 263-311.

Maturana, Humberto R. 1982. Erkennen: Die Organisation und Ver-
körperung von Wirklichkeit. Braunschweig/Wiesbaden: Vieweg.

Maturana, Humberto R./Varela, Francisco J. 1987. Der Baum der Erkenntnis. Wie wir die Welt durch unsere Wahrnehmung erschaffen - die
biologischen Wurzeln des menschlichen Erkennens. Bern/München/Wien:
Scherz.

Mayntz, Renate/Scharpf Fritz W. (Hrsg.). 1995. Gesellschaftliche Selbst-
regelung und politische Steuerung. Frankfurt a.M./New York: Campus.

Mayntz, Renate. 1987. »Politische Steuerung und gesellschaftliche Steuerungsprobleme - Anmerkungen zu einem theoretischen Paradigma.« In: v.
Ellwein, Thomas/Hesse, Joachim J./Mayntz, Renate/Scharpf, Fritz, W.
1987. Jahrbuch für Staats- und Verwaltungswissenschaft, Bd. 1. Baden-Baden:
Nomos, 89-110.

McLuhan, Marshall. 1995. Die Gutenberg-Galaxis. Das Ende des Buchzeit-
alters (zuerst 1962). Bonn u.a.: Addison-Wesley.

Merchel, Joachim. 1995. »Sozialmanagement. Problembewältigung mit
Placebo-Effekt oder Strategie zur Reorganisation der Wohlfahrtsverbände?«
In: Rauschenbach, Thomas/Sachße, Christoph/Olk, Thomas. (Hrsg.). Von
der Wertgemeinschaft zum Dienstleistungsunternehmen. Frankfurt am Main:
Suhrkamp, 297-320.

Mestmäcker, Ernst-Joachim. 1993. »Über den Einfluß von Recht, Ökonomie
und Technik auf Systeme globaler Kommunikation.« In: Berichte und
Mitteilungen der Max-Planck-Gesellschaft 4/93, 130-146.

Meyer, John-W./Rowan, Brian. 1977. »Institutionalized organizations:
Formal structure as myth and ceremony.« In: American Journal of Sociology,
83, 340-363.

Mingers, Susanne. 1995. Systemische Organisationsberatung. Eine Kon-
frontation von Theorie und Praxis. Frankfurt: Campus.

Mingers, Susanne/Veith, Monika/Schober, Herbert. 1996. »Vom "unsichtbaren Wesen" zum unübersehbaren Team: Die Entwicklung einer zusätzli-

chen Steuerungsebene in einem Warenhaus - Eine Beratung mit Begleitforschung.« In: Schmitz, Christof/Gester, Peter-W./ Heitger, Barbara. (Hrsg.). Managerie. 4. Jahrbuch. Systemisches Denken und Handeln im Management. Heidelberg: Auer-Systeme, 11-48.

Minkler, Alanson. 1993. »The problem with disperse knowledge: firms in theory and practice.« In: Kyklos 46 (4), 596-587.

Minx, Eckard. 1997. »Denken auf Vorrat.« In: Forschung und Lehre (12/97), 626.

Mirow, Michael. 1994. »Wettbewerbsbedingungen in der Elektronikindustrie - Notwendigkeit einer Industriepolitik?« In: Oberender, Peter. (Hrsg.). Industriepolitik im Widerstreit mit der Wettbewerbspolitik. Berlin: Duncker & Humblot, 79-105.

Misztal, Barbara A. 1996. Trust in Modern Societies. Cambridge, UK: Polity Press.

Nährlich, Stefan/Zimmer, Annette. 1997. »Strukturwandel: Zwischen Top und Flop.« In: Socialmanagement, 7. Jg., Nr. 2, 16-18.

Nelson, Richard R./Winter, Sidney G. 1982. An Evolutionary Theory of Economic Change, Cambridge, Mass.: Belknap Pr. Of HUP.

Neubohn, Naneen H. 1997. »Interview mit der Coleiterin Morgan Stanley Deutschland unter der Überschrift: "Europa an einer neuen Schwelle"« In: Unternehmensbeteiligungen. Sonderbeilage der Frankfurter Allgemeinen Zeitung vom 22. April 1997, B1.

Neumann, Peter G. 1995. Computer related risks. New York: Addison-Wesley.

Nokielski, Hans. 1992. »Sozialmanagement ohne Manager? Zur Organisationsentwicklung von Wohlfahrtsverbänden.« In: Sozialer Fortschritt, 41. Jg., Nr. 2, 43-46.

Nokielski, Hans/Pankoke, Eckart. 1996. »Post-korporative Partikularität. Zur Rolle der Wohlfahrtsverbände im Welfare-Mix.« In: Evers, Adalbert/Olk, Thomas. (Hrsg.). Wohlfahrtspluralismus. Opladen: Westdeutscher Verlag, 142-165.

Nonaka, Ikujiro/Takeuchi, Hirotaka. 1995. The knowledge-creating company. How Japanese companies create the dynamics of innovation. New York/Oxford: Oxford UP.

Nonaka, Ikujiro. 1994. »A dynamic theory of organizational knowledge creation.« In: Organization Science 5 (1, Feb. 1994), 14-37.

Nonaka, Ikujiro. 1992. »Wie japanische Konzerne Wissen erzeugen.« In: Harvard manager (2/1992), 95-103.

Öhlschläger, Rainer. 1995. Freie Wohlfahrtspflege im Aufbruch. Ein Managementkonzept für soziale Dienstleistungsorganisationen. Baden-Baden: Nomos.

Oppl, Hubert. 1992. »Sozialmanagement.« In: Bauer, Rudolph. (Hg.). Lexikon des Sozial- und Gesundheitswesens. München/Wien: Oldenbourg, 1830-1832.

Palazzoli, Selvini/ Boscolo, M.L./Cecchin, G./Prata, G. 1993. Paradoxon und Gegenparadoxon: Ein neues Therapiemodell für die Familie mit schizophrener Störung. 8. Aufl. Stuttgart: Klett-Cotta.

Pankoke, Eckart. 1981. »Gesellschaftlicher Wandel und soziale Dienste. Voraussetzungen und Entwicklungsperspektiven.« In: Kerkhoff, Engelbert. (Hrsg.). Handbuch Praxis der Sozialarbeit und Sozialpädagogik. Düsseldorf: Schwann Verlag, 3-29.

Pankoke, Eckart. 1995.» Subsidiäre Solidarität und freies Engagement.« In: Rauschenbach, Thomas/Sachße, Christoph/Olk, Thomas. (Hrsg.). Von der Wertgemeinschaft zum Dienstleistungsunternehmen. Frankfurt am Main: Suhrkamp, 54-83.

Pascale, Richard Tanner. 1991. Managing on the edge. How the smartest companies use conflict to stay ahead. New York u.a.: Touchstone.

Pausenberger, Ehrenfried. 1997. »Über den Nutzen und Schaden von Unternehmensakquisitionen.« In: Claussen, Carsten P. et al. (Hrsg.). Umbruch und Wandel. Herausforderungen zur Jahrhundertwende. München/Wien: Oldenbourg, 367-376.

Perlmutter, Howard V. 1992. »The transnational corporation without boundaries: Global enterprise networks and labour in the context of an emerging global civilization.« In: Sengenberger, Werner/Campbell, Duncan. (Hrsg.). Is the Single Firm Vanishing? Inter-Enterprise Networks, Labour and Labour Institutions. Geneva: International Institute für Labour Studies, 7-33.

Peters, Tom/Waterman, Robert. 1982. In search of excellence. New York: Harper & Row.

Pfeffer, Jeffrey/Salancik, Gerald R. 1978. The external control of organisations. A ressource dependence perspective. New York et al.: Harper.

Pierer, Heinrich von. 1996. »Statement in: Ist Wissen Geld?« In: managermagazin Mai 1996, 182-186.

Polanyi, Michael. 1958. Personal Knowledge. Chicago: University of Chicago Press.

Porat, Marc. 1977. The information economy. Vol. 1. Washington: OT Special Publication, U.S. Department of Commerce.

Porter, Michael E. 1990. The Competitive Advantage of Nations. New York: Free Press.

Power, Michael. 1997. The audit society. Rituals of verification. Oxford: University Press.

Probst, Gilbert/Raub, Steffen/Romhardt, Kai. 1997. Wissen managen. Wie Unternehmen ihre wertvollste Ressource optimal nutzen. Wiesbaden: Gabler.

Quinn, James. 1992. Intelligent enterprise. A knowledge and service based paradigm for industry. Foreword by Tom Peters. New York: Free Press.

Raithel, Helmut. 1991. »Die Klagen der Kunden.« In: manager magazin (November 1991), 200-213.

Rappaport, Andrew/Halevi, Samuel. 1991. »Chip- und Softwaredesign: Das Eldorado der Comoputerbauer.« In: Harvard Business Manager: Informations- und Datentechnik, Band 2, 47-59.

Rappaport, Stephen P. 1988. Management on Wall Street: Making Securities Firms Work. Homewood, Illinois: Dow Jones-Irwin.

Reich, Robert. 1991. The Work of Nations. Preparing ourselves for 21st Century Capitalism. New York: Knopf.

Reicheneder, Thomas. 1992. Investment Banking. Wiesbaden: Gabler.

Reinbold, Brigitte. 1996. »Sozialmanagement.« In: Kreft, Dieter/Mielenz, Ingrid. (Hrsg.). Wörterbuch Soziale Arbeit. Aufgaben, Praxisfelder, Begriffe und Methoden der Sozialarbeit und Sozialpädagogik, 4., vollst. überarb. und erw. Aufl. Weinheim/Basel: Beltz, 542-545.

Rettberg, Udo. 1997. »Derivate demonstrieren den internationalen Innovationseifer.» In: Das Parlament Nr. 36-37 vom 29. 8./5.9. 1997, 10.

Ristok, Bruno. 1996. »Socialmarketing.« In: Boskamp, Peter/Knapp, Rudolf. (Hrsg.). Führung und Leitung in sozialen Organisationen. Handlungsorientierte Ansätze für neue Managementkompetenz. Neuwied/Kriftel/Berlin: Luchterhand, 229-240.

Ristok, Bruno. 1996a. »Controlling in sozialen Einrichtungen.« In: Boskamp, Peter/Knapp, Rudolf. (Hrsg.). Führung und Leitung in sozialen Organisationen. Handlungsorientierte Ansätze für neue Managementkompetenz. Neuwied/Kriftel/Berlin: Luchterhand, 241-251.

Rosell, Steven. 1996. »Changing maps: scenarios for Canada in an information age.« In: International Affairs 72 (4), 675-690.

Rotering, Christian. 1990. Forschungs- und Entwicklungskooperationen zwischen Unternehmen. Eine empirische Analyse. Stuttgart: Poeschel.

Roth, George. 1996. Learning histories: Using documentation to assess and facilitate organizational learning. WWWfile:///D/programme/compuser/-download/mit-1.htm.

Rudolph, Bernd. 1995. »Derivative Finanzinstrumente. Entwicklung, Risiko-management und bankaufsichtliche Regulierung.« In: Ders. (Hrsg.). Derivate Finanzinstrumente. Stuttgart: Schäffer-Poeschel, 3-41.

Sassen, Saskia. 1994. Cities in a world economy. Thousand Oaks/London/New Delhi: Pine Forge Press.

Schertler, Walter. (Hrsg.). 1995. Management von Unternehmenskooperatio-nen. Branchenspezifische Analysen - neueste Forschungsergebnisse. Wien: Ueberreuter.

Schimank, Uwe. 1987. »Evolution, Selbstreferenz und Steuerung komplexer Organisationssysteme.« In: Glagow, Manfred/Willke, Helmut. (Hrsg.). Dezentrale Gesellschaftssteuerung. Probleme der Integration polyzenrischer Gesellschaften. Pfaffenweiler: Centaurus, 45-64.

Scholes, Myron S. 1996. »Global financial markets, derivative securities, and systemic risks.« In: Journal of Risk and Uncertainty, 12, 271-286.

Schulz, Bettina. 1997. »Streit zwischen Dresdner Bank und Kleinwort Benson.« In: Frankfurter Allgemeine Zeitung. 3. März 1997, 20.

Schulze-Fielitz, Helmuth. 1993. »Der Leviathan auf dem Wege zum nützli-chen Haustier?« In: Voigt, Rüdiger (Hrsg.). 1993. Abschied vom Staat - Rückkehr zum Staat? Baden-Baden: Nomos, 95-120.

Schumann, Peter Karl. 1989. »Der Investmentbanker als Berater.« In: Büschgen, Hans E./Richolt, Kurt. (Hrsg.). Handbuch des internationalen Bankgeschäfts. Wiesbaden: Gabler, 295-312.

Schuster, Stephan. 1997. »Wer zu spät dereguliert, den bestraft der Markt.« In: Das Parlament 47, 4.

Schwarz, Gotthart. 1997. »Die Forderung nach mehr Markt. Folgen für die Professionalisierung sozialer Arbeit.« In: Deutscher Caritasverband (Hrsg.). Mehr Markt in der Sozialen Arbeit? Freiburg im Breisgau: Lambertus, 34-71.

Schwarz, Peter. 1993. »Sozialmanagement: Das ganz Andere? Ein Exkurs über Berührungsängste und Fehlinterpretationen.« In: Verbandsmanagement, Nr. 2, 48-51.

Schwintowski, Hans-Peter. 1995. »Verteilungsdefizite durch Recht auf globalisierten Märkten. Grundstrukturen einer Nutzentheorie des Rechts.« In: Staatswissenschaften und Staatspraxis 6, 21-44.

Schywek, Fred. 1990. »GO: Kampfspiel des japanischen Managements.« In: Wirtschaftswoche, Nr. 36, 31. August 1990, 51-52.

Selznick, Philip. 1994. »Self-regulation and the theory of institutions.« In: Teubner, Gunther et al. (Hrsg.), Environmental law and ecological responsibility. The concept and practice of ecological self-organization. Chichester et al.: Wiley, 395-402.

Senge, Peter. 1990. The Fifth Discipline. New York: Doubleday.

Senge, Peter/Kleiner, Art/Roberts, Charlotte/Ross, Richard/Smith, Bryan. 1996. Das Fieldbook zur Fünften Disziplin. Stuttgart: Klett-Cotta.

SGS-Thomson University. 1996. The Semiconductor Market and Industry. Self-Training Booklet. Saint Genis-Pouilly: SGS-Thomson Microelectronics.

Siemens Semiconductor Group. o.J. Global Partner Chip for Systems on Silicon. München: Siemens/Selbstverlag.

Simler, Wolfgang. 1997. »Banken im Wandel. Neue Herausforderungen für die Bankenaufsicht.« In: Hummel, Detlev et al. (Hrsg.). Banken in globalen und regionalen Umbruchsituationen. Systementwicklungen, Strategien, Führungsinstrumente. Festschrift für Johann Heinrich von Stein zum 60. Geburtstag. Stuttgart: Schaeffer-Poeschel, 33-48.

Simon, Fritz B./Stierlin, Helm. 1992. Die Sprache der Familientherapie. Ein Vokabular. Kritischer Überblick und Integration systemtherapeutischer Begriffe, Konzepte und Methoden. 2. Aufl. Stuttgart: Klett-Cotta.

Simon, Fritz B./C/O/N/E/C/T/A-Autorengruppe. 1998. Radikale Marktwirtschaft. Verhalten als Ware oder Wer handelt, der handelt. 2. Aufl. Heidelberg: Auer-Systeme.

Smith, David/White, Douglas. 1992. »Structure and dynamics of the global economy: network analysis of international trade 1965-1980.« In: Social Forces 70 (4), 857-893.

Smith, Steven Rathgeb/Lipsky, Michael. 1993. »Nonprofits for Hire. The Welfare State in the Age of Contracting.« In: Health Affairs, Vol. 12, Nr. 4, 249.

Soros, George. 1998. Toward a global open society. Atlantic Monthly Jan. 1998. URL: http://www. soros.org/writings.html.

Stanley, Morgan & Co./SGS-Thomson Microelectronics. 1994. SGS-Thomson Microelectronics. Prospectus. New York: Morgan Stanley & Co. Incorporated, Dezember 1994.

Starbuck, William H. 1992. »Learning by knowledge-intensive firms.« In: Journal of Management Studies, Vol. 29, No. 6, 713-740.

Stehr, Nico. 1994. Knowledge Societies. London: Sage.

Stephanblome, Heinz. 1993. »Prozeßtechnologie steht im Vordergrund.« In: Technische Rundschau, Nr. 8/93.

Steward, Thomas. 1997. Intellectual capital. The new wealth of organizations. New York u.a.: Doubleday.

Stichweh, Rudolf. 1994. Wissenschaft - Universität - Profession. Frankfurt am Main: Suhrkamp.

Stichweh, Rudolf. 1992. »Professionalisierung, Ausdifferenzierung von Funktionssystemen, Inklusion. Betrachtungen aus systemtheoretischer Sicht.«

In: Dewe, Bernd/ Ferchhoff, Wilfried/Radtke, Frank-Olaf. (Hrsg.). Erziehen als Profession, Opladen: Leske + Budrich, 36-48.

Stichweh, Rudolf. 1997. »Inklusion/Exklusion, funktionale Differenzierung und die Theorie der Weltgesellschaft.« In: Soziale Systeme, Heft 1, Opladen, 123-136.

Stichweh, Rudolf. 1997a. »Professions in Modern Society.« In: International Review of Sociology, Vol. 7, No.1, 95-102.

Suchman, Lucie. 1993. »Technologies of accountability. Of lizards and aeroplanes.« In: Button, George. Technology in working order. Studies of work, interaction, and technology. London/New York, 113-126.

Sveiby, Karl. 1996. Informatized markets - dream turns to ashes. URL: http://www. Sveiby.com.an/PerilsofInformatized.html.

Sveiby, Karl. 1997. The new organizational wealth. Managing and measuring knowledge-based assets. San Francisco: Berrett-Koehler.

Sveiby, Karl. 1997a. What is information? WWW-Dokument http://www2.eis.net.au/-karlerik/information.html.

Sydow, Jörg/van Well, Bennet. 1996. »Wissensintensiv durch Netzwerk-organisation - Strukturationstheoretische Analyse eines wissensintensiven Netzwerkes.« In: Schreyögg, Georg/Conrad, Peter. (Hrsg.). Jahrbuch für Managementforschung Bd. 6: Wissensmanagement. Berlin: de Gruyter, 191-234.

Tacke, Veronika. 1996. ‚Netzwerk' als Formel für die Selbstbeschreibung von Organisationen. Bielefeld: Unveröffentlichtes Manuskript.

Tampoe, Mahen. 1996. »Motivating Knowledge Workers - The Challenge for the 1990s.« In: Myers, Paul S. (Hrsg.). Knowledge Management and Organizational Design. Boston: Butterworth-Heinemann, 179-189.

Teubner, Gunther. 1990. »Die Episteme des Rechts. Zu erkenntnistheoreti-schen Grundlagen des reflexiven Rechts.« In: Grimm, Dieter. (Hrsg.).

Wachsende Staatsaufgaben - sinkende Steuerungsfähigkeit des Rechts. Baden-Baden: Nomos, 115-154.

Teubner, Gunther. 1992. »Die vielköpfige Hydra: Netzwerke als kollektive Akteure höherer Ordnung.« In: Krohn, Wolfgang/Küppers, Günter. (Hrsg.). Emergenz: Die Entstehung von Ordnung, Organisation und Bedeutung. Frankfurt a.M.: Suhrkamp, 189-216.

Teubner, Gunther. 1996. »Des Königs viele Leiber. Die Selbstdekonstruktion der Hierarchie des Rechts.« In: Soziale Systeme 2, 229-255.

The Wall Street Journal. 1997. » Europe 1997.« In: Seismic anomaly. 25.11.97, Vol. XV, No. 208, 1.

The Economist/manager spezial. 1995. Wall Street ist überall: Wie die amerikanischen Investmentbanken den Weltmarkt erobern. Hamburg.

The Economist. 1996. »Sonderbeilage: Turning Digits into Dollars. A Survey of Technology in Finance.« 26. Oktober 1996.

Thorn, Christopher. 1995. »State Involvement in the Semiconductor Industry: The Role and Importance of Consortia. An Examination of the Sematech and U.S. Memories Projects.« In: Willke et al. 1995, 41-174.

Thorn, Christopher. 1996. SEMATECH and the Diffusion of a Cooperative Policy Model. Bielefeld/Madison, WI

Toffler, Alvin. 1995. »Das Ende der Romantik. Zukunftsforscher Alvin Toffler über das Überleben in der Informationsgesellschaft. Interview.« In: Spiegel special 3/1995, 59-63.

Trobitz, Hans/Wilhelm, Stefan. 1996. »Going Public aus Sicht der emissionsbegleitenden Bank.« In: Sieben, Günter et al. (Hrsg.). Betriebswirtschaftliche Forschung und Praxis. Herne/Berlin, 164-182.

Türk, Klaus. 1976. Grundlagen einer Pathologie der Organisation. Stuttgart: Enke.

Varela, Francisco. 1981. »Autonomy and autopoiesis.« In: Roth, Gerhard/Schwegler, Helmut. (Hrsg.). Self-organizing systems. Frankfurt/New York: Campus, 14-23.

Vogel, Steven K. 1996. Freer Markets, More Rules. Regulatory reform in advanced industrial countries. Ithaca/London: Cornell University Press.

Voigt, Rüdiger. (Hrsg.) 1993. Abschied vom Staat - Rückkehr zum Staat? Baden-Baden: Nomos.

Vollmer, H. 1996. »Die Institutionalisierung lernender Organisationen. Vom Neoinstitutionalismus zur wissenssoziologischen Aufarbeitung der Organisationsforschung.« In: Soziale Welt, 47 Jg., München, 315-343.

von Zitzewitz, Andreas/Graml, Barbara. 1995. »Global Alliances: 256M: Motivation, Herausforderungen, Erfolgsfaktoren.« In: Barke, Erich. (Hrsg.). Mikroelektronik. Berlin/ Offenbach: VDE-Verlag (GME-Fachbericht; 15), 13-19.

Wagner, Gerhard. 1996. »Die Weltgesellschaft. Zur Kritik und Überwindung einer soziologischen Fiktion.« In: Soziale Systeme 1, 29-45.

Waldrop, Mitchell. 1994. Complexity. The emerging science at the edge of order and chaos. London: Penguin.

Waters, Malcolm. 1995. Globalization. London/New York: Routledge.

Weick, Karl E. 1985. Der Prozeß des Organisierens. Frankfurt a.M.: Suhrkamp.

Weick, Karl. 1995. Sensemaking in Organizations. Thousand Oaks/London: Sage.

Weick, Karl/Roberts, Karlene. 1993. »Collective mind in organizations: Heedful interrelating on flight decks.« In: Administrative Quarterly 38, 357-381.

Welzmüller, Rudolf. 1997. »Zu den Folgen der Globalisierung für die nationalen Güter-, Finanz- und Arbeitsmärkte.« In: Aus Politik und Zeitgeschichte, Bd. 33-34, 20-28.

White, Harrison C. 1981. »Where do markets come from?« In: American Journal of Sociology 87, 517-547.

White, Lawrence J. 1993. International Regulation of Securities Markets: Harmonization or Competition? Working Paper, New York University.

Wilensky, Harold. 1967. Organizational Intelligence. Knowledge and Policy in Government and Industry. New York: Basic Books.

Williamson, Oliver. 1975. Markets and Hierarchies: Analysis and Antitrust Implications. New York: Free Press.

Williamson, Peter J. (Hrsg.). 1988. The Investment Banking Handbook. New York/ Chichester: Wiley.

Willke, Helmut. 1989. Systemtheorie entwickelter Gesellschaften: Dynamik und Riskanz moderner Selbstorganisation. Weinheim/München: Juventa.

Willke, Helmut. 1987. »Strategien der Intervention in autonome Systeme.« In: Baecker, Dirk. (Hrsg.). Theorie als Passion. Frankfurt. a.M.: Campus, 333-361.

Willke, Helmut/ Carsten P. Krück/ Christopher Thorn. 1995. Benevolent Conspiracies. The Role of Enabling Technologies in the Welfare of Nations. The Cases of SDI, SEMATECH, and EUREKA, Berlin/ New York: Walter De Gruyter.

Willke, Helmut. 1995a. »Das intelligente Unternehmen.« In: Beratergruppe Neuwaldegg. (Hrsg.). Intelligente Unternehmen - Herausforderung Wissensmanagement. Wissen strategisch nutzen. Wien: Service-Fachverlag, 47-70.

Willke, Helmut. 1995b. »Politische Steuerung der Wissensgesellschaft?« In: Zeitschrift für Rechtssoziologie 16 (1/1995), 94-106.

Willke, Helmut. 1996. Systemtheorie I: Einführung in die Grundlagen. Stuttgart: Lucius & Lucius (UTB), 5. Aufl.

Willke, Helmut. 1996a. Systemtheorie II: Interventionstheorie. Grundzüge einer Theorie der Intervention in komplexe Systeme. Stuttgart/Jena: UTB-Fischer, 2. Aufl.

Willke, Helmut. 1996b. Ironie des Staates. Grundlinien einer Staatstheorie polyzentrischer Gesellschaft. Frankfurt a.M.: Suhrkamp.

Willke, Helmut. 1996c. »Dimensionen des Wissensmanagements. Zum Zusammenhang von gesellschaftlicher und organisationaler Wissensbasierung.« In: Schreyögg, Georg/Conrad, Peter. (Hrsg.). Jahrbuch für Managementforschung 6. Wissensmanagement. Berlin: de Gruyter, 263-304.

Willke, Helmut. 1997. Supervision des Staates. Frankfurt a.M.: Suhrkamp.

Willke, Helmut. 1997a. »Dumme Universitäten, intelligente Parlamente.« In: Grossmann, Ralph. (Hrsg.). Wie wird Wissen wirksam? iff texte, Band 1. Wien/New York: Springer, 107-110.

Willke, Helmut. 1998. Systemtheorie III: Steuerungstheorie. 2. Auflg. Stuttgart: Fischer (UTB).

Wimmer, Rudolf/Oswald, Margit. 1987. »Organisationsberatung im Schulversuch. Möglichkeiten und Grenzen systemischer Beratung in der Institution Schule.« In: Bremerich-Vos, Albert/Boettcher, Wolfgang. (Hrsg.). Kollegiale Beratung in Schule, Schulaufsicht und Referendarausbildung. Frankfurt/Bern/New York/Paris: Lang, 123-176.

Wimmer, Rudolf. 1991. »Organisationsberatung. Eine Wachstumsbranche ohne professionelles Selbstverständnis. Überlegungen zur Weiterführung des OE-Ansatzes in Richtung systemischer Organisationsberatung.« In: Hofmann, Michael. (Hrsg.). Theorie und Praxis der Unternehmensberatung. Bestandsaufnahme und Entwicklungsperspektiven. Heidelberg: Physica-Verlag, 45-136.

Wimmer, Rudolf. 1995. »Wozu benötigen wir Berater? - Ein aktueller Orientierungsversuch aus systemischer Sicht.« In: Walger, Gerd. (Hrsg.). Formen der Unternehmensberatung. Köln: Otto Schmidt, 239-283..

Wimmer, Rudolf/Oswald, Margit/Domayr, Ernst/Vater, Gunda 1996. Familienunternehmen - Auslaufmodell oder Erfolgstyp? Wiesbaden: Gabler.

Wohlstetter, Roberta. 1966 (zuerst 1962). Pearl Harbor. Signale und Entscheidungen. Erlenbach-Zürich/Stuttgart: E. Rentsch.

Wöhrle, Armin. 1993. »Innovatives Management als Ziel. Falsche Hoffnungen, Reduktionen, Kriterienlosigkeit.« In: Sozialmagazin, 18. Jg., Nr. 7/8, 24-31.

Womack, James/Jones, Daniel/Roos, Daniel. 1991. The machine that changed the world. First publ. in 1990. New York: Harper.

Womack, Kent L. 1996. »Do Brokerage Analysts' Recommendations Have Investment Value?« In: Journal of Finance. 1996, Vol. 11, No. 1, 137-167.

Zauner, Alfred. 1997. »Von Solidarität zu Wissen. Nonprofit Organisationen in systemtheoretischer Sicht.« In: Badelt, Christoph. (Hrsg.). Handbuch der Nonprofit Organisation: Strukturen und Management. Stuttgart: Schäffer-Poeschel, 103-119.

Register

Vom gleichen Autor sind als UNI-Taschenbücher erschienen:

Systemtheorie I: Grundlagen

Eine Einführung in die Grundprobleme der Theorie sozialer Systeme

5., überarb. A. 1996. X, 301 S., 6 Abb. und ein Glossar
kt. DM 26,80/öS 196,-/sFr 25,- (ISBN 3-8282-0008-7)
(UTB 1161, ISBN 3-8252-1161-4)

Dieses bewährte Taschenbuch trägt der zunehmenden Verwendung systemtheoretischer Konzepte in den Sozialwissenschaften Rechnung und vermittelt dem mit sozialwissenschaftlichem Basiswissen ausgestatteten Anfänger
die Grundlagen der neueren Systemtheorie. Dabei wird besonderes Gewicht
auf die Behandlung der Steuerungsprobleme hochkomplexer Sozialsysteme
gelegt. Zahlreiche Beispiele und Schemata erleichtern das Verständnis der
schwierigen Materie.

Systemtheorie II: Interventionstheorie

Grundzüge einer Theorie der Intervention in komplexe Systeme

2., bearb. A. 1996. XII, 292 S., 7 Abb., 18 Tab.
kt. DM 29,80/öS 218,-/sFr 27,50 (ISBN 3-8282-0009-5)
(UTB 1800, ISBN 3-8252-1800-7)

Der zweite Band der Einführung in die Systemtheorie hat die Zielsetzung,
die praktische Bedeutung des systemischen Denkens herauszuarbeiten. An
einem Grundproblem des praktischen Umgangs mit komplexen sozialen
Systemen wird dargelegt, wie voraussetzungsvoll die gezielte Beeinflussung komplexer Systeme und wie unwahrscheinlich gelingende Intervention ist.

Systemtheorie III: Steuerungstheorie

Grundzüge einer Theorie der Steuerung komplexer Sozialsysteme

2. Aufl. 1998. X, 352 S., 26 Abb. und 3 Tab.
kt. DM 36,80/öS 269,-/sFr 34,- (ISBN 3-8282-0056-7)
(UTB 1840, ISBN 3-8252-1840-6)

Das zentrale Argument dieses Buches ist, daß die Möglichkeiten der Steuerung komplexer Systeme scharf begrenzt sind auf die beiden Formen der
(internen) Selbststeuerung und der (externen) Kontextsteuerung. Für Gesellschaften stellt dies die Frage, wie ihnen der Aufbau intelligenter Infrastrukturen gelingt. Für Organisationen, vor allem Unternehmen, stellt dies
das Problem, wie sie sich eine eigenständige Wissensbasis schaffen, und
wie sie das erforderliche Wissensmanagement gestalten.